Springer-Lehrbuch

Thorsten Hens · Paolo Pamini

Grundzüge der analytischen Mikroökonomie

 Springer

Professor Dr. Thorsten Hens
Professor for Financial Economics
University of Zurich
Swiss Banking Institute
Plattenstr. 32
8032 Zürich
Schweiz
thens@isb.unizh.ch

lic. oec. publ. Paolo Pamini
University of Zurich
Swiss Banking Institute
Plattenstr. 32
8032 Zürich
Schweiz
paolo@pamini.ch

ISBN 978-3-540-28157-3   e-ISBN 978-3-540-28158-0

DOI 10.1007/978-3-540-28158-0

Springer-Lehrbuch ISSN 0973-7433

Bibliografische Information der Deutschen Nationalbibliothek
Die Deutsche Nationalbibliothek verzeichnet diese Publikation in der Deutschen Nationalbibliografie; detaillierte bibliografische Daten sind im Internet über http://dnb.d-nb.de abrufbar.

Herstellung: le-tex publishing services oHG, Leipzig
Einbandgestaltung: WMX Design GmbH, Heidelberg

Gedruckt auf säurefreiem Papier

9 8 7 6 5 4 3 2 1

springer.de

Für Britta, Jérôme und Annabelle-Christina,
sowie für die guten Seiten des Gemeineigentums.

Meinen Großeltern, meinen Eltern,
sowie der Unverzichtbarkeit des Privateigentums.

Vorwort

Noch ein mikroökonomisches Lehrbuch?

Oftmals wird die Mikrotheorie als Sammelsurium von abstrakten Rechenregeln dargestellt. Durch diese „Liebe zum mathematischen Detail" verliert der Studierende jedoch meist den Blick für das Wesentliche: die Konzepte und die Methodik, die die Mikrotheorie zur Erklärung von Marktwirtschaften liefert. Ziel dieses Buches ist es deshalb, einmal den entgegengesetzten Weg zu gehen. Von Anfang an steht die folgende umfassende Fragestellung im Brennpunkt des Buches: *Warum beobachtet man in privaten Marktwirtschaften, in denen jeder unabhängig voneinander und nach eigenen Interessen handelt, kein Chaos, sondern einen Zustand, der an ein Gleichgewicht erinnert?* Diese zentrale Frage wird in diesem Buch auf unterschiedlichem Detaillierungsgrad beantwortet. Schließlich wird dann das mikroökonomische Totalmodell einer geschlossenen Volkswirtschaft eine Erklärung liefern.

Die *Grundzüge der analytischen Mikroökonomie* finden im Buch *Grundzüge der analytischen Makroökonomie* (Hens und Strub [2004]) ihre Weiterentwicklung. Diese Verbindung zwischen Mikro- und Makroökonomie ist ein weiteres Argument für die Verfassung eines neuen Lehrbuches.

Was dieses Buch kennzeichnet

In Teil I des Buches wird ein ökonomisches Gesamtmodell stufenweise aufgebaut. In jedem Schritt – Robinson-Ökonomie – zwei Güter – drei Güter – beliebig viele Konsumenten und Produzenten – beliebig viele Güter – wird jeweils eine geschlossene Volkswirtschaft im Gesamtbild analysiert, statt die Aufmerksamkeit des Lesers außschließlich auf einen Teilmarkt zu lenken.

Das ursprünglich grob gerasterte Bild verfeinert sich also zum mikroökono-misch-detailgetreuen Bild der privaten Marktwirtschaft, und der Leser kann das Gesamtbild derselben schon ab dem ersten Schritt erkennen.

Die Teile II und III befassen sich mit Vertiefungen und Erweiterungen des Modells, ohne den Ansatz einer Gesamtmodellierung zu verlaßen, was noch einmal dieses Werk von der vielfältigen Konkurrenz unterscheidet.

Am Ende jedes Buchteils findet der Leser/die Leserin jeweils eine Übungs-sammlung, womit der Stoff wiederholt, geübt und vertieft werden kann. Alle Übungen sind in zwei Schwierigkeitsstufen unterteilt. Ein Übungsbuch mit Lö-sungen und zusätzlichen Aufgaben ist zudem separat erhältlich. Interessenten sind auf die Homepage `www.analytischevwl.com` hingewiesen, wo aktuelle Informationen zu diesem Werk zu finden sind.

Wir haben uns für die alte, unmodifizierte deutsche Rechtschreibung entschie-den mit dem Argument, daß die Sprache wie der Markt eine spontane Insti-tution ist, die man lieber (bis auf einige klar abgegrenzte Hilfsmaßnahmen) ohne Interventionismus pflegt. Anstatt des sprachlichen Interventionismus be-vorzugen wir die alte gebräuchliche Sprachkonvention.

Buchaufbau

Nachdem **im 1. Kapitel** die fundamentalen mikroökonomischen Grundge-danken eingeführt wurden, bauen wir zwischen dem 2. und dem 5. Kapitel das mikroökonomische Gesamtmodell auf, das in seiner Endversion die analytische Betrachtung von beliebig vielen Individuen, Firmen und Gütern ermöglicht. **Kapitel 2** analysiert den vereinfachten Fall **einer** Ökonomie mit **einem** Kon-sumenten, **einer** Firma und **zwei** Gütern, nämlich der Zeit (Freizeit oder Ar-beitszeit) und einem Konsumgut. Ein einfaches Beispiel im ersten Abschnitt zeigt, wo der übliche Lehrweg über die Partialanalyse scheitert. **Im 3. Kapitel** führen wir ein drittes Gut ein: **Kapital**. Dadurch können wir die Produktionsseite ausführlicher modellieren, denn mit Kapital haben wir eine zweidimensionale Darstellung der Produktionsmöglichkeiten und sogar eine dreidimensionale Erfassung des Konsumverhaltens. **Im 4. Kapitel** wird nicht mehr von der Annahme eines einzigen Konsumen-ten und Produzenten ausgegangen, was die Einführung der Idee der Pareto-Effizienz sowie der Marktaggregation ermöglicht. Als Folge davon wird die Tauschtheorie vorgestellt und menschliche Interaktionen durch Märkte wer-den erklärt. **Kapitel 5** verläßt die letzte einschränkende Annahme dreier Güter. Dadurch wird das allgemeine Gesamtmodell erreicht, auf das die Vertiefungs- und Er-weiterungskapitel aufbauen können.

Im 6. Kapitel findet der Leser/die Leserin Aufgaben zum ersten Buchteil.

Nach der Darstellung des Grundmodells von Marktwirtschaften wenden wir uns im **Teil II** Modellvertiefungen zu, um die Existenz, die Eindeutigkeit und die Effizienz von Walras-Gleichgewichten aufzuzeigen.

Die für die Existenz eines Walras-Gleichgewichts notwendigen Annahmen stellen wir in **Kapitel 7** vor.

Kapitel 8 baut auf dem siebten auf, indem es die Eindeutigkeit sowie die Stabilität solcher Gesamtgleichgewichte untersucht. Dabei spielt die sogenannte Marktüberschußnachfragefunktion eine wesentliche Rolle.

Im 9. Kapitel behandeln wir ausführlich beide Hauptsätze der Wohlfahrtstheorie. Dieses Thema wird im Kapitel zur Frage der Gerechtigkeit nochmals aufgegriffen. Außerdem wird die Idee der Pareto-Effizienz klar herausgearbeitet und dargelegt.

Der Vertiefungsteil endet mit den Aufgaben von **Kapitel 10**.

Teil III erweitert die Perspektive mit einigen Modellerweiterungen: öffentliche Güter, externe Effekte, Wohlfahrtsökonomik und unvolkommener Wettbewerb, sowohl ohne als auch mit Marktzutritt. Wir behandeln diese Themen im Rahmen des allgemeinen Modells, was unser Buch von den meisten anderen Lehrbüchern abgrenzt. Jedes Kapitel endet mit einigen weiterführenden Gedanken und Literaturhinweisen für den interessierten Leser.

Das 11. Kapitel beschäftigt sich mit Gütern, bei denen weder Rivalität noch Ausschließbarkeit im Konsum bestehen. Solche Güter heißen öffentliche Güter und werden nicht von **Privatpersonen** angeboten, so mindestens nach herrschender Meinung in der Volkswirtschaftslehre. Zuerst behandeln wir die Effizienzfragen, stellen dann einige Lösungsansätze vor und besprechen zudem mögliche unorthodoxe Alternativen.

Die im **12. Kapitel** behandelten externen Effekte sind mit öffentlichen Gütern eng verwandt und entsprechen der formalen Behandlung vieler aktueller Probleme wie z.B. der Umweltverschmutzung. Anhand einiger Beispiele zeigen wir formal die drei gängigen Lösungsansätze dazu: Schadensobergrenzen, Pigou-Steuern und handelbare Zertifikate. Das Kapitel schließt mit dem alternativen Ansatz von Coase.

Die „heiße Frage der Gerechtigkeit", deren Schlußfolgerung scheinbar die Umverteilung von Einkommen und Vermögen ist, behandeln wir im **13. Kapitel**. Dieses Kapitel hat nicht nur eine besondere wirtschaftspolitische Bedeutung, sondern vor allem eine methodologische. Hier sollten die in **Teil I** schon dargestellten Grenzen der Nutzenmodellierung klar werden. Die Nichtmeßbarkeit des Nutzens verunmöglicht die Existenz einer eindeutigen Wohlfahrtsfunktion, die als Maßstab für Umverteilungspolitiken dient. Wenn wir hingegen dem ordinalen Nutzenkonzept konsistent folgen möchten, dann erhalten wir das *Arrows Unmöglichkeitstheorem*, das auch einer rationalen Wohlfahrtspolitik widerspricht.

Kapitel 14 befaßt sich mit Monopolen und Oligopolen, also mit unvollkommenem Wettbewerb. Auch hier wird unser Buch durch seine ganzheitliche Behandlung gekennzeichnet, die auch den unvollständigen Wettbewerb im Gesamtgleichgewicht betrachtet.
Die im 14. Kapitel eingeführten Themen werden im **15. Kapitel** weiterentwickelt, indem wir den Marktzutritt modellieren. Dies erfolgt in einer ersten Phase unter vollständigen Informationen, in einer zweiten sogar mit asymmetrischen Informationen (was der Alltagsrealität eher entspricht).
Kapitel 16 enthält wieder Aufgaben zum Stoff aus Teil III.

Anschließend an die drei Hauptteile findet der Leser einen ausführlichen vierten Teil, bestehend aus Anhängen.
Anhang A entspricht einem *Crash-Kurs* in Spieltheorie, denn diese Modellierung ist für den Erweiterungsteil unentbehrlich.
Anhang B wiederholt wichtige mathematische Begriffe und **Anhang C** enthält einige Literaturhinweise für die interessierte Leserschaft, der wir mit dem **Literatur- und Sachverzeichnis** auch entgegenkommen möchten.

Danksagung

Das Buch basiert auf der hervorragenden Ausbildung in Mikroökonomie, die Thorsten Hens in Bonn genießen durfte. Besonderer Dank geht an *Werner Hildenbrand, Reinhard John* und *Urs Schweizer*.

Dieses Werk wäre ohne die Hilfe vieler Kollegen bestimmt nicht in dieser Form entstanden, wenn überhaupt. Das von Paolo Pamini weiterentwickelte Gerüst des ersten Buchteils stammt aus einem Skript zur Vorlesung „Mikroökonomische Theorie", die Thorsten Hens an der Universität Bielefeld in den Wintersemestern 1996/97 und 1997/98 hielt. Besonderen Dank schulden wir *Claudia Pott*, welche aus teilweise schwer verständlichen Aufzeichnungen ein hervorragendes Skript geschaffen hatte.

Nachdem dieser erste Entwurf mit seinem Autor nach Zürich umzog, kümmerte sich dann *Franco Rezzonico* um die sehr zeitaufwendige Text- und Bildereingabe in LATEX. *Fabio Bossi* hat ebenfalls bei der Bearbeitung der Textentwürfe sowie der Graphiken intensiv geholfen. Ihm sind wir zudem für die Homepage-Gestaltung dankbar. *Patrick Reali, Andreas Tupak, Christoph Nitzsche, Marc Sommer* und *Carlo Strub* möchten wir ebenfalls für ihre wertvolle LATEX-Unterstützung danken. Die Korrektureingabe wurde von *Markus Regez* und *Tan Schelling* übernommen und anschließend von *Carolin Bonn-Meuser, Julia Buge* sowie *Martin Vlcek* zum Abschluß gebracht. Wir sind ihnen extrem dankbar.

János Mayer (Universität Zürich) war wie immer außerordentlich hilfsbereit. Er hat bei einigen komplizierten Beweisen mitgewirkt und die Konsistenz der mathematischen Herleitungen im ganzen Buch geprüft. Besonderer Dank geht auch an *Reinhard John* (Universität Bonn), der die erste Version des Buches sehr aufmerksam gelesen hat und uns auf einige Inkonsistenzen hinwies. *Martine Baumgartner* war unsere wichtige Drehscheibe für den organisatorischen Beistand und den Kontakt zwischen uns beiden Autoren.

Einen besonderen Dank sei *Martina Bihn* vom Springer-Verlag ausgesprochen, nicht nur für ihre Geduld beim Warten auf die jeweilige nächste Buchversion, sondern vor allem auch für ihren entscheidenden Input, dieses Buch als *Pendant* zu den *Grundzügen der analytischen Makroökonomie* zu schreiben.

Es gilt die übliche Erklärung, daß wir alleine für alle Fehler verantwortlich sind, wobei jeder im anderen Ko-Autor eine sehr gute Ausrede finden kann.

Zürich,   *Thorsten Hens*
Februar 2008   *Paolo Pamini*

Inhaltsverzeichnis

Teil II Vertiefungen des Modells

Teil III Erweiterungen des Modells

Teil IV Anhang

Teil I

Das Grundmodell

1

Grundgedanken

„Jeder weiß am besten, wo ihn der Schuh drückt."

Schottisches Sprichwort

Dieses Buch ermöglicht den Studierenden einen Gesamtüberblick über das ökonomische Geschehen in der Gesellschaft zu erlangen. Das vernetzte Denken, mit dem man die vielseitigen Wechselwirkungen unter den Wirtschaftsteilnehmern betrachtet, unterscheidet den reifen vom naiven Ökonomen.

1.1 Vier ökonomische Prinzipien

Die moderne Mikroökonomie basiert auf bestimmten theoretischen Bausteinen, die ihre Methodologie maßgeblich prägen. Obwohl sich verschiedene Denkschulen über gewiße Nuancen uneinig sind, werden die nachfolgend dargestellten Prinzipien generell anerkannt. Den folgenden vier Grundsätzen muß im Verlauf immer Rechnung getragen werden, denn sie ermöglichen eine konsistente Theorienbildung.

1.1.1 Individualismus

Jeder einzelne ist autonom, d.h. er trifft seine eigenen wirtschaftlichen Entscheidungen. Das Kriterium der Entscheidung ist das *Prinzip des Eigennutzens*. Individualismus ist nicht gleich Egoismus, da mit dem Letzteren meist die habgierige Suche nach dem *materiellen* Eigenwohl gemeint ist. Das Prinzip des individuellen Entscheidens beruht eher auf der Tatsache, daß der einzige Entscheidungsträger das Individuum ist (daher die Bezeichnung) und keine anderen sozialen Konstrukte wie „das Volk", „die Gesellschaft", „die Klasse" usw. In diesem Zusammenhang spricht man oft von „methodologischem Individualismus", um hervorzuheben, daß diese Spezifizierung methodologischer und nicht moralischer Natur ist. Der methodologische Ansatz bestreitet dabei nicht die Möglichkeit, daß im gesellschaftlichen Prozeß derartige menschliche Interaktionen auftauchen können, die sogenannte „Masseneffekte" auslösen. Gemeint ist, daß auch bei solchen Masseneffekten der Einzelne Entscheidungsträger bleibt. Wer sich mit anderen Sozialwissenschaften wie z.B. der Soziologie auskennt, weiß, daß dort der methodologische Individualismus oft vernachlässigt wird.

1.1.2 Rationalitätsprinzip

Das methodische Vorgehen des Individualismus beruht auf dem Rationalitätsprinzip, das davon ausgeht, daß die gemäß des Eigennutzens beste Alternative ausgewählt wird (*Maximierungsprinzip*). In der formalen Darstellung wird dafür zusätzlich die vollumfängliche Kenntnis der Handlungsalternativen angenommen.

Wie dem Juristen die Gerechtigkeit, so steht dem Ökonomen die Rationalität zur Seite: Sie ist ein Leitpfad, der bei allen theoretischen Betrachtungen auf den Lösungsweg hinweist. Die meisten Theoretiker setzen Rationalität voraus, können sie jeodch nicht genau definieren. Oft tauchen Konzepte wie „beschränkte Rationalität" (Engl. *bounded rationality*) auf, die das ideale Paradigma korrigieren. Ausgehend vom idealen Paradigma verfügt jeder Marktteilnehmer über vollkommmene Information und ist damit sozusagen „allwissend". Die Annahme der vollständigen Kenntnis der Handlungsalternativen ist zwar wichtig, aber für die Charakterisierung des Rationalitätsbegriffes nicht maßgebend. Rationalität bedeutet eher „zielgerichtetes Handeln", also die Wahl der mit der Zielerreichung konsistentesten Handlung unter allen möglichen und bekannten Alternativen.

Rationalität kann auf vielfältige Weise begründet werden. Die positive[1] Betrachtung stellt fest, daß sich irrationale Teilnehmer auf Dauer nicht halten können, da sie systematisch (für sie) schlechte Entscheidungen treffen. Für Firmen würde dies zum Beispiel einen Konkurs implizieren.
Andererseits kann man Rationalität normativ begründen: Um möglichst effizient die eigenen Ziele zu erreichen, muß man sich rational verhalten. Effizient bedeutet dabei, daß der Einsatz an Ressourcen minimal gehalten wird, ohne

---

[1]Positiv bedeutet in der wissenschaftlichen Sprache „deskriptiv" und steht der Bezeichnung „normativ" entgegen.

die Zielerreichung zu gefährden.

Ein drittes Argument für Rationalität, noch stärker und raffinierter, aber weniger bekannt, stammt von dem Ökonomen Ludwig von Mises, der sein Buch „Nationalökonomie" folgendermaßen einleitet:

> *Handeln ist bewußtes Verhalten. Wir können auch sagen: Handeln ist Wollen, das sich in Tat und Wirken umsetzt und damit verwirklicht, ist ziel- und zweckbewußtes Benehmen, ist sinnhafte Antwort des Subjekts – der menschlichen Persönlichkeit – auf die Gegebenheit der Welt und des Lebens.*[2]

Wenn die menschliche Handlung so definiert ist, daß der Mensch bewußt versucht, die Umweltgegebenheiten zu verändern, um besser gestellt zu sein, dann folgt die Rationalität automatisch.[3] Selbstverständlich unterliegt der handelnde Mensch Informationsproblemen, die aber die rationale Natur der Handlung nicht ändern. Der analytischen Modellierung dieser komplizierteren Fälle widmen wir uns im zweiten Teil des Buch.

1.1.3 Pareto-Prinzip

Das Prinzip des Eigennutzens kann *Interessenkonflikte* hervorrufen. Um trotzdem Kriterien für „gutes" Wirtschaften bestimmen zu können, benutzen Ökonomen das Pareto-Kriterium, welches besagt: *Wirtschafte so lange, bis sich keiner mehr verbessern kann, ohne einen anderen schlechter zu stellen.*

Vilfredo Pareto (1884-1923) war ein italienischer Ökonom und Sozialwissenschaftler, der sich insbesondere mit der klassischen Theorie des Klassenkampfes[4] und der Studie von Eliten befaßte. Aus der Analyse solcher sozialer Prozeße stammt sein Prinzip, das wir in den folgenden Kapiteln näher beschreiben werden.

---

[2]Aus Mises [1940], Seite 1. Das Buch „Nationalökonomie" wurde 1949 mit dem Titel „Human Action" auf Englisch neu verfaßt, vgl. dazu Mises [1949].

[3]Die Definition der menschlichen Handlung ist eine sogenannte *apodiktische Wahrheit*: Sie immer wahr. Wird versucht, sie zu verneinen, fällt man in einen logischen Widerspruch. Meint man in der Tat, die menschliche Handlung sei nicht zielorientiert, dann muß man die Rationalität, Wahrheit und den Wert dieses Argumentes aber begründen, da es auch um eine menschliche Handlung geht! Einige Ökonomen halten dagegen, der Mensch handle immer irrational und rein emotional: Keynes sprach z.B. 1936 von *animal spirits*, die das Investitionsverhalten der Firmen steuern.

[4]Sie kommt der marxistischen Theorie zuvor und befaßt sich mit dem Lobbyismus, um politische Renten aus der staatlichen Tätigkeit zu extrahieren.

Das Pareto-Prinzip stellt nach der modernen ökonomischen Theorie die genaue Bedeutung von Effizienz dar und ist ein Synonym für die Absenz von Ressourcenverschwendung. Solange freie Ressourcen noch vorhanden sind, kann man den Wohlstand eines oder mehrerer Marktteilnehmer erhöhen, ohne daß jemand individuell schlechter gestellt wird. Ist eine solche Verbesserung nicht mehr möglich, kann man nur Umverteilung betreiben, wobei die Nutzensteigerung des einen auf Kosten des anderen geht.

Der Pareto-Ansatz fehlt vielen Sozialwissenschaftlern. In der Tagespresse kann man immer wieder lesen, daß Handel und Tauschgeschäfte mit der Ausbeutung einer Marktpartei verbunden seien. Der weise Ökonom, der nach dem Pareto-Kriterium überlegt, kann solche Behauptungen schnell widerlegen: Nach dem Pareto-, Individualismus- und Rationalitätsprinzip handelt ein Marktteilnehmer nur freiwillig, solange er durch die Handlung besser gestellt wird. Die Alternative „Nicht-Handeln" steht ihm immer zur Verfügung. Somit ist Ausbeutung bei freiwilligen Transaktionen ausgeschlossen.

1.1.4 Gleichgewichtsprinzip

Im ökonomischen Gleichgewicht sind die Marktkräfte ausgeglichen, vergleichbar mit einem ruhenden Pendel, d.h. Angebot und Nachfrage halten sich die Waage.

Die Idee des ökonomischen Gleichgewichts geht auf Adam Smith zurück, der 1776 in seinem Werk *The Wealth of Nations* schrieb:

> *The natural price [...] is, as it were, the central price, to which the prices of all commodities are continually gravitating. Different accidents may sometimes keep them suspended a good deal above it, and sometimes force them down even somewhat below it. But whatever may be the obstacles which hinder them from settling in this center of repose and continuance, they are constantly tending towards it.*[5]

Die Idee des Gleichgewichts stammt aus der Physik, genauer aus der Mechanik. *Gleichgewicht ist der Zustand eines Systems, bei dem sich eine oder mehrere Zustandsgrößen über einen bestimmten Zeitraum hinweg im Mittel nicht verändern.* Aus der Lehre der Mechanik kennen wir verschiedene Arten von Gleichgewichten. Bei einem *stabilen* Gleichgewicht kehrt das System nach einer Störung wieder in seinen Ausgangszustand zurück. Ist das Gleichgewicht hingegen *labil*, dann geht das System nach einer kleinen Störung in einen anderen Zustand über. Ein Gleichgewicht kann auch *indifferent* oder *metastabil*

---

[5]Smith [1776], Buch V, Kapitel VII.

sein. Im ersten Fall verharrt das System nach jeder Störung in seinem neuen Zustand. Im zweiten Fall, geht es nach einer Störung in einen stabileren Gleichgewichtszustand über.[6]

Daß ein Markt oder eine Volkswirtschaft gegen ein Gleichgewicht streben soll, ist eine relativ moderne Idee, die ihre Herkunft im Parallelismus mit der Systemtheorie aus der Mechanik hat. Für die meisten Denkschulen geschehen auf Märkten solche Interaktionen unter Individuen, die irgendwann bei einem stabilen Ergebnis ankommen müssen. Diese Meinung vertreten auch die Autoren dieses Buches. Aus der Idee der Existenz des Gleichgewichts, wenn dieses ausreichend spezifiziert ist, ergibt sich automatisch eine zum Gleichgewicht führende Bewegungsrichtung, die das Marktgeschehen beschreiben kann (deskriptive wissenschaftliche Haltung) oder sogar empfehlenswert ist (normative wissenschaftliche Haltung). Es wäre daher schwierig, ohne das Gleichgewichtsprinzip Theorien über die menschliche Handlung zu formulieren. Andererseits muß man aber die Idee eines Gleichgewichtszustandes nicht übertreiben: Oft ist nicht nur der Endzustand – sprich das Gleichgewicht – von Interesse, sondern auch der Weg dorthin. Diese Erkenntnis öffnet die „Büchse der Pandora" der dynamischen Modelle, die wir in diesem Buch nur am Rande betrachten werden. Wir betonen aber, daß die allgemeine Gleichgewichtstheorie die dynamischen Prozesse nicht in den Schatten stellt, sondern sie aufgrund ihrer Wichtigkeit zur Gewährleistung des Gleichgewichts aufwertet. In den folgenden Kapiteln werden wir je nach Fall näher untersuchen, ob die Prämissen für die Existenz eines stabilen Gleichgewichts vorhanden sind.

1.2 Nachfrage, Angebot und Handlungstheorie

Der mikroökonomischen Theorie wurden viele Bedeutungen zugewiesen. Für uns stellt sie grundsätzlich die wissenschaftliche Analyse der rationalen menschlichen Handlung unter Knappheitsbedingungen dar. Konsistent mit dieser Erkenntnis wäre auch die Tatsache, daß sich Nachfrage und Angebot in keinem Ausmaß unterscheiden, da beide eine Offenbarung derselben menschlichen Handlung sind: des Tauschens.

Beide, Nachfrager und Anbieter eines Gutes, sind gleichzeitig auch Anbieter und Nachfrager des anderen ausgetauschten Gutes. Das mag zunächst seltsam klingen, ist aber leicht durch das Denken an eine reine Tauschwirtschaft begreifbar: Würde man Wein gegen Käse tauschen, sind beide Akteure sowohl Anbieter als auch Nachfrager beider Güter. Der erste Akteur bietet Wein an und fragt Käse nach, umgekehrt der Zweite.

---

[6]Die obigen Definitionen stammen aus http://de.wikipedia.org.

Was ein Gut ist lassen wir Karl Menger definieren:

> [...] *Diejenigen Dinge, welche die Tauglichkeit haben, in Causal-Zusammenhang mit der Befriedigung menschlicher Bedürfnisse gesetzt zu werden, nennen wir* Nützlichkeiten, *wofern wir diesen Causal-Zusammenhang aber erkennen und es zugleich in unserer Macht haben, die in Rede stehenden Dinge zur Bedriedigung unserer Bedürfnisse thatsächlich heranzuziehen, nennen wir sie* Güter.
> *Damit ein Ding ein Gut werde, oder mit andern Worten, damit es die Güterqualität erlange, ist demnach das Zusammentreffen folgender vier Voraussetzungen erforderlich:*
>
> 1. *Ein menschliches Bedürfnis.*
>
> 2. *Solche Eigenschaften des Dinges, welche es tauglich machen, in ursächlichen Zusammenhang mit der Befriedigung dieses Bedürfnisses gesetzt zu werden.*
>
> 3. *Die Erkenntnis dieses Causal-Zusammenhanges Seitens der Menschen.*
>
> 4. *Die Verfügung über dies Ding, so zwar, daß es zur Befriedigung jenes Bedürfnisses thatsächlich herangezogen werden kann.*[7]

In den meisten Lehrbüchern sind sowohl eine Nachfrage- als auch eine Angebotstheorie beschrieben, die scheinbar miteinander nichts zu tun haben. Das ist im Grunde genommen eine Inkonsistenz: Beide Verhaltensweisen sind Auswirkungen desselben Tauschgeschäfts und gehören genau zu denselben Überlegungen: dem Versuch des Einzelnen, die für ihn beste Güterallokation innerhalb der gegebenen Knappheit (den sogenannten „Nebenbedingungen") zu erreichen. Daß wir konzeptionell die Nachfrage- von der Angebotsseite trennen, ist Konsequenz einer methodologischen Fahrlässigkeit, die ihre Wurzeln in der modernen Geldwirtschaft hat. Da man leicht den dem Güterkreislauf entgegengesetzten Geldkreislauf übersieht, fokussiert man seine Aufmerksamkeit schnell nur auf die Gütertransaktionen und vergißt, daß der Güteranbieter (der „Verkäufer") in einer monetären Transaktion gleichzeitig auch Geldnachfrager ist und der Güternachfrager (der „Käufer") auch ein Geldanbieter ist.

Angebots- und Nachfragetheorie sind deswegen beide Bestandteil der allgemeineren Wahltheorie (Engl. *choice theory*), oder besser der *Theorie der menschlichen Handlung*. Erst nach dieser methodologischen Vorbemerkung sollten die trivialerweise großen Ähnlichkeiten zwischen der mikroökonomischen Haushalts- und Produktionstheorie klar werden. Wie wir später sehen werden, ist dabei grundsätzlich immer dasselbe Prinzip der „Wahl innerhalb

---

[7]Aus Menger [1871], Seite 2 und 3.

eines Möglichkeitenraumes" die Grundlage. Die ökonomischen Kosten einer Wahl werden ihren „Opportunitätskosten" entsprechen, dem Wert (sei er nutzenmäßig oder monetär) „der besten durch die Wahl entgangenen Alternative". Man versteht somit sofort, daß sich zum Beispiel die Kostentheorie (als Teil der Produktionstheorie) von der Haushaltstheorie methodologisch nicht unterscheiden läßt: Opportunitätskosten entsprechen der Entscheidungsgrundlage sowohl für „Anbieter" – „Produzenten" als auch für „Nachfrager" – „Konsumenten".

1.3 Arbeitswert versus subjektive Werttheorie

Angenommen wir können zwischen verschiedenen Gütern auswählen und darüber hinaus auch über die gewünschte Menge der Güter entscheiden. Damit wir eine Theorie der rationalen Wahl formulieren können, müssen die möglichen Güterkombinationen vergleichbar gemacht werden. Man spricht in diesem Kontext von „Präferenzen" oder von „Präferenzrelationen". Obwohl die Hauhaltstheorie erst im Abschnitt 2.4 eingeführt wird, sind einige Vorbemerkungen für diese erste Einführung nützlich.

Die klassischen Ökonomen versuchten im XIX. Jahrhundert die von den zur Verfügung stehenden Güterkombinationen verursachten Nutzen- oder Wohlstandsniveaus zu messen. Die Suche nach dem geeignetsten Nutzenmaß mußte aber erfolglos bleiben, da das Nutzenkonzept in seiner Natur rein subjektiv ist. Am Ende des XIX. Jahrhunderts kamen drei Ökonomen unabhängig voneinander in der Tat zu dem Schluß, daß der Wert eines Gutes subjektiv und nicht objektiv ist. Das war eine wichtige Erkenntnis, denn die klassischen Ökonomen hatten bislang gedacht, dieser sei gleich den Herstellungskosten. Diese Meinung, die erstmals von Adam Smith vertreten wurde, erhielt den Namen „Arbeitswerttheorie" und prägte alle Werke des XIX. Jh., inklusive *Das Kapital* von Karl Marx. Adam Smith, aus vielen Gründen der Vater der Ökonomie, war leider auch dafür verantwortlich, daß die Entwicklung der Werttheorie hundert Jahre lang aufgehalten wurde. Vor ihm waren nämlich schon einige ökonomische Proto-Denkschulen zum Schluß gekommen, der Wert sei ein „mentaler Zustand". Die wichtigste unter ihnen war wahrscheinlich die Schule von Salamanca, deren Fundamente in der späten tomistischen Philosophie zu finden sind (aus den mittelalterlichen Werken von Tomas von Aquin über die Frage des *gerechten Preises*). Die oben erwähnten Ökonomen haben die moderne Wirtschaftswissenschaft geprägt: Jevons in London, Pareto in Lausanne und Menger in Wien. Letzterer beschrieb das Konzept über den Wert mit folgenden Worten:

[...] *und es ist somit der Werth die Bedeutung, welche concrete Güter oder Güterquantitäten für uns dadurch erlangen, daß wir in der*

Befriedigung unserer Bedürfnisse von der Verfügung über dieselben abhängig zu sein uns bewußt sind.[8]

Die Passage legt deutlich fest, daß der Wert einer Ware nichts mit ihren Produktionskosten zu tun hat, sondern mit der von ihr induzierten Bedürfnisbefriedigung. Jevons, Pareto und Menger waren auch die Ersten, die systematisch den methodologischen Begriff des *Grenznutzens* anwendeten,[9] wonach für das Erklären der menschlichen Handlung nur die marginalen Mengenänderungen relevant sind, nicht die Gesamtbeträge.[10]

1.4 Ordinaler statt kardinaler Nutzen und die fallende Nachfrage

Die definitive Abweichung von der Arbeitswerttheorie, die im übrigen Karl Marx seine berühmte „Ausbeutungstheorie" formulieren ließ, sowie das konsequente Vertreten der neuen subjektiven Werttheorie, führte auch zu einer Änderung des Nutzenkonzeptes: vom sogenannten *kardinalen* zum *ordinalen* Nutzen. Nach dieser neuen Auffassung, nach der der Nutzen nicht mehr meßbar ist, sind nur Präferenz*ordnungen* denkbar, sprich Güter-Rangfolgen, von dem am besten angesehenen Güterbündel zu dem am tiefsten Geschätzten. Das ganze Buch ist mit diesem Ansatz konsistent aufgebaut und methodologische Kritiken diesbezüglich werden ab und zu nicht gescheut.

Seit einigen Jahren verspricht die Glücksforschung (engl. *Happiness Economics*) neue Schritte vorwärts innerhalb der Nutzentheorie. Das durch direkte Befragungen gemessene Glück ist nur scheinbar kardinaler Natur (man mißt normalerweise subjektive Werte auf einer Skala von 1 bis 10), in der Tat aber immernoch ordinal.[11] Gewiße ökonometrische Verfahren ermöglichen die konsistente Handhabung solcher Daten.

Unter den drei oben erwähnten innovativen Ökonomen setzte sich Karl Menger[12] für die vermutlich konsequenteste Ausformulierung der Theorie der menschlichen Handlung ein: Sind einmal alle möglichen Güterbündeln nach

---

[8]Aus Menger [1871], Seite 78.

[9]Dies obwohl z.B. Menger vom Wort „Grenznutzen" nie Gebrauch machte. Die deutsche Bezeichung stammt aus Friedrich von Wieser (1851-1926).

[10]Die interessierten Leser können sehr ausführliche Informationen zu den ökonomischen Theorien in den Jahrhunderten vor Adam Smith in Rothbard [1996a] finden, während Rothbard [1996b] der Geschichte der klassischen Ökonomie gewidmet ist. Empfehlenswerte Werke zur Wirtschaftsgeschichte sind auch Heyne [2000], Samuels et al. [2003], Blaug [1962] und Skousen [2001].

[11]Vgl. insbesondere Frey und Stutzer [2002], S. 406.

[12]Vgl. Menger [1871].

den subjektiven Präferenzen geordnet und mit der jeweiligen Anzahl Geldeinheiten (d.h. eines Referenzgutes) verglichen, die vom Agenten für ihre Zession gefordert sind (der sogenannte „monetäre Preis" vom jeweiligen Güterbündel), dann muß, so Menger, notwendigerweise die „Nachfragekurve" abnehmend im Preis sein. Sollte das nicht der Fall sein, dann würde das der Annahme der konsistenten Güterbündel-Einordnung widersprechen. Das folgt automatisch aus der Tatsache, daß das *Konzept von Wahl* immer Knappheit voraussetzt, d.h. *Wahl unter gegebenen Alternativen*: Da wir nicht alles gleichzeitig konsumieren können, müssen wir wählen. Das wiederum impliziert aber eine Präferenzordnung, und daher sollten bei hohem Stückpreis (d.h. bei geringeren Ressourcen) nur die wichtigsten Bedürfnisse befriedigt werden. Erst wenn der Preis sinkt, können die weiteren Bedürfnisse betrachtet werden, was die Nachfrage aber nicht reduziert.

Eine ähnliche Begründung der aus logischen Gründen abnehmenden Nachfragekurve ist folgende: Betrachten wir ausschließlich ein Gut. Da diese Ware ein ökonomisches „*Gut*" ist, gilt notwendigerweise das Prinzip: Je mehr von dieser Ware vorhanden ist, desto besser ist der Agent gestellt. Wäre das nicht der Fall, dann wäre die Ware kein Gut, sondern ein „*Schlecht*", wie zum Beispiel schädliche Stoffe, Lärm, schlechtes Essen. Einmal die Ware als Gut bezeichnet, folgt automatisch die abnehmende Nachfrage: Sollten wir weniger Ressourcen benötigen, um eine zusätzliche Einheit zu kaufen (d.h. würde der Preis sinken), dann würden wir mit Sicherheit mehr davon kaufen, denn als „*Gut*" generiert eine Mengenzunahme einen eindeutigen Nutzenzuwachs. Später, im Abschnitt 2.4, werden wir hierzu wichtige Begriffe wie den *Substitutionseffekt* und die *Giffengüter* kennen lernen.

Ein wesentliches Ziel dieses Buches ist es, die soeben formulierten intuitiven Gedanken analytisch zu präsentieren, um dann die exakten Voraussetzungen für ihre Richtigkeit klarzustellen. Denn die Nachfrage unter gleichzeitiger Betrachtung mehrerer Faktoren ist keinesfalls automatisch fallend im Preis, was wiederum gravierende Auswirkungen auf die Stabilität von Gleichgewichten hat.

1.5 Das im Preis zunehmende Angebot

In den vorherigen Abschnitten haben wir schon zwei wichtige Behauptungen formuliert:

- Nachfrage- und Angebotsverhalten unterscheiden sich in der methodologischen Betrachtung kaum.

- Die Nachfrage ist abnehmend im Preis.

Wir nehmen zunächst an, daß die Einordnung der Möglichkeiten nach dem Prinzip „Zuerst die besten Alternativen, dann die Schlechteren" auch für das Angebot zutrifft: Ist der auf dem Markt zu erwartende Absatzpreis tief, wird man (rational) zuerst die günstigsten Produktionstechnologien einsetzen, um die Kosten tief zu halten und Gewinn zu erzielen. Anders gesagt, man wird jene Kombination von Produktionsfaktoren (Arbeit, Kapital, Boden, Energie usw.) auswählen, die die kleinsten Opportunitätskosten aufweist. Nach der subjektiven Werttheorie sind die Opportunitätskosten die einzigen ökonomisch relevanten Kosten und gleichzeitig der Wert des Faktors: Im Sinne der Opportunitätskosten sind „billige" Produktionsfaktoren Ressourcen, die anderswo kaum Einsatz finden, für deren Erwerb der Unternehmer kaum im Wettbewerb steht, und die er demzufolge weniger entlohnen muß.

Diese Erkenntnis fehlt zum Beispiel vielen Journalisten, die über die Lohnunterschiede und die vermuteten Ungerechtigkeiten zwischen entwickelten und unterentwickelten Ländern berichten. Die tiefen Löhne haben kaum mit Ausbeutung zu tun, sondern stellen die meistens aus der geringeren Real- und Humankapitalakkumulation stammenden tieferen Opportunitätskosten der Arbeitszeit dar.

Wenn der Absatzpreis zunimmt, wird der Produzent mehr verdienen, was ihm den Erwerb zusätzlicher (teurerer) Inputfaktoren und somit eine größere Produktion ermöglicht: Das Angebot *muß*, wie wir später auch analytisch zeigen werden, notwendigerweise zunehmend im Preis sein, sonst verhält sich der Unternehmer irrational.

Das Grundmodell: Arbeit und Konsum

„Arbeite nur, die Freude kommt von selbst!"

Johann Wolfgang von Goethe

Schon ab diesem allerersten analytischen Kapitel soll als Ansatz gewählt werden, daß wir uns gleichzeitig Gedanken über den Güter- und den Arbeitsmarkt machen möchten. Diese Sichtweise hilft, die Wechselwirkungen zu betonen.

2.1 Angebots-Nachfrage-Diagramm eines Marktes

Nach den in Kapitel 1 präsentierten fundamentalen mikroökonomischen Grundgedanken können wir das berühmteste Diagramm der ökonomischen Theorie vorstellen: den Graph der Nachfrage- und Angebotskurve. Da wir ab sofort die Ökonomie in ihrer Ganzheit studieren möchten, führen wir gleich den Güter- und den Arbeitsmarkt ein.

2.1.1 Gütermarkt

Wir führen zuerst die Darstellung für den Gütermarkt ein, wobei folgende Notationsvereinbarung getroffen wird:

1. Die Angebotsbeziehung – vom Preis zum Konsumgut – wird mit $y(p)$ bezeichnet und stellt die Menge y dar, die bei einem Marktpreis p angeboten wird.

2. Die Nachfragebeziehung – vom Preis zum Konsumgut – wird mit $x(p)$ bezeichnet und stellt die Menge x dar, die bei einem Marktpreis p nachgefragt wird.

3. $\overset{*}{p}$ ist der markträumende Preis, d.h. der Preis, bei dem die Nachfrage dem Angebot entspricht.

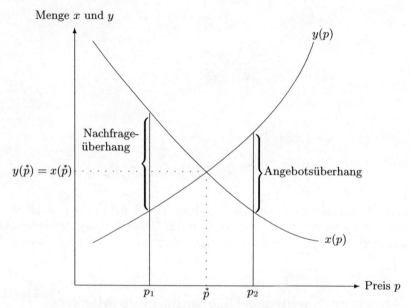

Abb. 2.1. Das Gütermarktdiagramm.

Abbildung 2.1 stellt in einem Diagramm die Angebotsfunktion $y(p)$ und die Nachfragefunktion $x(p)$ dar.

Bevor wir das Gleichgewichtskonzept vorstellen, sei die Aufmerksamkeit des Lesers auf die Achsenbeschriftungen gelenkt. Aus Gründen, die später in diesem Buch ersichtlich werden, haben wir uns für eine mathematisch korrekte aber unkonventionelle Darstellung entschieden: auf der waagerechten Achse befindet sich der Preis, d.h. die unabhängige Variable, während die abhängige Variable – die Menge $x(p)$ bzw. $y(p)$ – sich auf der senkrechten Achse befindet. Eine Konvention der Mathematik fordert, daß die unabhängige Variable auf der waagerechten, und die abhängige auf der senkrechten Achse steht.
Seitdem in der Volkswirtschaftslehre das graphische Instrumentarium eingeführt wurde, traf man hingegen eine Konvention, die der mathematischen entgegengesetzt ist: Nämlich, daß der Preis auf die senkrechte und die Menge auf die waagerechte Achse gesetzt werden. Diese Gewohnheit stammt von dem Ökonomen Alfred Marshall (1824– 1942), der um die Jahrhundertwende seine

Graphiken nach dieser Konvention einführte.

Wir sind uns bewußt, daß diese unkonventionelle Entscheidung unser Buch von den meisten Lehrbüchern unterscheidet. In den folgenden Kapiteln wird uns genau diese Entscheidung den Umgang mit einem größeren verschachtelten Modell vereinfachen, wodurch viele Kettenreaktionen analysierbar werden.

Wir haben den markträumenden Preis $\mathring{p}$ konzeptionell schon eingeführt und graphisch in Abbildung 2.1 dargestellt. Wieso sollte aber der Markt – wie von Adam Smith behauptet – zu einem stabilen Zustand streben, „Gleichgewicht" genannt, und diesen Zustand nie mehr verlassen, sobald er einmal erreicht ist?

1. Sei $p_1 < \mathring{p}$, dann übersteigt die Nachfrage das Angebot und die Produzenten werden den Preis sowie die angebotene Menge erhöhen, um mehr zu verdienen. Daraus folgt, daß p_1 steigt, so daß er sich $\mathring{p}$ annähert. Die Anbieter bewegen sich entlang der Angebotskurve.

2. Sei hingegen $p_2 > \mathring{p}$. Dann übersteigt das Angebot die Nachfrage, und die Produzenten müssen die Preise senken, um alle Güter absetzen zu können. Sie bewegen sich entlang der Angebotskurve. Daraus folgt, daß p_2 sinkt und p auch in diesem Fall sich $\mathring{p}$ annähert.

Ist also der Markt durch kleine Schwankungen einmal nicht im Gleichgewicht, pendelt er sich bald darauf wieder bei $\mathring{p}$ ein, da dort weder ein Angebots- noch ein Nachfrageüberhang besteht.

2.1.2 Arbeitsmarkt

Wir wenden uns nun dem Arbeitsmarkt zu und folgen denselben Grundgedanken, die wir beim Gütermarkt schon vorgestellt haben. Abbildung 2.2 stellt wiederum das Ganze graphisch dar. Dabei gilt eine ähnliche Notation wie bei dem Gütermarkt:

1. Die Angebotsbeziehung – vom Lohn zur Arbeitsleistung – wird mit $l^s(w)$ bezeichnet und stellt die Arbeitsleistung l^s dar, die bei einem Marktlohn w von den Arbeitnehmern angeboten wird. l^s wird dabei in Arbeitsstunden, w in Geldeinheiten pro Arbeitsstunde gemessen.

2. Die Nachfragebeziehung – vom Lohn zur Arbeitsleistung – wird mit $l^d(w)$ bezeichnet und stellt die Arbeitsleistung l^d dar, die bei einem Marktlohn w von den Firmen nachgefragt wird.

3. $\mathring{w}$ ist der Gleichgewichtslohn, d.h. der Preis für Arbeitsleistung, bei dem die Nachfrage der Firmen dem Angebot der Arbeitnehmer entspricht. Hier stellt sich das maximale Beschäftigungsvolumen ein.

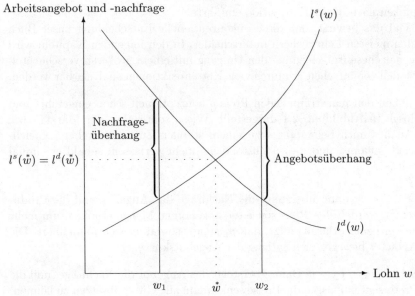

Abb. 2.2. Das Arbeitsmarktdiagramm.

Man beachte, daß die Lohnsumme $w \cdot min\{l^s(w), l^d(w)\}$ nicht notwendig im Punkt $\overset{*}{w}$ maximal ist: Befinden wir uns z.B. in w_2, werden weniger Arbeiter für mehr Lohn beschäftigt, so daß die Lohnsumme evtl. sogar höher ist, es aber zu Arbeitslosigkeit kommt. Dies haben die Arbeitnehmervertreter in vielen Ländern erkannt, sodaß eine Situation mit Arbeitslosigkeit und Lohnersatzleistungen der Vollbeschäftigung vorgezogen wird. Diesen Gedanken werden wir in der Makroökonomik vertiefen.[1] In der Mikroökonomik gehen wir davon aus, daß sich letzlich der Lohn $\overset{*}{w}$ einstellt.

2.1.3 Komparative Statik

In einem Gleichgewicht gibt es keinen Ursache-Wirkungszusammenhang sondern eine Simultanität: Denn die Höhe des Angebots wird durch die Höhe der Nachfrage bestimmt *und umgekehrt*. Die *komparative Statik* stellt einen Ursache-Wirkungszusammenhang von exogenen auf endogene Größen her.

Beispiel 2.1. Auf dem Gütermarkt wird eine Verkaufssteuer t eingeführt, die von den Produzenten abgeführt wird.

---

[1]Das Buch Hens und Strub [2004] entspricht der makroökonomischen Fortsetzung der hier eingeführten Theorie.

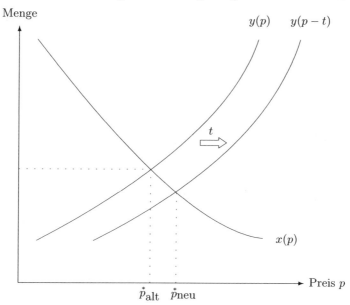

Abb. 2.3. Die Einführung einer Mengensteuer.

Wie in Abbildung 2.3 gezeichnet, verschiebt sich durch die Verkaufssteuer die Angebotskurve um t nach rechts, da erst zum Preis $p + t$ genauso viel angeboten wird wie zuvor. Daraus folgt, daß $\overset{*}{p}$ steigt, d.h. der neue Gleichgewichtspreis liegt zwischen dem alten Gleichgewichtspreis $\overset{*}{p}$ und $\overset{*}{p} + t$; die Verkaufssteuer wird also sowohl von den Produzenten als auch von den Konsumenten getragen. Gibt es aber ein Maß, um zu entscheiden, ob der Gleichgewichtspreis näher an $\overset{*}{p}$ oder $\overset{*}{p} + t$ liegt?

Abbildung 2.4 stellt einen ersten Extremfall dar: Ist die Nachfragekurve $x(p)$ senkrecht (völlig elastisch), dann bleibt $\overset{*}{p}$ trotz der Verkaufssteuer gleich. In diesem Fall tragen nur die Produzenten die Steuer.
Eine völlig elastische Nachfrage bedeutet wörtlich, daß die Mengenreaktionen der Nachfrageseite auf Preisveränderungen in riesigem Umfang stattfinden: Die Nachfrage reagiert auf Preisveränderungen extrem sensibel, und das Crowding Out – falls der Preis zunimmt – ist vollständig.

Aus Abbildung 2.5 ist ersichtlich, was mit einer waagerechten Nachfragekurve $x(p)$ (völlig unelastisch) passieren würde: Die Preisveränderung wäre maximal und $\overset{*}{p}$ würde sich in vollem Umfang um t erhöhen. Mit anderen Worten, hier tragen nur die Konsumenten die Steuer.
Der graphische Verlauf von $x(p)$ zeigt sehr deutlich, was eine völlig unelastische Nachfrage bedeutet: Die Nachfrage reagiert nicht auf Preisveränderungen. Die Nachfrage nach Tabak zum Beispiel ist so ein Fall.

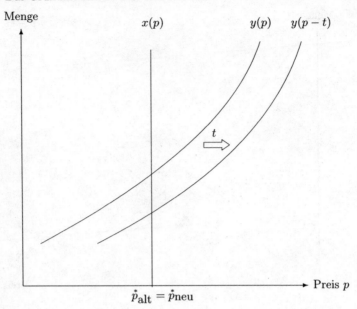

Abb. 2.4. Die Einführung einer Mengensteuer bei vollkommen elastischer Nachfrage, d.h. $\varepsilon_{x,p} = -\infty$.

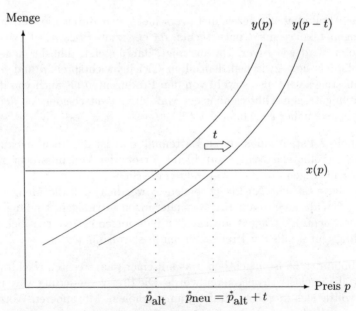

Abb. 2.5. Die Einführung einer Mengensteuer bei vollkommen unelastischer Nachfrage, d.h. $\varepsilon_{x,p} = 0$.

Somit können wir die wohl begründete Vermutung anstellen, daß die Elastizität dem gesuchten Maß entspricht.

Definition 2.2 (Preiselastizität).

Die Elastizität der Nachfrage nach dem Preis berechnet sich aus

$$\varepsilon_{x,p} = \lim_{\Delta p \to 0} \frac{\Delta x}{\Delta p} \cdot \frac{p}{x} = \frac{\partial x}{\partial p} \cdot \frac{p}{x} \quad .$$

Die Elastizität des Angebots nach dem Preis ist analog

$$\varepsilon_{y,p} = \lim_{\Delta p \to 0} \frac{\Delta y}{\Delta p} \cdot \frac{p}{y} = \frac{\partial y}{\partial p} \cdot \frac{p}{y} \quad .$$

Die Elastizität beschreibt die prozentuale Veränderung der Nachfrage als Resultat einer 1%-igen Preissteigerung. Streng genommen, gilt dies nur für kleine Änderungen. Nachdem wir den Elastizitätsbegriff eingeführt haben, können wir uns nun der analytischen Betrachtung von dem widmen, was wir in den obigen Paragraphen beschrieben und graphisch dargestellt haben.

Aus der Gleichgewichtsgleichung

$$y(p - t) = x(p)$$

bilden wir das totale Differential[2]

$$y'(p - t)[\mathrm{d}p - \mathrm{d}t] = x'(p)\,\mathrm{d}p$$

daraus folgt, daß

$$(y'(p - t) - x'(p))\,\mathrm{d}p = y'(p - t)\,\mathrm{d}t$$

$$\frac{\mathrm{d}p}{\mathrm{d}t} = \frac{y'(p - t)}{y'(p - t) - x'(p)}$$

$$= \frac{1}{\frac{y'(p-t) - x'(p)}{y'(p-t)}}$$

$$= \frac{1}{1 - \frac{x'(p)}{y'(p-t)}} \quad . \tag{2.1}$$

Sei nicht vergessen, daß

$$\varepsilon_{x,p} = x'(p) \frac{p}{x}$$

woraus für $x'(p)$ und $y'(p)$ folgt, daß

---

[2]Hinweis zur Notation $x'(p)$ statt $\frac{\partial x}{\partial p}$, da nur ein Argument in $x(p)$ vorkommt.

$$x'(p) = \varepsilon_{p,x}\,\frac{x}{p}$$

$$y'(p) = \varepsilon_{p,y}\,\frac{y}{p} \quad .$$

Gehen wir davon aus, daß im Gleichgewicht $x = y$ gilt und wir von $t = 0$ starten, ergibt sich

$$\frac{x'(p)}{y'(p)} = \frac{\varepsilon_{x,p}}{\varepsilon_{y,p}} \quad .$$

Dies können wir in (2.1) einsetzen, um die gesuchte analytische Beziehung zwischen der Preisveränderung und den Elastizitäten formal darzustellen:

$$\frac{\mathrm{d}p}{\mathrm{d}t} = \frac{1}{1 - \frac{\varepsilon_{x,p}}{\varepsilon_{y,p}}} \quad . \tag{2.2}$$

Gleichung (2.2) kann leicht interpretiert werden:

1. Abbildung 2.4 stellt eine senkrechte Nachfragekurve dar, die einer vollkommenen preiselastischen Nachfrage entspricht, d.h. dem Fall, wo $\varepsilon_{x,p} = -\infty$ ist. Die Steuerzunahme verursacht in dieser Situation keine Preisveränderung, was auch von Gleichung (2.2) bestätigt wird:

$$\frac{\mathrm{d}p}{\mathrm{d}t} = \frac{1}{1 - \infty}$$
$$= 0 \quad .$$

2. Abbildung 2.5 stellt eine waagerechte Nachfragekurve dar, die einer vollkommenen preisunelastischen Nachfrage entspricht, d.h. dem Fall, wo $\varepsilon_{x,p} = 0$ ist. Die Steuerzunahme verursacht in dieser Situation eine Preisveränderung im Verhältnis eins zu eins, was auch von Gleichung (2.2) bestätigt wird:

$$\frac{\mathrm{d}p}{\mathrm{d}t} = \frac{1}{1 - 0}$$
$$= 1 \quad .$$

Die obige Analyse betrifft die zwei Extremfälle und alle Möglichkeiten dazwischen. Aus ihr ist ersichtlich, daß eine Mengensteuer die abgesetzte Menge bestimmt nicht erhöht, d.h. Steuern können nicht die Produktion stützen. Im besten Fall: Nur wenn die Nachfrage nach dem Preis vollkommen unelastisch ist, sinkt die Produktion nicht.

Abschließend sei bemerkt, daß ökonomische Modelle kaum quantitative Prognosen liefern können. Sie ermöglichen aber, gewiße qualitative Eigenschaften zu untersuchen, wie das obige Beispiel gezeigt hat.

2.2 Interdependenz von Güter- und Arbeitsmarkt

Veränderungen auf dem Arbeitsmarkt wirken sich auf den Gütermarkt aus und umgekehrt, so daß Arbeitsangebot und -nachfrage indirekt auch von p abhängen, und Güterangebot und -nachfrage auch von w beeinflußt werden. Analytisch sollten wir deswegen unsere bisherige Notation wie folgt anpassen:

$$\text{Arbeitsmarkt} \begin{cases} l^s(p, w) & \text{Arbeitsangebot} \\ l^d(p, w) & \text{Arbeitsnachfrage} \end{cases}$$

$$\text{Gütermarkt} \begin{cases} y(p, w) & \text{Güterangebot} \\ x(p, w) & \text{Güternachfrage} \end{cases}$$

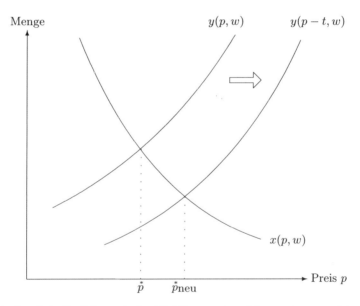

Abb. 2.6. Der Primäreffekt nach der Einführung einer Mengensteuer auf dem Gütermarkt.

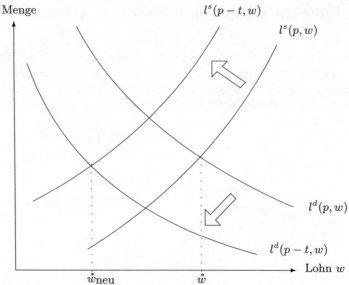

Abb. 2.7. Der Sekundäreffekt auf dem Arbeitsmarkt nach der Einführung einer Mengensteuer auf dem Gütermarkt.

Beispiel 2.3. Einführung (oder Erhöhung) einer Verkaufssteuer t.

Der *Primäreffekt* auf dem Gütermarkt entspricht der waagerechten Verschiebung des Güterangebotes um t, wie in Abbildung 2.6 dargelegt.

Die Preissteigerung bewirkt dann auf dem Arbeitsmarkt zunächst das Verschieben der Nachfragekurve nach links, da sich die auf dem Gütermarkt abgesetzte Menge reduziert hat, was eine kleinere Produktion und Beschäftigung impliziert. Zudem, da der Lohn nun real gesehen weniger wert ist, nimmt auch das Arbeitsangebot der Arbeitnehmer ab. Diese Kaufkraftabnahme heißt *Sekundäreffekt* und ist in Abbildung 2.7 dargestellt.

Ebenso wirkt sich die Änderung des Gleichgewichtslohns wieder als *Tertiäreffekt* auf den Gütermarkt aus usw.

Fazit: Graphisch kann komparative Statik in einem interdependenten System von Märkten nicht sinnvoll analysiert werden, da man das Ausmaß der Kreuzauswirkungen nicht modellieren kann: man kann nicht zeigen, daß der Tertiäreffekt den Primäreffekt zum Beispiel nicht dominiert!

Die Interdependenz zwischen Arbeits- und Gütermarkt kann in einem *Kreislaufsdiagramm* dargestellt werden: Wie bestimmen nach dem Rationalitätsprinzip die Firmen ihre Arbeitsnachfrage sowie ihr Güterangebot bzw. die Haushalte ihr Arbeitsangebot und ihre Güternachfrage? Abbildung 2.8 faßt genau diese Kreislaufbeziehung graphisch zusammen.

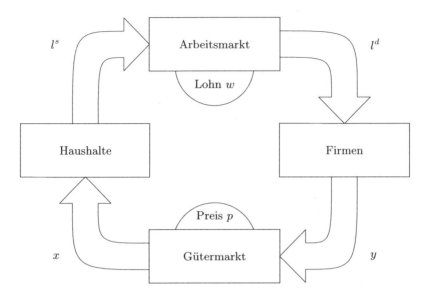

Abb. 2.8. Der wirtschaftliche Kreislauf.

Wie können wir stattdessen analytisch vorgehen? Natürlich könnte man das Angebots-Nachfragesystem wie folgt als Gleichungssystem aufschreiben und dann wieder total differenzieren:

$$l^d(p - t, w) = l^d(p, w)$$
$$y(p - t, w) = x(p, w) \quad .$$

Es ergibt sich in Matrizenschreibweise

$$\begin{bmatrix} \partial_p l^s - \partial_p l^d, & \partial_w l^s - \partial_w l^d \\ \partial_p y - \partial_p x, & \partial_w y - \partial_w x \end{bmatrix} \begin{pmatrix} \mathrm{d}p \\ \mathrm{d}w \end{pmatrix} = \begin{pmatrix} \partial_p l^s \\ \partial_p y \end{pmatrix} \mathrm{d}t \quad ,$$

was durch Invertieren der Matrix zur Lösung von $\mathrm{d}p$ und $\mathrm{d}w$ führt.[3] Hieraus ist ersichtlich, daß man die Angebots- und Nachfragefunktion genau kennen muß. Abschnitt 2.3 modelliert die Produktionsseite, d.h. das Verhalten der Firmen, das zur Ausformulierung der Arbeitsnachfrage und des Güterangebotes führen wird. In ähnlicher Weise vertiefen wir in Abschnitt 2.4 die Entscheidungen bei den Konsumentenentscheidungen, die zur Güternachfrage- und Arbeitsangebotsmodellierung führen werden. Mit diesen Informationen werden wir sowohl graphisch als auch analytisch in Abschnitt 2.5 den wirtschaftlichen Kreislauf gänzlich betrachten und die bisher vorgestellten Zweifel lösen.

---

[3]Hinweis auf vereinfachte Notation: Ab dieser Stelle benutzen wir im ganzen Buch die allgemeine Schreibweise $\partial_p \, l^d(w,p)$ als Abkürzung für $\frac{\partial l^d(w,p)}{\partial p}$.

2.3 Produzentenentscheidung bei einem Faktor

Ziel dieses Abschnitts ist die Modellierung der Produzentenentscheidung bei einem Produktionsfaktor, hier die *Arbeit*. In den späteren Kapiteln werden wir das Modell um zusätzliche Produktionsfaktoren erweitern, typischerweise um das *Kapital*. Hier müssen wir zunächst die grundlegenden Prinzipien und Methodologien aufzeigen, die uns nach der Haushaltstheorie wieder eine Kreislaufbetrachtung ermöglichen werden.

2.3.1 Gewinnmaximierung

Die *Firmen* entscheiden über ihre Arbeitsnachfrage $l^d(p, w)$ sowie über ihr Güterangebot $y(p, w)$. Der Zusammenhang zwischen diesen beiden Größen, d.h. die Menge der technisch möglichen Kombinationen von Arbeit und Output, ist gegeben durch die Technologie- oder Produktionsfunktion T, welche in Abbildung 2.9 dargestellt ist. Die Produktionsfunktion $T(l^d)$ entspricht der maximal produzierbaren Angebotsmenge, d.h. der Grenze des Produktionsbereichs. Es gilt somit $y \leqslant T(l^d)$. Dabei treffen wir folgende Standardannahmen

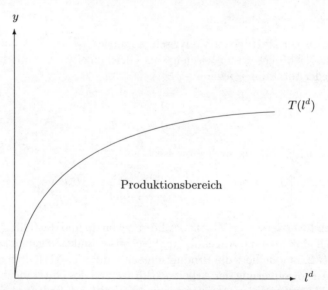

Abb. 2.9. Die Technologie- oder Produktionsfunktion $T(l^d)$ mit einem einzigen Produktionsfaktor.

über die Produktionsfunktion:

1. Sie ist zweimal stetig differenzierbar.

2. Sie beginnt im Ursprung, d.h. $T(0) = 0$.

3. Sie hat abnehmende Grenzerträge: Einerseits hat sie eine positive erste Ableitung $T'(l^d) > 0$, was positive Grenzerträge impliziert, andererseits ist ihre zweite Ableitung negativ im Vorzeichen, $T''(l^d) < 0$, was abnehmenden Grenzerträgen, oder in anderen Worten, einem strikt konkaven Verlauf gleichkommt.

Handelt die Firma nach dem Rationalitätsprinzip, so versucht sie, ihren Gewinn zu maximieren. Der Gewinn π wird buchhalterisch als Differenz zwischen Erlös und Kosten definiert. Der Erlös entspricht dem Stückpreis p multipliziert mit der Anzahl y, während in unserem einfachen Modell die Kosten den Lohnkosten entsprechen, also Stundenlohn w multipliziert mit den nachgefragten Arbeitsstunden l^d. Analytisch wird der Gewinn deshalb so definiert:

$$\pi = p \cdot y - w \cdot l^d \quad . \tag{2.3}$$

Graphische Lösung des Maximierungsproblems

Man zeichnet Isogewinnlinien

$$\{(l^d, y) \mid p \cdot y - w \cdot l^d = \pi\}$$

ein, d.h. Geraden mit den Kombinationen von l^d und y, die zu einem festen Gewinn π führen. Diese Geraden haben die Gleichung

$$y = \frac{w}{p} \cdot l^d + \frac{\pi}{p} \quad .$$

Aus der Gleichung der Isogewinnlinien ist ersichtlich, daß ihre Steigung $\frac{w}{p}$ ist, wie es im übrigen für $\pi = 0$ und $l^d = 1$ leicht beweisbar ist:

$$\pi = p \cdot y - w \cdot l^d$$
$$0 = p \cdot y - w$$
$$y = \frac{w}{p} \quad .$$

Um den Gewinn π zu maximieren, muß die Isogewinnlinie so lange verschoben werden, bis sie T in genau einem Punkt berührt. Die optimale Isogewinnlinie ist also die Tangente von T mit der Steigung $\frac{w}{p}$, wobei T der Graph der Funktion $T(\cdot)$ ist. Im Gewinnmaximum ist der Grenzertrag – die Ableitung von $T(l^d)$ nach l^d – gleich dem Lohn-Preis-Verhältnis $\frac{w}{p}$:

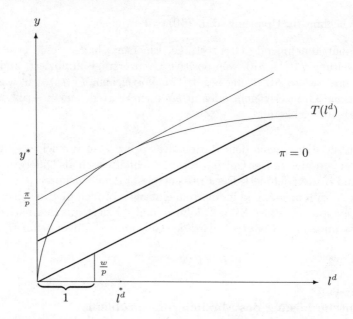

Abb. 2.10. Graphische Lösung des Gewinnmaximierungsproblem mit einem Faktor.

$$T'(l^d) = \frac{w}{p} \tag{2.4}$$

$$p \cdot T'(l^d) = w \tag{2.5}$$

Die obigen Optimalitätsbedingungen spielen in der Mikroökonomie eine zentrale Rolle. Sie besagen, daß eine zusätzliche Arbeitseinheit sich nur dann lohnt, wenn sie nicht mehr kostet als sie einbringt. Gleichung 2.4 ist in realen Größen geschrieben und bedeutet „Das Grenzprodukt muß im Gewinnmaximum dem Reallohn entsprechen", während Gleichung 2.5 in nominalen Größen dargestellt ist – also in EUR oder CHF – und heißt „Das Wertgrenzprodukt muß im Gewinnmaximum dem Nominallohn – dem Gehalt – entsprechen".

Algebraische Lösung

Um den maximalen Gewinn zu erreichen, müssen wir zunächst das Problem in eine mathematisch präzise Form überführen:

$$\pi(p, w) = \max_{y, l^d} \quad p \cdot y - w \cdot l^d \qquad \text{s.t.} \qquad y < T(l^d) \quad . \tag{2.6}$$

Die Formulierung 2.6 bedeutet: „*Maximiere bezüglich Produktion y und Arbeitseinsatz l^d den Gewinn π, definiert als Erlös $p \cdot y$ minus Kosten $w \cdot l^d$, indem* *man beachte ("s.t." steht für das Englische "subject to" oder "such that"), daß die Produktion y unbedingt durch die verfügbare Technologie $T(\cdot)$ und den gewählten Arbeitseinsatz l^d erreicht werden muß".*

Was nach "s.t." steht, heißt *Nebenbedingung*. Sie können wir in den zu maximierenden Ausdruck einsetzen, um das reduzierte Maximierungsproblem

$$\pi(p,w) = \max_{l^d} \quad p \cdot T(l^d) - w \cdot l^d$$

ohne Nebenbedingung zu erhalten.

Die sogenannte *Bedingung erster Ordnung* (BEO, oder in der internationalen englischen Notation FOC für *first order condition*) erhalten wir, indem die erste Ableitung auf Null gesetzt wird:

$$\pi'(l^d) = p \cdot T'(l^d) - w \overset{!}{=} 0$$
$$p \cdot T'(l^d) = w \quad . \tag{FOC}$$

Die *Bedingung zweiter Ordnung* (BZO, oder in der internationalen englischen Notation SOC für *second order condition*) ist erfüllt, wenn die zweite Ableitung ein negatives Vorzeichen hat:

$$\pi''(l^d) \overset{!}{<} 0 \quad ,$$
$$\text{also} \quad T''(l^d) < 0 \quad . \tag{SOC}$$

Die Bedingung erster Ordnung führt zum gleichen Ergebnis wie die graphische Lösung; die Bedingung zweiter Ordnung entspricht genau der getroffenen Standardannahme über die strikte Konkavität der Technologiefunktion, die die Existenz eines Maximums gewährleistet. Abbildung 2.45 weiter hinten im Buch auf Seite 78 zeigt, daß diese Bedingung nicht vergessen werden darf.

2.3.2 Preisvariation in der Produzentenentscheidung

Beispiel 2.4. Wie verändern sich Arbeitsnachfrage, Produktion und Gewinn, wenn der Preis bzw. der Lohn steigt?

Graphische Betrachtung

Angenommen, der Preis steigt von $p(1)$ auf $p(2)$, dann fällt die Steigung der Isogewinnlinie. Dies bewirkt, daß sowohl y als auch l^d steigen, und π ebenfalls

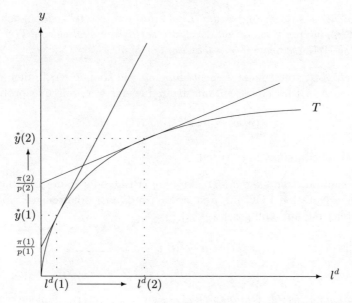

Abb. 2.11. Abnahme des Reallohnes und neues Gewinnmaximum.

steigt, da $\frac{\pi}{p}$ steigt.

Umgekehrt gilt: Bei steigendem Lohn w steigt $\frac{w}{p}$ und damit fallen y, l^d sowie π. Zusammenfassend können wir folgendes feststellen:

$$\partial_p\, l^d(p,w) > 0 \qquad\qquad \partial_w\, l^d(p,w) < 0$$
$$\partial_p\, y(p,w) > 0 \qquad\qquad \partial_w\, y(p,w) < 0$$
$$\partial_p\, \pi(p,w) > 0 \qquad\qquad \partial_w\, \pi(p,w) < 0$$

Analytische Lösung

Wir möchten uns Schritt für Schritt den Änderungen von l^d, y und π widmen.

1. Änderung von l^d

Im Gewinnmaximum gilt: $p \cdot T'(l^d) = w$. Aus dieser Gleichung bilden wir das totale Differential $T'(l^d)\,\mathrm{d}p + p \cdot T''(l^d)\,\mathrm{d}l^d = \mathrm{d}w$, woraus mit $\mathrm{d}p = 0$ folgt, daß

$$\boxed{\partial_w\, l^d(p,w) = \frac{\mathrm{d}l^d}{\mathrm{d}w} = \frac{1}{p \cdot T''(l^d)} < 0}$$

da $T''(l^d) < 0$. Analog, mit $dw = 0$, erhalten wir

$$\partial_p\, l^d(p,w) = \frac{dl^d}{dp} = \frac{-T'(l^d)}{p \cdot T''(l^d)} > 0$$

da $T'(l^d) > 0$.

2. Änderung von y

Für den Output gilt: $y(p,w) = T(l^d(p,w))$. Unter den oben schon abgeleiteten Eigenschaften folgt, daß

$$\partial_p\, y(p,w) = T'(l^d) \cdot \partial_p\, l^d(p,w) > 0$$

und

$$\partial_w\, y(p,w) = T'(l^d) \cdot \partial_w\, l^d(p,w) < 0$$

3. Änderung von π

Der Gewinn ist nach Gleichung 2.3 wie folgt definiert:

$$\pi(p,w) = p \cdot y(p,w) - w \cdot l^d(p,w) \quad .$$

Für unsere Zwecke sind die Vorzeichen der beiden partiellen Ableitungen von Bedeutung. Beginnen wir mit der partiellen Ableitung vom Gewinn nach dem Preis:

$$\begin{aligned}
\partial_p\, \pi(p,w) &= y(p,w) + p \cdot \partial_p\, y(p,w) - w \cdot \partial_p\, l^d(p,w) \\
&= y(p,w) + p \cdot T'(l^d) \cdot \partial_p\, l^d(p,w) - w \cdot \partial_p\, l^d(p,w) \\
&= y(p,w) + \partial_p\, l^d(p,w)\underbrace{[p \cdot T'(l^d) - w]}_{=0}
\end{aligned}$$

Man beachte, daß bei optimaler Produktion $p \cdot T'(l^d) = w$ ist, wie wir oben gezeigt haben. Somit erhalten wir die erste gesuchte Beziehung:

$$\partial_p\, \pi(p,w) = y(p,w) > 0$$

Wir können uns jetzt der partiellen Ableitung vom Gewinn nach dem Nominallohn widmen:

$$\begin{aligned}
\partial_w\, \pi(p,w) &= p \cdot \partial_w\, y(p,w) - l^d(p,w) - w \cdot \partial_w\, l^d(p,w) \\
&= p \cdot T'(l^d) \cdot \partial_w\, l^d(p,w) - l^d(p,w) - w \cdot \partial_w\, l^d(p,w) \\
&= \partial_w\, l^d(p,w) \cdot \underbrace{[pT'(l^d) - w]}_{=0} - l^d(p,w)
\end{aligned}$$

um die zweite gesuchte Beziehung zu zeigen:

$$\partial_w\, \pi(p,w) = -l^d(p,w) < 0$$

Die letzten zwei eingerahmten Eigenschaften, die sich auf die partiellen Ableitungen der Gewinnfunktion beziehen, heißen in der Literatur *Hotelling Lemma*.[4]
Das Lemma von Hotelling besagt, daß bei optimaler Produktion die partielle Ableitung der Gewinnfunktion nach dem Güterpreis die verkaufte Menge ist, während die partielle Ableitung nach dem jeweiligen Faktorpreis der (negative) Faktoreinsatz ist. Für den Gütermarkt wird implizit angenommen, daß entweder ein Gleichgewicht oder Nachfrageüberhang herrscht.

Man sollte insbesondere darauf achten, daß $y(p,w)$ sowie $l^d(p,w)$ die optimalen Mengen darstellen, die den Gewinn maximieren. Durch das Lemma von Hotelling kann man somit die Güterangebots- und die Faktornachfragekurve einer Firma direkt aus der Gewinnfunktion ablesen. Eine andere wichtige Konsequenz aus dem, was wir oben hergeleitet haben, ist noch folgende: Ist die Gewinnfunktion stetig differenzierbar, dann sind Güterangebot und Faktornachfrage eindeutig bestimmt; sind *vice versa* Güterangebot und Faktornachfrage eindeutig bestimmt, dann muß die Gewinnfunktion $\pi(p,w)$ differenzierbar sein!

2.4 Konsumentenentscheidung bei zwei Gütern

Wir schließen vorläufig das Thema der Firmen ab und widmen unsere Aufmerksamkeit den *Haushalten*. Wegen der Kreislaufbetrachtung dürfen wir die Konsumenten nicht einfach gleichsetzen mit der Nachfrage, denn sie kaufen ja auf der einen Seite Güter, *bieten aber gleichzeitig Arbeit* (im Sinne von Arbeitsleistung) an. Aus diesem Grund heißt dieser Abschnitt nicht *Theorie der Nachfrage*, wie es in vielen Lehrbüchern der Fall ist. In wenigen Schritten werden wir die Güternachfrage *sowie* das Arbeitsangebot modelliert haben. Wie wir schon im ersten Kapitel eingeführt haben, unterscheiden sich Nachfrage und Angebot methodologisch gar nicht, da beide Aspekte generelle Theorien der menschlichen Handlung sind: Bei jeder Transaktion sind *beide Parteien sowohl Anbieter als auch Nachfrager* von Gütern!

---

[4]Der interessierte Leser sei auf Hotelling [1932] verwiesen.

2.4.1 Nutzenmaximierung

Konsummenge und Präferenzrelation

Der Konsument entscheidet sich für eine bestimmte Nachfrage nach Konsumgütern und Freizeit. Die Arbeitszeit ergibt sich automatisch als Komplement zur Freizeit: Die Stunden eines Tages, die nicht als Freizeit „konsumiert" werden, entsprechen der Arbeitszeit. Dabei führen wir folgende Notation ein:

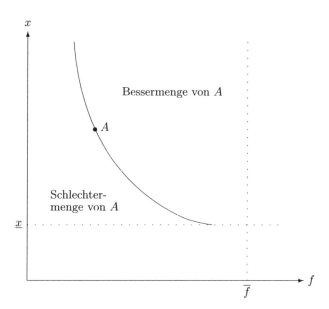

Abb. 2.12. Die Konsummenge $\mathbb{X}$.

1. $\underline{x}$ stellt die *Konsumuntergrenze* dar, die nicht unterschritten werden darf. Man könnte meinen, $\underline{x}$ sei fürs Überleben unentbehrlich.

2. Analog wird Freizeit f nach oben bei $\overline{f}$ begrenzt, da sie selbstverständlich täglich 24 Stunden nicht überschreiten kann.

Die Konsummenge $\mathbb{X}$ enthält alle menschlich möglichen Konsum-Freizeit-Kombinationen, wie in Abbildung 2.12 als Diagramm dargestellt. Mathematisch wird $\mathbb{X}$ wie folgt definiert:[5]

---

[5]In einigen Abbildungen wird es eine Abweichung von Konventionen der analytischen Geometrie der Ebene geben. Z.B. in Abbildung 2.15 ist der Punkt als

$$\mathbb{X} = \left\{ (x, f) \quad | \quad 0 \leqslant \underline{x} \leqslant x \quad \text{und} \quad 0 \leqslant f \leqslant \overline{f} \right\} \quad .$$

Die Indifferenzkurve zu einem Punkt A gibt alle „A gleich guten" Güter-Kombinationen an. Güter, wie der Name selber suggeriert, haben *per Definition* die Eigenschaft: *Je mehr davon, desto besser.* Es kann deswegen bei Gütern keine Sättigung auftreten, sonst wären sie ja keine Güter mehr. Anders gesagt bedeutet ökonomisch „Gut" nicht einfach „Ware", sondern „Ware, die Nutzen bringt". Nach einem Sättigungspunkt wäre diese gesättigte Ware kein Gut mehr, denn wegen der erreichten Sättigung kann eine zusätzliche Einheit keinen Nutzenzuwachs erzeugen.

Die Indifferenzkurve ist somit typischerweise streng monoton fallend, denn eine Kombination kann nur dann zu A gleichwertig sein, wenn von einem Gut mehr, vom anderen weniger nachgefragt wird.

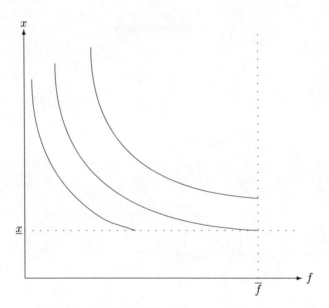

Abb. 2.13. Die Indifferenzkurvenschar in $\mathbb{X}$.

Eine Indifferenzkurvenschar ordnet die Konsummenge mittels einer Präferenzrelation, d.h. für alle $A, B \in \mathbb{X}$ gilt entweder $A \succ B$ (A wird B vorgezogen), $A \prec B$ (B wird A vorgezogen) oder $A \sim B$ (der Konsument ist zwischen A und B indifferent). Abbildung 2.13 legt auf die Fläche $\mathbb{X}$ die Indifferenzkurven.

$(x(1), f(1))$ dargestellt, obwohl $x(1)$ die Koordinate bezüglich der senkrechten und $f(1)$ bezüglich der waagerechten Koordinatenachse sind. Grund dafür ist die gewählte Form $U(x, f)$ für die Nutzenfunktion, also Argumente in umgekehrter Reihenfolge als die Reihenfolge der Koordinatenachsen.

Eine Präferenzrelation hat gewiße Eigenschaften, welche Grundbausteine der Rationalität sind. Eine *schwache Präferenz* wird durch $A \succeq B$ notiert und heißt „das Güterbündel A ist dem Konsumenten mindestens ebenso lieb wie das Güterbündel B." Sie wird folgend charakterisiert.

1. Reflexivität $\forall A \in \mathbb{X}$ gilt: $A \succeq A$.

2. Transitivität $\forall A, C, D \in \mathbb{X}$ gilt: $A \succeq C$ und $C \succeq D$ $\Rightarrow$ $A \succeq D$
   Es wird in anderen Worten angenommen, daß die Präferenzreihenfolge zwischen Güterbündeln der transitiven Eigenschaft genügt.

3. Vollständigkeit $\forall A, D \in \mathbb{X}$ gilt: $A \succeq D$ oder $A \preceq D$
   Die Vollständigkeit besagt, daß alle Güterbündel miteinander vergleichbar sind.

Die *Indifferenz* wird mit $A \sim B$ bezeichnet und bedeutet

$$A \succeq B \quad \wedge \quad B \succeq A \quad .$$

Die *starke Präferenz* wird charakterisiert durch $A \succeq B$ und keine Indifferenz zwischen A und B, man schreibt in diesem Fall $A \succ B$.

Die Präferenzrelation wird durch eine Nutzenfunktion repräsentiert,

$$\begin{aligned} U: & \quad \mathbb{X} & \rightarrow & \quad \mathbb{R} \\ U: & \quad (x, f) & \mapsto & \quad u \end{aligned}$$

die jedem Paar (x, f) einen bestimmten Nutzen u zuordnet. $A \succ B$ ist dann gleichbedeutend mit $U(A) > U(B)$ und $A \sim B$ mit $U(A) = U(B)$. Die darstellende Nutzenfunktion ist nur bis auf streng monotone Transformationen bestimmt, d.h. man darf z.B. eine Konstante addieren oder $U(\cdot)$ mit einem positiven Faktor multiplizieren, ohne die Präferenzordnung zu ändern. Formal würden wir folgendes sagen:

Satz 1 (Streng monotone Transformationen) *Falls* $m : \mathbb{R} \rightarrow \mathbb{R}$ *streng monoton steigend ist und* $B \prec A$ *gilt, dann gilt auch* $m(U(B)) < m(U(A))$.

Die ökonomische Bedeutung von Satz 1 bezieht sich auf den in Abschnitt 1.4 schon vorgestellten Unterschied zwischen ordinalem und kardinalem Nutzen. Nur weil die ordinale Beziehung von Nutzenniveaus verschiedener Güterkombinationen (sprich die Präferenzordnung und nicht ihre Intensität oder ihr Wert) für uns relevant ist, sind monotone Transformationen annehmbar. Durch solche Transformationen ändern wir in der Tat den Nutzenwert, nicht aber die Reihenfolge zwischen Güterbündeln.

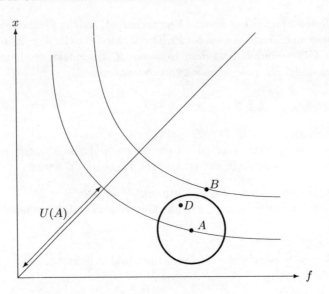

Abb. 2.14. Die graphische Implikation stetiger Präferenzen.

Damit wir die Präferenzrelation analytisch modellieren können, ist die Annahme der Stetigkeit wichtig. Intuitiv bedeutet Stetigkeit, daß kleine Änderungen der Güterbündel nicht zu sprunghaften Änderungen der Präferenzrelation führen.

Definition 2.5 (Stetigkeit von Präferenzrelationen).
Eine Präferenzrelation heißt stetig, *wenn für jedes Paar konvergenter Folgen $A_n \to A$ und $B_n \to B$ mit $A_n \succeq B_n$ für alle n gilt, daß $A \succeq B$. Äquivalent ist die Prüfung, ob die Bessermenge von B, d.h. $\{A_n | A_n \succeq B\}$, sowie die Schlechtermenge von B, d.h. $\{A_n | A_n \preceq B\}$, abgeschlossen sind.*

Daraus folgt ein zweiter wichtiger Satz:

Satz 2 (Stetige Präferenzen) *Falls die Präferenzrelation stetig ist, dann gibt es eine stetige, darstellende Nutzenfunktion.*

Abbildung 2.14 veranschaulicht die obigen Beziehungen, indem dieselben Buchstaben für die Punktebezeichnung gewählt wurden. Zur Konstruktion einer Nutzenfunktion aus einer Präferenzrelation ordnet man z.B. jeder Indifferenzkurve den Abstand zum Ursprung ihres Schnittpunktes mit der Diagonalen zu.

Beispiel 2.6. Lexikographische Ordnung.

Mit „Lexikographischer Ordnung" meint man den Ordnungsansatz, der für die Wörtereinordnung in einem Lexikon angewandt wird: ausschließlich nach einem Kriterium (in dem Fall, der alphabetischen Ordnung). *In der Lexikographischen Ordnung gibt es keine stetige Nutzenfunktion!* Abbildung 2.15 zeigt uns gerade diesen Fall.

Zieht z.B. jemand „Konsum" immer „Freizeit" vor, ist $U(x(1), f(1)) > U(x(2), f(2))$ genau dann, wenn entweder (*1. Möglichkeit*) $x(1) > x(2)$ oder wenn (*2. Möglichkeit*) $x(1) = x(2)$ und gleichzeitig $f(1) > f(2)$ (Freizeit ist ja auch in diesem Fall ein Gut). Hier ist jeder Punkt oberhalb von $(x(2), f(2))$ „besser" als $(x(1), f(1))$, da der x-Wert höher ist.

Daher kann man, obwohl $U(x(2), f(2)) < U(x(1), f(1))$ gilt, keine Umgebung von $(x(2), f(2))$ finden, die nur Punkte C mit $C \prec (x(1), f(1))$ enthält. Dadurch ist das Stetigkeitskriterium nicht mehr erfüllt!

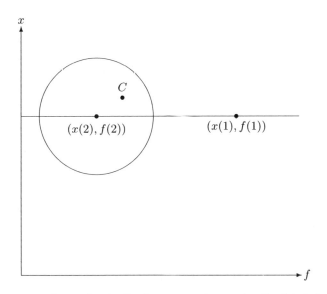

Abb. 2.15. Lexikographische Präferenzen verletzen das Stetigkeitskriterium.

Ein exakter Beweis zu obigem Beispiel kann in Debreu [1959] nachgelesen werden. Obwohl $(x(1), f(1))$ bei gleichem Konsum sehr viel mehr Freizeit als $(x(2), f(2))$ erlaubt, würde eine minimale Erhöhung des Konsums die Präferenzordnung umkehren.

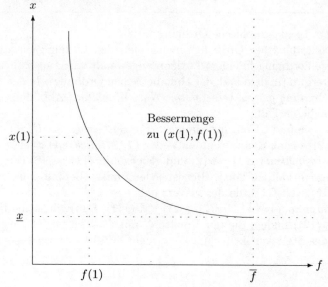

Abb. 2.16. Die Bessermenge und die Quasi-Konkavität von $U(\cdot)$.

Bevor wir die Nutzenmaximierung der Konsumenten vorstellen, seien zuletzt die Standardannahmen über die Nutzenfunktion genannt, die obige kritische Fälle ausschließen:[6]

1. Stetige Differenzierbarkeit

2. Monotonie: $(x(1), f(1)) > (x(2), f(2)) \;\; \Rightarrow \;\; U(x(1), f(1)) > U(x(2), f(2))$

3. Strikte Quasi-Konkavität: Die Bessermenge zu $(x(1), f(1))$, also $\{(x, f)|$ $U(x, f) > U(x(1), f(1))\}$, ist $\forall (x(1), f(1))$ strikt konvex. Abbildung 2.16 bezieht sich genau auf diesen Punkt.

Eine Abschwächung der Monotonieannahme ist die sogenannte lokale Nichtsättigung, d.h. für alle (x, f) mit $x \geqslant \underline{x}$, $f \leqslant \overline{f}$ gibt es in jeder Umgebung von (x, f) bessere Güterkombinationen. Der Leser/die Leserin sei zudem auf Anhang B für eine tiefere mathematische Behandlung der Konvexität verwiesen.

---

[6]Anmerkungen zur Verdeutlichung der Annahmen: Eine Menge ist konvex, falls die Verbindungsstrecke zwischen zwei Punkten dieser Menge in der Menge liegt. Sie heißt strikt konvex, falls die Verbindungsstrecke im Inneren der Menge liegt.
Ein Vektor von Zahlen $(x(1), f(1))$ ist größer als ein Vektor $(x(2), f(2))$, falls keine Komponente des zweiten größer als die entsprechende Komponente des ersten ist und die Vektoren nicht identisch sind, also $x(1) \geqslant x(2)$ und $f(1) \geqslant f(2)$ und mindestens eine dieser Ungleichung strikt ist.

Die Restriktion der Nutzenmaximierung: die Budgetgerade

Die Formalisierung des Rationalitätsprinzips besteht darin, daß der Konsument seinen Nutzen zu maximieren versucht. Die Zielfunktion ist also

$$\max_{(x,f)\in\mathbb{X}} U(x,f) \quad .$$

Als Nebenbedingung muß man eine Budgetrestriktion beachten, denn die Ausgaben dürfen nicht höher als die Einnahmen sein. Dabei werden die Ausgaben als $p\cdot x$ berechnet. Die Einnahmen bestehen aus dem Gehalt (Einnahmen durch Arbeit)

$$w\cdot l^s = w\cdot(\overline{f}-f)$$

sowie aus Gewinnausschüttungen von Firmen π.

Stellen wir die Bedingung „Ausgaben kleiner gleich Einnahmen" formal dar, bekommen wir

$$p\cdot x \leqslant w\cdot(\overline{f}-f)+\pi$$

oder $\quad p\cdot x + w\cdot f \leqslant w\cdot \overline{f}+\pi = b$

Die Budgetmenge wird formal wie folgt geschrieben:

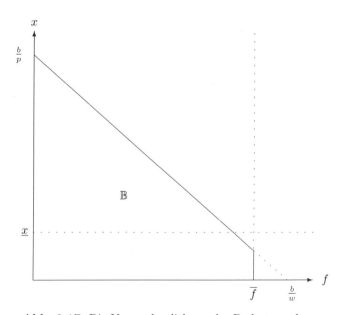

Abb. 2.17. Die Veranschaulichung der Budgetgerade.

$$\mathbb{B}(p, w) = \{(x, f) \in \mathbb{X} | p \cdot x + w \cdot f \leqslant w \cdot \overline{f} + \pi\}$$

Die zulässigen Kombinationen von Gut x und Freizeit f liegen nicht oberhalb der Budgetgerade mit Steigung $-\frac{w}{p}$ und analytischer Form $x = \frac{b}{p} - \frac{w}{p} \cdot f$, wie in Abbildung 2.17 dargestellt.

Man beachte zudem die Rolle der Obergrenze an Freizeit $\overline{f}$ und der Untergrenze an Konsum $\underline{x}$ in der Gestaltung der Budgetgerade. Sehen wir zuerst von $\underline{x}$ ab: Der Achsenabschnitt der Budgetgerade mit der f-Achse wäre $\frac{b}{w}$, es kann ja aber auch passieren (wie in Abbildung 2.17), daß dieser Abschnitt die Obergrenze $\overline{f}$ überschreitet, was zu einem „Abknicken" der Budgetgerade führt. Da bei $\overline{f}$ gar nicht mehr gearbeitet wird, kommt die Höhe der Budgetgeraden in diesem Punkt dem Realgewinn $\frac{\pi}{p}$ gleich: Das sich hier befindende Individuum würde ausschließlich aus Gewinnbeteiligungen leben und den ganzen Tag als Freizeit genießen.

Würden wir zusätzlich auch $\underline{x}$ betrachten, dürfte es dann bei diesem Knick um keine Lösung gehen, denn er unterschreitet den minimalen Konsum $\underline{x}$. Gültige Wahlen des Individuums müssen unbedingt über $\underline{x}$ und links von $\overline{f}$ liegen.

Der Einfachheit halber werden wir nun manchmal diese zwei Restriktionen graphisch und analytisch verlassen unter der Annahme, daß der relevante Optimierungsbereich beide Bedingungen erfüllt. Der Leser sollte aber diese unterliegenden Beschränkungen nie vergessen. Wir kommen im Abschnitt 2.6.2 hierauf zurück.

Man könnte die Budgetgerade auch anders interpretieren: Jedes Individuum hat eine sogenannte *Anfangsausstattung* an (x, f) in der Höhe von $(\frac{\pi}{p}, \overline{f})$. Dieser Punkt ist *immer* erreichbar und stellt den Ursprung allfälliger Bewegungen entlang der Budgetgerade. Die Budgetgerade *muß* deswegen immer durch $(\frac{\pi}{p}, \overline{f})$ laufen.

Graphische Lösung des Nutzenmaximierungsproblems

Die höchste erreichbare Indifferenzkurve ist diejenige, wie in Abbildung 2.18 gezeigt, die die Budgetgerade in genau einem Punkt berührt. Damit ergeben sich für das Nutzenmaximum des Konsumenten folgende Bedingungen:

1. Damit das nutzenmaximierende Güterbündel $(\overset{*}{x}, \overset{*}{f})$ erreichbar ist (kaufbar), muß es auf der Budgetgeraden liegen, d.h. formal

$$p \cdot \overset{*}{x} + w \cdot \overset{*}{f} = b \quad .$$

Ein Punkt unterhalb der Budgetgeraden ist nie optimal, da die Nutzenfunktion monoton oder zumindest lokal nicht gesättigt ist.

2. Die Steigung der Indifferenzkurve in $(\overset{*}{x}, \overset{*}{f})$ kommt der Steigung der Budgetgeraden gleich, also $-\frac{w}{p}$. Die durch $(\overset{*}{x}, \overset{*}{f})$ laufende Indifferenzkurve kann formal wie folgt definiert werden:

$$\text{Indiff}(\overset{*}{x}, \overset{*}{f}) = \{(x, f) \in \mathbb{X} \mid U(x, f) = U(\overset{*}{x}, \overset{*}{f})\} \quad .$$

Da man entlang dieser Indifferenzkurve – per Definition – immer auf demselben Nutzenniveau bleibt, können wir das totale Differential gleich Null setzen

$$\partial_x U(\overset{*}{x}, \overset{*}{f})\, \mathrm{d}x + \partial_f U(\overset{*}{x}, \overset{*}{f})\, \mathrm{d}f = 0$$

woraus die Steigung der Indifferenzkurve folgt

$$\text{GRS}_{f,x} \overset{\text{def}}{=} \frac{\mathrm{d}x}{\mathrm{d}f} = -\frac{\partial_f U(\overset{*}{x}, \overset{*}{f})}{\partial_x U(\overset{*}{x}, \overset{*}{f})} \quad ,$$

welche Grenzrate der Substitution heißt.

Die obige Bedingung „*Die Steigung der Indifferenzkurve in* $(\overset{*}{x}, \overset{*}{f})$ *kommt der Steigung der Budgetgerade gleich*" hat somit eine wichtige Implikation, nämlich

$$\text{GRS}_{f,x} = -\frac{w}{p}$$

$$\frac{\partial_f U(\overset{*}{x}, \overset{*}{f})}{\partial_x U(\overset{*}{x}, \overset{*}{f})} = \frac{w}{p} \quad ,$$

was die sogenannte *Marginalbedingung* darstellt.

Abbildung 2.18 bezieht sich gerade auf diesen Fall. Die erste Eigenschaft eines Nutzenoptimums zeigt die Erreichbarkeit davon, die zweite hingegen die Optimalität: subjektives Tauschverhältnis ($\text{GRS}_{f,x}$) entspricht objektivem Tauschverhältnis ($-\frac{w}{p}$).

Was wir hier rein graphisch und bald auch analytisch zeigen, ist ein wichtiges Prinzip für jeden Ökonomen: Damit eine optimale Handlung überhaupt beobachtbar ist oder getätigt wird, müssen *immer* zwei Bedingungen erfüllt sein. Erstens muß die Handlung *machbar* sein, zweitens muß das handelnde Subjekt sie *wünschen*. Anders gesagt entspricht das dem Motto „Können und Wollen".

Analytische Lösung des Nutzenmaximierungsproblems

Die analytische Herleitung des Nutzenmaximums wird die Marshall'schen Nachfragefunktionen liefern. Wir stellen zuerst das Maximierungsproblem nochmals formal vor

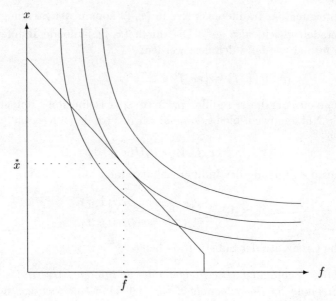

Abb. 2.18. Das Nutzenmaximum bei gegebenem Einkommen.

$$\max_{(x,f)\in\mathbb{X}} U(x,f) \quad \text{s.t.} \quad p\cdot x + w\cdot f = b \quad .$$

Dieses werden wir durch Einsetzen lösen. Wir formulieren zuerst die Nebenbedingung um in:

$$x = \frac{b - w\cdot f}{p}$$

und setzen sie in die Zielfunktion ein

$$\max_{\left(\frac{b-wf}{p},f\right)\in\mathbb{X}} U\left(\frac{b-w\cdot f}{p}, f\right) \quad .$$

1. Die Bedingung erster Ordnung (FOC) lautet

$$U'\left(\frac{b-w\cdot f}{p}, f\right) = -\frac{w}{p}\cdot\partial_x U(x,f) + \partial_f U(x,f) \overset{!}{=} 0 \quad ,$$

was die Optimalitätbedingung liefert

$$\frac{\partial_f U(\overset{*}{x},\overset{*}{f})}{\partial_x U(\overset{*}{x},\overset{*}{f})} = \frac{w}{p} \quad \text{s.t.} \quad x = \frac{b-w\cdot f}{p}$$

2. Die Bedingung zweiter Ordnung (SOC) lautet hingegen

$$U'' \left(\frac{b - w \cdot f}{p}, f \right) \overset{!}{<} 0$$

und ist erfüllt, da $U(\cdot)$ quasi-konkav ist, wie im Anhang B genau erklärt wird.

Statt der (SOC) kann man auch nur die strenge Monotonie und die strikte Quasi-Konkavität der Zielfunktion fordern, die sie hinreichende Bedingungen für ein eindeutiges Optimum sind. In unseren Modellen sind diese meistens vorhanden.

Damit wir mit der analytischen Maximierung fertig sind, müssen wir noch die *Überprüfung der Randlösungen* vornehmen: Abbildung 2.19 stellt genau diesen kritischen Fall graphisch dar.

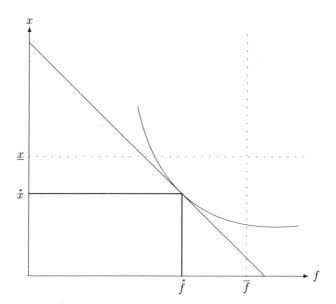

Abb. 2.19. Ein verbotenes Optimum.

Falls sich Budgetgerade und Indifferenzkurve im zulässigen Bereich nicht berühren, was bei $\overset{*}{x} < \underline{x}$ oder $\overset{*}{f} > \bar{f}$ der Fall ist, erfüllt die durch die (FOC) berechnete Lösung die Ungleichungs-Nebenbedingungen nicht. Der Punkt $(\overset{*}{x}, \overset{*}{f})$ ist nicht zulässig und somit keine Lösung des restringierten Optimierungsproblems. Da im tatsächlichen Optimum $\text{GRS}_{f,x} = -\frac{w}{p}$ so nie erfüllt ist, kann man die Lösung graphisch oder formal über Kuhn-Tucker Bedingungen ermitteln.

Anmerkung 2.7 (Monotone Transformationen).
$(\overset{*}{x}, \overset{*}{f})$ ändert sich nicht, falls statt $U(x, f)$ eine strikt-monotone Transformation $m(U(x, f))$ gewählt wurde, denn in der FOC tritt zusätzlich ein Term $m'(U)$ auf, welcher sich in der Grenzratenbildung herauskürzt.

Anmerkung 2.8 (Marshall'sche Nachfragefunktionen).
Die Lösungen dieses Maximierungsproblems heißen die *Marshall'schen Nachfragefunktionen* $\hat{x}(p, w, b)$ und $\hat{f}(p, w, b)$.

Bei den Marshall'schen Nachfragefunktionen sei betont, daß die Argumente w, p und b voneinander nicht unabhängig sind, denn sie hängen durch $b = w\bar{f} + \pi$ zusammen.

2.4.2 Einkommensvariation und Konsumentenentscheidung

Jetzt, da wir Nutzenfunktionen maximieren können, verfügen wir über alle Werkzeuge, um eine komparative statische Analyse durchzuführen: Wie ändert sich das optimale Güterbündel, wenn das verfügbare Einkommen zu- oder abnimmt? Die folgende Definition unterscheidet zwischen normalen und inferioren Gütern.[7]

Definition 2.9 (Normales Gut, inferiores Gut).
Das Gut x heißt normales Gut, *falls für die Marshall'sche Nachfragefunktion gilt: $\partial_b \hat{x}(p, w, b) > 0$. x heißt inferiores Gut, falls für die Marshall'sche Nachfragefunktion gilt: $\partial_b \hat{x}(p, w, b) < 0$. Dies ist eine lokale Eigenschaft, gültig in einer Umgebung des gegenwärtigen Punktes (p, w, b), d.h. für andere Parameterkonstellationen kann das normale Gut ein inferiores Gut sein.*

In anderen Worten sind normale Güter solche, deren Nachfrage mit steigendem Einkommen zunimmt und inferiore Güter solche, deren Nachfrage mit höherem Einkommen abnimmt. Kaviar und Champagner sind typische normale Güter, Hamburger inferiore.
Die Budgetgleichung schließt aus, daß beide Güter inferior sind, sonst ist jede Kombination möglich. Wie Grafik 2.20 zeigt, sind nicht immer alle Güter normal.

---

[7]Hier der Fall für x, dasselbe gilt auch für f.

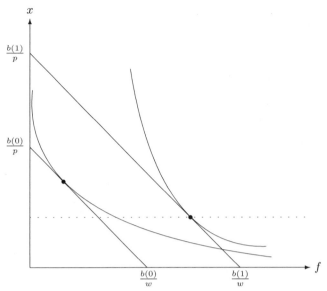

Abb. 2.20. Nutzenmaximierung schließt inferiore Güter nicht aus.

Um sicherzugehen, daß *beide Güter normal* sind, kann man zusätzlich zu den bisherigen Standardannahmen eine der beiden folgenden Zusatzannahmen treffen.

1. U ist additiv seperabel mit strikt konkaven Summanden.

Satz 3 (Additiv separable Nutzenfunktion) *Ist die Nutzenfunktion additiv separabel, d.h. gilt $U(x,f) = g(x)+h(f)$ und $g(\cdot)$, $h(\cdot)$ sind streng konkav, dann sind beide Güter normal.*

Bemerkung: Strenge Konkavität ist vorhanden, wenn $g''(x) < 0$. Da U streng monoton ist müssen die Glieder der Summe auch streng monoton sein, d.h. $g'(x) > 0, \forall x$

Beweis. Durch Widerspruch. Sei $(x(0), f(0))$ das alte Konsumoptimum beim Einkommen $b(0)$, und analog $(x(1), f(1))$ das neue beim Einkommen $b(1)$, und gelte $b(0) < b(1)$. Da sich weder p noch w ändert, muß in beiden Fällen gelten, daß

$$\frac{\mathrm{d}x}{\mathrm{d}f} = \mathrm{GRS}_{f,x}(\overset{*}{x}, \overset{*}{f}) = -\frac{h'(\overset{*}{f})}{g'(\overset{*}{x})} \overset{!}{=} -\frac{w}{p} \quad .$$

1. Sei x ein inferiores Gut (d.h. $x(0) > x(1)$), aber f ein normales Gut (d.h. $f(0) < f(1)$), dann gilt

$$-\text{GRS}_{f,x}(x(1), f(1)) = \frac{h'(f(1))}{g'(x(1))} < \frac{h'(f(0))}{g'(x(0))} = \frac{w}{p}$$

wegen der strengen Konkavität von $g(\cdot)$ und $h(\cdot)$, was die notwendige Optimalitätsbedingung verletzt.

2. Sei hingegen f ein inferiores Gut (d.h. $f(0) > f(1)$), aber x ein normales Gut (d.h. $x(0) < x(1)$), dann gilt

$$-\text{GRS}_{f,x}(x(1), f(1)) = \frac{h'(f(1))}{g'(x(1))} > \frac{h'(f(0))}{g'(x(0))} = \frac{w}{p}$$

wegen der strengen Konkavität von $g(\cdot)$ und $h(\cdot)$, was auch die notwendige Optimalitätsbedingung verletzt.

Da ausgeschlossen ist, daß beide Güter x und f inferiore Güter sind, ist der Satz per Widerspruch bewiesen.

$\square$

2. U stellt homothetische Präferenzen dar.

Man nennt Präferenzen *homothetisch*, wenn die Grenzraten der Substitution entlang Strahlen durch den Ursprung konstant bleiben, d.h. $\text{GRS}(\lambda x, \lambda f) = \text{GRS}(x, f)$ für alle $\lambda > 0$.

Anmerkung 2.10 (Homothetische Präferenzen und Homogenität von $U(\cdot)$).
Falls die Präferenzrelation homothetisch ist, dann gibt es eine linear-homogene Nutzendarstellung ersten Grades, d.h.

$$U(\lambda x, \lambda f) = \lambda \cdot U(x, f) \quad \forall \lambda > 0 \ .$$

Würden wir die schon bekannte Beziehung zwischen Ausgaben und Einkommen

$$p \cdot \overset{*}{x} + w \cdot \overset{*}{f} = b$$

links und rechts mit λ multiplizieren, bekommen wir die Identität

$$p \cdot \lambda \overset{*}{x} + w \cdot \lambda \overset{*}{f} = \lambda b \ .$$

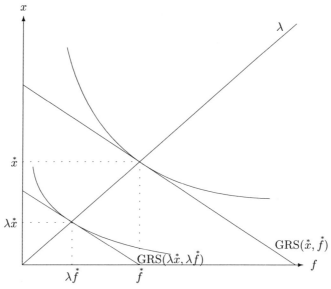

Abb. 2.21. Homothetische Präferenzen.

Hieraus können wir folgen, daß die Marshall'schen Nachfragen linear im Einkommen sind, falls Tangenten zu $(\overset{*}{x}, \overset{*}{f})$ und $(\lambda\overset{*}{x}, \lambda\overset{*}{f})$ parallel bleiben, was wir formal sehr einfach beweisen können[8]

$$
\mathrm{GRS}_{f,x}(\overset{*}{x}, \overset{*}{f}) = -\frac{w}{p}
$$

$$
= -\frac{\frac{\partial U(\overset{*}{x}, \overset{*}{f})}{\partial f}}{\frac{\partial U(\overset{*}{x}, \overset{*}{f})}{\partial x}}
$$

$$
= -\frac{\frac{\partial U(\lambda\overset{*}{x}, \lambda\overset{*}{f})}{\partial f}}{\frac{\partial U(\lambda\overset{*}{x}, \lambda\overset{*}{f})}{\partial x}} \qquad \text{(wegen der Homogenität von } U(\cdot))
$$

$$
= \mathrm{GRS}_{f,x}(\lambda\overset{*}{x}, \lambda\overset{*}{f})
$$

Fazit: Falls die Präferenzen homothetisch sind, d.h. falls $U(x, f)$ linear homogen ist, dann sind die Marshall'schen Nachfragen linear im Einkommen

$$
\hat{x}(p, w, \lambda b) = \lambda\hat{x}(p, w, b) \quad \text{sowie}
$$

$$
\hat{f}(p, w, \lambda b) = \lambda\hat{f}(p, w, b) \quad ,
$$

---

[8]Da $U(\cdot)$ positiv homogen vom Grad 1 ist, folgt, daß die partiellen Ableitungen homogen vom Grad 0 sind. Es gilt einfach: $\partial_f U(\overset{*}{x}, \overset{*}{f}) = \partial_f U(\lambda\overset{*}{x}, \lambda\overset{*}{f})$ und $\partial_x U(\overset{*}{x}, \overset{*}{f}) = \partial_x U(\lambda\overset{*}{x}, \lambda\overset{*}{f})$.

was in Abbildung 2.21 dargestellt wird. Also sind beide Güter normal.

Einkommens-Konsum-Kurve und Engelkurven

Wir möchten jetzt weitere Darstellungen der schon vorgestellten Beziehungen behandeln. Wir betrachten den Pfad in $\mathbb{X}$, der über alle Optimalpunkte gebildet wird. Die *Einkommens-Konsum-Kurve* (EKK) besteht aus allen durch die Änderung von b erreichbaren Optima. Die EKK liegt somit im x-f-Diagramm und besteht aus zweidimensionalen Punkten. Betrachtet man nun die aus einer Änderung von b induzierte Änderung von x oder f, dann erhält man die *Engelkurve* für x oder für f.

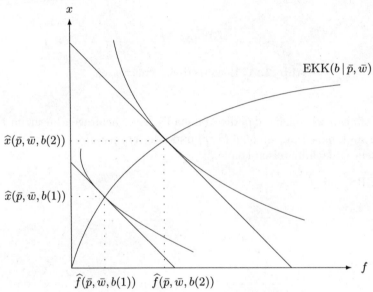

Abb. 2.22. Die Einkommens-Konsum-Kurve bei gegebenen Preisen $\bar{p}$ und $\bar{w}$.

Definition 2.11 (Einkommens-Konsum-Kurve – EKK).
Die Marshall'schen Nachfragen bei fixen Preisen $\bar{p}$ und $\bar{w}$ und variablem Einkommen b, d.h. $\hat{f}(\bar{p}, \bar{w}, b)$ und $\hat{x}(\bar{p}, \bar{w}, b)$, lassen sich in der Einkommens-Konsum-Kurve (EKK) darstellen:

$$EKK(b \,|\, \bar{p}, \bar{w}) = \left(\hat{f}(\bar{p}, \bar{w}, b), \hat{x}(\bar{p}, \bar{w}, b) \right)$$

$$= \left\{ (\mathring{x}, \mathring{f}) \in \mathbb{X} \quad b > 0 \,|\, (\mathring{x}, \mathring{f}, b) \quad \text{löst} \quad \max U(x, f) \quad \text{s.t.} \quad \bar{p} \cdot x + \bar{w} \cdot f = b \right\}$$

Die Einkommens-Konsum-Kurve ist in Abbildung 2.22 dargestellt.

Definition 2.12 (Engelkurve).
Betrachtet man $\hat{x}(\bar{p}, \bar{w}, b)$ und $\hat{f}(\bar{p}, \bar{w}, b)$ getrennt und stellt man die Relation zwischen ihnen und b, erhält man die sogenannten Engelkurven.

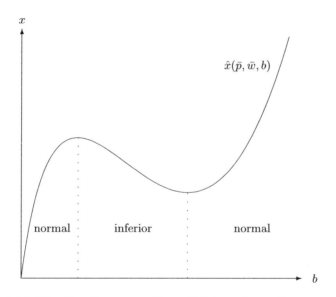

Abb. 2.23. Eine Engelkurve von $\hat{x}(\bar{p}, \bar{w}, b)$ bei gegebenen Preisen $\bar{p}$ und $\bar{w}$.

Abbildungen 2.23 und 2.24 zeigen zwei beispielhafte Engelkurven für $\hat{x}(\bar{p}, \bar{w}, b)$ und $\hat{f}(\bar{p}, \bar{w}, b)$. An dem Vorzeichen der Steigung der Engelkurven kann man erkennen, für welche Einkommen b die Güter x und f normale bzw. inferiore Güter sind.

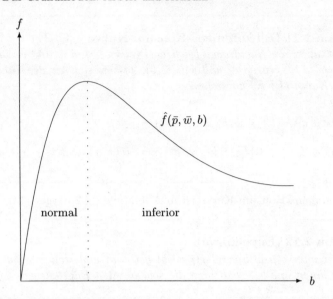

Abb. 2.24. Eine Engelkurve von $\hat{x}(\bar{p}, \bar{w}, b)$ bei gegebenen Preisen $\bar{p}$ und $\bar{w}$.

Die Steigung der Engelkurve entspricht zudem dem Vorzeichen der Einkommenselastizität.

Definition 2.13 (Einkommenelastizität).
Die Elastizität der Nachfrage nach dem Einkommen (oder Budget) berechnet sich aus
$$\eta_{x,b} = \lim_{\Delta b \to 0} \frac{\Delta x}{\Delta b} \cdot \frac{b}{x} = \frac{\partial x}{\partial b} \cdot \frac{b}{x} \quad .$$

Dabei meint man mit x die Marshall'sche Nachfrage $\hat{x}$. x ist normal, wenn $\eta_{x,b} > 0$ und demzufolge inferior, wenn $\eta_{x,b} < 0$.

Anmerkung 2.14 (Homothetische Präferenzen und EKK).
Bei homothetischen Präferenzen sind sowohl EKK als auch die Engelkurven Geraden durch den Ursprung, und die Einkommenselastizität ist gleich 1.

Abbildung 2.21 zeigt den ersten Fall.

2.4.3 Preisvariation und Konsumentenentscheidung

Falls sowohl p als auch w mit demselben $\lambda > 0$ multipliziert werden, dann entspricht dies einer Einkommensreduktion um den Faktor $\frac{1}{\lambda}$, was wir schon in Abschnitt 2.4.2 ausführlich behandelt haben. Wir betrachten nun solche Variationen von p und w, bei denen sich die Steigung der Budgetgeraden $-\frac{w}{p}$ ändert.

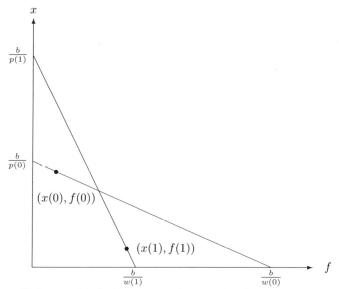

Abb. 2.25. Widersprüchliche Konsumwahlen und das Axiom der offenbarten Präferenzen. Hier $p(0) > p(1)$ und/oder $w(0) < w(1)$.

Abbildung 2.25 zeigt einen solchen Fall. Fragt der Konsument für $p(0)$ und $w(0)$ das Güterbündel $(x(0), f(0))$ nach, sollte sich bei rationalem Verhalten des Konsumenten die Nachfrage nach der Preisänderung nicht im Bereich um $(x(1), f(1))$ befinden, da dies unterhalb der ursprünglichen Budgetgeraden liegt, also auch vorher schon hätte gewählt werden können. Diese kurze Überlegung entspricht dem berühmten *Axiom der offenbarten Präferenzen*.

Definition 2.15 (Axiom der offenbarten Präferenzen – AoP).

1. *Falls der Konsument in Situation $(p(0), w(0), b(0))$ die Nachfrage $(x(0), f(0))$ wählt, aber auch $(x(1), f(1))$ hätte wählen können, dann offenbart er uns, daß er $(x(0), f(0))$ gegenüber $(x(1), f(1))$ vorzieht.*
2. *Falls der Konsument in Situation $(p(1), w(1), b(0))$ die Nachfrage $(x(1), f(1))$ wählt, aber auch $(x(0), f(0))$ hätte wählen können, dann offenbart er uns, daß er $(x(1), f(1))$ gegenüber $(x(0), f(0))$ vorzieht.*

Zieht der Konsument so in einer Situation $(x(0), f(0))$ vor und in einer anderen $(x(1), f(1))$, handelt er inkonsistent und verletzt das obige Axiom. Abbildung 2.26 zeigt graphisch die Implikation des AoP: Ausgehend von $(x(0), f(0))$ muß die durch eine Abnahme in p und eine Zunahme in w induzierte Nachfrageverschiebung sich im gezeigten Bereich befinden. Der gezeigte Punkt $(x(1), f(1))$ genügt zum Beispiel dieser Bedingung.

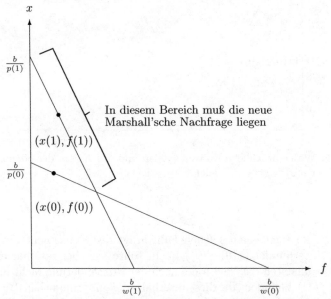

Abb. 2.26. Die Implikation des Axioms der offenbarten Präferenzen.

Anmerkung 2.16 (Mathematische Präzisierung).
Ist $p(1) \cdot x(0) + w(1) \cdot f(0) < b(0)$, muß für $(x(0), f(0)) \neq (x(1), f(1))$ die Ungleichung $p(0) \cdot x(1) + w(0) \cdot f(1) > b(0)$ gelten, damit sich der Konsument konsistent verhält. In diesem Bereich muß die neue Nachfrage liegen.

Die obige mathematische Präzisierung heißt auf deutsch: „Wenn das alte Konsumoptimum unter den neuen Preisen kaufbar ist, dann muß das neue Konsumoptimum unter den alten Preisen nicht kaufbar sein, damit der Konsument sich konsistent verhält."

Satz 4 (AoP und Nutzenmaximierung)

1. *Falls (x, f) aus der Nutzenmaximierung hergeleitet ist, so erfüllt (x, f) das AoP.*
2. *Falls (x, f) das AoP erfüllt, dann gibt es eine Nutzenfunktion, aus der (x, f) hergeleitet werden kann.*

Anmerkung 2.17 (Mehr-Güter-Fall).
Teil 2 von Satz 4 gilt nicht notwendigerweise für den Fall mit mehr als zwei Gütern, denn dabei braucht man zusätzlich eine Art Transitivitätseigenschaft des AoP.

Giffengüter und Stabilität von Gleichgewichten

Fällt die Nachfrage immer mit steigendem Preis, d.h. sind immer $\partial_p \hat{x}(p, w, b) < 0$ und $\partial_w \hat{f}(p, w, b) < 0$?

Diese Frage ist wichtig für die Stabilität von Gleichgewichten. Ist $x(p, w)$ steigend in p, dann ist der Gleichgewichtspreis nicht notwendigerweise stabil, denn im in Abbildung 2.27 dargestellten Beispiel gilt: Rechts von $\mathring{p}$ würde p aufgrund der höheren Nachfrage weiter steigen, links von $\mathring{p}$ würde die mangelnde Nachfrage die Preise weiter sinken lassen.

Auch auf dem Arbeitsmarkt gibt es nicht zwingend einen stabilen Gleichgewichtslohn, nämlich, wenn die Nachfrage nach Freizeit steigend im Lohn ist. In einem solchen Fall wäre das Arbeitsangebot fallend im Lohn. Rechts von $\mathring{w}$ würde w dann weiter steigen, links davon weiter fallen.

Da die Nutzenmaximierung im Preis steigende Marshall'sche Nachfragefunktionen nicht ausschließt, können die oben vorgestellten Fälle wohl auftauchen. Wir nennen in diesem Fall das Gut ein *Giffengut*.

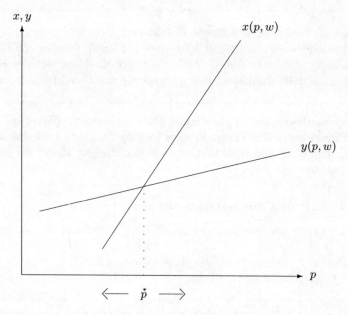

Abb. 2.27. Im Preis steigende Güternachfrage und nicht stabiles Gleichgewicht.

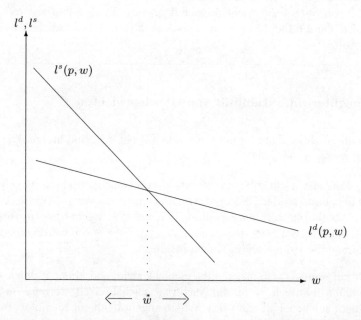

Abb. 2.28. Im Preis sinkendes Arbeitsangebot und nicht stabiles Gleichgewicht.

Definition 2.18 (Giffengut).
Ein Gut, dessen Nachfrage mit steigendem Preis steigt, heißt Giffengut.
Falls $\partial_p \hat{x}(p, w, b) > 0$, dann ist x ein Giffengut.
Falls $\partial_w \hat{f}(p, w, b) > 0$, dann ist f ein Giffengut.

Es sollte hier erwähnt werden, daß Giffengut zu sein eine lokale Eigenschaft ist und von den Parametern (p, w, b) abhängt.

Satz 5 (Nutzenmaximierungshypothese und Giffengüter)
Die Nutzenmaximierungshypothese schließt Giffengüter nicht aus!

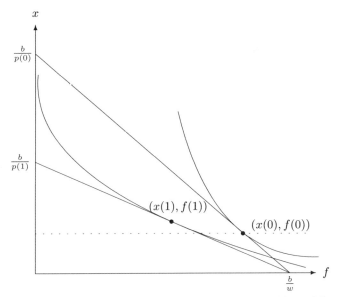

Abb. 2.29. x ist ein Giffengut: $p(1) > p(0)$ und $x(1) > x(0)$.

Woran können wir Giffengüter erkennen? Nehmen wir an, für $p(0)$ und $w(0)$ wird $(x(0), f(0))$ nachgefragt, und p steigt auf $p(1) > p(0)$. Liegt dann die neue Nachfrage $(x(1), f(1))$ oberhalb von $(x(0), f(0))$, wäre x ein Giffengut – dies wird durch die Nutzenmaximierung nicht ausgeschlossen, denn wir könnten zwei Indifferenzkurven zeichnen, die $(x(0), f(0))$ bzw. $(x(1), f(1))$ rationalisieren.

Abbildung 2.29 bezieht sich auf diesen Fall. Hier kann man direkt ablesen, daß x ein Giffengut ist, denn wenn der Preis von $p(0)$ auf $p(1)$ steigt, nimmt auch die Nachfrage nach x zu. Ein nützliches Werkzeug für die Bestimmung von Giffengütern ist die Preis-Konsum-Kurve.

Definition 2.19 (Preis-Konsum-Kurve – PKK).
Die Marshall'schen Nachfragen bei fixem Preis eines Gutes und fixem Budget
$\hat{x}(p, \bar{w}, \bar{b})$ *und* $\hat{f}(p, \bar{w}, \bar{b})$ *lassen sich für variable Preise in der Preis-Konsum-Kurve (PKK) darstellen:*

$$PKK(p \mid \bar{w}, \bar{b}) = \left(\hat{f}(p, \bar{w}, \bar{b}), \hat{x}(p, \bar{w}, \bar{b}) \right)$$
$$= \left\{ (\mathring{x}, \mathring{f}) \in \mathbb{X} \quad p > 0 \quad \mid \quad (\mathring{x}, \mathring{f}, p) \quad \text{löst} \right.$$
$$\left. \max_{(x,f) \in \mathbb{X}} U(x, f) \quad s.t. \quad p \cdot x + \bar{w} \cdot f = \bar{b} \right\}$$

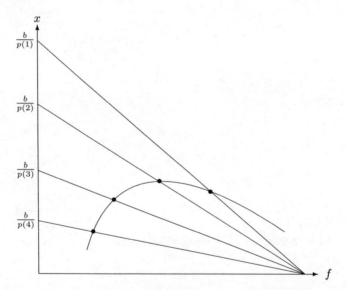

Abb. 2.30. Eine mögliche Preis-Konsum-Kurve für x.

Abbildung 2.30 stellt eine mögliche PKK graphisch dar. Die PKK verbindet alle optimalen Güterbündel, die bei einem Preis von p gewählt wurden. Sie stellt den Verlauf der Nachfrage nach x in Abhängigkeit vom Preis p auf dem x-f-Diagramm anstatt auf dem x-p-Diagramm dar. Bei gewißen Bereichen ist x kein Giffengut, bei anderen doch. x ist für alle Preise $p < p(2)$ ein Giffengut, da in diesem Bereich seine Nachfrage mit sinkendem Preis sinkt (abnehmender Kurvenzweig in Abbildung 2.30). Da w fix bleibt, können wir aus PKK$(p \mid \bar{w}, \bar{b})$ die Reaktion von f auf den Preis des anderen Gutes ablesen: Diese Beziehung werden wird im nächsten Abschnitt durch die Begriffe *Komplemente* und *Substitute* vertiefen.

Slutsky-Zerlegung

Da also die Nutzenmaximierung alleine Giffengüter nicht ausschließt, benötigen wir Zusatzannahmen, die sichern, daß die Nachfrage fallend im Preis ist. Um diese zu finden, nimmt man gedanklich eine Einkommenskompensation vor: Wenn der Preis steigt, dann geben wir dem Konsumenten in unserem Gedankenmodell so viel Einkommen, daß er sich seine ursprüngliche Nachfrage wieder leisten kann.

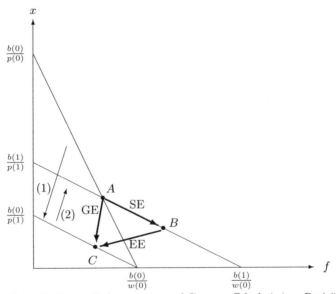

Abb. 2.31. Substitutions-, Einkommens- und Gesamteffekt bei einer Preisänderung.

Die *Slutsky-Kompensation* wird in Abbildung 2.31 dargestellt und wie folgt interpretiert:

1. Ändert sich z.B. die Situation von $(p(0), w(0), b(0))$ auf $(p(1), w(0), b(0))$ (hier durch die Preiserhöhung von x, d.h. $p(1) > p(0)$), ändert sich die

56   2 Das Grundmodell: Arbeit und Konsum

Steigung der Budgetgeraden. Diese Änderung entspricht der Drehung (1) in Abbildung 2.31.

2. Nun wird das Einkommen b so kompensiert, daß

$$b(1) = p(1) \cdot x(0) + w(0) \cdot f(0) \quad,$$

d.h. die Budgetgerade wird parallel verschoben, bis sie wieder durch A geht. Das entspricht der Translation (2) in Abbildung 2.31.

3. Dadurch verschiebt sich die Nachfrage zunächst von A nach B (Substitutionseffekt – SE). Wird nun die Budgetkompensation wieder rückgängig gemacht – sie wurde ja nur in Gedanken durchgeführt, verschiebt sich die Nachfrage von B nach C (Einkommenseffekt – EE).

4. Der Gesamteffekt (GE) der Preissteigerung ist also die Veränderung von A nach C.

Man spricht auch von der Slutsky-Zerlegung des Gesamteffektes: der Gesamteffekt ist darstellbar als vektorielle Summe des Substitutions- und Einkommenseffekts.

$A \to B$	Slutsky-Substitutionseffekt
$B \to C$	Slutsky-Einkommenseffekt
$A \to C$	Gesamteffekt

Aufbauend auf der Slutsky-Zerlegung machen wir einen wichtigen Fortschritt in unserer Suche nach Kriterien, die die für die Stabilität von Gleichgewichten gefährlichen Giffengüter ausschließen.
Die Zerlegung ermöglicht uns nämlich den Sprung zwischen Gesamteffekt (der Änderung von x wegen p) und Einkommenseffekt (der Änderung von x wegen b), sodaß Giffengüter auf normale oder inferiore Güter bezogen werden können.

Satz 6 (Normale Güter und Giffengüter) *Falls das betrachtete Gut das AoP erfüllt und „normal" ist, dann ist die Nachfrage fallend im Preis. Normale Güter sind keine Giffengüter!*

Beweis. Vgl. Abbildung 2.32, unten folgt ein algebraischer Beweis.

$\square$

Der Substitutionseffekt SE_x nach Slutsky ist immer negativ. Auf diese Eigenschaft haben wir früher bereits zweimal hingewiesen. In Kapitel 1 (Abschnitt 1.4) stellten wir die Grundgedanken der im Preis abnehmenden Nachfrage vor.

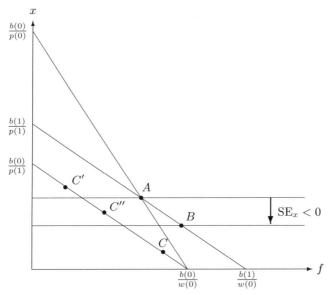

Abb. 2.32. Normale Güter sind keine Giffengüter.

Die logischen Argumente, die wir aufführten, entsprechen wörtlich der Logik des Axioms der offenbarten Präferenzen, unseres zweiten Argumentes. In Abbildung 2.31 sieht man in der Tat, daß B (auf der Budgetgeraden durch den Punkt $\left(\frac{b(1)}{w(0)}, \frac{b(1)}{p(1)}\right)$ liegend) nicht links von A liegen kann, da dies dem AoP widerspricht. Bitte beachten Sie hier die Bedeutung von „negativem Substitutionseffekt" : „Negativ" heißt hier „mit einem der Preisänderung entgegengesetzten Vorzeichen". Wenn der Preis p zunimmt, dann ist die Änderung in x aus dem Substitutionseffekt $SE_x < 0$; nimmt p ab, dann ist $SE_x > 0$.

Wenn wir davon ausgehen, daß x hier ein normales Gut ist, dann ist die Marshall'sche Nachfrage steigend im Einkommen: Wenn das Einkommen von $b(1)$ auf $b(0)$ sinkt, fällt die Nachfrage nach x; der Einkommenseffekt ist also auch negativ. Da eine Preiszunahme eine Kaufkraftabnahme (reale Budgetabnahme) bedingt, muß bei normalen Gütern eine Preiszunahme einen negativen Einkommenseffekt erzeugen ($p \uparrow \Rightarrow b \downarrow \Rightarrow EE_x \downarrow$), was einen negativen Gesamteffekt erzeugt – die Nachfrage fällt also bei normalen Gütern, wenn der Preis steigt! *Normale Güter ($\eta_{x,b} > 0$) sind immer auch gewöhnliche Güter ($\varepsilon_{x,p} < 0$).* Somit ist Satz 6 mindestens wörtlich bewiesen.

Damit x ein Giffengut ist, muß der Gesamteffekt positiv sein. Dafür muß $EE_x \uparrow$, damit er SE_x nicht widerspricht, was heißt, daß x ein inferiores Gut ist! *Giffengüter ($\varepsilon_{x,b} > 0$) sind deshalb zwingend inferiore Güter ($\eta_{x,b} < 0$).*

Analytische Herleitung der Slutsky-Zerlegung

Definieren wir die *einkommenskompensierte Nachfrage* an einer beliebigen Stelle $(\bar{p}, \bar{w}, \bar{b})$ als

$$g(p,w) = \hat{x}(p,w,b) \quad \text{mit} \quad b = p \cdot \hat{x}(\bar{p},\bar{w},\bar{b}) + w \cdot \hat{f}(\bar{p},\bar{w},\bar{b}) \quad,$$

die die Kaufkraft trotz Preisänderungen konstant hält: Das Einkommen wird immer so angepaßt, daß der alte Punkt trotz der Preiszunahme finanziell tragbar bleibt. Bewegungen entlang dieser Nachfragekurve entsprechen dem Substitutionseffekt, wie wir es durch die Ableitung von $g(p,w)$ nach p zeigen können. Leiten wir zuerst $g(p,w)$ ab

$$\text{SE}_x = \partial_p\, g(p,w) = \partial_p\, \hat{x}(p,w,b) + \partial_b\, \hat{x}(p,w,b) \cdot \hat{x}(\bar{p},\bar{w},\bar{b}) \quad,$$

dann formen wir die Terme um, damit wir den Gesamteffekt GE_x in Abhängigkeit vom Substitutionseffekt SE_x und vom Einkommenseffekt EE_x darstellen können

$$
\begin{array}{ccccc}
\partial_p\, \hat{x}(p,w,b) = & \partial_p\, g(p,w) & - & \partial_b\, \hat{x}(p,w,b) \cdot \hat{x}(\bar{p},\bar{w},\bar{b}) & \text{(Slutsky-Zerlegung)} \\
\text{GE}_x = & \underbrace{\text{SE}_x}_{<0 \text{ nach AoP}} & + & \text{EE}_x &
\end{array}
$$

Ist $\text{EE}_x < 0$, d.h. ist x ein normales Gut (die Kaufkraft oder Budget ist ja wegen der Preiszunahme gesunken), dann ist $\text{GE}_x < 0$ und somit x kein Giffengut.

Zusammenfassend können wir an drei Fälle denken, die alle möglichen Kombinationen zwischen Einkommenseffekt und Gesamteffekt darstellen und dem Leser einen Gesamtüberblick ermöglichen sollten.
Wir gehen davon aus, daß p zunimmt, was implizit b reduziert. Die letzte Spalte der folgenden Tabelle bezieht sich auf die drei Punkte (C, C' und C''), die in Abbildung 2.32 gezeigt werden.

Bezeichnung	$\varepsilon_{x,p} \lessgtr 0$	$\text{GE}_x =$	$\text{SE}_x +$	EE_x	Bezeichnung	$\eta_{x,b} \gtrless 0$	
Giffengut	> 0	$+$	$-$	$+$	inferior	< 0	(C')
gewöhnlich	< 0	$-$	$-$	$+$	inferior	< 0	(C'')
gewöhnlich	< 0	$-$	$-$	$-$	normal	> 0	(C)

Ein „+" oder „−" bei den drei auftretenden Effekten (GE, SE und EE) zeigt die Zunahme oder Abnahme in x, gegeben eine Zunahme von seinem Preis p. Aus Fall (C') ist ersichtlich, daß Giffengüter ausschließlich inferiore Güter sein können. Inferiore Güter können aber auch gewöhnliche Güter sein, je nach dem, ob der Substitutionseffekt wie in (C'') den Einkommenseffekt dominiert.

Als letzter Punkt: Normale Güter führen unbedingt zu gewöhnlichen Gütern, wie (C) zeigt. Die Fallunterscheidung können wir auch nach dem Vorzeichen von $\varepsilon_{x,p}$ bzw. $\eta_{x,b}$ vornehmen. Sie ist auch in der Tabelle zusammengefaßt.

Der Vermögenseffekt

Bis anhin wurde $\partial_p \hat{x}(p, w, b)$ bzw. $\partial_w \hat{f}(p, w, b)$ betrachtet. Berücksichtigen wir nun wieder, daß das aus der Anfangsausstattung $(\frac{\pi}{p}, \overline{f})$ stammende Budget $b = w \cdot \overline{f} + \pi(p, w)$ selbst von den Preisen p und w abhängt, ergibt sich ein zusätzlicher Effekt, genannt Vermögenseffekt (VE). Wir möchten ihn analytisch für Änderungen in p und in w untersuchen. Für die folgende Herleitung gehen wir somit von der Definition

$$x(p, w) = \hat{x}(p, w, w\overline{f} + \pi(p, w))$$
$$f(p, w) = \hat{f}(p, w, w\overline{f} + \pi(p, w))$$

aus.

$$\partial_p x(p, w) = \partial_p \hat{x}(p, w, \overbrace{w \cdot \overline{f} + \pi(p, w)}^{b(p,w)})$$
$$= \underbrace{\partial_p \hat{x}(p, w, b)}_{\text{GE}_x} + \underbrace{\partial_b \hat{x}(p, w, b) \cdot y(p, w)}_{\text{VE}_x} \qquad \text{(Hotelling Lemma)}$$

und analog

$$\partial_w f(p, w) = \partial_w \hat{f}(p, w, w \cdot \overline{f} + \pi(p, w))$$
$$= \underbrace{\partial_w \hat{f}(p, w, b)}_{\text{GE}_f} + \underbrace{\partial_b \hat{f}(p, w, b) \cdot (\overline{f} - l^d(p, w))}_{\text{VE}_f} \quad \text{(Hotelling Lemma)}$$

Mit „Hotelling Lemma" sind die Beziehungen zwischen partiellen Ableitungen der Gewinnfunktion und jeweiliger Faktornachfrage gemeint, die wir auf Seite 30 schon behandelt haben.

Die Vermögenseffekte können nun bewirken, daß letztendlich x in p und f in w steigen. Wenn f in w steigt, dann sinkt aber $l^s = \overline{f} - f$ in w!

Anmerkung 2.20 (Backward bending labour supply curve).
Auch auf dem Arbeitsmarkt kann es vorkommen, daß das Arbeitsangebot der Arbeitnehmer mit steigendem Lohn sinkt: Wenn der Lohn (welcher die Opportunitätskosten – also den „Preis" – von Freizeit darstellt) steigt, dann sollte normalerweise das Angebot nach Arbeit steigen, also die Freizeitnachfrage sinken. Steigt der Lohn aber immer weiter, bietet man vielleicht irgendwann wieder weniger Arbeit an, um mehr Freizeit zu genießen. In diesem Fall wäre Freizeit dann scheinbar auch ein Giffengut. Daher beobachtet man manchmal die *backward bending labour supply curve.*

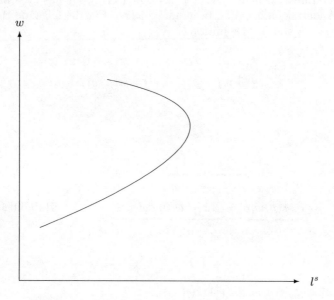

Abb. 2.33. Eine *backward bending labor supply curve.*

Dabei muß man aber zwischen dem Vermögenseffekt und Giffengütern unterscheiden, denn das Verhalten der letzten hängt ausschließlich vom direkten Preiseffekt, nicht vom Vermögenseffekt ab. Zwei Beispiele mögen dies illustrieren.

Wir beginnen mit einem Beispiel ohne Substitutionseffekt. Dieses Beispiel verdeutlicht den obigen Fall, wo eine *backward bending labour supply curve* aus dem Vermögenseffekt erzeugt wird. Bei linear-limitationalen Nutzenfunktionen ergibt sich typischerweise kein Substitutionseffekt, denn alle Güter sind Komplemente. Aus diesem Grund ist sie konstruktionsgemäß eine gute Kandidatin für unsere Illustration.

Beispiel 2.21 (Backward bending labour supply curve ohne Giffengut-Charakter). Man betrachte das Maximierungsproblem

$$\max_{x,f} \quad \min\{x,f\} \quad \text{s.t.} \quad px + wf = w\bar{f} \quad .$$

Wegen der L-förmigen Gestaltung der Indifferenzkurven werden wir immer am „Knick" optimieren, also dort, wo $x = f$ gilt. Die Nebenbedingung ist somit die einzige relevante Gleichung und läßt sich in

$$(p+w)f = w\bar{f}$$

vereinfachen, was zu

$$f = \frac{w\bar{f}}{p+w}$$

führt. Da wir uns für den Einfluß einer Lohnzunahme auf die Freizeitnachfrage interessieren, leiten wir alles nach w ab und bekommen

$$\partial_w f = \frac{\bar{f}(p+w) - w\bar{f}}{(p+w)^2} = \frac{\bar{f}p}{(p+w)^2} > 0$$

solange $\bar{f} > 0$: Höhere Lohnsätze erhöhen die Freizeitnachfrage und senken somit das Arbeitsangebot. Da in diesem Beispiel der Substitutionseffekt per Konstruktion auszuschließen ist, kann nur der Vermögenseffekt Ursache der *backward bending labour supply curve* sein.

Als weiteres Beispiel[9] möchten wir eine Nutzenfunktion vorstellen, durch welche Freizeit Giffengutcharakter besitzt. Dadurch ergibt sich auch eine *backward bending labour supply curve*, die nur scheinbar auf den Vermögenseffekt zurückzuführen ist.

---

[9]Vgl. Böhm [1984].

Beispiel 2.22 (Backward bending labour supply curve mit Giffengutcharakter).
Betrachten wir folgendes Maximierungsproblem:

$$\max_{x,f} \quad U(x,f) = (f-1)(x-2)^{-2} \quad \text{s.t.} \quad px + wf = b, \, 2 > x \geqslant 0, \, f \geqslant 1 \quad .$$

Wir bilden die Lagrange-Funktion

$$L = U(x,f) + \lambda(b - px - wf) + \alpha(f-1) + \beta x \quad .$$

Die Nutzenfunktion ist quasikonkav, kann jedoch durch eine monotone Transformation in eine konkave Funktion überführt werden. Wir erhalten somit die notwendigen und hinreichenden Bedingungen

$$\partial_f L = (x-2)^{-2} - \lambda w + \alpha = 0 \quad ,$$
$$\partial_x L = -2(f-1)(x-2)^{-3} - \lambda p + \beta = 0 \quad ,$$

und

$$\lambda(b - wf - px) = 0, \, \alpha(f-1) = 0, \, \beta x = 0 \quad .$$

Da $U(x,f)$ monoton ist, ist die Budgetbedingung bindend, d.h. $\lambda > 0$.

1. Sei $\alpha > 0$, $\beta > 0$, dann gilt $f = 1$, $x = 0$, $b = w$.
2. Sei $\alpha = 0$, $\beta > 0$, es folgt $x = 0$, $f = b/w$, $b \geqslant w$. Weiter folgt:

$$\beta = \frac{p - w(f-1)}{4pw} \quad ,$$

deshalb muß gelten

$$f < \frac{w+p}{w} \quad .$$

3. Sei $\alpha = \beta = 0$, daraus folgt $f = \frac{p}{2w}(2-x) + 1$, $2 > x \geqslant 0$.
4. Sei $\alpha > 0$, $\beta = 0$, es folgt $f = 1$ und damit $\lambda = 0$. Dies ist ein Widerspruch.

Wir erhalten folgenden Expansionspfad:

$$\left\{ (x,f) \, \middle| \, \begin{array}{ll} x = 0, & 1 \leqslant f < 1 + \frac{w}{p} \\ 0 \leqslant x < 2, & f = \frac{p}{2w}(2-x) + 1 \end{array} \right\}$$

Durch Einsetzen in die Budgetbedingung erhalten wir die Nachfragefunktionen

$$f(p,w,b) = \begin{cases} 2 + \frac{1}{w}(2p - b) & \text{für } 2p + w > b \geqslant p + w \\ \frac{b}{w} & \text{für } p + w > b \end{cases}$$

$$x(p,w,b) = \begin{cases} \frac{2}{p}(b - w) - 2 & \text{für } 2p + w > b \geqslant p + w \\ 0 & \text{für } p + w > b \end{cases}$$

Freizeit ist ein Giffengut für (w,p,b) genau dann, wenn der direkte Preiseffekt positiv ist. Für den direkten Preiseffekt gilt:

$$\partial_w f = \begin{cases} \frac{1}{w^2}(b - 2p) & \text{für } 2p + w > b \geqslant p + w \\ -\frac{b}{w^2} & \text{für } p + w > b \end{cases}$$

Also gilt:

$$\partial_w f > 0, \text{wenn } 2p + w > b \geqslant p + w \text{ und } b > 2p \text{ ist.}$$

In diesem zweiten Beispiel beobachten wir ein reines Giffengut, denn das Budget b ist per Annahme fix. Obwohl sich auch in diesem Fall eine *backward bending labour supply curve* ergibt, hat sie mit dem Vermögenseffekt nichts zu tun. Hier ist es so, daß die Nachfrage nach Freizeit im Preis, dem Lohn, steigt. Man beobachte, daß sich der Begriff „Giffengut" auf die Nachfrage bei festem Einkommen bezieht – also Vermögenseffekte unberücksichtigt bleiben.

Eine solche Anreizstruktur kann übrigens von einer progressiven Einkommenssteuer weiter verstärkt werden. Das knappe Gut „Freizeit" kann Giffengutcharakter haben, zudem wäre die Nettoeinkommenszunahme unter einer solchen Art Besteuerung noch kleiner als üblich, was eine Reduktion des Arbeitsangebotes zur Folge haben könnte.

2.5 Simultanes Gleichgewicht auf Güter- und Arbeitsmarkt

Nachdem wir dank der Abschnitte 2.3 und 2.4 das Verhalten von Firmen und Haushalten im reduzierten Fall von zwei Gütern modelliert haben, sind wir nun in der Lage, der in Abschnitt 2.2 gestellten Kritik zu Abschnitt 2.1 entgegenzuwirken. In 2.2 hatten wir nämlich festgestellt, daß eine separate Analyse von Güter- und Arbeitsmarkt die Interdependenz zwischen ihnen nicht erklären kann. Es war somit unmöglich, die Endeffekte der Einführung einer Mengensteuer auf das gesamte ökonomische System herzuleiten.

In diesem Abschnitt werden wir somit den in 2.3 und 2.4 vermittelten Stoff in ein einfaches volkswirtschaftliches Gesamtmodell integrieren. In den folgenden Kapiteln werden wir dieses Modell stufenweise erweitern.

2.5.1 Walras-Gleichgewicht

Definition 2.23 (Walras-Gleichgewicht).

Ein Walras-Gleichgewicht ist eine Allokation $(\overset{*}{x}, \overset{*}{y}, \overset{*}{l^s}, \overset{*}{l^d})$ *und ein Preissystem* $(\overset{*}{p}, \overset{*}{w})$, *sodaß gilt:*

1. *Gewinnmaximierung:* $(\overset{*}{y}, \overset{*}{l^d})$ *maximieren den Gewinn der Unternehmen* $\pi(\overset{*}{p}, \overset{*}{w}) = \overset{*}{p} \cdot y - \overset{*}{w} \cdot l^d$ *mit* $y \geqslant 0, l^d \geqslant 0$ *s.t.* $y = T(l^d)$

2. *Nutzenmaximierung:* $(\overset{*}{x}, \overset{*}{l^s})$ *maximieren den Nutzen der Konsumenten* $U(x, \overline{f} - l^s)$ *mit* $\underline{x} \leqslant x, 0 \leqslant l^s \leqslant \overline{f}$ *s.t.* $\overset{*}{p} \cdot x = \overset{*}{w} \cdot l^s + \pi(\overset{*}{p}, \overset{*}{w})$

3. *Markträumung auf Gütermarkt:* $\overset{*}{x} = \overset{*}{y}$

4. *Markträumung auf Arbeitsmarkt:* $\overset{*}{l^s} = \overset{*}{l^d}$

Konsumenten und Produzenten versuchen also, ihre Zielfunktion zu maximieren (1. und 2.); und die beiden Märkte sind geräumt (3. und 4.).

Das Walras-Gleichgewicht löst somit das Problem der Interdependenz zwischen Güter- und Arbeitsmarkt. Wie können wir es graphisch darstellen?

Fangen wir mit der Nutzenmaximierung der Konsumenten an: Verschiebt man wie in Abbildung 2.34 Budgetgerade und Indifferenzkurve um $\overline{f}$ nach links, erhält man auf der waagerechten Achse das Arbeitsangebot l^s, da dieses gerade die Differenz von f und $\overline{f}$ ist. In $l^s = 0$ hat die verschobene Budgetgerade den x-Wert $\frac{\pi}{p}$, denn $p \cdot x = w \cdot 0 + \pi$, d.h. $x = \frac{\pi}{p}$.

Allgemein gilt:

$$x = \frac{\pi}{p} + \frac{w}{p} \cdot l^s \quad .$$

Analog können wir die Gewinnmaximierung des Produzenten graphisch wie in Abbildung 2.35 darstellen: Technologiefunktion und Isogewinnlinie (rechte Seite) werden einfach an der y-Achse gespiegelt.
Hier hat nun die Isogewinnlinie für $l^d = 0$ den y-Wert $\frac{\pi}{p}$, da $\pi = p \cdot y - w \cdot 0$. Daraus folgt, daß $y = \frac{\pi}{p}$. Allgemein gilt somit

$$y = \frac{\pi}{p} + \frac{w}{p} \cdot l^d \quad .$$

Mit diesen zwei Graphen können wir die Maximierungsprobleme zusammenfügen, was in Abbildung 2.36 auf Seite 67 dargestellt wird.

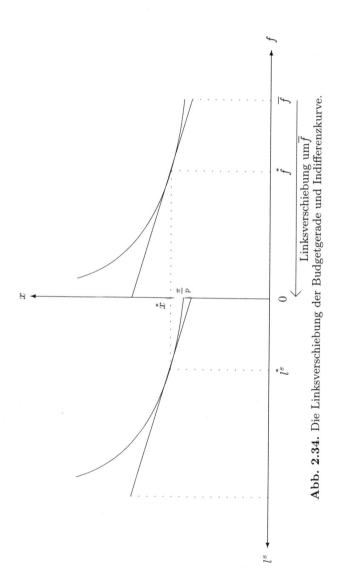

Abb. 2.34. Die Linksverschiebung der Budgetgerade und Indifferenzkurve.

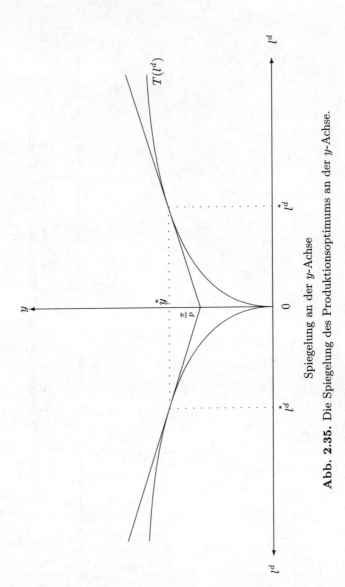

Spiegelung an der y-Achse

Abb. 2.35. Die Spiegelung des Produktionsoptimums an der y-Achse.

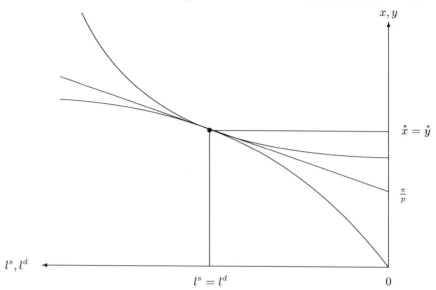

Abb. 2.36. Die graphische Darstellung des Walras-Gleichgewichts.

Da Budgetgerade und Isogewinnlinie die vertikale Achse bei $\frac{\pi}{p}$ schneiden, sind für $\overset{*}{x} = \overset{*}{y}$ die beiden Geraden deckungsgleich. Technologiefunktion und Indifferenzkurve berühren sich also gerade in einem Punkt, und dieser stellt das Walras-Gleichgewicht dar.

2.5.2 Walras-Gesetz und Homogenität

Das Walras-Gesetz

Nehmen wir an, die Nutzenfunktion $U(x, f)$ sei in mindestens einem Gut steigend. Dann wird das Budget von den Konsumenten voll ausgeschöpft, d.h. für alle p und w gilt

$$p \cdot x(p, w) = w \cdot l^s(p, w) + \pi(p, w) \quad ,$$

d.h. die Ausgaben sind gleich den Einnahmen.
Für den Gewinn der Produzenten gilt analog

$$\pi(p, w) = p \cdot y(p, w) - w \cdot l^d(p, w) \quad .$$

Insgesamt ergibt sich durch Einsetzen von π folgende volkswirtschaftliche Beziehung

$$p \cdot x(p, w) = w \cdot l^s(p, w) + p \cdot y(p, w) - w \cdot l^d(p, w) \quad ,$$

die zu der folgenden äquivalent ist

$$p \cdot (x(p, w) - y(p, w)) = w \cdot \big(l^s(p, w) - l^d(p, w)\big) \quad .$$

Dies bedeutet, daß das gesamte System geschlossen ist: Alles, was ausgegeben wird, wird woanders wieder eingenommen! Die Folgerung des Walras-Gesetzes ist direkt:

1. Falls ein Markt im Gleichgewicht ist, so ist es auch der andere: aus $x(p, w) = y(p, w)$ folgt $l^s(p, w) = l^d(p, w)$ und auch umgekehrt.

2. Falls ein Markt im Ungleichgewicht ist, kann wegen der obigen Beziehung auch der andere nicht im Gleichgewicht sein. Als Beispiel könnte man anführen, daß Arbeitslosigkeit auch bei einem Gütermarktgleichgewicht begründet sein kann.

Das Walras-Gesetz kann auch graphisch erklärt werden: Da $(\overset{*}{x}, \overset{*}{l}{}^s)$ und $(\overset{*}{y}, \overset{*}{l}{}^d)$ auf derselben Geraden liegen, muß aus $\overset{*}{x} = \overset{*}{y}$ auch $\overset{*}{l}{}^s = \overset{*}{l}{}^d$ folgen und umgekehrt.

Homogenität

Wir zeigen jetzt, daß Umskalierungen in den Größen, wie z.B. ein Maßstabwechsel von DEM zu CHF oder EUR, keine Auswirkung auf die Lage des Walras-Gleichgewichts hat. Statt (p, w) sei das Preissystem $(\lambda p, \lambda w)$ mit $\lambda > 0$ gegeben. Dann gilt:

1. *Das Gewinnmaximum der Produzenten ändert sich nicht.*
   Beim neuen Preissystem gilt nämlich

   $$\max_{y, l^d} \quad \lambda p \cdot y - \lambda w \cdot l^d = \lambda(p \cdot y - w \cdot l^d) \quad \text{s.t.} \quad y = T(l^d)$$

   während beim alten gilt

   $$\max_{y, l^d} \quad p \cdot y - w \cdot l^d \quad \text{s.t.} \quad y = T(l^d) \quad .$$

Da λ konstant ist, ändert sich also die Optimallösung des Maximierungsproblem nicht! Es handelt sich weiterhin um das alte Optimierungsproblem. Das algebraische Äquivalent ist auch direkt dargelegt:

$$\pi(\lambda p, \lambda w) = (\lambda p) \cdot y - (\lambda w) \cdot l^d = \lambda(p \cdot y - w \cdot l^d) = \lambda \pi(p, w) \quad .$$

Damit schneidet die Isogewinnlinie die y-Achse wieder in $\frac{\lambda \pi(p, w)}{\lambda p}$ mit der Steigung $\frac{\lambda w}{\lambda p} = \frac{w}{p}$: sie bleibt also gleich. Die Technologiefunktion (und somit v.a. ihre Steigung) wird von der Preisänderung gar nicht beeinflußt, also bleibt auch das Gleichgewicht bei $(\overset{*}{y}, \overset{*}{l}{}^d)$ liegen.

2. *Die Nutzenmaximierung der Konsumenten ändert sich ebenfalls nicht.*
Bei der neuen Nutzenoptimierung

$$\max_{x,f} \quad U(x,f) \quad \text{s.t.} \quad (\lambda p) \cdot x = (\lambda w) \cdot l^s + \pi(\lambda p, \lambda w)$$

entspricht die Nebenbedingung der alten

$$p \cdot x = w \cdot l^s + \pi(p,w) \quad ,$$

da der Gewinn – wie schon bei den Produzenten gezeigt – eine *homogene* Funktion ist

$$\pi(\lambda p, \lambda w) = \lambda \pi(p, w) \quad .$$

Auch hier ändert sich das Maximierungsproblem nicht, was wir auch algebraisch zeigen können: Da die Nutzenfunktion gleich bleibt, verändern sich die Indifferenzkurven nicht. Für die Budgetgerade bleibt der Achsenabschnitt immer noch

$$\frac{\lambda \pi + \lambda w \cdot \overline{f}}{\lambda p} = \frac{\pi + w \cdot \overline{f}}{p}$$

und die Steigung $-\frac{\lambda w}{\lambda p} = -\frac{w}{p}$. Das Gleichgewicht $(\overset{*}{x}, \overset{*}{l^s})$ bleibt also auch hier gleich.

Wir können alles Vorgetragene wie folgt zusammenfassen:

$$x(\lambda p, \lambda w) = x(p, w)$$
$$y(\lambda p, \lambda w) = y(p, w)$$
$$l^d(\lambda p, \lambda w) = l^d(p, w)$$
$$l^s(\lambda p, \lambda w) = l^s(p, w)$$

Somit sind im Walras-Gleichgewicht die Preise und Löhne nur bis auf Normierung festgelegt. Man darf beispielhaft $p \equiv 1$ oder $w \equiv 1$ setzen, ohne den relativen Preis und damit das Walras-Gleichgewicht zu ändern.

Anmerkung 2.24 (Folgerung aus der Homogenität des Walras-Gleichgewichts).
Aufgrund des Walras-Gesetzes und seiner Homogenität kann ein simultanes Gleichgewicht auf zwei Märkten erschöpfend auf nur einem Markt analysiert werden.

Beispiel 2.25. Betrachte nur den Gütermarkt und setze $w \equiv 1$.

Abbildung 2.37 ähnelt Abbildung 2.1, hat aber eine total andere Aussagekraft: Erst seitdem wir die Theorie des allgemeinen Gleichgewichts kennen,

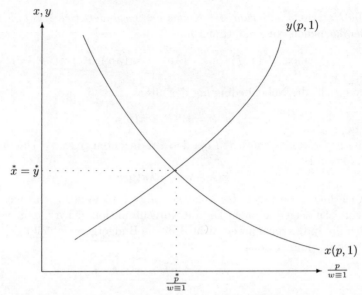

Abb. 2.37. Das volkswirtschaftliche Gleichgewicht, in einem einzigen Markt dargestellt.

die wir mit Hilfe der Produktions- und Haushaltstheorie hergeleitet haben, können wir vom volkswirtschatlichem Gleichgewicht sprechen. In 2.1 kannten wir die Bedingungen noch nicht, wofür das Gleichgewicht für den ganzen volkswirtschaftlichen Kreislauf gilt. Nach der Normierung $w \equiv 1$ und der Theorie des allgemeinen Gleichgewichts dürfen wir hingegen 2.37 als „Gesamtgleichgewicht" betrachten. Das Hauptargument für diese Sichtweise liegt in den Details: In 2.37 sind Güterangebot und -nachfrage *auch vom Lohn abhängig*, welcher hier absichtlich auf 1 normiert wurde. In 2.1 sind beide x und y ausschließlich von p abhängig, was einer allgemeinen Betrachtung der Volkswirtschaft widerspricht.

2.5.3 Eindeutigkeit des Walras-Gleichgewichtes

Wie viele Walras-Gleichgewichte sind in einer Volkswirtschaft möglich? Unter gewißen Annahmen kann man zeigen, daß nur *ein* Walras-Gleichgewicht existiert.

Satz 7 (Eindeutigkeit des Walras-Gleichgewichtes)
Falls es nur einen Konsumenten gibt (Robinson-Ökonomie) und die Technologiefunktion konkav ist, dann ist das Walras-Gleichgewicht eindeutig.

Beweis. Durch Widerspruch. Angenommen, es gäbe zwei Gleichgewichte, dann hätte man einen Widerspruch zum AoP, denn jedes Gleichgewicht liegt unterhalb der Budgetgeraden, auf der das andere Gleichgewicht liegt - der Konsument hätte also seinen Nutzen nicht maximiert, wie Abbildung 2.38 zeigt.

□

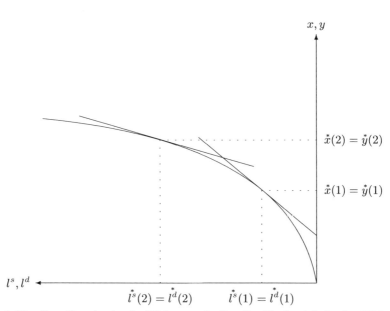

Abb. 2.38. Der Beweis durch Widerspruch für die Eindeutigkeit des Walras-Gleichgewichtes.

Eine interessante Frage betrifft die Eindeutigkeit im Falle mehrerer Konsumenten bzw. mehrerer Produzenten: Wann bleibt das Walras-Gleichgewicht eindeutig?

Anmerkung 2.26 (Eindeutigkeit bei mehreren Konsumenten).
Der Satz der Eindeutigkeit gilt nicht für mehrere Konsumenten – schon bei zwei Konsumenten kann es zwei Walras-Gleichgewichte geben.

Anmerkung 2.27 (Eindeutigkeit bei mehreren Produzenten).
Die Anzahl der Produzenten verändert die Anzahl der Gleichgewichte nicht!

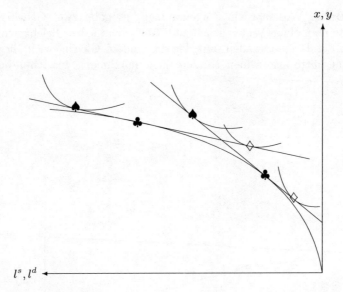

♠ Nachfrage Robinson
◇ Nachfrage Freitag

Abb. 2.39. Die Eindeutigkeit des Walras-Gleichgewichtes ist bei mehreren Konsumenten nicht mehr gewährleistet.

Abbildung 2.39 zeigt die Nicht-Eindeutigkeit bei mehreren Konsumenten. Die Einzelnachfragen erfüllen das AoP, das Gesamtgleichgewicht ♣ nicht.

Anhand eines Beispiels möchten wir auch Anmerkung 2.27 beispielhaft darlegen.

Beispiel 2.28. Eindeutigkeit bei mehreren Produzenten.
Angenommen, es gibt zwei Firmen, die beide ihren Gewinn maximieren. Die Gewinnmaximierung der ersten Firma lautet

$$\max_{y_1, l_1^d} \quad p \cdot y_1 - w \cdot l_1^d \quad \text{s.t.} \quad y_1 = T_1(l_1^d) \quad ,$$

die Gewinnmaximierung der zweiten Firma lautet

$$\max_{y_2, l_2^d} \quad p \cdot y_2 - w \cdot l_2^d \quad \text{s.t.} \quad y_2 = T_2(l_2^d) \quad .$$

Durch Summation der beiden Teilprobleme erhält man wieder ein einziges Maximierungsproblem

$$\max_{y_1, y_2, l_1^d, l_2^d} \quad p \cdot y - w \cdot l^d \quad \text{s.t.} \quad y_1 = T_1(l_1^d), \ y_2 = T_2(l_2^d)$$

wobei

$$y = y_1 + y_2$$
$$l^d = l_1^d + l_2^d \quad .$$

Die Gewinnfunktion $\pi = p \cdot y - w \cdot l^d = \pi_1 + \pi_2$ wird genau dann maximiert, wenn beide Teilgewinnfunktionen π_1 und π_2 maximiert werden.
Damit ist das Resultat daßelbe, wie wenn es nur eine Firma mit Gesamttechnologie T_1 und T_2 gäbe. Solange T_1 nicht von y_2 oder l_2^d abhängt oder analog T_2 nicht von y_1 oder l_1^d, ist die Organisationsform des Firmensektors (mehrere oder nur eine Firma) also egal.

2.6 Besondere Fälle des Grundmodells

Nachdem wir nun über ein erstes einfaches volkswirtschaftliches Modell verfügen, wenden wir unsere Aufmerksamkeit besonderen Fällen zu, die das obige Modell näher spezifizieren.

2.6.1 Produzentenentscheidung

Wir beginnen mit einer näheren Charakterisierung der Produktionsfunktion. Die *Skalenerträge* spielen eine wesentliche Rolle in der Gestaltung von $T(\cdot)$.

Definition 2.29 (Skalenerträge).

Die Technologiefunktion hat für $\lambda > 1$:

- *konstante Skalenerträge, falls $\lambda T(l^d) = T(\lambda l^d)$*
- *abnehmende Skalenerträge, falls $\lambda T(l^d) > T(\lambda l^d)$*
- *zunehmende Skalenerträge, falls $\lambda T(l^d) < T(\lambda l^d)$*

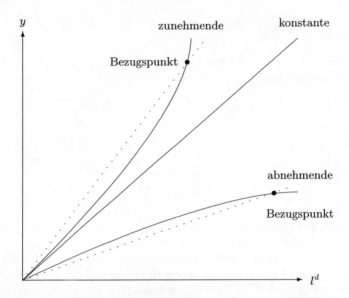

Abb. 2.40. Der Verlauf der Produktionsfunktion je nach Skalenerträgen.

Abbildung 2.40 illustriert den Verlauf von $T(l^d)$ in den drei Fällen. Es sei hier erwähnt, daß wir in diesem Abschnitt von allgemeineren Produktionsfunktionen Gebrauch machen, als die auf Seite 23 definierten. Die Forderung der strikten Konkavität wird also fallengelassen. Zudem bemerkt man auch, daß die Skalenerträgeeigenschaft lokaler Natur ist, wie es dann in Abbildung 2.44 aufgezeigt wird. Wir gehen nun alle Möglichkeiten an.

Gewinnmaximierung der Produzenten bei konstanten Skalenerträgen von $T(.)$

Bei konstanten Skalenerträgen ist $T(.)$ eine lineare Funktion, für die z.B. gilt

$$T(l^d) = t \cdot l^d \quad \text{mit} \quad t > 0 \quad .$$

Das Maximierungsproblem

$$\max_{y, l^d} \quad p \cdot y - w \cdot l^d \quad \text{s.t.} \quad y = t \cdot l^d$$

formt sich durch Einsetzen der Nebenbedingungen wie folgt um

$$\max_{l^d} \quad p \cdot t \cdot l^d - w \cdot l^d = \max_{l^d} \quad (p \cdot t - w) \cdot l^d \quad .$$

Für $p \cdot t > w$ ist $(p \cdot t - w) > 0$: Umso mehr Arbeit $l^d \geqslant 0$ man einsetzt, desto höher wird der Gewinn. Daraus folgt, daß $\overset{*}{l^d} \to +\infty$. Der Gewinn kann also nicht maximiert werden, und somit hat man kein Walras-Gleichgewicht, wie in Abbildung 2.41 gezeigt wird.

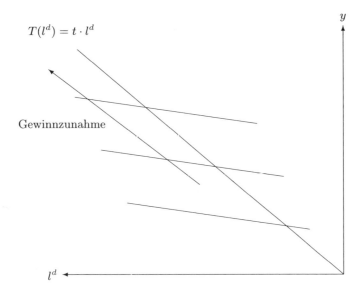

Abb. 2.41. Konstante Skalenerträge und $p \cdot t > w$.

Für $p \cdot t < w$ ist $(p \cdot t - w) < 0$: Bei nichtnegativen Arbeitseinsätzen $l^d \geqslant 0$ ist der Gewinn ≤ 0, und zwar ist er gerade 0 – und damit maximal, wenn man $l^d = 0$ einsetzt. Daraus folgt, daß $\overset{*}{l^d} = 0$ ist, sprich daß gar nicht produziert wird! Man vergleicht diesbezüglich Abbildung 2.42.

Für $p \cdot t = w$ bekommen wir $(p \cdot t - w) = 0$, und damit ist auch der Gewinn $\pi = (p \cdot t - w) \cdot l^d = 0$, egal, welches l^d man wählt. Wie in Abbildung 2.43 dargestellt, fallen Technologiefunktion und Isogewinnlinie zusammen – dadurch entstehen unendlich viele Schnittpunkte!

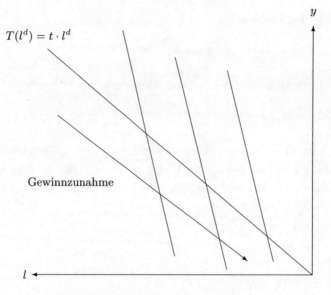

Abb. 2.42. Konstante Skalenerträge und $p \cdot t < w$.

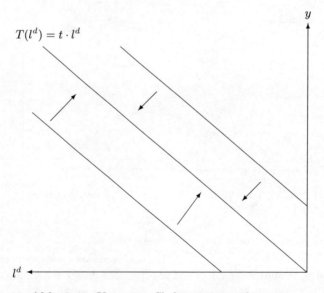

Abb. 2.43. Konstante Skalenerträge und $p \cdot t = w$.

Gewinnmaximierung der Produzenten bei abnehmenden Skalenerträgen

Abbildung 2.44 zeigt den „Normalfall" mit einer konkaven Technologiefunktion. Diesen Fall haben wir schon in den vorherigen Abschnitten betrachtet.

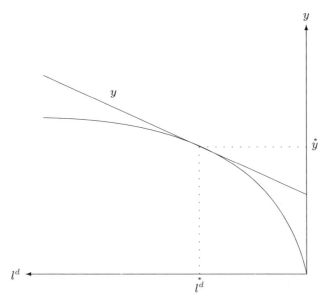

Abb. 2.44. Sinkende Skalenerträge: der „Normalfall".

Eine Bemerkung zum „Normalfall" mag an dieser Stelle interessant sein: Aus den getroffenen Annahmen folgt die Existenz der Optimallösung auch im Normalfall nicht. Die folgende Funktion ist z.B. strikt konkav, strikt monoton wachsend und zweimal stetig differenzierbar für $l^d \geqslant 0$, und es gilt $T(0) = 0$:

$$y = \sqrt{3(l^d + 2)^2 - 3} - 3 \quad .$$

Die Technologiekurve ist eine Hyperbel mit der Asymptote $y = \sqrt{3}(l^d + 2) - 3$. Das Produktionsoptimierungsproblem hat somit eine Optimallösung für $\frac{w}{p} > \sqrt{3}$ und hat keine Lösung für $\frac{w}{p} = \sqrt{3}$, während der $\pi \to \infty$ für $\frac{w}{p} < \sqrt{3}$.

Gewinnmaximierung der Produzenten bei zunehmenden Skalenerträgen

Daß die Produktionsfunktion zunehmende Skalenerträge aufweist, ist nicht verträglich mit dem Walras-Gleichgewicht, denn die Marginalbedingung, die zum Gewinnminimum führen sollte, führt in diesem Fall zu einem Gewinnminimum und impliziert einen negativen Gewinn! Als Vergleich diene Abbildung 2.45, wo gut ersichtlich ist, wie die durch das Minimum laufende Isogewinnlinie einen negativen Achsenabschnitt mit der y-Achse hat. Sei nicht vergessen, daß dieser Abschnitt $\frac{\pi(\overset{*}{p},\overset{*}{w})}{\overset{*}{p}}$ beträgt. Alle Punkte außerhalb dieser Lösung liefern höhere Gewinne.

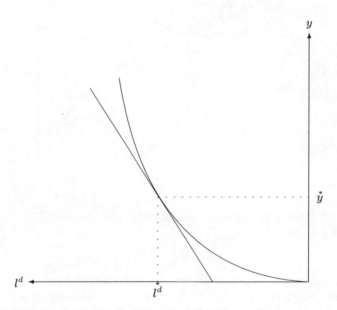

Abb. 2.45. Steigende Skalenerträge: Kein festes Gewinnmaximum.

Steigende Skalenerträge implizieren das stetige Fusionieren von Firmen, wodurch Kosten erspart und die Gewinne ständig erhöht werden. Solange die Skalenerträge zunehmend sind, gelangt man zu keiner festen Lösung, was die Inexistenz eines Gleichgewichtes impliziert.

Gewinnmaximierung bei teilweise zunehmenden, teilweise abnehmenden Skalenerträgen

Hat, wie in Abbildung 2.46 gezeigt, die Technologiefunktion z.B. erst zunehmende, dann abnehmende Skalenerträge, muß sich daraus nicht immer ein Walras-Gleichgewicht ergeben, denn die Arbeitsnachfrage ist nicht stetig. Bei einer solchen Produktionsfunktion optimiert der Produzent nie im konvexen Bereich: Für jede exogen gegebene Steigung $\frac{w}{p}$ gibt es immer einen Tangentialpunkt im konkaven Bereich, dessen Gewinn höher ist als jener, der mit dem Tangentialpunkt im konvexen Bereich verbunden ist. Beim in Abbildung 2.46 angegebenen Reallohn entspricht Punkt 1 dem Gewinnmaximum und Punkt 2 dem Gewinnminimum.

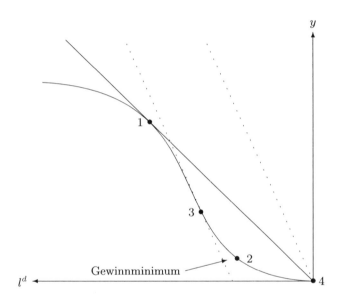

Abb. 2.46. Gewinnmaximierung bei teilweise zunehmenden, teilweise abnehmenden Skalenerträgen: die klassische Produktionsfunktion.

Aus dieser Besonderheit ergibt sich eine unstetige Arbeitsnachfrage, die beispielhaft in Abbildung 2.47 dargestellt wird. Hier kann es auch vorkommen, daß sich die Arbeitsnachfrage- und Arbeitsangebotskurve überhaupt nicht berühren, und zu keinem Gleichgewicht führen.

Bei anderen (höheren) Reallöhnen gäbe es noch einen dritten Punkt (Punkt 3 z.B. in Abbildung 2.46), wo die Marginalbedingungen zwar erfüllt sind, der jedoch keinem Gewinnmaximum entspricht. Dies läge nämlich bei Punkt 4.

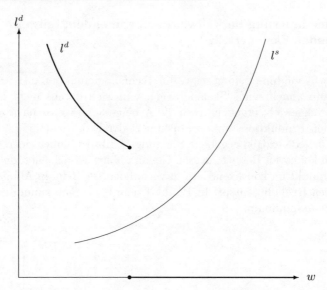

Abb. 2.47. Gewinnmaximierung bei teilweise zunehmenden, teilweise abnehmenden Skalenerträgen, woraus eine unstetige Arbeitsnachfrage resultiert.

2.6.2 Konsumentenentscheidung

Sind die Güter f und x nicht zu substituieren, geht die Grenzrate der Substitution gegen ∞, d.h. in $(\overset{*}{x}, \overset{*}{f})$ hat die Nutzenfunktion die analytische Form

$$U(x, f) = \min\{\alpha x, (1 - \alpha)f\}$$

und die Indifferenzkurve ist somit nicht differenzierbar, wie Abbildung 2.48 zeigt. Die Nachfragen ergeben sich dann aus den beiden linearen Gleichungen $\alpha x = (1 - \alpha)f$ und $px + wf = b$. Sind die Güter perfekte Substitute, hat die Nutzenfunktion die Form

$$U(x, f) = \alpha x + (1 - \alpha)f \quad .$$

Die Indifferenzkurven sind Geraden mit der Steigung $-\frac{1-\alpha}{\alpha}$.

Ist nun $-\frac{1-\alpha}{\alpha} < -\frac{w}{p}$ (die Steigung der Budgetgeraden) – also $\frac{1-\alpha}{\alpha} > \frac{w}{p}$ – liegt $\overset{*}{f}$ bei $\overline{f}$. Geometrisch gesehen ist die Indifferenzkurve in diesem Fall steiler als die Budgetgerade. Für $\frac{1-\alpha}{\alpha} < \frac{w}{p}$ – also wenn die Indifferenzkurve weniger steil als die Budgetgerade ist – würde $\overset{*}{f}$ bei 0 liegen. Abbildung 2.49 zeigt beide Möglichkeiten auf.

Komplemente und Substitute können wir analytisch dank einer dritten Art Elastizität unterscheiden: die Kreuzpreiselastizität.

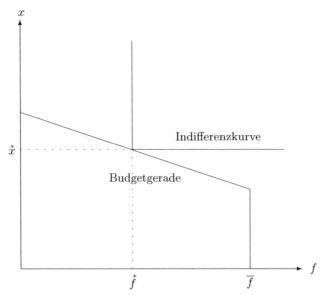

Abb. 2.48. Die Gestaltung von $U(x, f)$ bei Komplementen.

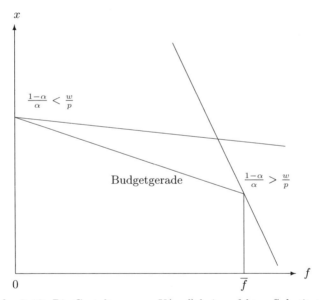

Abb. 2.49. Die Gestaltung von $U(x, f)$ bei perfekten Substituten.

Definition 2.30 (Kreuzpreiselastizität).
Die Elastizität der Nachfrage von Gut x nach dem Preis des anderen Gutes f berechnet sich aus

$$\varepsilon_{x,w} = \lim_{\Delta w \to 0} \frac{\Delta x}{\Delta w} \cdot \frac{w}{x} = \frac{\partial x}{\partial w} \cdot \frac{w}{x} \quad .$$

Bei der Interpretation der Kreuzpreiselastizität trifft man implizit die Annahme, daß das „andere" Gut kein Giffengut sondern ein gewöhnliches Gut sei: Wenn w steigt, sinkt f und *vice versa*. Aus den vorherigen Abschnitten wissen wir ja, daß diese Annahme problematisch sein kann. Trotzdem bekommen wir folgende Beziehungen:

(i) Steigt w, dann sinkt f (es wird mehr gearbeitet) und wenn als Reaktion x steigt, dann sind f und x Substitute (wie der Name sagt, substituiert man f gegen x). Hier wäre $\varepsilon_{x,w} > 0$, da bei einer Zunahme von w auch x zunimmt.

(ii) Steigt w, dann sinkt f (es wird mehr gearbeitet). Sinkt auch x, dann sind f und x Komplemente (wie der Name sagt, f und x sind komplementär und werden zusammen konsumiert). Hier wäre $\varepsilon_{x,w} < 0$, da bei einer Zunahme von w x abnimmt.

Alle bisher dargestellten Spezialfälle im Konsumentenbereich kann man mit Hilfe der CES-Funktion erhalten. CES steht für das Englische *constant elasticity of substitution*. Hat die Nutzenfunktion die Form

$$U(x,f) = \left[\alpha^{\frac{1}{\sigma}} \cdot x^{\frac{(\sigma-1)}{\sigma}} + (1-\alpha)^{\frac{1}{\sigma}} \cdot f^{\frac{(\sigma-1)}{\sigma}} \right]^{\frac{\sigma}{(\sigma-1)}} \quad \text{mit} \quad 0 \leqslant \alpha \leqslant 1$$

dann sind die Marshall'schen Nachfragen wie folgt:

$$\hat{x}(p,w,b) = \frac{\alpha \cdot b}{p^{\sigma}[\alpha p^{1-\sigma} + (1-\alpha) \cdot w^{1-\sigma}]}$$

$$\hat{f}(p,w,b) = \frac{(1-\alpha) \cdot b}{w^{\sigma}[\alpha p^{1-\sigma} + (1-\alpha) \cdot w^{1-\sigma}]}$$

So erhält man auch Lösungen für die obigen Spezialfälle: Für $\sigma = 1$ erhalten wir die Cobb-Douglas-Funktion

$$U(x,f) = \alpha \ln(x) + (1-\alpha) \ln(f) \quad .$$

Für $\sigma \to \infty$ haben wir perfekte Substitute

$$U(x,f) = x + f \quad .$$

Zuletzt, für $\sigma = 0$ und $\alpha = \frac{1}{2}$ erhalten wir die Nutzenfunktion komplementärer Güter

$$U(x,f) = \min\{x,f\} \quad .$$

Auf Seite 416 steht der ausführliche Beweis zu diesen Herleitungen.

2.7 Erweiterungen und Schlußfolgerungen

Die in diesem Kapitel vorgestellten, ersten Denkschritte haben dem Leser/der Leserin die Vorteile einer ganzheitlichen Betrachtung der Volkswirtschaft aufgezeigt. Aus diesem Grund leitet das Beispiel über die Einführung einer Mengensteuer auf dem Gütermarkt das Kapitel ein. Um die Interdependenz von Märkten zu verstehen, wurden verschiedene Annahmen und Teilmodelle der Mikroökonomie vorausgesetzt (z.b. die Herleitung des Angebots- bzw. Nachfrageverlaufs sowohl auf dem Güter- als auch auf dem Arbeitsmarkt): Mit Partialgleichgewichtsmodellen – d.h. mit Modellen nur eines Marktes – kann man die Interdependenzen nicht genau erklären. Obwohl die Einführung einer Mengensteuer auf dem Gütermarkt die Anzahl geleisteter Arbeitsstunden nicht erhöht (da die Produktion eindeutig nicht zunimmt), bleiben die Effekte auf das Lohnniveau unerklärt. Einerseits gibt es eine aus der Güterbesteuerung induzierte tiefere Zahlungsbereitschaft der Firmen, andererseits höhere Lohnforderungen seitens der Arbeitnehmer aufgrund der Verteuerung der Güter.

Die Einführung eines Kreislaufmodells verspricht einen Ausweg aus dieser Ungewißheit. Bei der Modellierung von Firmen und Haushalten wurden, im Gegensatz zu anderen mikroökonomischen Lehrbüchern, die Nachfrage- und Angebotstheorie nicht besprochen. Schon im Kapitel 1 wird betont, daß Nachfrage und Angebot grundsätzlich denselben Handlungsprinzipien unterliegen müssen. Bei jeder Transaktion ist man gleichzeitig Nachfrager eines Gutes und Anbieter eines anderen.

Damit das Modell einfach und verständlich bleibt, haben wir radikale, vereinfachende Annahmen eingeführt, über deren Konsequenzen wir uns bewußt sein müssen.
Die erste wesentliche Vereinfachung betrifft die Anzahl der Güter. In unserem Beispiel sind es nur zwei: das Konsumgut und die Zeit, die der Arbeit gleichkommt. Darüber hinaus gehen wir davon aus, daß alle Individuen über dieselben Präferenzen und dieselbe Technologie verfügen. Normalerweise wird an dieser Stelle noch nicht von Individuen gesprochen, da wir nur eine Nutzenfunktion sowie eine Produktionsfunktion postuliert haben. Ein realistisches Beispiel dafür wäre die Modellierung einer Inselökonomie à la Robinson Crusoe, wobei der einzige Einwohner über seine Allokation des Tages entscheiden muß, unter Berücksichtigung der möglichen, für sein Überleben notwendigen, Güterproduktion. Verständlicherweise spielt Geld hierbei keine Rolle.
Daß in unserem Modell nur Güter betrachtet werden, ist schon allein deshalb unrealistisch, weil das Kapital nicht berücksichtigt wird. Arbeit ist untrennbar von Kapital, da die Güterproduktion Arbeit bedingt, was wiederum den Menschen bedingt, was seine physische Existenz bedingt, der somit zur ersten trivialen Kapitalausstattung gehört. Aus diesen logischen Gründen kann Ar-

beit nicht ohne Kapital existieren und der Erweiterung um Kapital wird genau das nächste Kapitel gewidmet.

Die hier vorgestellte Mathematisierung bringt sowohl Vorteile – wie den klaren Gesamtüberlick und die Kontrolle der indirekten Nebenwirkungen – als auch Nachteile mit sich. Der größte Nachteil besteht in der Nutzendarstellung durch eine Nutzenfunktion. Die Konsequenzen dieses Ansatzes werden bis zum dritten Teil des Buches, Kapitel 13, nicht erläutert. Ohne die Motivation für unseren Modellaufbau zu schächen, möchten wir den Leser darauf aufmerksam machen, daß die Nutzendarstellung durch eine Nutzenfunktion gewißen Grenzen unterliegt, da der Nutzen ordinaler und nicht kardinaler Natur ist. Mit anderen Worten: Die Präferenzordnung ist nur eine *Reihe* von Güterbündeln, deren Nutzenintensität durch kein bestimmtes Maß ausgedrückt werden darf. Dies wird heute von den meisten Ökonomen und auch diesen Buchautoren sehr ernst genommen. Trotzdem benutzt man weiterhin eine kardinale Funktion für deren Darstellung. Wir machen somit von einer mathematischen Metapher Gebrauch (die Nutzenfunktion als Metapher zur Präferenzdarstellung) und unterliegen ihren ursprünglichen Eigenschaften. Solange wir nur von einzelnen Individuen sprechen, wird sich diese Methodologie als sehr vielversprechend erweisen. Jedoch werden wir deren Grenzen beim interpersonellen Nutzenvergleich spüren.

Der größte Vorteil unseres Ansatzes liegt im vernetzten Denken, das uns die Betrachtung mehrerer Interdependenzen ermöglicht. In den folgenden Kapiteln werden wir den volkswirtschaftlichen Kreislauf immer genauer spezifizieren, durch Erweiterungen um mehrere Güter und mehrere Wirtschaftsakteure. In diesem Kapitel wurde somit nur das Grundgerüst vorgestellt.

Erweiterung des Grundmodells um Kapital

„Glück ist das einzige Kapital, das größer wird, wenn man es teilt."

Othmar Capellmann

Nachdem wir nun über ein erstes volkswirtschaftliches Modell verfügen, möchten wir uns seinen Erweiterungen widmen. Wir beginnen mit dem *Kapital*, da es neben der Arbeit als weiterer wichtiger Produktionsfaktor angesehen wird. Kapital, aus der Sicht der Volkswirtschaftslehre, bedeutet nicht finanzielle Mittel, sondern immer physische Güter – sogenannte Kapitalgüter, die sich von den üblichen Konsumgütern unterscheiden. Kapitalgüter sind z.B. Gebäude, technische Einrichtungen, Maschinen, Lastwagen, Immobilien, Werkzeuge usw.

3.1 Der Preis von Kapital

Bevor wir auf die Kreislaufbetrachtung eingehen, die unseren Ansatz im Verlauf des Buches weiter prägen wird, möchten wir die Determinanten der Kapitalbewertung aus volkswirtschaftlicher Sicht herleiten und vorstellen. Welche Größe stellt für uns den Preis des Kapitals dar? Anders gefragt: Welchen Wert hat Kapital?

Zunächst sei erwänt, daß – wie es bereits für die Arbeitsleistung der Fall war – Kapital ein Inputfaktor ist, also eine Flußgröße, die z.B. in EUR pro Jahr gemessen werden kann. Kapital dient der Produktion, einem dynamischen Prozeß: Die Inputfaktoren fließen in die Produktion ein, am Ende des Prozeßes steht der Output. Das Unternehmen ist aus volkswirtschaftlicher Sicht – zumindest in diesem theoretischen Stadium – eine reine *Black Box*, die wir nicht genauer untersuchen möchten und durch den Verlauf der Technologiefunktion $T(\cdot)$ genug spezifizieren können.

Weiter oben haben wir Beispiele für Kapital genannt. Gemeint sind alle zur Produktion notwendigen physischen Güter. Warum werden diese als *Flußgrößen* bezeichnet? In der Wissenschaft spricht man oft von *Bestandsgrößen*, wenn man Güter wie Maschinen oder Einrichtungen meint. Kapitalgüter werden aber deshalb eingesetzt, weil sie eine für den Produktionsprozeß erforderliche *Leistung* erbringen. Eine Leistung muß immer eine *Flußgröße* sein.
Wer sich in der Buchhaltung auskennt, weiß, daß die Einrichtungen durch den Prozeß der *Abschreibung* in Flußgrößen umgewandelt werden. Die Abschreibungen entsprechen der Verteilung der Anschaffungskosten auf eine gewiße Zeitspanne, so daß diese Kosten in der Erfolgsrechnung – also in einer Flußrechnung – auftauchen.
Als eine erste Intuition für die Kapitalbewertung könnte man also die Abschreibungen verwenden. Da die Abschreibungen aber einer bloßen algebraischen Transformation des Anschaffungspreises entsprechen, verlegen wir das ursprüngliche Bewertungsproblem auf die Frage, welcher Anschaffungspreis, der für unsere Zwecke relevant ist, auszuwählen sei.

Dabei müssen wir konsistent mit dem ökonomischen Prinzip bleiben, das wir im Kapitel 1 vorgestellt haben: „Handeln" bedeutet *zwischen Alternativen auswählen* und die ökonomischen Kosten einer Wahl – die sogenannten Opportunitätskosten – entsprechen *immer* dem Wert (sei es nutzenmäßig oder monetär) der besten entgangenen Alternative. Der für die Volkswirtschaftslehre relevante Preis von Kapital muß deswegen seinen Opportunitätskosten entsprechen: Wie werden diese bstimmt?
Jeder Unternehmer steht verschiedenen Alternativen gegenüber, bevor er sich für ein Projekt entscheidet. Sicher könnte er sein finanzielles Kapital k^d auf dem Finanzmarkt anlegen und so eine jährliche Rendite r erzielen. Zieht er es aber vor, seine Ressourcen in die Firma zu investieren, geht er Opportunitätskosten in Höhe von $r \cdot k^d$ ein; in diesem Fall: die entgangene Rendite. Aus ökonomischer Sicht sind die Kosten des Kapitals gleich seinen Opportunitätskosten, also r für jede Kapitaleinheit von k^d.
Um diesen Ansatz verständlich zu machen, verwenden wir das Beispiel einer Fremdfinanzierung: Für die Finanzierung der betrieblichen Einrichtungen fragen wir Kredite nach, die uns jährliche Passivzinsen in Höhe von $r \cdot k^d$ kosten. Sie würden eine Bewertungsgrundlage darstellen; unabhängig davon, was wir *tatsächlich* auf dem Markt für unsere Einrichtungen bezahlt haben. Dieser Ansatz bietet uns einen weiteren Vorteil: Wir haben automatisch eine *Flußgröße*.

Auf den folgenden Seiten werden wir deshalb davon ausgehen, daß der Preis für Kapitalgüter dem Zins r entspricht. Dieser Ansatz wird vor allem später nützlich, wenn wir intertemporale Konsumentscheidungen behandeln werden. In diesen (fortgeschrittenen) Modellen zeigt sich, daß die Entschädigung für den

Verzicht auf heutigen Konsum – Sparen – der subjektiven Gegenwartsvorliebe entsprechen soll. Die Gegenwartsvorliebe wird als *Zeitpräferenz* bezeichnet und ist strikt positiv (Die Gegenwart hat gegenüber der Zukunft einen etwas höheren Stellenwert). Die Zeitpräferenz widerspiegelt sich im Gleichgewicht im Zins.

In unserer Einperioden-Betrachtung ist der Zins trotzdem ausschließlich der Preis für Kapital, so wie der Lohn der Preis für Arbeit ist. Die Firmen brauchen Kapital für ihre Produktion und zahlen einen Preis dafür.

3.2 Interdependenz auf drei Märkten

Unsere Volkswirtschaft verfügt jetzt über drei Güter mit dementsprechend vielen Märkten: Arbeitsleistung von Haushalten geliefert an Firmen, Kapitalleistung von Haushalten an Firmen zur Verfügung gestellt sowie Konsumgüter von Firmen an Haushalte angeboten.

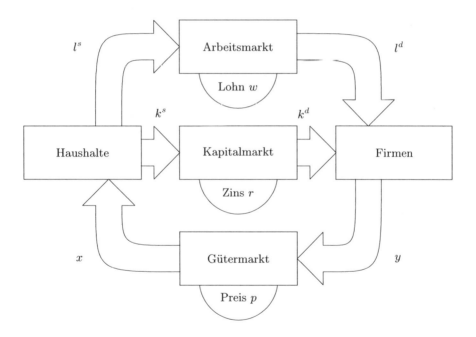

Abb. 3.1. Der wirtschaftliche Kreislauf bei drei Gütern.

Wie in Abbildung 3.1 aufgezeigt, stellen die Haushalte Kapitalgüter zur Verfügung, die von den Firmen eingesetzt werden. In der Notation des Kreislaufmodells gilt jetzt:

k^s : Sparleistung der Haushalte = Bereitstellung von Kapitalgütern

k^d : Kapitaleinsatz der Firmen = Nachfrage nach Kapitalgütern

r : Zins = Preis des Kapitals

Somit haben wir nun drei Märkte, auf denen Angebot und Nachfrage jeweils von den drei verschiedenen „Preisen" abhängen:

	Angebot	Nachfrage
Arbeitsmarkt	$l^s(p, w, r)$	$l^d(p, w, r)$
Gütermarkt	$y(p, w, r)$	$x(p, w, r)$
Kapitalmarkt	$k^s(p, w, r)$	$k^d(p, w, r)$

3.3 Produzentenentscheidung bei zwei Faktoren

Wir möchten beide Seiten des wirtschaftlichen Kreislaufs untersuchen und beginnen mit den Unternehmungen.

3.3.1 Gewinnmaximierung

Die Produzenten entscheiden nun nicht nur über ihren Arbeits-, sondern auch über ihren Kapitaleinsatz: Die Produktion besteht jetzt aus einem *Faktoren-Mix*. Die Produktionsfunktion ist also sowohl von der Arbeitsnachfrage l^d als auch vom Kapitaleinsatz k^d abhängig; dabei sind die Standardannahmen ähnlich wie jene, die wir in Kapitel 2 behandelt haben: $T(l^d, k^d)$ ist stetig differenzierbar, strikt konkav, und es gilt $T(0, k) = T(l^d, 0) = 0$. Abbildung 3.2 stellt die partielle Produktionsfunktion nach Arbeit dar, während Abbildung 3.3 die partielle Produktionsfunktion nach Kapital zeigt. Die Produktionsfunktion ist ein dreidimensionaler Berg, welchen wir in der Graphik 3.4 abbilden. Die „Höhenlinien" heißen Isoquanten und bezeichnen den geometrischen Ort von Arbeit- und Kapitalkombinationen, die zur selben Outputmenge führen.

Das Gewinnmaximierungsproblem wird nun folgendermaßen erweitert:

$$\max_{y, l^d, k^d} \quad p \cdot y - w \cdot l^d - r \cdot k^d \quad \text{s.t.} \quad y = T(l^d, k^d) \quad , \tag{3.1}$$

wobei – wie vorher – der Gewinn die Differenz zwischen Erträgen $p \cdot y$ und Kosten darstellt. Hier sind die Kosten die Summe von Lohnkosten $w \cdot l^d$ und Kapitalkosten $r \cdot k^d$.

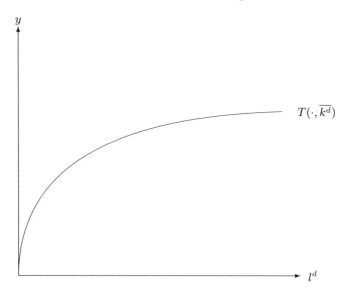

Abb. 3.2. Partielle Produktionsfunktion nach Arbeit.

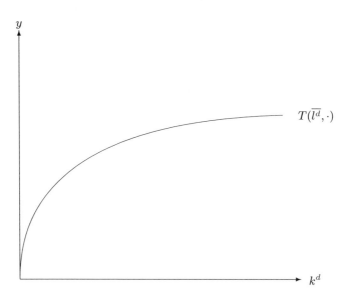

Abb. 3.3. Partielle Produktionsfunktion nach Kapital.

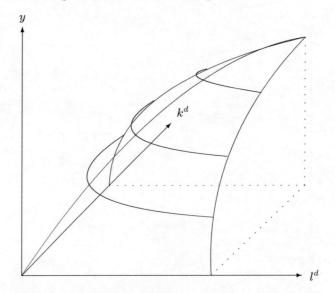

Abb. 3.4. Produktion als Funktion von Kapital und Arbeit.

Auf den folgenden Seiten möchten wir analytisch den Gewinn maximieren. Dies erreichen wir in zwei Schritten: Zuerst definieren wir die Kostenfunktion bei gegebenem Output y, dann maximieren wir den Gewinn, indem die Kostenseite von der gefundenen Kostenfunktion dargestellt wird.

1. Schritt: Bestimmung der Kostenfunktion

Die Kostenfunktion ist eine reellwertige Funktion $C : \mathbb{R}_+ \to \mathbb{R}_+$, die die minimalen Kosten der Produktion in Abhängigkeit vom Output angibt, also

$$C(y) := \min_{l^d, k^d} w \cdot l^d + r \cdot k^d \quad \text{s.t} \quad y = T(l^d, k^d) \quad . \tag{3.2}$$

Wir haben somit das Gewinnmaximierungsproblem zunächst aufs Zweidimensionale reduziert und wählen jetzt die Isoquante, die zum festen Output $\bar{y}$ gehört, wie Abbildung 3.5 zeigt.

Die Isokostenlinie – davon gibt es unendlich viele und Abbildung 3.5 stellt nur eine dar – beschreibt alle Kombinationen von l^d und k^d, die zu den gleichen Kosten $\bar{c}$ führen:

$$\bar{c} = w \cdot l^d + r \cdot k^d$$

ist äquivalent zu

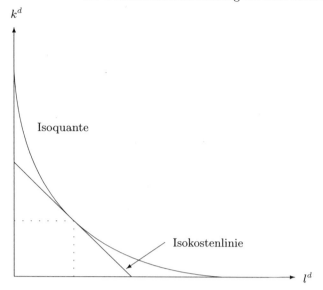

Abb. 3.5. Die Isoquante und die Isokostenlinie.

$$k^d = \frac{\overline{c}}{r} - \frac{w}{r} \cdot l^d \quad ,$$

woraus folgt, daß die Steigung der Isokostenlinie $-\frac{w}{r}$ ist.

Bei gegebenem Output $\overline{y}$ muß man nun diejenige Isokostenlinie wählen, die die Isoquante zu $\overline{y}$ in genau einem Punkt berührt. Daraus ergeben sich die folgenden Bedingungen:

$$-\frac{\partial_{l^d} T(l^d, k^d)}{\partial_{k^d} T(l^d, k^d)} \overset{!}{=} -\frac{w}{r} \qquad \text{(Marginalbedingung)}$$

$$y \overset{!}{=} T(l^d, k^d) \quad . \qquad \text{(Nebenbedingung)}$$

Wir können die zwei obigen Bedingungen auch analytisch durch die Lagrange-Methode herleiten.[1] Das in Gleichung (3.2) vorgestellte Minimierungsproblem läßt sich zuerst in eine Lagrange-Funktion überführen

$$L(l^d, k^d, \lambda) = w \cdot l^d + r \cdot k^d - \lambda \cdot (T(l^d, k^d) - y) \quad ,$$

die wir nach den drei Variablen l^d, k^d und λ ableiten können. Die Bedingung erster Ordnung für l^d lautet

---

[1]Für eine Einführung in diese Methode siehe Anhang B, insbesondere Seite 405.

$$\partial_{l^d} L(l^d, k^d, \lambda) \overset{!}{=} 0$$
$$w - \partial_{l^d} T(l^d, k^d) \cdot \lambda = 0$$
$$\lambda = \frac{w}{\partial_{l^d} T(l^d, k^d)} \quad, \tag{3.3}$$

analog gilt für k^d

$$\partial_{k^d} L(l^d, k^d, \lambda) \overset{!}{=} 0$$
$$r - \partial_{k^d} T(l^d, k^d) \cdot \lambda = 0$$
$$\lambda = \frac{r}{\partial_{k^d} T(l^d, k^d)} \quad, \tag{3.4}$$

schließlich sieht die FOC für λ folgendermaßen aus

$$\partial_\lambda L(l^d, k^d, \lambda) \overset{!}{=} 0$$
$$-T(l^d, k^d) + y = 0$$
$$y = T(l^d, k^d) \quad . \tag{3.5}$$

Durch Gleichsetzen von (3.3) und (3.4) ergibt sich genau die erste schon gefundene Optimalitätsbedingung:

$$\frac{w}{\partial_{l^d} T(l^d, k^d)} = \frac{r}{\partial_{k^d} T(l^d, k^d)}$$
$$\frac{\partial_{l^d} T(l^d, k^d)}{\partial_{k^d} T(l^d, k^d)} = \frac{w}{r} \quad;$$

(3.5) entspricht genau der Nebenbedingung.
Da die Isoquanten konvex sind, handelt es sich um ein Minimum!

Beide Bedingungen zusammen ermöglichen die Suche nach dem Optimum. Wenn die Isoquanten strikt konvex sind, dann gibt es bei jedem Outputniveau ausschließlich eine optimale Kombination von Inputfaktoren l^d und k^d. Da die Faktorpreise w und r gegeben sind, können wir automatisch die Kostenfunktion von $\overline{y}$ wie folgt definieren:

$$C(\overline{y}) = w \cdot \overset{*}{l}^d + r \cdot \overset{*}{k}^d \quad,$$

wobei $\left(\overset{*}{l}^d, \overset{*}{k}^d \right)$ die optimale Faktorkombination zur Produktion von $\overline{y}$ ist. Da $\left(\overset{*}{l}^d, \overset{*}{k}^d \right)$ die (wegen der Annahmen eindeutige) Lösung des Minimierungsproblems bei gegebenen Faktorpreisen w und r ist, schreiben wir lieber $\overset{*}{l}^d(w, r, y)$ und $\overset{*}{k}^d(w, r, y)$, so daß die mathematisch präzise Schreibweise für die Kostenfunktion wie folgt aussieht:

$$C(w, r, y) = w \cdot \overset{*}{l}^d(w, r, y) + r \cdot \overset{*}{k}^d(w, r, y) \quad . \tag{3.6}$$

2. Schritt: Einsetzen der Kostenfunktion

Nachdem wir nun die Kostenfunktion definiert haben, reduziert sich das Gesamtproblem auf

$$\max_{y} \quad p \cdot y - C(w, r, y) \quad .$$

Die FOC lautet $p - \partial_y C(w, r, y) \overset{!}{=} 0$, was zur berühmten Bedingung

$$p = \partial_y C(w, r, y)$$

führt. Damit meint man, daß im Optimum die Grenzkosten $\partial_y C(w, r, y)$ dem Güterpreis p entsprechen. Die SOC, nämlich $\partial_y^2 C(w, r, y) < 0$, bedeutet, daß es sich um ein Maximum handelt, wenn die Produktionsfunktion konkav ist.

Satz 8 (Eigenschaften der Kostenfunktion) *Sei* $T(l^d, k^d)$ *zweimal stetig differenzierbar und strikt quasi-konkav sowie steigend in* l^d *und* k^d, *dann ist* $C(w, r, y)$:

1. *steigend in* y
2. *steigend in* w *und* r
3. *konkav in* w *und* r
4. *homogen von Grade 1 in* w *und* r, *d.h.* $C(\lambda w, \lambda r, y) = \lambda C(w, r, y)$, $\lambda > 0$
und es gilt:

$$\partial_w C(w, r, y) = \overset{*}{l}^d(w, r, y)$$

$$\partial_r C(w, r, y) = \overset{*}{k}^d(w, r, y) \qquad \text{(Shephard's Lemma)}$$

Dieser Satz steht zur Produktionstheorie wie Satz 10 auf Seite 101 zur Haushaltstheorie steht. Für den Beweis verweisen wir den Leser auf die bei Satz 10 vorgestellten Argumente. Satz 8 wird auf Seite 140 von Mas-Colell et al. [1995] auch vorgestellt.

Die analytische Betrachtung ist wichtig, um die Kreuzwirkungen zwischen den Preisen (p, w, r) und den Mengen (y, l^d, k^d) zu finden. Die latente Annahme bleibt dabei immer dieselbe: Der Unternehmer maximiert seinen Gewinn bei gegebenen Preisen. Shephard's Lemma wurde erstmals in Shephard [1953] vorgestellt.

3.3.2 Preisvariation in der Produzentenentscheidung

Wie verändern sich $y(p, w, r)$, $l^d(p, w, r)$ und $k^d(p, w, r)$, d.h. die Lösungen des Gewinnmaximierungsproblems (3.1) von Seite 88, falls sich einer der drei Preise ändert? Wir können eine Fallunterscheidung vornehmen:

1. Wenn der Lohnsatz w steigt, dann fallen $y(p, w, r)$ und $l^d(p, w, r)$. Falls $k^d(p, w, r)$ steigt, ist Kapital ein Substitut zur Arbeit; falls $k^d(p, w, r)$ fällt, ist es ein Komplement dazu.

   Die erste Eigenschaft ergibt sich aus der Tatsache, daß $\partial_w y(p, w, r) < 0$, da $\partial_w C(p, w, r) > 0$ und $p = \partial_w C(p, w, r)$.

   Für die Begründung der zweiten Eigenschaft benötigen wir Satz 8, nach welchem $\partial_w l^d(p, w, r) = \partial^2_{w^2} C(p, w, r) < 0$, da $C(\cdot)$ konkav in w ist.

2. Steigt der Zins r, dann fällt der Output $y(p, w, r)$ sowie der Kapitalbedarf $k^d(p, w, r)$. Steigt die Arbeitsnachfrage $l^d(p, w, r)$, ist Arbeit ein Substitut zu Kapital; sonst ein Komplement dazu.

   Die Begründung erfolgt analog zum vorherigen Punkt.

3. Im Falle einer Zunahme vom Güterpreis p steigt das Güterangebot $y(p, w, r)$. Um mehr zu produzieren, steigen mit ihm auch die Arbeitsnachfrage $l^d(p, w, r)$ sowie die Kapitalnachfrage $k^d(p, w, r)$.

In der obigen Fallunterscheidung sind nochmals die Begriffe „Substitut" und „Komplement" aufgetaucht, die wir schon im 2. Kapitel behandelt haben. Hierzu ein funktionales Beispiel.

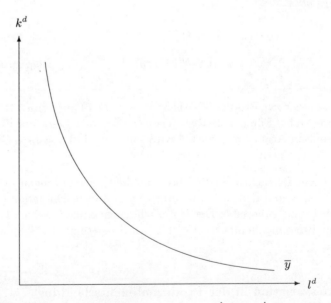

Abb. 3.6. Eine Produktionstechnologie, bei der l^d und k^d (partielle) Substitute sind: $T(l^d, k^d) = \sqrt{l^d \cdot k^d}$.

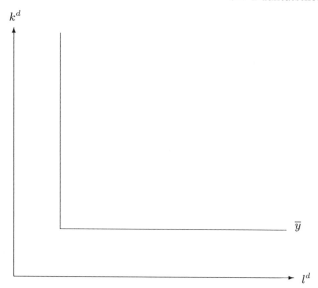

Abb. 3.7. Eine Produktionstechnologie, bei der l^d und k^d Komplemente sind: $T(l^d, k^d) = \min\{al^d, bk^d\}$ mit $a, b \in \mathbb{R}$.

Beispiel 3.1. Substitute und Komplemente.

1. Ist $T(l^d, k^d) = \sqrt{l^d \cdot k^d}$, dann sind und k^d *Substitute*. Abbildung 3.6 zeigt diesen Fall.
2. Ist $T(l^d, k^d) = \min\{a \cdot l^d, b \cdot k^d\}$, $a, b \in \mathbb{R}$, dann sind l^d und k^d *Komplemente*, wie in Abbildung 3.7 dargestellt.

3.4 Dualitätstheorie

Wir haben gesehen, daß der *Produzent* bei der Entscheidung über den Faktoren-Mix ein Kostenminimierungsproblem lösen muß, nämlich

$$\min_{l^d, k^d} \quad w \cdot l^d + r \cdot k^d \quad \text{s.t.} \quad y = T(l^d, k^d) \quad .$$

Graphisch sieht dieses Minimierungsproblem wie in Abbildung 3.8 aus: Die Isoquante zu $\overline{y}$ ist vorgegeben und es wird nach der kostenminimierenden Isogewinnlinie gesucht. Das *Konsumentenproblem* war bisher ein Maximierungsproblem der Art

$$\max_{x, f} \quad U(x, f) \quad \text{s.t.} \quad p \cdot x + w \cdot f = b \quad ,$$

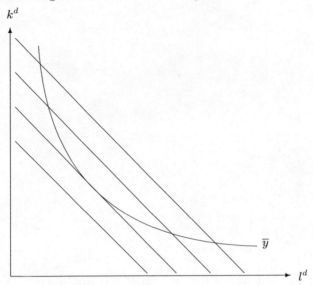

Abb. 3.8. Das Kostenminimierungsproblem des Unternehmens, bei gewünschtem Output $\overline{y}$.

mit graphischer Darstellung wie in Abbildung 3.9: Die Budgetgerade ist gegeben und die optimale Indifferenzkurve ist gesucht.

Nun kann man aber auch das Konsumentenproblem wie das Produzentenproblem als Kostenminimierungsproblem auffassen: Man möchte die Ausgaben minimieren, die für das Erreichen eines gewißen Nutzenniveaus unentbehrlich sind. Formal sieht dieses neue Optimierungsproblem der Haushalte folgendermaßen aus:

$$\min_{x,f} \quad w \cdot f + p \cdot x \quad \text{s.t.} \quad \overline{U} = U(x,f) \quad .$$

Dadurch minimiert der Konsument seine Ausgaben $w \cdot f + p \cdot x$ (Lohn als Opportunitätskosten der Freizeit), und somit hat man graphisch ein der Produzentenentscheidung ähnliches Problem: Abbildung 3.10 macht es deutlich. Zum festen Nutzenniveau $\overline{U}$ ist die Indifferenzkurve gegeben und die kostenminimierende Budgetgerade gesucht.

Die sogenannte *Dualitätstheorie* ist die Verbindung zwischen beiden Konsumentenproblemen. Abbildung 3.15 wird eine graphische Übersicht des Ganzen geben. Die Lösung des Nutzenmaximierungsproblems ist uns bereits als Marshall'sche Nachfrage bekannt. Löst man hingegen das Ausgabenminimierungsproblem auf die gleiche Weise, erhält man die Hicks'sche Nachfrage, die statt von b noch von dem festen Nutzenniveau $\overline{U}$ abhängt.

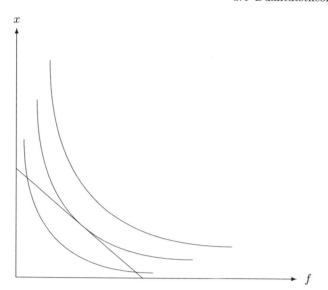

Abb. 3.9. Das Nutzenmaximierungsproblem der Haushalte bei gegebenem Budget b führt zur Marshall'schen Nachfrage.

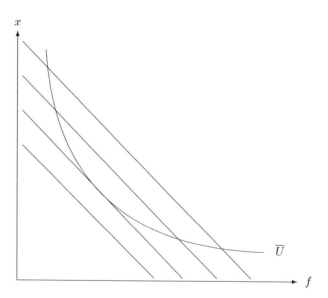

Abb. 3.10. Das Ausgabenminimierungsproblem der Haushalte bei gegebenem Nutzen $\overline{U}$ führt zur Hicks'schen Nachfrage.

Anmerkung 3.2 (Hicks'sche Nachfragefunktionen).
Die Lösungen des Ausgabenminimierungsproblems bei gegebenem Nutzenniveau heißen die *Hicks'schen Nachfragefunktionen* $\tilde{x}(p,w,b)$ und $\tilde{f}(p,w,b)$.

In den nächsten Paragraphen werden wir zeigen, daß die Hicks'sche Nachfrage fallend im Preis ist.

Bei der Marshall'schen Nachfrage haben wir die Einkommenskompensation nach Slutsky durchgeführt, um zu zeigen, daß normale Güter keine Giffengüter sein können. Analog gibt es für die Hicks'sche Nachfrage das Prinzip der Hicks'schen Einkommenskompensation: *Nach einer Preissteigerung wird dem Konsumenten nicht mehr so viel Budget zur Verfügung gestellt, daß er sich (wie bei Slutsky) die alte Nachfrage weiterhin leisten kann, sondern gerade noch so viel, daß er wieder sein altes Nutzenniveau erreicht.*

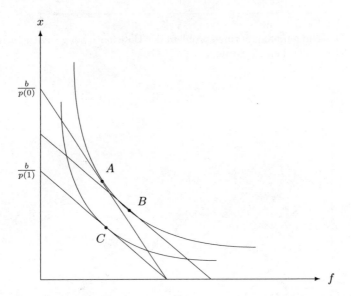

Abb. 3.11. Das Prinzip der Hicks'schen Zerlegung.

Betrachten wir Abbildung 3.11: Nehmen wir an, p steige von $p(0)$ auf $p(1)$ und w bleibe gleich. Dann dreht sich die Budgetgerade gegen den Uhrzeigersinn. Das alte Optimum A wird durch das neue C ersetzt. Wir könnten jetzt die neue Budgetgerade so weit parallel verschieben, bis sie die alte Indifferenzkurve wieder berührt - hier in B, was auch ein Optimum unter der einkommenskompensierenden Maßnahme ist. Damit wird die Nachfrage von A nach B verschoben, was *Substitutionseffekt nach Hicks* heißt. Wird die Budgetkompensation wieder rückgängig gemacht (sie wurde ja rein gedanklich vorgestellt), verschiebt sich die Nachfrage von B nach C, was dem Einkommenseffekt entspricht. Der Gesamteffekt ist wiederum die vektorielle Summe beider Effekte, also die Bewegung von A nach C.

Setzt man nun in der Nutzenfunktion für x und f die Marshall'schen Nachfragen ein, erhält man die sogenannte *indirekte Nutzenfunktion*

$$v(p, w, b) = U(\hat{x}(p, w, b), \hat{f}(p, w, b)) \quad .$$

Satz 9 (Die indirekte Nutzenfunktion) *Die indirekte Nutzenfunktion $v(p, w, b)$ ist*

1. *nicht steigend im Güterpreis p und im Lohnsatz w;*
2. *steigend im Einkommen b;*
3. *quasi-konvex in den Preisen p, w und dem Budget b;*
4. *homogen von Grade 0 in den Preisen p, w und dem Budget b. Maßstabs-änderungen ändern den Nutzenwert nicht: $v(p, w, b) = v(\lambda p, \lambda w, \lambda b)$, $\lambda > 0$.*

Beweis. Die Homogenität brauchen wir nicht zu zeigen, denn sie folgt aus den schon oben vorgestellten Eigenschaften des Optimierungsproblems. Man kann in der Tat leicht zeigen, daß das Maximierungsproblem mit $\gamma > 0$

$$\max_{x, f} U(x, f) \quad \text{s.t.} \quad p\,x + w f = b$$

genau zum selben Lagrange-Schritt wie das Maximierungsproblem

$$\max_{x, f} U(x, f) \quad \text{s.t.} \quad \gamma p\,x + \gamma w f = \gamma b$$

führt, nämlich $\frac{\partial_x U(\cdot)}{\partial_f U(\cdot)} = \frac{p}{w}$. Analog folgt aus der obigen Diskussion, daß der Nutzen in den Preisen nicht steigend sein kann und im Einkommen steigend ist. Wir zeigen noch, daß $v(p, w, b)$ quasi-konvex ist. Man nehme $v(p, w, b) \leqslant \bar{v}$ sowie $v(p', w', b') \leqslant \bar{v}$ an. Für alle $\alpha \in [0, 1]$ können wir das Preis-Einkommens-Paar $(p'', w'', b'') = (\alpha p + (1 - \alpha)p', \alpha w + (1 - \alpha)w', \alpha b + (1 - \alpha)b')$ betrachten. Nun müssen wir für die Quasikonvexität zeigen, daß $v(p'', w'', b'') \leqslant \bar{v}$. Folglich zeigen wir, daß für alle (x, f) mit $p''x + w''f \leqslant b''$ wir $U(x, f) \leqslant \bar{v}$ haben. Man bemerke erstens, wenn $p''x + w''f \leqslant b''$, daß

$$\alpha p x + (1 - \alpha)p'x + \alpha w f + (1 - \alpha)w'f \leqslant \alpha b + (1 - \alpha)b' \quad .$$

Somit gilt entweder $px + wf \leqslant b$ oder $p'x + w'f \leqslant b'$ oder beides. Bei Gültigkeit der ersten Ungleichung folgt $U(x, f) \leqslant v(p, w, b) \leqslant \bar{v}$ und wir haben

das Ergebnis gezeigt. Bei Gültigkeit der letzten Ungleichung hingegen folgt
$U(x, f) \leqslant v(p', w', b) \leqslant \bar{v}$ und damit dieselbe Schlußfolgerung.

Beim obigen Beweis wurden Ungleichungen verwendet - man hätte aber auch
Gleichungen anwenden können. Wir hatten hier $px+wf \leqslant b$. Optimal wäre
$px+wf = b$. Falls $px+wf < b$, dann, wie in Kapitel 2 erklärt, kann (x, f)
nicht optimal sein. In beiden Fällen gilt also $U(x, f) \leqslant v(p, w, b)$. $px+wf<b$
würde sogar $U(x, f) < v(p, w, b)$ implizieren. Interessant ist auch, daß man
die Quasi-Konvexität in p,w und b, ohne Quasi-Konkavität von U zu fordern,
erhält.

□

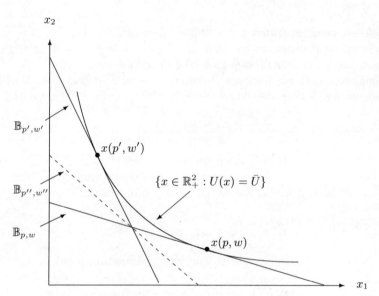

Abb. 3.12. Die indirekte Nutzenfunktion ist quasi-konvex.

Beim obigen Beweis wurden Ungleichungen benutzt, eigentlich könnten wir
auch Gleichungen anwenden. Wir hatten hier $px + wf \leqslant b$. Falls $px + wf = b$,
alles i.O. Falls $px + wf < b$, dann, wie im Kapitel 2 erklärt, kann (x, f)
nicht optimal sein. Also in beiden Fällen gilt $U(x, f) \leqslant v(p, w, b)$. $px+wf < b$
würde sogar $U(x, f) < v(p, w, b)$ implizieren. Interessant ist auch, daß man die
Quasi-Konvexität von $v(\cdot)$ in p, w und b bekommt, ohne die Quasi-Konkavität
von $U(\cdot)$ zu fordern.

Abbildung 3.12 zeigt die Quasikonvexität der indirekten Nutzenfunktion. Entsprechend erhält man durch Einsetzen der Hicks'schen Nachfragen $\tilde{x}(p, w, \overline{U})$
und $\tilde{f}(p, w, \overline{U})$ in die Budgetrestriktion die *Ausgabenfunktion*

$$e(p, w, \overline{U}) = p \cdot \tilde{x}(p, w, \overline{U}) + w \cdot \tilde{f}(p, w, \overline{U}) \quad .$$

Satz 10 (Die Ausgabenfunktion) *Die Ausgabenfunktion $e(p, w, \overline{U})$ ist*

1. *nicht abnehmend im Güterpreis p und im Lohnsatz w;*
2. *steigend im Nutzenniveau $\overline{U}$;*
3. *konkav in den Preisen p und w;*
4. *homogen von Grade 1 in den Preisen p und w.*

Beweis. Zu 1.: Man nehme zwei Preisvektoren (p', w') und (p'', w'') an, für die z.B. $p'' \geqslant p'$ und $w'' = w'$ gilt. Sei nun (x'', f'') ein Optimum des Ausgabenminimierungsproblems unter den Preisen (p'', w''): Daraus folgt $e(p'', w'', \overline{U}) = p''x'' + w''f'' \geqslant p'x'' + w'x'' \geqslant e(p', w', \overline{U})$, wobei die letzte Ungleichung aus der Definition der Ausgabenfunktion folgt.

Zu 2.: Man nehme an, $e(p, w, \overline{U})$ sei in $\overline{U}$ nicht steigend und seien (x', f') sowie (x'', f'') die optimalen Konsumbündel für jeweils gegebene Nutzenniveaus $\overline{U}'$ und $\overline{U}''$, mit $\overline{U}'' > \overline{U}'$ und $px' + wf' \geqslant px'' + wf'' > 0$. Man betrachte nun das Konsumbündel $(\tilde{x}, \tilde{f}) = (\alpha x'', \alpha f'')$ mit $\alpha \in (0, 1)$. Wegen der Stetigkeit der Nutzenfunktion $U(\cdot)$ existiert ein α genügend nahe bei 1, so daß $U(\tilde{x}, \tilde{f}) > \overline{U}'$ und $px' + wf' > p\tilde{x} + w\tilde{f}$ gilt, was der Behauptung widerspricht, (x', f') sei eine optimale Lösung des Ausgabenminimierungsproblems bei gefordertem Nutzenniveau $\overline{U}'$.

Zu 3.: Um die Konkavität zu zeigen, nehme man ein fixes Nutzenniveau $\overline{U}$ sowie Preise $p'' = \alpha p + (1-\alpha)p'$ und Löhne $w'' = \alpha w + (1-\alpha)w'$ für $\alpha \in [0, 1]$. Sei das Konsumbündel (x'', f'') optimal zu den Preisen (p'', w''). Wenn dies der Fall ist, dann gilt

$$\begin{aligned}
e(p'', w'', \overline{U}) &= p''x'' + w''f'' \\
&= \alpha p x'' + \alpha w f'' + (1-\alpha)p'x'' + (1-\alpha)w'f'' \\
&\geqslant \alpha e(p, w, \overline{U}) + (1-\alpha)e(p', w', \overline{U}) \quad ,
\end{aligned}$$

wobei die letzte Ungleichung folgt, weil $U(x'', f'') \geqslant \overline{U}$ und die Definition der Ausgabenfunktion $px'' + wf'' \geqslant e(p, w, \overline{U})$ sowie $p'x'' + w'f'' \geqslant e(p', w', \overline{U})$ impliziert.

Zu 4.: Die Restriktionen des Ausgabenminimierungsproblems ändern sich nicht, solange p und w proportional variieren, d.h. die Minimierung der Ausgaben $px + wf$ führt zum selben Optimum wie die Minimierung von $\alpha px + \alpha wf$ mit $\alpha > 0$ bei gleichen Präferenzen. Daraus folgt die Homogenität ersten Grades von $e(p, w, \overline{U})$ in p und w, d.h. $e(\alpha p, \alpha w, \overline{U}) = \alpha p\overset{*}{x} + \alpha w\overset{*}{f} = \alpha(p\overset{*}{x} + w\overset{*}{f}) = \alpha e(p, w, \overline{U})$.

□

Abbildungen 3.13 und 3.14 (in Anlehnung wie obige Beweise an Mas-Colell et al. [1995]) möchten den Verlauf der Ausgabenfunktion verdeutlichen. Man nehme an, die Preise seien zuerst $(\bar{p}, \bar{w})$ und $(\bar{x}, \bar{f})$ die damit konsistente Konsumentenentscheidung. Würden die Preise zunehmen, ohne daß wir dem Konsumenten eine Konsumbündelanpassung erlauben, dann wäre die Ausgabenfunktion in den Preisen linear. Sobald der Konsument sein optimales Konsumbündel anpassen kann, wird er die Gesamtausgaben sicher nicht nochmals erhöhen, daraus die Konkavität von $e(\cdot)$.

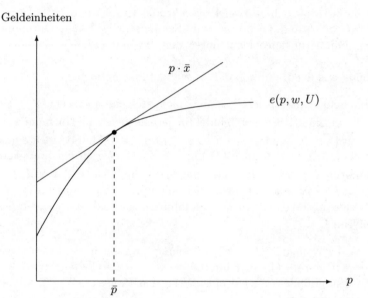

Abb. 3.13. Die Konkavität der Ausgabenfunktion in den Preisen.

Ist die Ausgabenfunktion gegeben, kann man auch zurück auf die Hicks'sche Nachfrage schließen, indem man die partiellen Ableitungen bildet. Diese Beziehung heißt *Shephard's Lemma* und sieht formal wie folgt aus

$$\partial_p\, e(p, w, \overline{U}) = \tilde{x}(p, w, \overline{U})$$
$$\partial_w\, e(p, w, \overline{U}) = \tilde{f}(p, w, \overline{U}) \quad . \qquad \text{(Shephard's Lemma)}$$

Auf ähnliche Weise erhält man aus der indirekten Nutzenfunktion die Marshall'sche Nachfrage, durch die sogenannte *Roy-Identität*:[2]

---

[2]Gemäß Weber [2005] wurde das für die Roy-Identität notwendige *envelope theorem* von Rudolf Auspitz und Richard Lieben schon im 1889 entdeckt, also mehr als

Geldeinheiten

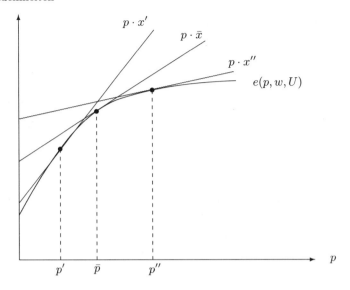

Abb. 3.14. Die Konkavität der Ausgabenfunktion in den Preisen.

$$-\frac{\partial_p\, v(p,w,b)}{\partial_b\, v(p,w,b)} = \hat{x}(p,w,b)$$

$$-\frac{\partial_w\, v(p,w,b)}{\partial_b\, v(p,w,b)} = \hat{f}(p,w,b) \quad . \qquad \text{(Roy-Identität)}$$

Durch Invertieren kann man von der indirekten Nutzenfunktion auf die Ausgabenfunktion schließen und umgekehrt: (i) Löst man $v(p,w,b) = \overline{U}$ nach b auf, erhält man $b = e(p,w,\overline{U})$. (ii) Löst man $e(p,w,\overline{U}) = b$ nach $\overline{U}$ auf, erhält man $\overline{U} = v(p,w,b)$.

Dank Teil (i) können wir nun die Roy-Identität beweisen. Es gilt

$$\partial_p\, v(p,w,e(p,w,\overline{U})) = \partial_p \overline{U} \quad \forall (p,w,\overline{U}) \quad ,$$

also auch durch partielles Ableiten beider Seiten sowie dank der Identität $b = e(p,w,\overline{U})$ folgendes:

$$\partial_p\, v(p,w,e(p,w,\overline{U})) = \partial_p \overline{U}$$

vierzig Jahre vor der gleichzeitigen Entdeckung (1931) seitens Roy Harrod und Erich Schneider und fast sechzig Jahre vor der Behandlung seitens Paul Samuelson (1947). Noch erstaunlicher ist aber, immer nach Weber [2005], daß schon im 1886 Giovanni Battista Antonelli die indirekte Nutzenfunktion entwickelt hatte und die hier vorgestellte berühmte Identität herleitete, die von René Roy erst im 1942 vorgestellt wurde.

$$\partial_p \, v(p, w, b) + \partial_b \, v(p, w, b) \cdot \partial_p \, e(p, w, v(p, w, b)) = 0 \quad .$$

Die Roy-Identität folgt durch wenige Schritte:

$$-\partial_p \, v(p, w, b) = \partial_b \, v(p, w, b) \cdot \partial_p \, e(p, w, v(p, w, b))$$

$$-\frac{\partial_p \, v(p, w, b)}{\partial_b v(p, w, b)} = \partial_p e(p, w, v(p, w, b))$$

$$-\frac{\partial_p \, v(p, w, b)}{\partial_b v(p, w, b)} = \tilde{x}(p, w, v(p, w, b)) \qquad \text{(nach Shephard's Lemma)}$$

$$-\frac{\partial_p \, v(p, w, b)}{\partial_b v(p, w, b)} = \hat{x}(p, w, b) \qquad \text{(gemäß 3.7)}$$

Zwischen der Marshall'schen und der Hicks'schen Nachfrage besteht weiterhin folgender Zusammenhang:
(i) Setzt man die Ausgabenfunktion in die Marshall'sche Nachfrage ein, erhält man die Hicks'sche Nachfrage, also

$$\hat{x}(p, w, e(p, w, \overline{U})) = \tilde{x}(p, w, \overline{U})$$

$$\hat{f}(p, w, e(p, w, \overline{U})) = \tilde{f}(p, w, \overline{U})$$

(ii) Setzt man die indirekte Nutzenfunktion in die Hicks'sche Nachfrage ein, erhält man die Marshall'sche Nachfrage:

$$\tilde{x}(p, w, v(p, w, b)) = \hat{x}(p, w, b)$$
$$\tilde{f}(p, w, v(p, w, b)) = \hat{f}(p, w, b)$$
$$(3.7)$$

Die Kreuzbeziehungen zwischen Hicks'scher und Marshall'scher Nachfragefunktionen, aus denen die Dualitätstheorie besteht, werden schematisch in Abbildung 3.15 zusammengefaßt. Abbildung 3.16 zeigt dieselben Beziehungen für die allgemeine n-dimensionale Cobb-Douglas Nutzenfunktion. Wenn der Güterindex $i = 1, 2, 3$ ist, haben wir den aus diesem Kapitel schon bekannten Fall mit drei Gütern (nämlich *Freizeit*, *Konsum* und *Kapital*). Die charakterisierende Eigenschaft einer Cobb-Douglas Funktion besteht darin, daß die Summe der Variablenexponenten α_i genau 1 beträgt: $\sum \alpha_i = 1$.
Abbildung 3.17 stellt den ähnlichen Fall für die sogenannte CES-Funktion dar (Engl. *constant elasticity of substitution*). Die Substitutionselastizität entspricht $\sigma = \frac{\rho}{\rho-1}$. Wenn sie sich 1 annähert, kann man sogar zeigen, daß die CES-Funktion der Cobb-Douglas gleichkommt.[3]

---

[3]Diese Konvergenz wird ausführlich im Abschnitt B.4 auf Seite 416 erklärt.

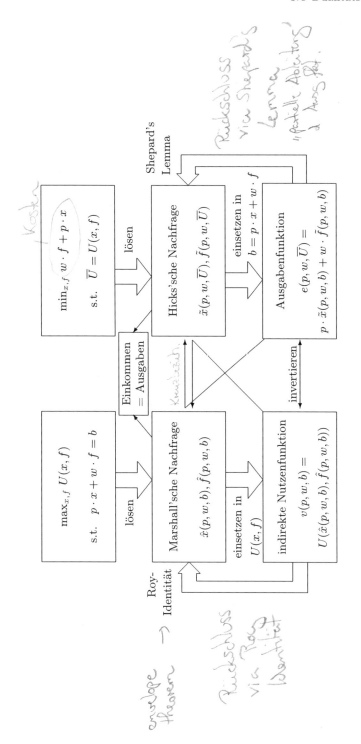

Abb. 3.15. Der Gesamtüberblick auf die Dualitätstheorie der Haushalte.

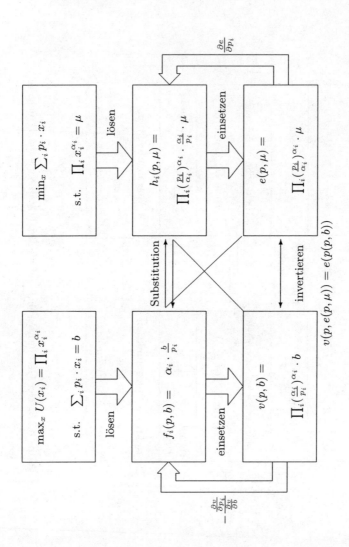

Abb. 3.16. Gesamtüberblick auf die Dualitätstheorie der Haushalte (Cobb-Douglas Funktion mit $\sum_i \alpha_i = 1$).

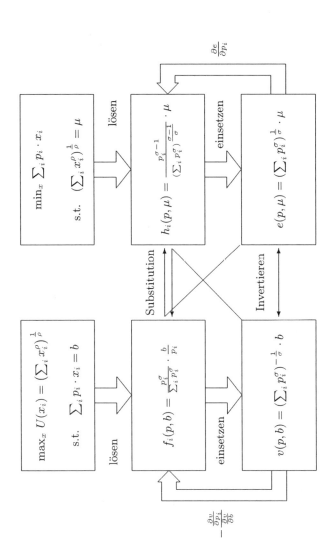

Abb. 3.17. Gesamtüberblick auf die Dualitätstheorie der Haushalte (CES Funktion mit $\rho = \frac{\sigma}{\sigma-1}$).

3.5 Konsumentenentscheidung bei drei Gütern

3.5.1 Notationsvereinbarung

Wie wir in Abschnitt 3.3 die in Abschnitt 2.3 behandelte Produktionstheorie um das Kapital erweitert haben, möchten wir nun im folgenden die Haushaltstheorie dementsprechend erweitern. Auch bei den Konsumenten kommt nun ein weiterer Entscheidungsfaktor hinzu: Jeder Konsument bestimmt für sich nicht nur den Verbrauch von Konsumgütern, sondern auch den Verbrauch von Kapitalgütern, deren „Preis" durch den „Zins" (Opportunitätskosten) gemessen wird. Auf den nächsten Seiten werden wir folgende Notation benutzen:

	Anfangsausstattung	Preis
x... Konsum	0	p
f... Freizeit	$\overline{f}$	w
z... Verbrauch an Kapitalgütern	$\overline{z}$	r

3.5.2 Die ökonomische Bedeutung von Kapitalkonsum

Jeder Konsument wählt eine individuelle Kombination aus Konsum- und Kapitalgütern. Dieser Unterschied läßt sich wie folgt erklären.

Man kann intuitiv annehmen, daß es neben Arbeit in unserer um Kapital erweiterten Volkswirtschaft zwei Arten von Gütern gibt. *Kapitalgüter* sind Güter wie alle Übrigen, die von den Haushalten aber anders konsumiert werden als *Konsumgüter*. Dies kommt einer indirekten Befriedigung von Bedürfnissen gleich, wie z.B. bei Werkzeugen oder Instrumenten aller Art: Normalerweise *benutzt* man Werkzeuge, um fertige Güter herzustellen.
Dieser Ansatz ist jedoch nicht vollständig konsistent, da er Konsum und Produktion bei den Haushalten miteinander vermischt: In unserem Modell ist es den Haushalten nicht erlaubt, Güter zu produzieren, da dies die Aufgabe der Firmen ist. Hobbymäßige Produktion, wie ein *do-it-yourself-Projekt* in der eigenen Garage, wird nicht berücksichtigt. Das mit dem eigenen Hobby beschäftigte Individuum müßte formal als „Firma" modelliert werden, die Arbeit und Kapital als Produktionsfaktoren benötigt.

Die Verwendung von Kapitalgütern bei den Haushalten ist deswegen anderer Natur. Im engeren Sinne gibt es keinen physischen Unterschied zwischen Konsum- und Kapitalgütern: der Unterschied liegt lediglich im Zweck. Erstere dienen der direkten Befriedigung von Bedürfnissen, Letztere fließen in den Produktionsprozeß ein. Ein Auto z.B. kann sowohl ein Konsumgut für eine Familie sein, ebenso aber auch ein Kapitalgut für einen Taxifahrer.

Wäre es nicht einfacher, eine *einzige* Art eines Gutes anzunehmen? Die Antwort liegt bei der Unterscheidung zwischen *Firmen-* und *Haushaltsseite*: Nur *Menschen* besitzen Güter – unter ihnen auch die Inputfaktoren – die von den Firmen aus Produktionszwecken nachgefragt werden. Bei allen möglichen Gütern ist es sinnvoll, zwischen Konsum- und Kapitalgütern zu unterscheiden. In der Tat besitzen die Haushalte einen *Kapitalstock*, den sie „konsumieren" oder weitergeben können. Die Weitergabe entspricht dem Sparen und automatisch dem Angebot an Kapital.

Sowohl ein Gebäude als auch ein Auto kann ein Kapital- sowie ein Konsumgut darstellen, über dessen Zweck das Individuum frei entscheiden kann (von der Rolle des Staates und der Regulierung möchten wir hier absehen). Mit dem Auto kann man als Taxifahrer arbeiten (das Auto wäre ein Kapitalgut) und sich dadurch das Gehalt verdienen; man könnte damit aber auch Freizeitausflüge genießen, wodurch es zu einem Konsumgut würde.

Anhand dieses Beispiels soll dem Leser die ökonomische Bedeutung des *Sparens* bewußt werden: Der Taxifahrer, der sein Auto am Wochenende aus Vergnügungsgründen fährt, *konsumiert* einen Teil seines Kapitalstocks. Er wird das Auto *früher* reparieren bzw. ersetzen müssen. Dafür genießt er einen sofortigen Nutzen (das Autofahren am Wochenende), dessen Preis der frühere Produktionsabbruch ist. Sparen würde hier der Entscheidung entsprechen, daß der Taxifahrer sein Auto am Wochenende *nicht* fährt, um es so zu schonen und langsamer abzunutzen. Er läßt sich einen Nutzen entgehen, indem er seinen Kapitalkonsum reduziert.[4]

Dies entspricht also dem ökonomischen Sinn von Sparen als Konsumverzicht, angewandt auf Güter. In einer monetären Volkswirtschaft würde alles durch die Rolle des Geld- und Finanzmarktes vereinfacht werden, da Geld über die physischen und spezifischen Gütereigenschaften erhaben ist und den gesamten Entscheidungsprozeß erleichtert – ökonomisch ausgedrückt: die *Ressourcenallokation* wird effizienter.

Daß mit dem Wort „Sparen" die Weitergabe von finanziellen Ressourcen gemeint ist, wird für den Leser nicht sofort offentlich sein. Implizit gibt man physische Güter weiter, die man sich mit diesen finanziellen Ressourcen hätte beschaffen können. Wie der Zinssatz, existiert das Sparen auch in einer reinen, geldlosen Tauschwirtschaft.

3.5.3 Die Budgetrestriktion und die Nutzenmaximierung

Die Haushalte verfügen deshalb über drei Arten von Gütern. Konsumgüter x müssen sie zu einem Preis p kaufen, während sie Teile von ihrer Ausstattung an Freizeit $\bar{f}$ sowie an Kapital $\bar{z}$ verkaufen können. Um es noch präziser zu

---

[4]Eine nähere Betrachtung dieser Fassung von Kapitalkonsum kann der Leser in Rothbard [2001], Seiten 47–48 finden.

formulieren: Das Arbeitsangebot entspricht der nicht-konsumierten Freizeit (d.h. $l^s = \overline{f} - f$) und das Kapitalangebot dem nicht-konsumierten Kapital ($k^s = \overline{z} - z$). Da für die Haushalte Kapitalgüter ähnlich sind wie Konsumgüter, haben die Ersteren in der um Kapital erweiterte Nutzenfunktion genau dieselben Eigenschaften wie die Letzteren: abnehmenden Grenznutzen. Formal gilt $\partial_{k^s} U(x, f, z) > 0$ und $\partial_{k^s}^2 U(x, f, z) < 0$. Abbildung 3.18 zeigt die Indifferenzkurven zwischen Konsum- und Kapitalgütern.

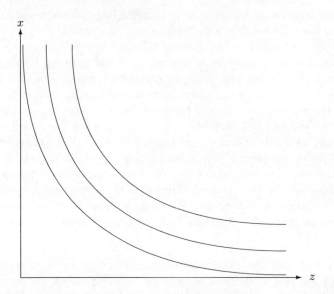

Abb. 3.18. Die Indifferenzkurvenschar zwischen Kapitalverbrauch z und Konsumgüterverbrauch x.

Das von den Konsumenten zur Verfügung gestellte Kapital k^s beeinflußt nun auch deren Einnahmen und damit die Budgetrestriktion. Gehen wir von der Identität „Ausgaben = Einnahmen" aus, nämlich

$$p \cdot x = w \cdot l^s + r \cdot k^s + \pi \quad,$$

wobei $l^s = \overline{f} - f$ und $k^s = \overline{z} - z$, dann erhalten wir durch wenige Umformungen die nützliche Darstellung

$$p \cdot x = w \cdot \overline{f} - w \cdot f + r \cdot \overline{z} - r \cdot z + \pi$$
$$p \cdot x + w \cdot f + r \cdot z = \underbrace{w \cdot \overline{f} + r \cdot \overline{z} + \pi}_{b} \quad.$$

Damit haben wir nun keine Budgetgerade mehr, sondern eine *Budgetfläche*, die in Abbildung 3.19 gezeigt wird. Die Indifferenzkurven hat man sich im

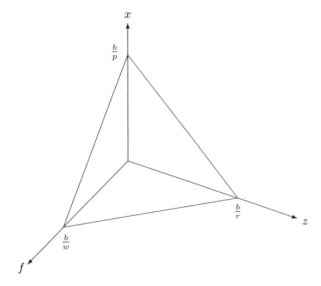

Abb. 3.19. Die dreidimensionale Budgetfläche.

Dreidimensionalen nun z.B. als Oberflächen von Halbkugeln vorzustellen, die so an die Budgetmenge angenähert werden sollen, daß diese sich in genau einem Punkt berühren.

Eine algebraische Lösung des Nutzenmaximierungskalküls ist nach Lagrange immer noch möglich. Das Problem lautet jetzt

$$\max_{x,f,z} \quad U(x,f,z) \quad \text{s.t.} \quad p \cdot x + w \cdot f + r \cdot z = b$$

und wird von der Lagrange-Funktion

$$L(x,f,z,\lambda) = U(x,f,z) - \lambda \cdot (p \cdot x + w \cdot f + r \cdot z - b)$$

zusammengefaßt. Die Bedingungen ersten Ordnung (FOC) lauten

$$\partial_x L(x,f,z,\lambda) = \partial_x U(x,f,z) - \lambda p \overset{!}{=} 0$$

$$\partial_f L(x,f,z,\lambda) = \partial_f U(x,f,z) - \lambda w \overset{!}{=} 0$$

$$\partial_z L(x,f,z,\lambda) = \partial_z U(x,f,z) - \lambda z \overset{!}{=} 0$$

$$\partial_\lambda L(x,f,z,\lambda) = -(p \cdot x + w \cdot f + r \cdot z - b) \overset{!}{=} 0$$

und ihre Lösungen sind $x(p,w,r)$, $f(p,w,r)$ und $z(p,w,r)$.

3.6 Simultanes Gleichgewicht auf drei Märkten

3.6.1 Walras-Gleichgewicht auf drei Märkten

Für drei Märkte definieren wir ein Walras-Gleichgewicht durch $(\overset{*}{p}, \overset{*}{w}, \overset{*}{r})$, so daß alle Märkte geräumt sind; also die Erweiterung von 2.23.

Definition 3.3 (Walras-Gleichgewicht auf drei Märkten).
Ein Walras-Gleichgewicht auf drei Märkten ist eine Allokation $\left(\overset{*}{x}, \overset{*}{y}, \overset{*}{l^s}, \overset{*}{l^d}, \overset{*}{k^s}, \overset{*}{k^d}\right)$ *und ein Preissystem* $(\overset{*}{p}, \overset{*}{w}, \overset{*}{r})$, *so daß gilt:*

1. *Gewinnmaximierung:* $\left(\overset{*}{y}, \overset{*}{l^d}, \overset{*}{k^d}\right)$ *maximieren den Gewinn der Unternehmen* $\pi\left(\overset{*}{p}, \overset{*}{w}, \overset{*}{r}\right) = \overset{*}{p} \cdot y - \overset{*}{w} \cdot l^d - \overset{*}{r} \cdot k^d$ *mit* $y \geqslant 0, l^d \geqslant 0, k^d \geqslant 0$ *s.t.* $y = T(l^d, k^d)$

2. *Nutzenmaximierung:* $\left(\overset{*}{x}, \overset{*}{l^s}, \overset{*}{k^s}\right)$ *maximieren den Nutzen der Konsumenten* $U\left(x, \overline{f} - l^s, \overline{z} - k^s\right)$ *mit* $\underline{x} \leqslant x, 0 \leqslant l^s \leqslant \overline{f}, 0 \leqslant k^s \leqslant \overline{z}$ *s.t.* $\overset{*}{p} \cdot x = \overset{*}{w} \cdot l^s + \overset{*}{r} \cdot k^s + \pi(\overset{*}{p}, \overset{*}{w}, \overset{*}{r})$

3. *Markträumung auf Gütermarkt:* $\overset{*}{x} = \overset{*}{y}$

4. *Markträumung auf Arbeitsmarkt:* $\overset{*}{l^s} = \overset{*}{l^d}$

5. *Markträumung auf Kapitalmarkt:* $\overset{*}{k^s} = \overset{*}{k^d}$

Konsumenten und Produzenten versuchen also, ihre Zielfunktion zu maximieren (1. und 2.), und alle Märkte sind im Gleichgewicht geräumt (3., 4. und 5.).

3.6.2 Walras-Gesetz und Homogenität

Auch auf drei Märkten gilt das Walras-Gesetz und die Homogenität vom Walras-Gleichgewicht.

Das Walras-Gesetz

Aus den Definitionen der Bugetgerade der Haushalte als $p \cdot x = w \cdot l^s + r \cdot k^s + \pi$ und des Gewinns der Firmen als $\pi = p \cdot y - w \cdot l^d - r \cdot k^d$ folgt durch Einsetzen

$$p \cdot x = w \cdot l^s + r \cdot k^s + p \cdot y - w \cdot l^d - r \cdot k^d \quad ,$$

was zu

$$w \cdot \left(l^s - l^d\right) + r \cdot \left(k^s - k^d\right) + p \cdot (y - x) = 0$$

äquivalent ist. Daraus folgt, da alle Mengen vom gesamten Preissystem (p, w, r) abhängig sind, daß für alle (p, w, r) gilt:

$$p \cdot (x(p, w, r) - y(p, w, r))$$
$$+ w \cdot \left(l^d(p, w, r) - l^s(p, w, r)\right)$$
$$+ r \cdot \left(k^d(p, w, r) - k^s(p, w, r)\right) = 0 \quad .$$

Die ökonomische Folgerung lautet: Sind zwei Märkte im Gleichgewicht, so ist dies auch der dritte; ist ein Markt im Ungleichgewicht, dann können nicht beide anderen im Gleichgewicht sein.

Homogenität

Das Walras-Gleichgewicht ist homogen von Grad Null: Maßstabänderungen ändern das physische Gleichgewicht nicht. Statt (p, w, r) sei z.B das Preissystem $(\lambda p, \lambda w, \lambda r)$ mit $\lambda > 0$ gegeben. Dann gilt.

1. *Das Gewinnmaximum der Produzenten ändert sich nicht.*
   Beim neuen Preissystem gilt nämlich

$$\max_{y, l^d, k^d} \quad \lambda p \cdot y - \lambda w \cdot l^d - \lambda r \cdot k^d = \lambda(p \cdot y - w \cdot l^d - r \cdot k^d) \quad \text{s.t.} \quad y = T(l^d, k^d),$$

während beim alten gilt

$$\max_{y, l^d, k^d} \quad p \cdot y - w \cdot l^d - r \cdot k^d \quad \text{s.t.} \quad y = T(l^d, k^d) \quad .$$

Da λ konstant ist, ändert sich also das Maximierungsproblem nicht! Die Gewinnfunktion ist in der Tat homogen von Grad 1:

$$\pi(\lambda p, \lambda w, \lambda r) = (\lambda p) \cdot y - (\lambda w) \cdot l^d - (\lambda r) \cdot k^d =$$
$$= \lambda(p \cdot y - w \cdot l^d - r \cdot k^d) = \lambda \pi(p, w, r) \quad .$$

Damit ändert sich die Steigung $\frac{\lambda w}{\lambda r} = \frac{w}{r}$ nicht: Die Minimalkostenkombination bleibt also auch gleich. Formal ausgedrückt: $l^d(\lambda p, \lambda w, \lambda r) = l^d(p, w, r)$, $k^d(\lambda p, \lambda w, \lambda r) = k^d(p, w, r)$ und $y(\lambda p, \lambda w, \lambda r) = y(p, w, r)$.

2. *Die Nutzenmaximierung der Konsumenten ändert sich ebenfalls nicht.*
   Bei der neuen Nutzenoptimierung

$$\max_{x, f, z} \quad U(x, f, z) \quad \text{s.t.} \quad (\lambda p) \cdot x = (\lambda w) \cdot l^s + (\lambda r) \cdot k^s + \pi(\lambda p, \lambda w, \lambda r)$$

entspricht die Nebenbedingung der alten

$$p \cdot x = w \cdot l^s + r \cdot k^s + \pi(p, w, r) \quad ,$$

da der Gewinn – wie schon bei den Produzenten gezeigt – eine homogene Funktion ist

$$\pi(\lambda p, \lambda w, \lambda r) = \lambda \pi(p, w, r) \quad .$$

Auch hier ist das neue Maximierungsproblem (mit λ) mathematisch äquivalent zum alten (ohne λ). Die Lösung ändert sich hierbei nicht, was wir auch graphisch zeigen können: Da die Nutzenfunktion gleich bleibt, verändern sich die Indifferenzkurven nicht. Alle Steigungen zwischen den Variablen der Nutzenfunktion bleiben zudem gleich, d.h. $-\frac{\lambda w}{\lambda p} = -\frac{w}{p}$, $-\frac{\lambda w}{\lambda r} = -\frac{w}{r}$ und $-\frac{\lambda r}{\lambda p} = -\frac{r}{p}$. Das Gleichgewicht $\left(\overset{*}{x}, \overset{*}{l^s}, \overset{*}{k^s} \right)$ bleibt also auch hier gleich. Formal ausgedrückt: $l^s(\lambda p, \lambda w, \lambda r) = l^s(p, w, r)$, $k^s(\lambda p, \lambda w, \lambda r) = k^s(p, w, r)$ und $x(\lambda p, \lambda w, \lambda r) = x(p, w, r)$.

Aufgrund des Walras-Gesetzes kann man nun wieder einen Markt aufgrund der Normierung nach einer Variable weglassen, so daß das (3×3)-System zu einem (2×2)-System reduziert wird.

Beispiel 3.4. Normierung des Zinses und Weglassen des Kapitalmarktes.
Setzen wir $r \equiv 1$ und streichen wir die Kapitalmarktgleichung $k^d(\cdot) = k^s(\cdot)$, dann müssen wir ausschließlich $x(p, w, 1)$ und $y(p, w, 1)$ sowie $l^s(p, w, 1)$ und $l^d(p, w, 1)$ lösen.

3.6.3 Komparative Statik

Wir betrachten nun das durch Normieren von r und Streichen des Kapitalmarktes vereinfachte (2×2)-Modell. Wie verändern sich die Preise p und w bei Ungleichgewicht auf dem Güter- und Arbeitsmarkt? Für den Gütermarkt gilt, daß

$$p \text{ steigt, falls } x(p, w, 1) > y(p, w, 1)$$
$$p \text{ fällt, falls } x(p, w, 1) < y(p, w, 1) \quad ,$$

während für den Arbeitsmarkt gilt, daß

$$w \text{ steigt, falls } l^d(p, w, 1) > l^d(p, w, 1)$$
$$w \text{ fällt, falls } l^d(p, w, 1) < l^d(p, w, 1) \quad .$$

Wir können uns jetzt zwei Geraden im p-w-Diagramm vorstellen, die für die Gleichgewichtskombinationen von Güterpreis p und Lohnsatz w für den Güter- und den Arbeitsmarkt erforderlich sind. Das Gleichgewicht auf dem Gütermarkt wird dargestellt durch

$$E_{\text{Güt.markt}} = \{(p,w) \,|\, x(p,w,1) = y(p,w,1)\}$$

und dasjenige auf dem Arbeitsmarkt durch

$$E_{\text{Arb.markt}} = \{(p,w) \,|\, l^d(p,w,1) = l^s(p,w,1)\} \quad .$$

Abbildung 3.20 stellt beide Linien dar, worin interessante Preisbewegungen um ein Gleichgewicht auftauchen. Wir möchten die Abbildung kurz erklären.

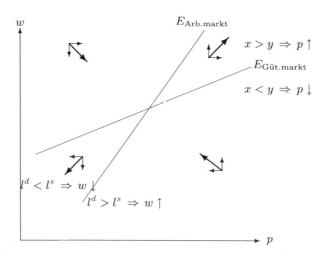

Abb. 3.20. Mit drei Gütern strebt eine Volkswirtschaft nicht unbedingt gegen ein Gleichgewicht.

1. Bei konstantem Lohn w gilt: je höher der Güterpreis p, desto größer das Überangebot an Gütern $y - x$: Alle p-w-Kombinationen rechts der Linie $E_{\text{Güt.markt}}$ stellen diese Situation dar. Die rationalen Handlungen der Marktteilnehmer würden diesem Ungleichgewicht entgegenwirken, und p sinkt. Alle Punkte rechts von $E_{\text{Güt.markt}}$ sind nicht stabil und erzeugen dann eine linksseitige Bewegung, alle links von $E_{\text{Güt.markt}}$ eine rechtsseitige Bewegung *bei fixem Lohn w*.

2. Bei konstantem Güterpreis p gilt: je höher der Lohn w, desto größer das Überangebot an Arbeit $l^s - l^d$: Alle p-w-Kombinationen oberhalb der Linie $E_{\text{Arb.markt}}$ stellen diese Situation dar. Die rationalen Handlungen der Marktteilnehmer würden diesem Ungleichgewicht entgegenwirken, und w sinkt. Alle Punkte oberhalb von $E_{\text{Arb.markt}}$ sind nicht stabil und erzeugen dann eine Bewegung nach unten, alle unter $E_{\text{Arb.markt}}$ eine Bewegung nach oben *bei fixem Güterpreis p*.

Der jeweils durchgezogene Pfeil zeigt an, wohin sich die Preis-Lohn-Kombination insgesamt bewegt. Je nach Kombination von p und w konvergiert man zum Gleichgewicht hin oder weg. Man beachte, daß die Stabilität des Gleichgewichts mit drei Märkten scheinbar nicht gewährleistet ist; auch dann nicht, wenn es ein eindeutiges Gleichgewicht gibt. In letzterem Fall wäre das Gleichgewicht bei zwei Gütern hingegen immer stabil. Wir werden später sehen, daß im Falle nur eines Konsumenten – wie bislang unterstellt – es auch bei beliebig vielen Gütern nur ein stabiles Gleichgewicht geben kann. Eine rein geometrische Analyse ist hierfür nicht mehr ausreichend.

3.7 Erweiterungen und Schlußfolgerungen

Bislang haben wir das Gesamtmodell durch die Einführung eines dritten Gutes – des Kapitals – etwas verfeinert. Mit dieser Darstellung der Volkswirtschaft, die weiterhin sehr einfach ist, können wir weitere nützliche Interdependenzen herausfiltern. Der frühe Sprung auf mehrere Dimensionen bereitet uns auf die Modell-Verallgemeinerung von Kapitel 5 am Ende des ersten Buchteils vor. Kapital und Arbeit haben uns darüber hinaus die vollständige formale Behandlung des Produktionsprozeßes in einer zur Haushaltstheorie ähnlichen Weise ermöglicht.

Kapital ist ein notwendiger Produktionsfaktor, dessen Wichtigkeit oft unterschätzt wird. Der Unterschied zwischen Konsum- und Investitionsgütern ist unentbehrlich für eine korrekte Erklärung des Produktionsprozeßes, der durch Arbeit und Kapital andere Güter so verändert, daß sie einen höheren Nutzen produzieren. Die Tätigkeit der Produktion kann insofern nicht von dem zeitlichen Aspekt des Wirtschaftens absehen, denn Produktion ist nur dann sinnvoll, wenn sie in der *Zukunft* einen höheren Nutzen verspricht. Am Vortag der Apokalypse würde zwar niemand produzieren, alle hingegen konsumieren.

Hier taucht somit eine weitere Vereinfachung unseres Modells auf, worüber sich der Leser bewußt sein muß: Wir beschränken uns auf die atemporale Analyse des Kreislaufs und betrachten in diesem einführenden Buch die intertemporalen Dynamiken nicht.
Die Frage ist weiterhin legitim, ob Kapital in einer Welt ohne Zeitablauf sinn-

voll ist. Die Natur von Kapitalgütern ist auch mit der notwendigen zeitlichen Dimension der Produktion verwandt: Güter, auf deren Konsum man verzichtet hat, um damit nützliche Konsumgüter zu produzieren. In einer Welt ohne Zeitfluß produziert man nicht und braucht man somit auch kein Kapital. Der Verzicht auf den heutigen Konsum wäre unbegründet, da es kein morgen gäbe. Wir möchten hier nicht behaupten, daß unsere Modellierung nichts erklärt. Nur müssen die Grenzen der hier vorgestellten Darstellung im Auge behalten werden. Im Buch „Grundzüge der Analytischen Makroökonomie" (Springer-Verlag) wird gezeigt, daß das hier dargestellte Gleichgewicht als stationäres Gleichgewicht eines echt dynamischen Modells angesehen werden kann. In anderen Worten: Die Abwesenheit der Zeit in unserem Modell entspricht eher der Tatsache, daß das hier erklärte Gleichgewicht nicht atemporal ist, sonder über die Zeit konstant. Bei dynamischen Modellen spricht man von *steady state*.

Eine letzte kritische Erweiterung betrifft die Bedeutung des Zinses. In den einführenden Bemerkungen zu diesem Kapitel wurde erklärt, daß Kapital durch Kredite finanziert werden kann, die jedoch eine Zinszahlung erfordern. Oft wird der Zins als *Preis für Geld* wahrgenommen, was aber nicht ganz treffend ist. Den intuitiven Beweis haben wir schon in diesem Kapitel gezeigt: Auch ohne Geld braucht man einen Zins als *Entschädigung für Kapital, d.h. für den Verzicht auf heutigen Konsum.* Wenn man den Produktionsprozeß, wie oben erklärt, als den Zweck Konsumgütern herzustellen wahrnimmt, die einen höheren Nutzen verursachen, versteht man automatisch die Eigenschaft von Kapital und Zins. Um morgen Konsumgüter mit höherem Nutzen besitzen zu können, müssen wir auf heutige (Konsum-)Güter verzichten, damit wir das für die Produktion notwendige Kapital beschaffen können. Der heutige Verzicht auf Konsumgüter allein kann das Individuum noch nicht besserstellen, denn es gilt immer das Prinzip *je früher der Konsum desto besser.* Die Entscheidung zu produzieren muß somit zu Gütern mit höherem Nutzen führen. Der intertemporale Vergleich zwischen dem Nutzen des morgen produzierten Gutes und des heute entgangenen stellt genau die ökonomische Bedeutung des Zinses als Verzichtskompensation dar. Auch in einer Tauschwirtschaft sind Zinsen zu beobachten.

Der nächste Erweiterungsschritt betrifft den Einbezug mehrerer Individuen, von Produzenten und Konsumenten.

4

Erweiterung auf beliebig viele Produzenten und Konsumenten

„In aller Vielfalt ist der Mensch das A und das O der gegenständlichen Schöpfung."

Paracelsus

4.1 Einführende Bemerkungen

Kapitel 2 führte die Grundproblematik ökonomischer Modelle ein: Ohne Kreislaufbetrachtung kann man das simultane Gleichgewicht auf allen Märkten nicht modellieren. Es wird ein Gesamtmodell benötigt, damit die Wechselwirkungen nicht außer Acht gelassen werden. Aus diesem Grund haben wir ein erstes einfaches Modell eingeführt, mit nur einem Haushalt und einer Firma, woraus gewiße Interdependenzen sofort klar wurden.

In Kapitel 3 kam dann die erste Erweiterung um ein zusätzliches Gut, das als Inputfaktor angewandt wird: Kapital. Somit hatte unsere Volkswirtschaft *drei Güter* (*Arbeit, Kapital* und das *Konsumgut*) und *zwei Akteure* (einen *Haushalt* und eine *Firma*). Viele moderne volkswirtschaftliche Modelle wagen heutzutage eine sofortige Verallgemeinerung vom in Kapitel 3 vorgetragenen Modell auf viele Haushalte sowie viele Firmen unter der stillschweigenden Annahme, daß alle Individuen gleich seien.

Realistischer ist der folgende Ansatz: Zwar besteht die Gesellschaft zwar aus vielen unterschiedlichen Individuen, aber es gilt deren Gesamtverhalten (z.B. in Anlehnung an Marktdynamiken) zu modellieren. Man summiert deswegen alle individuellen Entscheidungen auf (typischerweise Nachfrage- und Angebotskurven) und bildet somit das Aggregat; dieses dividiert man durch die Anzahl Individuen, um einen hypothetischen *durchschnittlichen Menschen* zu erhalten, der sich wie das Aggregat verhält. Man spricht diesbezüglich oft vom *repräsentativen Agenten,*, da dieser aus der obigen Überlegung für das ganze Aggregat repräsentativ ist.

Durch diesen Ansatz verletzt man jedoch den methodologischen Individualismus, denn man behauptet plötzlich, Aggregate (oder ihre durchschnittliche Version, der repräsentative Agent) können handeln! Eine formale Auswirkung dieser methodologischen Fahrlässigkeit ist die Tatsache, daß die Summe heterogener Präferenzen das Axiom der offenbarten Präferenzen verletzt, so daß der repräsentative Agent eigentlich keine Nutzenfunktion mehr haben kann. Bei Anmerkung 2.27 auf Seite 71 wurde der Leser darauf aufmerksam gemacht, was für Konsequenzen heterogene Präferenzen auf die Stabilität von Gleichgewichten haben können. Wie gesagt, Gruppen von heterogenen Individuen müssen nicht notwendigerweise dem Axiom der offenbarten Präferenzen folgen. Daß alle Individuen gleich seien, ist hingegen eine zumindest mutige Annahme.

Im Folgenden möchten wir den Fall mehrerer Haushalte und Firmen präzise modellieren, weiterhin mit den drei Gütern Arbeit, Kapital und Konsumgut. Im Laufe des Kapitels werden wir die Ökonomie durch die Einführung eines zusätzlichen Konsumgutes auf vier Güter erweitern, was uns auf die Verallgemeinerung auf beliebig viele Güter und beliebig viele Teilnehmer in Kapitel 5 vorbereitet.

4.2 Marktangebot und -nachfrage

4.2.1 Die Entscheidungsprobleme

Die Produzenten werden mit $j = 1, ..., J$ bezeichnet. Der individuelle Produktionsplan der Firma j ist bedingt durch ihre Technologiefunktion, gegeben durch $y_j = T_j \left(l_j^d, k_j^d \right)$. Anders gesagt: Firma j wählt einen Arbeitseinsatz l_j^d sowie einen Kapitaleinsatz k_j^d, die in ihre spezifische und heterogene Technologie $T_j \left(\cdot \right)$ hineinfließen. Der sich ergebende Output ist y_j. Jeder Produzent maximiert seinen Gewinn, d.h. für alle $j = 1, ..., J$ muß folgendes Maximierungsproblem gelöst werden:

$$\max_{y_j, l_j^d, k_j^d} \quad \pi_j = p \cdot y_j - w \cdot l_j^d - r \cdot k_j^d \quad \text{s.t.} \quad y_j = T_j \left(l_j^d, k_j^d \right) \quad .$$

Die Variable y_j können wir als Steuerungsvariable auch eliminieren, da sie sich bei rationalen Unternehmern direkt aus dem Inputfaktorenmix herleiten läßt.

Auf der anderen Seite haben wir H Konsumenten, indexiert durch $h = 1, ..., H$. Die Nutzenfunktion des Konsumenten h wird mit $U_h \left(x_h, l_h^s, k_h^s \right)$ bezeichnet. Weiter definieren wir δ_h^j als *Anteil des Konsumenten h am Gewinn der Firma j.* Damit ergibt sich für jeden Konsumenten $h = 1, ..., H$ folgendes Nutzenmaximierungsproblem:

$$\max_{x_h, l_h^s, k_h^s} \quad U_h\left(x_h, l_h^s, k_h^s\right) \quad \text{s.t.} \quad p \cdot x_h = w \cdot l_h^s + r \cdot k_h^s + \sum_{j=1}^{J} \delta_h^j \pi_j \quad .$$

Gibt der Konsument h sein ganzes Einkommen aus, dann optimiert er auf der Budgetebene, weswegen wir x_h als Steuerungsvariable auch eliminieren könnten.

4.2.2 Aggregation

In diesem Kapitel kommt neu die Erweiterung unserer Volkswirtschaft um viele Haushalte (nämlich H in ihrer Anzahl) sowie um viele Firmen (J) hinzu. Da in den vorherigen Kapiteln die Volkswirtschaft ausschließlich aus einem Haushalt und einer Firma bestand, entsprachen Marktnachfrage und -angebot der Nachfrage und dem Angebot des jeweiligen Marktteilnehmers. Wir müssen jetzt eine Marktnachfrage aus den vielen individuellen Nachfragen zusammenstellen, daßelbe gilt auch für das Marktangebot. Wie kann man das tun?

Die individuellen Nachfrage- und Angebotsbeziehungen, die wir früher herleiteten, sind von dem Preissystem (p, w, r) abhängig: Gegeben die Preise, entscheidet sich ein Marktteilnehmer für ein optimales Güterbündel, das seinen Nutzen oder seinen Gewinn maximiert. Ungleichgewichte führen zwar zu Preisbewegungen, die tendenziell ein Gleichgewicht anstreben; die logische Wirkungskette geht aber immer vom Preissystem aus. Dem Leser sollte es daher klar sein, daß wir für die Haushalte z.B. $x_h(p, w, r)$, $l_j^s(p, w, r)$ sowie $k_j^s(p, w, r)$ schreiben und nicht $p(x, l^s, k^s)$, $w(x, l^s, k^s)$, oder $r(x, l^s, k^s)$. Fazit ist, daß *gegeben die Preise, Marktteilnehmer sich für bestimmte Mengen entscheiden.* Daraus folgt, daß die Bildung einer Marktrelation (sei sie eine Marktnachfrage oder ein Marktangebot) einer *Summe der Mengen bei gegebenen Preisen* entspricht. Da bei uns die Preise typischerweise auf der waagerechten Achse aufgetragen werden, müßten wir hier eine senkrechte Addition über alle Mengen vornehmen. Nach der Marshall'schen Konvention werden übrigens in den meisten Lehrbüchern die Achsen um 90 Graden gedreht, folglich ist oft in der Literatur der Begriff *waagerechte Addition* zu finden. Somit stellen wir das Marktangebot und die Marktnachfrage auf:

	Produzenten	Konsumenten
indiv. Angebot	$y_j(p, w, r)$	$x_h(p, w, r)$
bzw.	$l_j^d(p, w, r)$	$l_h^s(p, w, r)$
indiv. Nachfrage	$k_j^d(p, w, r)$	$k_h^s(p, w, r)$
Marktangebot	$\sum_{j=1}^{J} y_j(p, w, r) = y(p, w, r)$	$\sum_{h=1}^{H} x_h(p, w, r) = x(p, w, r)$
bzw.	$\sum_{j=1}^{J} l_j^d(p, w, r) = l^d(p, w, r)$	$\sum_{h=1}^{H} l_h^s(p, w, r) = l^s(p, w, r)$
Marktnachfrage	$\sum_{j=1}^{J} k_j^d(p, w, r) = k^d(p, w, r)$	$\sum_{h=1}^{H} k_h^s(p, w, r) = k^s(p, w, r)$

Wie wir in Abbildung 2.39 schon gesehen haben, besteht kein Grund, anzunehmen, daß die Marktnachfrage (oder das Marktangebot) wie eine individuelle Nachfrage aus einem Nutzenmaximierungskalkül abgleitet werden kann.

4.2.3 Walras-Gleichgewicht

Wir definieren nun das Walras-Gleichgewicht so, daß die Marktnachfrage gleich dem Marktangebot ist, d.h.

$$x\left(\mathring{p}, \mathring{w}, \mathring{r}\right), = y\left(\mathring{p}, \mathring{w}, \mathring{r}\right)$$
$$l^d\left(\mathring{p}, \mathring{w}, \mathring{r}\right), = l^s\left(\mathring{p}, \mathring{w}, \mathring{r}\right)$$
$$k^d\left(\mathring{p}, \mathring{w}, \mathring{r}\right), = k^s\left(\mathring{p}, \mathring{w}, \mathring{r}\right).$$

Nach wir vor gilt das *Walras-Gesetz*

$$p\left(x\left(p, w, r\right) - y\left(p, w, r\right)\right) + w\left(l^d\left(p, w, r\right) - l^s\left(p, w, r\right)\right)$$
$$+ r\left(k^d\left(p, w, r\right) - k^s\left(p, w, r\right)\right) = 0 \quad \text{für alle} \quad \left(p, w, r\right) \quad,$$

sowie die *Homogenitätseigenschaft*, nach der x, y, l^d, l^s, k^d und k^s homogen vom Grade 0 in (p, w, r) sind.

Geändert hat sich jedoch die Eindeutigkeit des Walras-Gleichgewichts: Wie wir in Anmerkung 2.26 auf Seite 71 gezeigt haben, sind Walras-Gleichgewichte bei mehreren Konsumenten nicht notwendig eindeutig! Kapitel 8 wird die Fragen der allgemeinen Stabilität und Eindeutigkeit von Walras-Gleichgewichten ausführlicher untersuchen.

4.3 Pareto-Effizienz

4.3.1 Die erreichbaren Allokationen

Die Wohlfahrtstheorie beschäftigt sich mit der Frage, wie gesamtwirtschaftlich effizient gewirtschaftet werden soll und vergleicht dabei die verschiedenen Allokationen $\mathring{x}$, $\mathring{y}$, $\mathring{l}^d$, $\mathring{l}^s$, $\mathring{k}^d$ und $\mathring{k}^s$, die volkswirtschaftlich erreichbar sind.

Zunächst definieren wir eine Allokation als eine Liste von Zahlen

$$\left(y_j, l_j^d, k_j^d\right)_{j=1,\dots,J}, \left(x_h, l_h^s, k_h^s\right)_{h=1,\dots,H} \quad,$$

die alle individuellen Güterbündel (sowohl von Firmen als auch von Haushalten) zusammenfaßt. Die Produzenten unterliegen technologischen und die

Konsumenten "biologischen"Grenzen. Da in einer Ökonomie nicht alle Verteilungen möglich sind, ist es sinnvoll, den Begriff auf erreichbare Allokationen einzuschränken. Dabei benötigen wir folgende Bedingungen:

1. $y_j \leqslant T_j\left(l_j^d, k_j^d\right)$ $\quad \forall\, j = 1, \ldots, J$, da der Output vom gewählten Input bestimmt wird.

2. $\left(x_h, l_h^s, k_h^s\right) \in \mathbb{X}_h$ $\quad \forall\, h = 1, \ldots, H$, was wir schon in Kapitel 2 vorgestellt haben.

Es kann zudem nicht mehr verteilt werden, als bereits vorhanden ist (die Nachfrage darf das Angebot nicht überschreiten):

1. $\sum_{h=1}^{H} x_h \leqslant \sum_{j=1}^{J} y_j$;

2. $\sum_{j=1}^{J} l_j^d \leqslant \sum_{h=1}^{H} l_h^s$;

3. $\sum_{j=1}^{J} k_j^d \leqslant \sum_{h=1}^{H} k_h^s$.

4.3.2 Der erste Hauptsatz der Wohlfahrtstheorie

Die Wohlfahrtstheorie beschäftigt sich nun mit der Frage, welche der erreichbaren Allokationen gewählt werden soll. Das Problem dabei ist, daß verschiedene Allokationen bestimmte Konsumenten und Produzenten in unterschiedlicher Weise begünstigen. Ein Lösungsansatz bietet das Pareto-Prinzip, dem wir schon in Abschnitt 1.1.3 begegnet sind.

Definition 4.1 (Das Pareto-Prinzip).
Verwerfe alle Allokationen, die durch andere erreichbare Allokationen dominiert werden, in denen sich kein Konsument verschlechtert, aber mindestens ein Konsument verbessert.

Definition 4.2 (Pareto-effiziente Allokationen).
Solche erreichbaren Allokationen, die gemäß dem Pareto-Prinzip nicht verworfen werden können, werden Pareto-effizient genannt.

Nun können wir zeigen, daß das Walras-Gleichgewicht Pareto-effizient ist. Wie wir schon wissen, besteht ein Walras-Gleichgewicht aus einer Allokation $\left(\overset{*}{y}_j, \overset{*}{l}_j^d, \overset{*}{k}_j^d\right)_{j=1,\ldots,J}$, $\left(\overset{*}{x}_h, \overset{*}{l}_h^s, \overset{*}{k}_h^s\right)_{h=1,\ldots,H}$ und einem Preissystem $(\overset{*}{p}, \overset{*}{w}, \overset{*}{r})$, so daß gilt:

1. Gewinnmaximierung der j-ten Firma

$$\left(\overset{*}{y}_j, \overset{*}{l}_j^d, \overset{*}{k}_j^d\right) \quad \text{maximiert} \quad \overset{*}{p} \cdot y_j - \overset{*}{w} \cdot l_j^d - \overset{*}{r} \cdot k_j^d \quad \text{s.t.} \quad y_j = T_j\left(l_j^d, k_j^d\right) \quad .$$

2. Nutzenmaximierung des h-ten Haushalts

$$\left(\overset{*}{x}_h, \overset{*}{l}_h^s, \overset{*}{k}_h^s\right) \quad \text{maximiert} \quad U_h\left(x_h, l_h^s, k_h^s\right) \quad \text{s.t.}$$

$$\overset{*}{p} \cdot x_h \leqslant \overset{*}{w} \cdot l_h^s + \overset{*}{r} \cdot k_h^s + \sum_{j=1}^{J} \delta_h^j \overset{*}{\pi}_j \quad .$$

3. Erreichbarkeit und Markträumung

$$\sum_{h=1}^{H} \overset{*}{x}_h = \sum_{j=1}^{J} \overset{*}{y}_j; \quad \sum_{j=1}^{J} \overset{*}{l}_j^d = \sum_{h=1}^{H} \overset{*}{l}_h^s \quad \text{und} \quad \sum_{j=1}^{J} \overset{*}{k}_j^d = \sum_{h=1}^{H} \overset{*}{k}_h^s \quad .$$

Satz 11 (Erster Hauptsatz der Wohlfahrtstheorie)
Walras-Gleichgewichte sind Pareto-effizient. Zusatzannahme: Lokale Nicht-Saturierung

---

Beweis. Durch Widerspruch.
Angenommen, es gibt eine erreichbare Allokation

$$\left(\tilde{y}_j, \tilde{l}_j^d, \tilde{k}_j^d\right)_{j=1,\ldots,J}, \left(\tilde{x}_h, \tilde{l}_h^s, \tilde{k}_h^s\right)_{h=1,\ldots,H},$$

so daß

1. $U_h\left(\tilde{x}_h, \tilde{l}_h^s, \tilde{k}_h^s\right) \geqslant U_h\left(\overset{*}{x}_h, \overset{*}{l}_h^s, \overset{*}{k}_h^s\right) \quad \forall h = 1, \ldots, H$ und

2. $U_h\left(\tilde{x}_h, \tilde{l}_h^s, \tilde{k}_h^s\right) > U_h\left(\overset{*}{x}_h, \overset{*}{l}_h^s, \overset{*}{k}_h^s\right) \quad$ für mindestens ein $h = 1, \ldots, H \quad .$

Warum haben die Konsumenten $\left(\tilde{x}_h, \tilde{l}_h^s, \tilde{k}_h^s\right)$ nicht gewählt?

Weil ihnen $\left(\tilde{x}_h, \tilde{l}_h^s, \tilde{k}_h^s\right)$ zu teuer ist. Dies ist klar für alle Konsumenten, die sich verbessern. Die anderen schöpfen ihr Budget aus, d.h.

$$\overset{*}{p} \cdot \tilde{x}_h \geqslant \overset{*}{w} \cdot \tilde{l}_h^s + \overset{*}{r} \cdot \tilde{k}_h^s + \sum_{j=1}^{J} \delta_j^h \overset{*}{\pi}_j \quad \forall h = 1, \ldots, H \quad \text{und}$$

$$\overset{*}{p} \cdot \tilde{x}_h > \overset{*}{w} \cdot \tilde{l}_h^s + \overset{*}{r} \cdot \tilde{k}_h^s + \sum_{j=1}^{J} \delta_j^h \overset{*}{\pi}_j \quad \text{für mindestens ein } h = 1, \ldots, H \quad .$$

Laut der obigen Beziehungen, durch Summenbildung über alle Haushalte erhält man somit eine strikte Ungleichung

$$\sum_{h=1}^{H} \overset{*}{p} \cdot \tilde{x}_h > \sum_{h=1}^{H} \overset{*}{w} \cdot \tilde{l}_h^s + \sum_{h=1}^{H} \overset{*}{r} \cdot \tilde{k}_h^s + \sum_{h=1}^{H} \sum_{j=1}^{J} \delta_j^h \overset{*}{\pi}_j \quad .$$

Weiterhin gilt: $\overset{*}{\pi}_j = \overset{*}{p} \cdot \overset{*}{y}_j - \overset{*}{w} \cdot \overset{*}{l}_j^d - \overset{*}{r} \cdot \overset{*}{k}_j^d \geqslant \overset{*}{p} \cdot \tilde{y}_j - \overset{*}{w} \cdot \tilde{l}_j^d - \overset{*}{r} \cdot \tilde{k}_j^d$, da sonst die Firmen mit dem früheren Optimum $\left(\overset{*}{y}_j, \overset{*}{l}_j^d, \overset{*}{k}_j^d \right)_{j=1,\dots,J}$ den Gewinn nicht *maximiert* hätten. Wir setzen dies ein und erhalten:

$$\overset{*}{p} \cdot \sum_{h=1}^{H} \tilde{x}_h > \overset{*}{w} \cdot \sum_{h=1}^{H} \tilde{l}_h^s + \overset{*}{r} \cdot \sum_{h=1}^{H} \tilde{k}_h^s + \sum_{j=1}^{J} \underbrace{\sum_{h=1}^{H} \delta_j^h}_{=1} \left(\overset{*}{p} \cdot \tilde{y}_j - \overset{*}{w} \tilde{l}_j^d - \overset{*}{r} \cdot \tilde{k}_j^d \right) \quad ,$$

was äquivalent ist zu

$$\overset{*}{p} \cdot \underbrace{\left(\sum_{h=1}^{H} \tilde{x}_h - \sum_{j=1}^{J} \tilde{y}_j \right)}_{\leqslant 0} + \overset{*}{w} \cdot \underbrace{\left(\sum_{j=1}^{J} \tilde{l}_j^d - \sum_{h=1}^{H} \tilde{l}_h^s \right)}_{\leqslant 0} + \overset{*}{r} \cdot \underbrace{\left(\sum_{j=1}^{J} \tilde{k}_j^d - \sum_{h=1}^{H} \tilde{k}_h^s \right)}_{\leqslant 0} > 0 \quad .$$

Hier taucht der Widerspruch auf, der die Dominanz von

$$\left(\tilde{y}_j, \tilde{l}_j^d, \tilde{k}_j^d \right)_{j=1,\dots,J} , \left(\tilde{x}_h, \tilde{l}_h^s, \tilde{k}_h^s \right)_{h=1,\dots,H}$$

verunmöglicht: Da nicht mehr verteilt werden kann, als bereits vorhanden ist (das Angebot muß aus physischen Gründen immer größer als die Nachfrage sein), kann keiner der drei Klammerausdrücke nicht-positiv sein, also auch nicht der gesamte Term, da die Preise nicht-negativ sind. Aus der Ungleichung sollte jedoch folgen, daß dieser positiv ist!

□

Man beachte, daß wir strikt positive Preise, $\overset{*}{p}, \overset{*}{w}, \overset{*}{r}$, angenommen haben. Dies ist eine Konsequenz der strikt monotonen Nutzenfunktionen. Wäre ein Preis null oder gar negativ, gäbe es keine Lösung des Nutzenmaximierungsproblems.

4.4 Graphische Veranschaulichung der Pareto-Effizienz

Der soeben geführte Beweis ist zwar sehr allgemein, aber nicht sehr anschaulich. Deshalb schränken wir hier die Ökonomie ein, um eine anschauliche Darstellung zu ermöglichen. Die wesentliche Einschränkung hierbei ist, daß wir sogenannte reine Produktionsfaktoren unterstellen, deren Einsatz in die Produktion nicht mit Nutzenverlust einhergeht. Außerdem verschärfen wir die bislang getroffenen Annahmen an die Nutzenfunktionen und die Technologien dahingehend, daß weder die Indifferenzkurven noch die Isoquanten die Ränder der Konsummenge bzw. die Nichtnegativitätsbeschränkung schneiden. Beide Güter bzw. Faktoren sind also notwendig, um positives Nutzenniveau bzw. Output zu erzielen.

4.4.1 Zwei Konsumgüter, zwei Haushalte und zwei Firmen

Die graphische Veranschaulichung der Pareto-Effizienz ermöglicht uns, die oben vorgestellten Prinzipien besser zu begreifen, und eine Volkswirtschaft mit zwei Konsumgütern zu modellieren. Dabei werden wir folgende Notation einführen:

$$x_h^i \quad \text{und} \quad y_j^i$$

zeigen die Nachfrage von Haushalt h nach Gut i bzw. das Angebot von Firma j an Gut i; i steht also für eines der beiden Konsumgüter.

Zur einfachen Darstellung betrachten wir eine Ökonomie mit *reinen Produktionsfaktoren*. D.h., es gibt eine klare Trennung zwischen Gütern, die nur in der Produktion eingesetzt werden und Gütern, die nur konsumiert werden. Wir betrachten den Fall mit zwei Konsumenten und zwei Produzenten mit zwei Konsumgütern mit der Nachfrage x^1, x^2 und dem Angebot y^1, y^2. Für die erste Firma ist die Technologie $y_1^1 = T_1\left(l_1^d, k_1^d\right)$, für die zweite $y_2^2 = T_2\left(l_2^d, k_2^d\right)$. Für den ersten Konsumenten lautet die Nutzenfunktion $U_1\left(x_1^1, x_1^2\right)$ und für den zweiten $U_2\left(x_2^1, x_2^2\right)$. Die Nutzenfunktionen seien nicht von l_1^s, k_1^s bzw. l_2^s, k_2^s abhängig, da die Arbeits- und Kapitalentscheidung schon vorher getroffen wurden. Das Arbeitsangebot insgesamt beträgt $l_1^s + l_2^s = \overline{l^s}$, das zur Verfügung stehende Kapital $k_1^s + k_2^s = \overline{k^s}$.

Man beachte auch, daß die Firmen nur ein Gut herstellen, es gibt also *keine economies of scope*. Firma 1 produziert nur y_1^1, während Firma 2 ausschließlich y_2^2 produziert. Das impliziert, daß

$$y^1 = y_1^1 \qquad \text{(Marktangebot an } y^1\text{)}$$
$$y^2 = y_2^2 \qquad \text{(Marktangebot an } y^2\text{)}$$
$$y_1^2 = y_2^1 = 0 \quad . \qquad (\textit{No economies of scope})$$

4.4.2 Produktionssektor

Was ist eine effiziente Faktorallokation? Man kann sich ein sogenanntes Faktorrechteck vorstellen, das in Abbildung 4.1 dargestellt wird. Dabei zeichnet

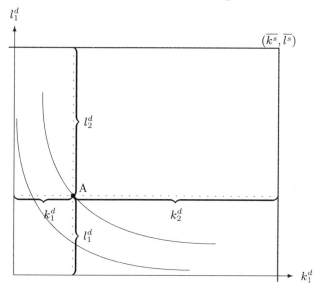

Abb. 4.1. Das Faktorrechteck.

man zunächst die Isoquanten für Firma 1 ein. Setzt Firma 1 $\left(\overline{k^s}, l^s\right)$ ein, bedeutet das, daß Firma 2 gar nichts einsetzt, denn $l_1^d + l_2^d \overset{!}{=} \overline{l^s}$ und $k_1^d + k_2^d \overset{!}{=} \overline{k^s}$: Alle zur Verfügung stehenden Inputfaktoren fließen der Firma 1 zu. Entsprechend kann man für jede Faktorallokation von Firma 1 die komplementäre Einsatzmenge von Firma 2 ablesen: Setzt Firma 1 $\left(k_1^d, l_1^d\right)$ ein, dann setzt Firma 2 $\left(k_2^d, l_2^d\right) = \left(\overline{k^s} - k_1^d, \overline{l^s} - l_1^d\right)$ ein.

Für Firma 2 liegt also der Ursprung in $\left(\overline{k^s}, \overline{l^s}\right)$, so daß man ein zweites Diagramm einzeichnen kann, wie bei Abbildung 4.2. Welche Punkte sind nun effizient? A ist nicht effizient, denn es gibt einen Punkt B, in dem beide Firmen mehr produzieren könnten, obwohl die Ressourcen gegeben und fix sind! Punkt A „verschwendet" sozusagen Ressourcen. Für C und D gibt es hingegen einen solchen Punkt nicht, woraus folgt, daß C und D Pareto-effiziente Punkte sind!

Anmerkung 4.3 (Effiziente Faktorkombinationen).
Alle effizienten Punkte sind Tangentialpunkte der beiden Isoquantenscharen.

Wir möchten auch das algebraische Äquivalent aufzeigen. Da die Firmen nur ein Produkt erstellen, verwenden wir folgende Notation: $\text{GRTS}^j_{k_j^d, l_j^d}(C)$ kenn-

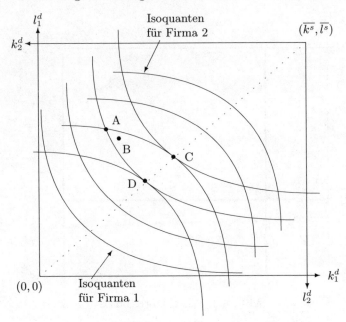

Abb. 4.2. Das Faktorrechteck mit zwei Firmen.

zeichnet die Grenzrate der technischen Substitution (Steigung der Isoquanten) der Firma j, definiert als $-\dfrac{\partial_{k_j^d} T_j\left(l_j^d, k_j^d\right)}{\partial_{l_j^d} T_j\left(l_j^d, k_j^d\right)}$.

Wenn C eine effiziente Faktorallokation ist und die Isoquanten differenzierbar und strikt quasi-konkav sind, dann gilt:

$$\text{GRTS}^1_{k_1^d, l_1^d}(C) = \text{GRTS}^2_{k_2^d, l_2^d}\left(\left(\overline{k^s}, \overline{l^s}\right) - C\right) \quad .$$

Zeichnet man ein Diagramm mit den möglichen Outputkombinationen von Gut 1 und Gut 2 bei den Berührungspunkten zwischen den Isoquantenscharen, erhält man mit Hilfe der sogenannten *Transformationskurve* ein Bild der effizienten Faktorallokationen: Es wird in Abbildung 4.3 vorgestellt. Hier wurden dieselben Punkte aus Abbildung 4.2 nochmals eingetragen, damit die Beziehungen zueinander deutlich werden. C und D sind effiziente Allokationen, denn die Produktion eines Gutes (sei es y_1 oder y_2) kann nur vergrößert werden, indem die Produktion des anderen Gutes reduziert wird. B stellt eine Effizienzverbesserung bezüglich A dar, zumal sowohl y_1 als auch y_2 trotz fester Ressourcen zugenommen haben. B ist aber noch kein Optimum, da es sich nicht auf der Transformationskurve wie C oder D befindet. Man beachte zudem auch, daß C sich auf derselben Höhe wie A befindet: Von A nach C wurde durch das Reallozieren der Inputfaktoren Arbeit und Kapital zwischen beiden Firmen nur die Produktion der ersten vergrößert. In Abbildung 4.2

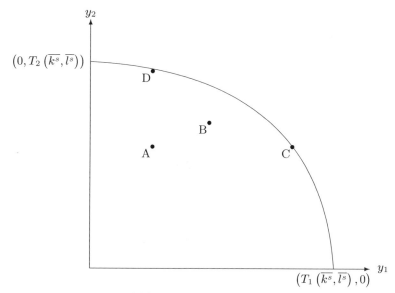

Abb. 4.3. Die Transformationskurve.

liegen in der Tat A und C auf derselben Isoquante von Firma 2. Daßelbe, umgekehrt, gilt für A und D.

Die effizienten Faktorallokationen kann man nun folgendermaßen berechnen.

1. Die Grenzraten der technischen Substitution müssen in der effizienten Faktorallokation für beide Firmen gleich sein, sonst könnte (in bezug auf die Bewegung weg von Punkt A hin zu Punkt D in Abbildung 4.2) z.B. Firma 1 auf l_1^d zugunsten mehr k_1^d verzichten und den Produktionsplan D einsetzen, ohne ihr Outputniveau zu verringern. Für Firma 2 wäre aber produktionsmäßig diese Faktorreallokation sehr angenehm, da von A nach D ihre Produktion zunimmt. Es muß deswegen gelten:

$$\text{GRTS}^1_{k_1^d, l_1^d}\left(k_1^d, l_1^d\right) = \text{GRTS}^2_{k_2^d, l_2^d}\left(k_2^d, l_2^d\right) \quad .$$

2. Der Gesamtbedarf an Ressourcen darf die zur Verfügung stehenden Mengen nicht überschreiten. Die effiziente Allokation muß noch im Faktorrechteck liegen:

$$l_1^d + l_2^d = \overline{l^s} \quad \text{und} \quad k_1^d + k_2^d = \overline{k^s} \quad .$$

Beide Bedingungen zusammen sind äquivalent zu

$$\text{GRTS}^1_{k_1^d, l_1^d}\left(k_1^d, l_1^d\right) = \text{GRTS}^2_{k_2^d, l_2^d}\left(\overline{k^s} - k_1^d, \overline{l^s} - l_1^d\right) \quad .$$

Durch Auflösen erhält man l_1^d in Abhängigkeit von k_1^d, also $l_1^d\left(k_1^d\right)$. Setzt man $l_1^d\left(k_1^d\right)$ in die Technologiefunktion ein, ergibt sich

$$y_1 = T_1\left(l_1^d\left(k_1^d\right), k_1^d\right) \tag{4.1}$$

beziehungsweise

$$y_2 = T_2\left(\overline{l^s} - l_1^d\left(k_1^d\right), \overline{k^s} - k_1^d\right) \quad . \tag{4.2}$$

Letztendlich hängen sowohl y_1 als auch y_2 ausschließlich von k_1^d ab! Durch Einsetzen von y_1 in y_2 erhält man dann die Funktion $y_2(y_1)$, also die in Abbildung 4.3 dargestellte *Transformationskurve*. Nun wenden wir uns wieder der Marktlösung von Allokationen zu:

Definition 4.4 (Gleichgewicht im Produktionssektor).
Ein Gleichgewicht im Produktionssektor besteht aus $\left(\overset{*}{l_1^d}, \overset{*}{k_1^d}\right)$, $\left(\overset{*}{l_2^d}, \overset{*}{k_2^d}\right)$, $(\overset{*}{y_1}, \overset{*}{y_2})$ *und einem Preissystem* $(\overset{*}{p_1}, \overset{*}{p_2}, \overset{*}{w}, \overset{*}{r})$, *so daß gilt:*

1. $\left(\overset{*}{l_j^d}, \overset{*}{k_j^d}\right)$ *maximieren für beide Firmen* $j = 1, 2$ *den Gewinn*
   $\overset{*}{p_j} \cdot y_j - \overset{*}{w} \cdot l_j^d - \overset{*}{r} \cdot k_j^d$ *unter der Restriktion* $y_j = T_j\left(l_j^d, k_j^d\right)$.

2. *Alle Ressourcen werden verbraucht:* $\overset{*}{l_1^d} + \overset{*}{l_2^d} = \overline{l^s}$ *und* $\overset{*}{k_1^d} + \overset{*}{k_1^d} = \overline{k^s}$.

Da, wie in Beispiel 2.28 gezeigt, das Gleichgewicht im Produktionssektor unabhängig von der Organisationsform des Firmensektors (mehrere oder nur eine Firma) ist, folgt nun, daß im Gleichgewicht die Steigung der Transformationskurve $\partial_{y_1} y_2(\overset{*}{y_1}) = \mathrm{GRT}_{y_1, y_2}$ gleich dem negativen Preisverhältnis $-\frac{\overset{*}{p_1}}{\overset{*}{p_2}}$ sein muß. Denn sonst könnte eine integrierte Firma, die über beide Technologien verfügt, durch Reallokation der Ressourcen $(\overline{l^s}, \overline{k^s})$ den Gesamtgewinn $\overset{*}{p_1} y_1 + \overset{*}{p_2} y_2 - \overset{*}{w}\overline{l^s} - \overset{*}{r}\overline{k^s}$ erhöhen.

4.4.3 Konsumsektor

Gegeben die Produktion, besteht der Konsumsektor aus einer Tauschwirtschaft. In Abschnitt 4.4.2 haben wir die effizienten *Faktorallokationen* hergeleitet: Gegeben das Arbeits- und Kapitalangebot, wollten wir die Bedingungen für die Allokation der Ressourcen genauer untersuchen, unter denen es nicht möglich war, daß durch reines Reallozieren der Faktoren eine Firma mehr produziert, ohne daß die andere ihr Outputniveau senken mußte. Analog möchten wir nun wissen, unter welchen Bedingungen eine Güterallokation der Mengen y_1 und y_2 zwischen den zwei Haushalten effizient ist.

Was ist eine effiziente Güterallokation? Analog zum Faktorrechteck gibt es ein bekanntes Werkzeug namens *Edgeworth-Bowley Box* oder einfach *Edgeworth*

Box.[1] Das Gesamtangebot an Gut 1 $\overline{y^1}$ entspricht den Teilnachfragen von

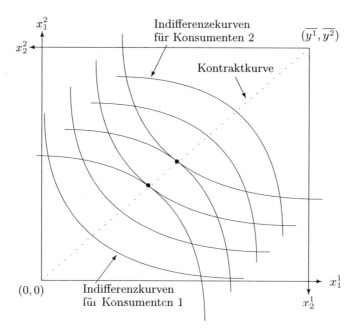

Abb. 4.4. Die *Edgeworth-Bowley Box*, oft *Edgeworth Box* genannt, tatsächlich aber von Pareto eingeführt.

Konsumenten 1 und 2: $x_1^1 + x_2^1 = \overline{y^1}$, ebenso $x_1^2 + x_2^2 = \overline{y^2}$. Man kann also den 2. Konsumenten in das Diagramm mit einzeichnen - die Berührungspunkte der Indifferenzkurven sind wieder die effizienten Allokationen. Für sie gilt nämlich,

---

[1]Historischer Vermerk: Die hier vorgestellte Box wurde als solche zum ersten Mal von Vilfredo Pareto (1848-1923) in seinem *Manual of Political Economy* 1906 eingeführt. Die Idee wurde nur implizit im 1881 veröffentlichten Buch *Mathematical Psychics* von Francis Ysidro Edgeworth (1845-1926) skizziert, und anders im Sir Arthur L. Bowleys (1869-1957) 1924 erschienenen Buch *Mathematical Groundwork* gezeichnet. Obwohl 1989 Maurice Allais auf die getreuere Bezeichnung „Pareto Box" deutete, während er die Benennung „Edgeworth Box" als *intellectual gangsterism* hielt, verwenden wir hier kleinlaut den konventionellen Gebrauch. Edgeworth war hingegen in seinem 1881 erschienenen Buch *Mathematical Psychics* Pionier der Notation der allgemeinen Nutzenfunktion als $U(x, y, \dots)$ und zeichnete auch die erste Indifferenzkurve, die eben Pareto die erste Skizze der „Edgeworth Box" ermöglichte. Weitere nützliche und spannende Informationen sind auf http://cepa.newschool.edu/het/ zu finden. Empfehlenswert für die geschichtliche Entwicklung der heutigen ökonomischen Theorie sind auch Bruni und Guala [2001], Bruni und Porta [2003] und Weber [2005]. Die zitierten Bücher sind Pareto [1906], Edgeworth [1881] und Bowley [1924].

daß

$$\mathrm{GRS}^1_{x_1^1, x_2^1} \left(x_1^1, x_1^2 \right) = \mathrm{GRS}^2_{x_1^2, x_2^2} \left(x_2^1, x_2^2 \right) \quad .$$

Die schon vorgestellte analytische Betrachtung könnte hier nochmals für den Beweis angewandt werden. Sei der Leser davor gewarnt, daß die in Abbildung 4.4 gezeichnete Linie, die alle effizienten Güterallokationen verbindet, nicht unbedingt gerade sein muß. Da diese Linie alle effizienten Güterallokationen unter den Konsumenten illustriert, kann man leicht davon ausgehen, daß sie die möglichen Verhandlungsergebnisse zwischen den Konsumenten darstellt. Diese Kurve wird deshalb *Kontraktkurve* genannt.[2]

Für den Konsumsektor können wir analog wie oben ein Gleichgewicht definieren.

Definition 4.5 (Gleichgewicht im Konsumsektor).
Ein Gleichgewicht im Konsumsektor besteht aus $\left(\overset{*}{x}_1^1, \overset{*}{x}_1^2 \right)$, $\left(\overset{*}{x}_2^1, \overset{*}{x}_2^2 \right)$, $\left(\overset{*}{U}_1, \overset{*}{U}_2 \right)$ und einem Preissystem $(\overset{*}{p}_1, \overset{*}{p}_2, \overset{*}{w}, \overset{*}{r})$, so daß gilt:

1. *$\left(\overset{*}{x}_h^1, \overset{*}{x}_h^2 \right)$ maximieren für beide Haushalte $h = 1,2$ den Nutzen $U_h \left(\overset{*}{x}_h^1, \overset{*}{x}_h^2 \right)$ unter der Restriktion $\overset{*}{p}_1 \cdot \overset{*}{x}_h^1 + \overset{*}{p}_2 \cdot \overset{*}{x}_h^2 = b_h \left(\overset{*}{p}_1, \overset{*}{p}_2, \overset{*}{w}, \overset{*}{r} \right)$.*
2. *Alle Güter werden konsumiert: $\overset{*}{x}_1^1 + \overset{*}{x}_2^1 = \overline{y}_1$ und $\overset{*}{x}_1^2 + \overset{*}{x}_2^2 = \overline{y}_2$.*

Dabei meint man mit $b_h \left(\overset{*}{p}_1, \overset{*}{p}_2, \overset{*}{w}, \overset{*}{r} \right)$ das von den Haushalten durch Verkauf von l^s zu $\overset{*}{w}$ und k^s zu $\overset{*}{r}$ sowie den Zufluß von Gewinnbeteiligungen verdiente Einkommen, genauer

$$b_h \left(\overset{*}{p}_1, \overset{*}{p}_2, \overset{*}{w}, \overset{*}{r} \right) = \overset{*}{w} \cdot l_h^s + \overset{*}{r} \cdot k_h^s + \sum_{j=1}^{J} \delta_h^j \, \pi_j \left(\overset{*}{p}_1, \overset{*}{p}_2, \overset{*}{w}, \overset{*}{r} \right) \quad .$$

4.4.4 Gesamtdarstellung

Dank Abbildung 4.5 schlagen wir eine mögliche Gesamtdarstellung eines volkswirtschaftlichen Gleichgewichts vor. Der zentrale Treiber für das simultane Gleichgewicht besteht in derselben Steigung von der die Transformationskurve berührenden Geraden und der Geraden innerhalb der *Edgeworth Box*. Beide Geraden sind immer zueinander parallel, da ihre Steigungen dem Preisverhältnis $-\frac{p_1}{p_2}$ gleichkommen. Ein Gesamtgleichgewicht ist möglich, wenn die beide Indifferenzkurven in der Edgeworth Box tangential zur Budgetgeraden sind. Dadurch ergibt sich eine wichtige Identität:

---

[2]Der Leser sei für weitere Details auf Mas-Colell et al. [1995], Seite 515 und ff., oder auf Schneider [1995], Seite 30 und ff., verwiesen.

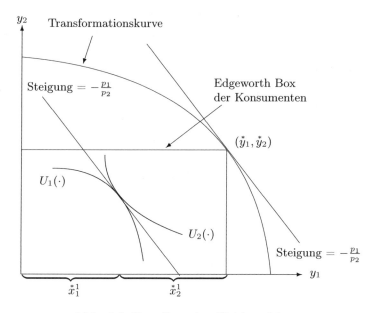

Abb. 4.5. Das allgemeine Gleichgewicht.

$$\mathrm{GRS}^1_{x_1^1, x_1^2} = -\frac{\overset{*}{p}_1}{\overset{*}{p}_2} = \mathrm{GRS}^2_{x_2^1, x_2^2} = \mathrm{GRT}_{y_1, y_2} \quad ,$$

wobei die letzte Gleichheit aus der auf Seite 137 bewiesenen Gleichung (4.3) stammt. Die Existenz von monetären Preisen verletzt die Bedingungen für ein Gesamtgleichgewicht nicht, sie vereinfacht sogar sein Erlangen.

Definition 4.6 (Bedingungen für Pareto-Effizienz des Gesamtgleich-gewichts).
Die Allokation $\left(y_1, l_1^d, k_1^d\right)$, $\left(y_2, l_2, k_2\right)$, $\left(x_1^1, x_1^2\right)$, $\left(x_1^2, x_2^2\right)$ *ist Pareto-effizient, falls*

1. *Im Produktionssektor gilt:*

$$
GRTS^1_{l_1^d, k_1^d}\left(l_1^d, k_1^d\right) = -\frac{\partial_{l_1^d}\, T_1\left(l_1^d, k_1^d\right)}{\partial_{k_1^d}\, T_1\left(l_1^d, k_1^d\right)}
$$

$$
= -\frac{\partial_{l_2^d}\, T_2\left(\overline{l^s} - l_1^d, \overline{k^s} - k_1^d\right)}{\partial_{k_2^d}\, T_2\left(\overline{l^s} - l_1^d, \overline{k^s} - k_1^d\right)} = GRTS^2_{l_2^d, k_2^d}\left(\overline{l^s} - l_1^d, \overline{k^s} - k_1^d\right) \quad .
$$

2. *Im Konsumsektor gilt:*

$$
GRS^1_{x_1^1, x_1^2}\left(x_1^1, x_1^2\right) = -\frac{\partial_{x_1^1}\, U_1\left(x_1^1, x_1^2\right)}{\partial_{x_1^2}\, U_1\left(x_1^1, x_1^2\right)}
$$

$$
= -\frac{\partial_{x_2^1}\, U_2\left(x_2^1, x_2^2\right)}{\partial_{x_2^2}\, U_2\left(x_2^1, x_2^2\right)} = GRS^2_{x_2^1, x_2^2}\left(x_2^1, x_2^2\right) \quad .
$$

3. *Die Steigung der Transformationskurve gleich der Steigung der Indiffe-renzkurve ist:*

$$
GRT_{y_1, y_2} = \partial_{y_1}\, y_2\left(y_1\right) = GRS^h_{x_h^1, x_h^2}\left(x_h^1, x_h^2\right) \quad .
$$

Anmerkung 4.7 (Pareto-Effizienz, Nutzen- und Gewinnmaximierung).
Im Walras-Gleichgewicht folgen die Marginalbedingungen der Pareto-Effizienz sofort aus den Marginalbedingungen für Nutzen- und Gewinnmaximierung.

Die obige Anmerkung läßt sich formal gut auf die Weise darstellen, die wir am Anfang dieses Abschnitts schon angedeutet haben:

$$
\mathrm{GRS}^1_{x_1^1, x_1^2}\left(x_1^1, x_1^2\right) = -\frac{\overset{*}{p}_1}{\overset{*}{p}_2} = \mathrm{GRS}^2_{x_2^1, x_2^2}\left(x_2^1, x_2^2\right)
$$

$$
\mathrm{GRTS}^1_{l_1^d, k_1^d}\left(l_1^d, k_1^d\right) = -\frac{\overset{*}{w}}{\overset{*}{p}} = \mathrm{GRTS}^2_{l_2^d, k_2^d}\left(l_2^d, k_2^d\right)
$$

$$
\mathrm{GRT}_{y_1, y_2}\left(y_1, y_2\right) = -\frac{\overset{*}{p}_1}{\overset{*}{p}_2} \quad .
$$

4.5 Erweiterungen und Schlußfolgerungen

4.5.1 Die Bedeutung des Preissystems

Obwohl wir auf den nächsten Seiten das Modell auf beliebig viele Güter erweitern werden, haben wir in diesem Kapitel schon alles Wesentliche kennengelernt, wodurch eine Gesamtmodellierung einer Volkswirtschaft möglich wird: In den bisherigen Kapiteln haben wir mehr als einen einzigen Haushalt, mehr als eine einzige Firma sowie mehr als ein einziges Konsumgut modelliert. Mit diesen Einführungen wollten wir auf die zentrale Rolle der Preise als Informationsträger hinweisen, ebenso auf ihre zentrale Koordinationsrolle.

Es sei nie vergessen, daß der in diesem Buch ausführlich angewandte mathematische Formalismus nur ein Hilfsmittel ist, welcher uns präzise Herleitungen ermöglicht. In diesem Abschnitt wollen wir zur wirtschaftspolitischen Bedeutung der Aussagen zurückkehren, die wir bisher schrittweise eingeführt haben. Die Preise sind für *alle* Marktteilnehmer *die* Referenzgröße, die eine Koordination unter vielen voneinander unabhängigen Individuen ermöglicht. Vielleicht kann der Leser nun die Antwort zu der im Vorwort (vgl. Seite VII) gestellten Frage finden, *warum in privaten Marktwirtschaften, in denen jeder unabhängig voneinander und nach eigenen Interessen handelt, kein Chaos, sondern ein Gleichgewicht zu beobachten ist.*
Das Preissystem ist eine spontane Institution, die historisch „von unten" gewachsen ist und den Leuten die wechselseitige Abstimmung ihrer Konsum- und Produktionspläne ermöglicht, *ohne daß ein zentrales Organ – typischerweise die Regierung – eingreift.* Die grundlegende Rolle der freien Marktwirtschaft, die wir hier analytisch haben skizzieren wollen, liegt genau in der erstaunlichen Fähigkeit, eine Vielzahl individueller Pläne dezentral zu koordinieren.
Auch in der freien Marktwirtschaft wird geplant, jedoch nicht zentral, sondern auf individueller Ebene, indem man die eigenen Gegebenheiten mit den Marktinformationen vergleicht, also mit den Preisen.

In den folgenden Kapiteln werden wir näher untersuchen, wann der Allokationsmechanismus in Märkten zu Problemen führen kann, die oft als Begründung eines Eingriffs ins freie Marktgeschehen gelten. Der dritte Buchteil ist insbesondere diesen Fällen gewidmet. Regulierung kann gewiße Probleme entschärfen, *wird aber nie das Gesamtsystem ersetzen können.* Die Geschichte des Kommunismus, auch als *Gemeinwirtschaft* bezeichnet, hat uns sehr deutlich vor Augen geführt, was in einer Welt ohne Marktpreise passieren würde: Ineffizientes Wirtschaften. Die Argumente für diese vielleicht radikale wirtschaftspolitische Haltung sind in den obigen Seiten zu finden.

Das Versagen der zentral gesteuerten Wirtschaftssysteme war für einen reflektierenden Ökonomen schon zur Zeit ihrer Gründung absehbar, da ohne Marktpreise die notwendigen Knappheitsindikatoren fehlen.

Was sind die genaueren Argumente? Da der Nutzen (wie wir ihn vorgestellt haben) *rein subjektiv und unmeßbar* in seiner Natur ist, müssen unbedingt *die Marktteilnehmer miteinander persönlich interagieren*, damit eine effiziente Allokation überhaupt möglich ist, wie sie in den bei Definition 4.6 vorgestellten Bedingungen charakterisiert wurde. Stellen wir uns als Beispiel vor, daß nur das erste Individuum $\mathrm{GRS}^1_{x_1^1,x_1^2}\left(x_1^1, x_1^2\right)$ kennt! Wenn wir die tiefe methodologische Bedeutung dieser Argumente wahrnehmen, haben wir automatisch die Vorhersage des unvermeidbaren Versagens einer zentral gesteuerten Volkswirtschaft verstanden: Kein zentraler Planer kann alle individuellen Nutzenniveaus kennen, weswegen die in Definition 4.6 vorgestellten Bedingungen planwirtschaftlich nicht mehr aufgestellt werden können! Es fehlt einfach die notwendige Information über die subjektiven Präferenzen, *auch wenn die Zentralleitung alle Besonderheiten der Produktionstechnologien kennen würde!*

Preise vereinfachen den Allokationsprozeß, indem sich die Marktteilnehmer nur sie fokussieren brauchen, damit sie ihr persönliches Optimum erreichen können. Ungleichgewichte auf einem Markt bewirken eine Preisänderung, die alle anderen Märkte berührt. Das Gesetz von Walras ist immer gültig. Die Preisbewegungen führen aber alle Betroffenen dorthin, wo eine perfekte Abstimmung der Konsum- und Produktionspläne *nach gegebenen Präferenzen und Produktionsmöglichkeiten* möglich ist, d.h. nach dem volkswirtschaftlichen Gesamtgleichgewicht, erreicht durch individuelle koordinierte Anpassungen.

4.5.2 Schlußfolgerungen zum Kapitel

Zum ersten Mal haben wir in diesem Kapitel die Idee der Wohlfahrt eingeführt, die bisher nur im Rahmen der Pareto-Effizienz spezifiziert wurde. Kapitel 13 im dritten Teil des Buches wird sich ausführlich mit der Frage des interpersonellen Nutzenvergleichs beschäftigen, aufgrund dessen die Wohlfahrtspolitik ihre Rechtfertigung findet. Erst in jenem Kapitel wird die Idee der Wohlfahrt behandelt, einer Generalisierung auf gesellschaftlicher Ebene des individuellen Nutzens.

Wichtiger im Kontext dieses Kapitels ist der Einbezug von mehreren Individuen in unser Modell, was die ausführliche Vorstellung der Handelstheorie ermöglicht, dank der Edgeworth Box in ihrer graphisch-intuitiven Version. Der Leser soll dabei die zentrale Mitteilung dieses Kapitels wahrnehmen: Durch freiwilligen Handel sind Transaktionen möglich, *die alle Parteien besser stellen*. Ausbeutung durch freiwilligen Handel ist somit ein logischer Widerspruch, denn jeder Partei steht immer die Möglichkeit offen, nicht am Tauschprozeß teilzunehmen. Die reine Beobachtung eines Tausches offenbart somit die Präferenz beider Parteien für diese Handlung bezüglich der ihnen zur Verfügung stehenden Alternative des Nicht-Tauschens. Diese Erkenntnis stellt eine der tiefstgreifenden Kritiken gegen den Marxistischen Ansatz dar, der in anderen Sozialwissenschaften breite Anwendung findet.

Das nächste Kapitel befaßt sich mit der letzten Erweiterung, um ein Gesamtmodell zu erhalten: der Einführung beliebig vieler Güter. Kapitel 5 schließt somit den ersten Buchteil ab und bereitet die Behandlung vertiefender Aspekte (Teil II) sowie weiterer nützlicher Themen (Teil III) vor.

4.6 Exkurs zum Gleichgewicht im Produktionssektor

Wir möchten jetzt zeigen, daß durch die gegebenen Komplementärbedingungen $l_2^d = \overline{l^s} - l_1^d$ beziehungsweise $k_2^d = \overline{k^s} - k_1^d$ sowie durch die individuelle Gewinnmaximierung der Firmen die Gleichgewichtsbeziehung

$$\partial_{y_1} y_2(y_1) = -\frac{p_1}{p_2} \qquad (4.3)$$

resultiert, die für die Gesamtdarstellung des volkswirtschaftlichen Gleichgewichts von Bedeutung sein wird. Dabei sind $\partial_{y_1} y_2(y_1)$ und GRT_{y_1, y_2} äquivalente Schreibweisen für die Grenzrate der Transformation, d.h. die Steigung der Transformationskurve. Zuerst definieren wir durch (4.1) die neue Funktion $f(k_1^d)$

$$f(k_1^d) \stackrel{\text{def}}{=} y_1 = T_1 \left(l_1^d \left(k_1^d \right), k_1^d \right) \quad , \qquad (4.4)$$

die uns eine inverse Beziehung von y_1 nach k_1^d der Art $k_1^d = f^{-1}(y_1)$ beschreiben läßt. Daraus folgt eine alternative Darstellung zu (4.2)

$$y_2(y_1) = T_2 \left(\overline{l^s} - l_1^d \left(f^{-1}(y_1) \right), \overline{k^s} - f^{-1}(y_1) \right) \quad ,$$

die – nach y_1 abgeleitet – folgende Beziehung liefert:

$$\begin{aligned}
\partial_{y_1} y_2(y_1) &= -\partial_{l_2^d} T_2(\cdot) \cdot l_1^{d\,\prime}(k_1^d) \cdot \frac{1}{f'(k_1^d)} - \partial_{k_2^d} T_2(\cdot) \cdot \frac{1}{f'(k_1^d)} \\
&= \frac{-1}{\underbrace{\partial_{l_1^d} T_1(\cdot) \cdot l_1^{d\,\prime}(k_1^d) + \partial_{k_1^d} T_1(\cdot)}_{= f'(k_1^d)}} \left[\partial_{l_2^d} T_2(\cdot) \cdot l_1^{d\,\prime}(k_1^d) + \partial_{k_2^d} T_2(\cdot) \right] \quad .
\end{aligned}$$

$$(4.5)$$

Vergißt man dabei nicht, daß die Ableitung der Umkehrfunktion dem reziproken Wert der Ableitung der ursprünglichen Funktion entspricht, formal also

$$\partial_{y_1} f^{-1}(y_1) = \frac{1}{\partial_{k_1^d} f(k_1^d)} = \frac{1}{f'(k_1^d)} \quad .$$

Die bekannten Bedingungen erster Ordnung für das Walras-Gleichgewicht lauten

$$\overset{*}{p}_1 \cdot \partial_{l_1^d} T_1 \left(l_1^d, k_1^d\right) = \overset{*}{w} = \overset{*}{p}_2 \cdot \partial_{l_2^d} T_2 \left(l_2^d, k_2^d\right)$$

$$\overset{*}{p}_1 \cdot \partial_{k_1^d} T_1 \left(l_1^d, k_1^d\right) = \overset{*}{r} = \overset{*}{p}_2 \cdot \partial_{k_2^d} T_2 \left(l_2^d, k_2^d\right) \quad ,$$

woraus die Gleichgewichtsbeziehung

$$\frac{\overset{*}{p}_1}{\overset{*}{p}_2} = \frac{\partial_{l_2^d} T_2(\cdot)}{\partial_{l_1^d} T_1(\cdot)} = \frac{\partial_{k_2^d} T_2(\cdot)}{\partial_{k_1^d} T_1(\cdot)}$$

folgt, die zu zwei nützlichen Gleichungen führt, nämlich

$$\partial_{l_2^d} T_2(\cdot) = \frac{\overset{*}{p}_1}{\overset{*}{p}_2} \partial_{l_1^d} T_1(\cdot)$$

$$\partial_{k_2^d} T_2(\cdot) = \frac{\overset{*}{p}_1}{\overset{*}{p}_2} \partial_{k_1^d} T_1(\cdot) \quad .$$

(4.6)

Dem Leser/der Leserin wird wahrscheinlich aufgefallen sein, daß (4.6) in (4.5) eingesetzt genau (4.3) liefert:

$$\partial_{y_1} y_2(y_1) = \frac{-1}{\partial_{l_1^d} T_1(\cdot) \cdot l_1^{d\,\prime}(k_1^d) + \partial_{k_1^d} T_1(\cdot)} \left[\underbrace{\frac{\overset{*}{p}_1}{\overset{*}{p}_2} \partial_{l_1^d} T_1(\cdot) \cdot l_1^{d\,\prime}(k_1^d)}_{\partial_{l_2^d} T_2(\cdot)} + \underbrace{\frac{\overset{*}{p}_1}{\overset{*}{p}_2} \partial_{k_1^d} T_1(\cdot)}_{\partial_{k_2^d} T_2(\cdot)} \right]$$

$$= \frac{-1}{\partial_{l_1^d} T_1(\cdot) \cdot l_1^{d\,\prime}(k_1^d) + \partial_{k_1^d} T_1(\cdot)} \left[\frac{\overset{*}{p}_1}{\overset{*}{p}_2} \left(\partial_{l_1^d} T_1(\cdot) \cdot l_1^{d\,\prime}(k_1^d) + \partial_{k_1^d} T_1(\cdot) \right) \right]$$

$$= -\frac{\overset{*}{p}_1}{\overset{*}{p}_2} \quad .$$

5

Das allgemeine Modell

„Das höchste von allen Gütern ist der Frauen Schönheit."

Friedrich von Schiller

5.1 Einführende Bemerkungen

Bei der Betrachtung der Pareto-Effizienz im letzten Kapitel haben wir, mehrere Güter für mehrere Haushalte und Firmen modelliert und wiederum ein gesamtwirtschaftliches Modell erhalten. Vom Anfangsmodell mit einer Firma und einem Haushalt, die ausschließlich ein einziges Gut handeln (gegen den Inputfaktor Arbeit), konnten wir den wichtigsten Schritt in Richtung einer Gesamtmodellierung vornehmen: d.h. das Modell auf die Dimension 3 auszudehnen.

Nun fehlt uns noch die abschließende Verallgemeinerung. Wenn wir die Güteranzahl auf ein beliebiges und unbestimmtes n erhöhen, können wir schließlich den realen wirtschaftlichen Kreislauf darstellen. Man beachte zudem, daß es sich bei unserer Definition immer um ein Gesamtgleichgewicht handelt. Die Spezifikationen lassen somit nicht alle Kreuzauswirkungen außer Acht: Wir bleiben mit unserem, von Anfang an gewählten, Ansatz konsistent, indem wir *alle Märkte zusammen modellieren.* Dieser Ansatz folgt der Denkschule der Allgemeinen Gleichgewichtstheorie.

Nun sei n die Anzahl der Güter. Diese Güter unterscheiden sich durch physikalische, räumliche und zeitliche Charakteristika bzw. Ereignisse; sie seien außerdem beliebig teilbar. Formal denken wir an einen Raum $\mathbb{R}^n$, der alle möglichen Güterbündel enthalten kann. Er heißt deswegen „Güterraum" mit Elementen $\vec{x} = (x_1, \ldots, x_n)^\mathsf{T} \in \mathbb{R}^n$ einem beliebigen Güterbündel. Sei $p_i \in \mathbb{R}$

der Preis des Gutes i, dann nennen wir $\vec{p} = (p_1, \ldots, p_n)^{\mathsf{T}} \in \mathbb{R}^n$ ein Preissystem. Ab dieser stelle werden wir die Annahme treffen, daß alle benutzten Funktionen so viel differenzierbar wie nötig seien.

5.2 Produzentenentscheidung

Die Produzenten werden wie in Kapitel 4 mit $j = 1, \ldots, J$ bezeichnet. Die technischen Möglichkeiten des Produzenten j seien durch die Technologie $\mathbb{Y}^j \subset \mathbb{R}^n$ bestimmt. Für die Produktionspläne $\vec{y}^j = (y_1^j, \ldots, y_n^j)^{\mathsf{T}} \in \mathbb{Y}^j \subset \mathbb{R}^n$ gelte folgende Vorzeichenkonvention: Inputs seien negativ, Outputs seien positiv im Vorzeichen. Wir unterstellen dem Produzenten j, daß er seinen Gewinn $\pi^j(\vec{p})$, gegeben seine technischen Möglichkeiten, maximiert. Durch die Vorzeichenkonvention enthält $\mathbb{Y}$ nicht nur Output, sondern auch Input; der Gewinn ist also nur gegeben durch $\pi^j = \vec{p}^{\mathsf{T}} \vec{y}^j$. Also bekommen wir

$$\pi^j(\vec{p}) = \max_{\vec{y}^j \in \mathbb{Y}^j} \vec{p}^{\mathsf{T}} \vec{y}^j = \max_{\vec{y}^j \in \mathbb{Y}^j} \sum_{i=1}^n p_i \, y_i^j \quad \text{s.t.} \quad \vec{y}^j \in \mathbb{Y}^j \quad .$$

Beispiel 5.1 (Drei-Güter-Fall).
Für $n = 3$ bedeutet der Plan $(-1, 4, -2)$ einen Input von 1 Einheit an Gut 1 sowie 2 Einheiten an Gut 3 zur Erzeugung von 4 Einheiten von Gut 2.

Die Technologie muß gewißen Annahmen genügen, damit auch im n-Güter-Fall die Eigenschaften gelten, die wir in den obigen Kapiteln vorgestellt haben.

Definition 5.2 (Grundannahmen über die Technologie).

1. $\mathbb{Y}^j$ *ist abgeschlossen (technische Annahme).*
2. $\mathbb{Y}^j$ *ist konvex (weswegen es keine zunehmenden Skalenerträge gibt).*
3. $\mathbb{Y}^j \cap \mathbb{R}_+^n = \vec{0}$ *(ohne Input kann kein Output produziert werden; ein Input von 0 ist aber möglich).*

Die Abgeschlossenheit[1] stellt sicher, daß man auf der Technologie Zielfunktionen maximieren kann, wobei die optimalen Lösungen zur Technologie gehören.

---

[1]Siehe Anhang B.

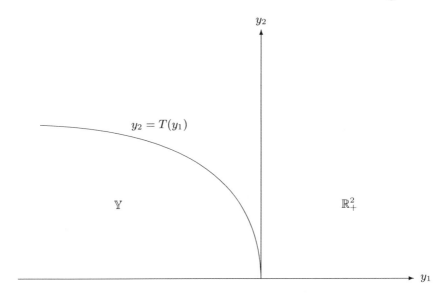

Abb. 5.1. Zwei-Güter-Fall: Die Restriktionen der Technologie.

Beispiel 5.3 (Graphische Darstellung beim Zwei-Güter-Fall).
Abbildung 5.1 zeigt graphisch den Fall mit $n = 2$. Man beachte dabei die
Beziehung zwischen $\mathbb{Y}$ und $\mathbb{R}_+^2$: Daß mindestens ein Gut negativ im Vorzeichen
ist (was Input meint) impliziert, daß $\mathbb{Y}$ im linken Quadrant liegt.

5.3 Konsumentenentscheidung

Mit $\vec{\omega}^h \in \mathbb{R}^n$ werden die Erstausstattungen an Zeit und bereits vorhandenen
Gütern der $h = 1, \dots, H$ Haushalte gekennzeichnet. Die Menge $\mathbb{X}^h \subset \mathbb{R}^n$ sei
die Konsummenge des Haushalts h, eine Teilmenge des Güterraums $\mathbb{R}^n$, und
$\vec{x}^h = (x_1^h, \dots, x_n^h)^\mathsf{T} \in \mathbb{R}^n$ sei das Güterbündel des Konsumenten h. Die Konsummenge soll abgeschlossen und nach unten beschränkt sein, wie Abbildung
5.2 zeigt.

Wir unterstellen eine *Ökonomie mit Privateigentum*, d.h. die Produktionsbe-
triebe gehören insgesamt allen Konsumenten, und der Gewinn aus der Produktion wird unter den Konsumenten aufgeteilt. Sei daher δ_j^h der Anteil des
h-ten Konsumenten am Gewinn des j-ten Produktionsbetriebs, wobei gilt:
$0 \leqslant \delta_j^h \leqslant 1$ und $\sum_{h=1}^H \delta_j^h = 1$. Der Vektor $\vec{\delta}^h = (\delta_1^h, \dots, \delta_J^h)$ bezeichne die
Gewinnanteile des h-ten Konsumenten.

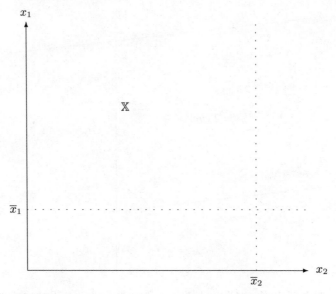

Abb. 5.2. Die Konsummenge $\mathbb{X}$ und ihre Restriktionen.

Wir unterstellen den Konsumenten, daß sie sich so verhalten, als ob sie ihren Nutzen unter ihrer Budgetrestriktion maximieren. Das Budget der einzelnen Haushalte ist durch ihre mit dem Preissystem $\vec{p}$ bewerteten Erstausstattung und ihren Anteilen aus den Gewinnen der Firmen gegeben. Die Budgetmenge ist dann definiert durch

$$\mathbb{B}^h(\vec{p}) = \left\{ \vec{x}^h \in \mathbb{X}^h \,\middle|\, \vec{p}^{\mathsf{T}} \vec{x}^h \leqslant \vec{p}^{\mathsf{T}} \vec{\omega}^h + \sum_{j=1}^{J} \delta_j^h \pi^j(\vec{p}) \right\} \quad .$$

Das Entscheidungsproblem lautet folgendermaßen

$$\max_{\vec{x}^h \in \mathbb{X}^h} U^h(\vec{x}^h) \quad \text{s.t.} \quad \vec{p}^{\mathsf{T}} \vec{x}^h \leqslant \vec{p}^{\mathsf{T}} \vec{\omega}^h + \sum_{j=1}^{J} \delta_j^h \pi^j(\vec{p}) \quad .$$

Die Nutzenfunktion der Konsumenten wird bezeichnet durch $U^h : \mathbb{X}^h \mapsto \mathbb{R}$ und ist (1) stetig, (2) strikt quasi-konkav sowie (3) monoton.

5.4 Walras-Gleichgewicht

5.4.1 Definition des Walras-Gleichgewichts

Mit den getroffenen Annahmen können wir dann das allgemeine Gleichgewichtsmodell – GE, *General Equilibrium* – einer *Private Ownership Economy* durch

$$\text{GE} = \left[\mathbb{R}^n, \mathbb{Y}^j_{j=1,\ldots,J}, \left(\mathbb{X}^h, \vec{\omega}^h, \vec{\delta}^h, U^h \right)_{h=1,\ldots,H} \right]$$

beschreiben. Im Walras-Gleichgewicht einer *Ökonomie mit Privateigentum* nehmen alle Entscheidungsträger das Preissystem $\vec{p}$ als gegeben an und bestimmen unter Kenntnis dieses Preissystems sowie ihrer Konsummengen und ihres Einkommens, bzw. ihrer Technologie, die nach ihrem Interesse beste Nachfrage bzw. das beste Angebot. Das Preissystem ist dabei so gestaltet, daß alle diese individuellen Pläne miteinander kompatibel sind, d.h. daß Angebot = Nachfrage auf allen Märkten gilt.

Definition 5.4 (Walras-Equilibrium mit n Gütern, H Haushalten und J Firmen).

Ein Walras-Gleichgewicht ist eine Allokation $\left(\overset{*}{\vec{x}}^1, \ldots, \overset{*}{\vec{x}}^H, \overset{*}{\vec{y}}^1, \ldots, \overset{*}{\vec{y}}^J \right) \in \mathbb{R}^{n \times (H+J)}$ *und ein Preissystem* $\overset{*}{\vec{p}} \in \mathbb{R}^n$, *so daß*

1. $\overset{*}{\vec{y}}^j$ *eine Stelle ist, die den Gewinn eindeutig maximiert*

$$\overset{*}{\vec{y}}^j \epsilon \arg\max_{\vec{y}^j} \overset{*}{\vec{p}}^T \vec{y}^j \quad s.t. \quad \vec{y}^j \in \mathbb{Y}^j \quad \forall\, j = 1, \ldots, J \quad ;$$

2. $\overset{*}{\vec{x}}^h$ *eine Stelle ist, die den Nutzen maximiert*

$$\overset{*}{\vec{x}}^h \epsilon \arg\max_{\vec{x}^h} U^h(\vec{x}^h) \quad s.t. \quad \vec{x}^h \in \mathbb{X}^h$$

$$und \quad \overset{*}{\vec{p}}^T \vec{x}^h \leqslant \overset{*}{\vec{p}}^T \vec{\omega}^h + \sum_{j=1}^{J} \delta_h^j \overset{*}{\vec{p}}^T \overset{*}{\vec{y}}^j \quad \forall\, h = 1, \ldots, H \quad ;$$

3. die Märkte geräumt sind, d.h. Nachfrage und Angebot stimmen überein

$$\sum_{h=1}^{H} \overset{*}{\vec{x}}^h = \sum_{j=1}^{J} \overset{*}{\vec{y}}^j + \sum_{h=1}^{H} \vec{\omega}^h \quad .$$

Abbildung 5.3 illustriert die Interaktion der Entscheidungsträger über Märkte, wie sie im Walras-Gleichgewicht stattfindet.

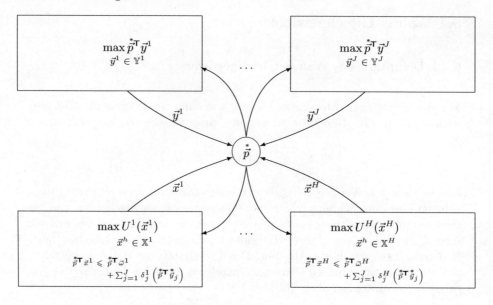

Abb. 5.3. Graphische Veranschaulichung vom allgemeinen Gleichgewicht.

5.4.2 Eigenschaften des Walras-Gleichgewichts

Es lassen sich vier grundsätzliche Fragen über das Walras-Gleichgewicht stellen, drei deskriptiver, eine normativer Natur. Die drei positiven sind folgende.

1. **Existenz** von Walras-Gleichgewichten: *Unter welchen Bedingungen gibt es die definierten Gleichgewichte?*
2. **Eindeutigkeit** der Walras-Gleichgewichte: *Ist das Walras-Gleichgewicht eindeutig?*
3. **Stabilität** der Walras-Gleichgewichte: *Was sind die Bedingungen, die zur Stabilität vom Gleichgewicht führen?*

Die normative Frage betrifft die sogenannten Wohlfahrts- und Effizienzeigenschaften: *Sind Walras-Gleichgewichtsallokationen wünschenswert?*
Die Antwort zu dieser Frage ist eigentlich der erste Satz der Wohlfahrtstheorie, dem wir schon auf Seite 124 als Satz 11 begegnet sind. Kapitel 9 wird die Frage noch vertiefen. Insbesondere fragen wir, ob Walras Gleichgewichte „gerechte" Allokationen hervorbringen und, falls dies nicht der Fall ist, wie man das Marktsystem benutzen kann, um gerechte Allokationen zu implementieren (2. Wohlfahrtstheorem).

Die nächsten Kapitel, die den ersten Buchteil abschließen, befassen sich insbesondere mit der Spezifizierung der drei deskriptiven Aussagen. Die Bedingungen für die Stabilität werden ausführlich in Kapitel 8 beschrieben, während die ersten zwei Punkte in den folgenden Paragraphen sowie in Kapitel 7 zu finden sind. Dabei ist das Ziel, das Walras-Gleichgewicht durch ein Gleichungssystem zu beschreiben, mit dem man berechnen kann, ob und wie viele Lösungen es gibt.

5.4.3 Die Marktüberschußnachfragefunktion

Man definiere die vom Preissystem abhängige optimale Wahl der Firmen (Güterangebot, gleichzeitig auch Faktornachfrage)

$$\vec{y}^{\,j}(\vec{p}) := \arg\max_{\vec{y}^{\,j} \in \mathbb{Y}^j} \vec{p}^{\mathsf{T}} \vec{y}^{\,j}$$

mit $\vec{y}^{\,j}(\vec{p}) : \mathbb{R}^n \mapsto \mathbb{R}^n$ sowie den vom Preissystem abhängigen optimalen Verhalten der Haushalte

$$\vec{x}^{\,h}(\vec{p}) := \arg\max_{\vec{x}^{\,h} \in \mathbb{X}^h} U^h(x^h) \quad \text{s.t.} \quad \vec{p}^{\mathsf{T}} \vec{x}^{\,h} \leqslant \vec{p}^{\mathsf{T}} \vec{\omega}^h + \sum_{j=1}^{J} \delta_h^j \vec{p}^{\mathsf{T}} \vec{y}^{\,j}$$

mit $\vec{x}^{\,h}(\vec{p}) : \mathbb{R}^n \mapsto \mathbb{R}^n$. Im folgenden werden wir fahrlässig von Angebot $\vec{y}^{\,j}(\vec{p})$ und Nachfrage $\vec{x}^{\,h}(\vec{p})$ sprechen; es seien aber die in den ersten Kapiteln vorgestellten Argumente über die methodologische Äquivalenz zwischen Nachfrage und Angebot nicht vergessen. Von Nachfrage und Angebot in absoluten Termen zu sprechen kommt einer mentalen Fokussierung auf den Gütermarkt gleich. Wenn $\vec{x}^{\,h}(\vec{p})$ und $\vec{y}^{\,j}(\vec{p})$ gegeben sind, können wir eine Überschußnachfragefunktion $\vec{z}(\vec{p})$ bilden der Art

$$\vec{z}(\vec{p}) = \sum_{h=1}^{H} \vec{x}^{\,h}(\vec{p}) - \sum_{j=1}^{J} \vec{y}^{\,j}(\vec{p}) - \sum_{h=1}^{H} \vec{\omega}^h \quad .$$

Damit ist das Walras-Gleichgewicht nun ein Preissystem $\overset{*}{\vec{p}} = (\overset{*}{p}_1, \ldots, \overset{*}{p}_n)$ mit $\vec{z}(\overset{*}{\vec{p}}) = \vec{0}$, also mit

$$z_1(\overset{*}{p}_1, \ldots, \overset{*}{p}_n) = 0$$
$$\vdots$$
$$z_n(\overset{*}{p}_1, \ldots, \overset{*}{p}_n) = 0 \quad .$$

Die Überschußnachfragefunktion $\vec{z}$ besitzt die Homogenitätseigenschaft (vom Grade 0): $\forall \lambda > 0, \forall \vec{p} > \vec{0}$ gilt $\vec{z}(\lambda\vec{p}) = \vec{z}(\vec{p})$, denn sowohl das Angebot $\vec{y}^{\,j}(\vec{p})$

$$\vec{y}^{\,j}(\lambda\vec{p}) = \arg\max_{\vec{y}^{\,j} \in \mathbb{Y}^j} \lambda\vec{p}^{\mathsf{T}} \vec{y}^{\,j}(\vec{p}) = \vec{y}^{\,j}(\vec{p})$$

als auch die Nachfrage $\vec{x}^h(\lambda\vec{p}) = \vec{x}^h(\vec{p})$ sind homogen. Letzte Eigenschaft folgt aus der unveränderten Budgetrestriktion

$$\lambda\vec{p}^\mathsf{T}\,\vec{x}^h(\vec{p}) \leqslant \lambda\vec{p}^\mathsf{T}\,\vec{\omega}^h + \sum_{j=1}^{J}\delta_h^j\lambda\vec{p}^\mathsf{T}\vec{y}^j(\vec{p})$$

$$\vec{p}^\mathsf{T}\,\vec{x}^h(\vec{p}) \leqslant \vec{p}^\mathsf{T}\,\vec{\omega}^h + \sum_{j=1}^{J}\delta_h^j\vec{p}^\mathsf{T}\vec{y}^j(\vec{p}) \quad .$$

Auch das Walras-Gesetz gilt hier: $\forall\vec{p} > 0: \vec{p}^\mathsf{T}\vec{z}(\vec{p}) = \sum_{i=1}^{n} p_i \cdot z_i(\vec{p}) = 0$. Der Beweis davon geht sehr schnell:

$$\vec{p}^\mathsf{T}\left(\vec{x}^h(\vec{p}) - \vec{\omega}^h\right) - \sum_{j=1}^{J}\delta_h^j\vec{p}^\mathsf{T}\vec{y}^j(\vec{p}) = 0 \qquad \text{(Budgetidentität für Haushalt } h\text{)}$$

$$\sum_{h=1}^{H}\left(\vec{p}^\mathsf{T}\left(\vec{x}^h(\vec{p}) - \vec{\omega}^h\right) - \sum_{j=1}^{J}\delta_h^j\vec{p}^\mathsf{T}\vec{y}^j(\vec{p})\right) = 0 \qquad \text{(durch Summe über alle } h\text{)}$$

$$\vec{p}^\mathsf{T}\underbrace{\left(\sum_{h=1}^{H}\vec{x}^h(\vec{p}) - \sum_{h=1}^{H}\vec{\omega}^h - \underbrace{\sum_{h=1}^{H}\sum_{j=1}^{J}\delta_h^j\vec{y}^j(\vec{p})}_{\sum_{j=1}^{J}\vec{y}^j(\vec{p})}\right)}_{\vec{z}(\vec{p})} = 0$$

Beispiel 5.5 (Zwei-Güter-Fall: $n = 2$).
Die Schnittpunkte der Überschußnachfragefunktion mit der p_1-Achse sind die Nullstellen. Für diese Werte von p_1 entspricht die Nachfrage dem Angebot, also sind sie die Gleichgewichte.

Abbildung 5.4 bezieht sich auf das obige Beispiel. Die Frage lautet nun: Wie viele Nullstellen kann es geben? Es geht um die zweite deskriptive Frage, an die wir am Anfang dieses Abschnitts gedacht haben.

Das Rationalitätsprinzip der Produzenten impliziert, daß $-\vec{y}^j(\vec{p})$ monoton fallend ist, und damit kann es nur eine Nullstelle geben, falls insgesamt $\vec{z}(\vec{p})$ monoton fallend ist. Warum ist dies so? Hier ist ein kurzes Argument:

Argument, daß $-\vec{y}^j(\vec{p})$ monoton fallend ist.

Erstens, $\pi(\vec{p})$ ist konvex, weil $\vec{p}$ in der konvexen Restriktion des Maximierungsproblems (d.h. in der Technologiefunktion) nicht auftaucht und die Zielfunktion linear ist. Zweitens, $\partial_{\vec{p}}\pi(\vec{p}) = \vec{y}(\vec{p})$ wegen des Hotelling Lemmas (hier

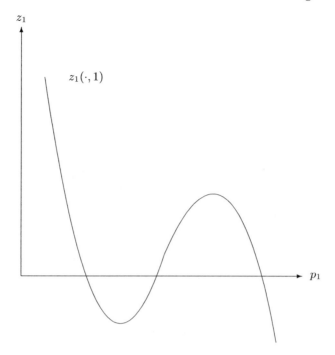

Abb. 5.4. Die Überschußnachfragefunktion im Zwei-Güter-Fall. $p_2 = 1$

wird die vektorielle Darstellung nicht bewiesen). Es folgt, daß $\vec{y}(\vec{p})$ als zweite Ableitung von $\pi(\vec{p})$ monoton steigend ist. Der genaue Beweis dafür folgt in Kapitel 8.

$$\square$$

Damit haben wir gezeigt, daß von Seiten der Produzenten nur ein Walras-Gleichgewicht möglich ist. Das Problem liegt jedoch im Konsumsektor: Aus der Nutzenmaximierung folgt weder Eindeutigkeit noch Stabilität der Gleichgewichte!

Eine präzise Formulierung hiervon liefert der folgende Satz:

Satz 12 (Struktursatz, Debreu 1974)
Sei $f : \mathbb{R}^n_{++} \mapsto \mathbb{R}^n$ eine stetige Funktion, die $\vec{p}^T f(\vec{p}) = 0$ und $f(\lambda\vec{p}) = f(\vec{p})$ $\forall \lambda > 0$ und $\forall \vec{p} \in \mathbb{R}^n_{++}$ erfüllt. Dann gibt es n Konsumenten mit stetigen, quasi-konkaven und monotonen Nutzenfunktionen und Erstausstattungen in $\mathbb{R}^n_+$, so daß für jede kompakte Teilmenge $K \subset \mathbb{R}^n_{++}$ die Marktüberschußnachfrage der n Konsumenten $\vec{z} : \mathbb{R}^n_{++} \mapsto \mathbb{R}^n$ auf K mit der beliebig vorgegebenen Funktion f übereinstimmt, d.h. $\vec{z}(\vec{p}) = f(\vec{p})$ $\forall \vec{p} \in K$.

Beweisidee. Von der Korrektheit des Satzes 12 können wir uns anhand zweier Figuren überzeugen. Die erste Figur, Abbildung 5.5, zeigt, wie eine vorgegebene Überschußnachfragefunktion in individuelle Nachfragen zerlegt werden kann. Man verschiebt die Überschußnachfrage entlang des Preisvektors soweit, bis sie in beiden Komponenten positiv ist.

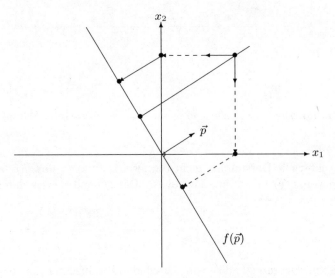

Abb. 5.5. Die Verschiebung der Überschußnachfragefunktion.

Nun zerlegt man diesen Punkt in seine Achsenabschnitte. Die zweite Figur, Abbildung 5.6, zeigt beispielhaft für die zweite Komponente, daß diese durch ein Nutzenmaximierungskalkül generiert werden kann. Es können Indifferenzkurven gezeichnet werden, die bei variierenden Preisen die zweite Komponente „rationalisieren". Dies gilt ebenso für die erste Komponente, sodaß die vorgegebene Funktion $f(\vec{p})$ als Summe von zwei individuellen Überschußnachfragefunktionen dargestellt werden kann.

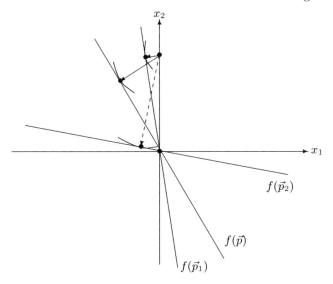

Abb. 5.6. Die Zerlegung der Überschußnachfragefunktion.

Abschließend möchten wir noch kurz darauf hinweisen, wie die getroffenen Annahmen in die Argumentation einfließen. Die obige „Konstruktion" funktioniert auf jeder kompakten Preismenge K, da dann sichergestellt ist, daß alle in den positiven Bereich verschobenen Überschußnachfragen wirklich positiv sind. Die vorgegebene Funktion $f(\cdot)$ muß stetig sein, da unser geometrisches Argument auf einer stetigen „Operation", der Projektion der Achsenabschnitte auf die Budgetgerade durch die Überschußnachfrage, beruht. Aus der Projektion wird ebenso klar, daß die so konstruierten individuellen Nachfragen immer die Homogenität $\vec{z}^i(\lambda\vec{p}) = \vec{z}^i(\vec{p})$ und die Budgetidentität $\vec{p}^{\mathsf{T}}\vec{z}^i(\vec{p}) = 0$ erfüllen. Die vorgegebene Funktion $f(\vec{p})$ muß also auch diese Eigenschaften haben, da die Marktüberschußnachfrage $\vec{z}(\vec{p}) = \vec{z}^1(\vec{p}) + \vec{z}^2(\vec{p})$ sonst nicht mit ihr identisch, $\vec{z}^i(\vec{p}) = f(\vec{p}) \ \forall\vec{p} \in K$, sein kann.

Aus dem Beweis kann man auch noch sehen, daß man in der Zerlegung ebensoviele Konsumenten wie Güter braucht. Jeder Konsument war ja für eine Komponente der vorgegebenen Funktion verantwortlich. Hat man weniger Konsumenten als Güter, im Extremfall nur einen sogenannten *repräsentativen Konsumenten*, so muß der Satz falsch sein, da die individuelle Nachfrage des *repräsentativen Konsumenten* neben der Stetigkeit, der Homogenität und der Budgetidentität zumindest noch das Axiom der offenbarten Präferenzen erfüllt.

□

Die Interpretation des Struktursatzes lautet folgendermaßen: Stetigkeit, Walras-Gesetz und Homogenität erschöpfen die Eigenschaften, welche aus der Nutzenmaximierung unter Standardannahmen folgen. Insbesondere kann es beliebig viele Gleichgewichte und eine beliebige Preisdynamik geben. *Das heißt, die bisher vorgestellte analytische Mikrotheorie löst nicht das fundamentale Problem, warum man in einer privaten Marktwirtschaft, in der Entscheidungen unabhängig voneinander und nach eigenen Interessen getroffen werden, kein Chaos beobachtet!*

Das allgemeine Modell hat also keine nützliche Struktur. Deshalb muß man nach Zusatzannahmen suchen, die empirisch fundiert sind. Solche werden wir in Kapitel 8 kennenlernen. Im nächsten Kapitel zeigen wir, daß die bislang getroffenen Annahmen aber hinreichend sind, um auf die Existenz von Walras-Gleichgewichten zu schließen.

5.5 Erweiterungen und Schlußfolgerungen

Kapitel 5 zeigt die allgemeine Erweiterung des Modells zur ganzen Volkswirtschaft. Die graphische Darstellung des allgemeinen Gleichgewichts, die noch in Kapitel 4 mit gewißen Restriktionen (nämlich mit nur zwei Haushalten und nur zwei Firmen) möglich war, kann im n-dimensionalen Fall nicht mehr gezeigt werden. Das Verständnis des vorherigen Stoffes gewinnt somit an Bedeutung, um die Aussagekraft der jetzigen abstrakten Darstellung genau wahrzunehmen.

Da wir von n Gütern ausgehen, macht es wenig Sinn, zwischen Konsum- und Kapitalgütern zu unterscheiden. Die mathematische Behandlung und die für das Walras-Gleichgewicht charakteristischen Restriktionen gewährleisten, daß nicht mehr nachgefragt wird als vorhanden ist. Die Benutzung eines Gutes – beispielsweise eines Autos – zu Investitionszwecken, eher als zu Konsumzwecken, reduziert automatisch das Angebot an Autos für Konsumzwecke. Die Dynamik bleibt konsistent mit dem Gesetz von Walras.

Die beliebige Modellerweiterung, die nun möglich ist, hat jedoch auch Schattenseiten. Der Struktursatz von Debreu stellt die radikalste Kritik gegen das umfassende Modell dar. Damit theoretisch die Eindeutigkeit und Stabilität eines Gleichgewichts mit beliebig vielen Individuen und Gütern beweisbar ist, benötigt man zusätzliche Annahmen; manche davon sind weniger, manche mehr realistisch. Der zweite Teil des Buches wird sich daher mit den weiteren Spezifikationen befassen. Indem wir ein ganz allgemeines Gleichgewichtsmodell schrittweise erreicht haben, spüren wir langsam auch die Grenzen der Methodologie. Der alternative Weg würde sich auf eine Partialanalyse beschränken, bei der die Interdependenzen trotzdem verloren gingen und unerklärt blieben. Denke man nur an das Anfangsbeispiel aus Kapitel 2, in dem ohne ein allgemeines Gleichgewichtsmodell die Auswirkungen auf den Arbeitsmarkt aus einer Güterbesteuerung unerklärbar sind.

Im zweiten Buchteil wird das Modell weiter vertieft. In Kapitel 7 versuchen wir der Kritik aus Debreus Struktursatz eine Antwort zu geben, indem wir die notwendigen zusätzlichen Modellannahmen diskutieren. Kapitel 8 untersucht hingegen die dynamischen Anpassungen des Gleichgewichts. Die dafür notwendigen Modellspezifikationen werden ebenfalls vorgestellt. Letztlich befaßt sich Kapitel 9 tiefer mit der Frage der Wohlfahrtstheorie, indem die Idee der Pareto-Effizienz noch genauer spezifiziert wird. Eine ausführliche Entwicklung dazu mit vielen Modellerweiterungen befindet sich im dritten Buchteil (vgl. Kapitel 13).

6

Übungen Teil I

6.1 Schwierigkeitsniveau 1

6.1.1 Aufgabe

Betrachten Sie den Gütermarkt. Es sei $x(p) = a - bp$ mit $a > 0, b > 0$ und $y(p) = c + dp$ mit $c > 0, d > 0$. Berechnen Sie den Gleichgewichtspreis $\overset{*}{p}$. Wie verändert sich $\overset{*}{p}$ durch eine Verkaufssteuer t?

6.1.2 Aufgabe

1. Sei $T(l^d) = \sqrt{l^d}$. Berechnen Sie $l^d(p, w)$, $y(p, w)$ und $\pi(p, w)$.

2. Sei $l^s(p, w) = a^2 > 0$ und $x(p, w) = a > 0$. Berechnen Sie das Gleichgewicht $(\overset{*}{w}, \overset{*}{p})$. Wie verändert sich $(\overset{*}{w}, \overset{*}{p})$, falls a steigt?

6.1.3 Aufgabe

Sei $\mathbb{X} = \{(x, f) | \underline{x} \geqslant x > 0, 0 \leqslant f \leqslant \overline{f}\}$ und $U(x, f) = \alpha \ln(x) + (1 - \alpha) \ln(f)$, mit $\alpha \in (0, 1)$. Die Budgetrestriktion ist $p \cdot x + w \cdot f = b$.

1. Stellen Sie für $\alpha = \frac{1}{2}$ die Indifferenzkurvenschar dar.

2. Lösen Sie graphisch das Nutzenmaximierungsproblem für den Fall $\alpha = \frac{1}{2}$ und $p = w$.

3. Bestimmen Sie algebraisch für ein beliebiges $\alpha \in (0, 1)$ und für

$$(1 - \alpha) \cdot (b - p\underline{x}) < w\overline{f} \qquad \text{(NB)}$$

die Lösung des Nutzenmaximierungsproblems.

4. Was passiert, falls (NB) verletzt ist?

6.1.4 Aufgabe

Betrachten Sie eine Volkswirtschaft mit einem Konsumgut x, dessen Stückpreis p beträgt. Arbeit sei der einzige für die Herstellung dieses Gutes nötige Produktionsfaktor. Der einzige Haushalt in dieser Volkswirtschaft biete den für die Produktion von x notwendigen Arbeitseinsatz an und wirke gleichzeitig als Konsument von x. Die Produktionsfunktion sei gegeben durch $y = \ln(l^d)$ mit y dem Output und l^d der für die Produktion von y Einheiten notwendigen Arbeitsnachfrage. Die Nutzenfunktion des Konsumenten laute $U(x, f) = \alpha \ln(x) + (1 - \alpha) \ln(f)$ mit x der konsumierten Menge und f der Freizeit des Konsumenten. Das Arbeitsangebot des Haushalts laute $l^s = \overline{f} - f$.

1. Berechnen Sie das allgemeine Gleichgewicht dieser Volkswirtschaft.

2. Sei nun eine Mehrwertsteuer im Umfang von t Geldheinheiten pro Stück eingeführt, die der Produzent dem Staat zu zahlen hat. Der Staat finanziert durch solche Einnahmen seine öffentlichen Ausgaben g, die reinem Konsum gleich kommen. Zeigen Sie, daß die Mehrwertsteuer sich vollständig in die neuen Gleichgewichtspreise wiederspiegelt.

6.1.5 Aufgabe

Sei folgende Präferenzrelation gegeben:

$$\preceq_i \subseteq \mathbb{R}^2 \times \mathbb{R}^2 \qquad \forall i = 1, \dots, I$$

Dann gilt $\forall x_i := (x_i^1, x_i^2) \in \mathbb{R}^2$:

$$x_1 \prec x_2 :\Leftrightarrow (x_1^1 = x_2^1 \wedge x_1^2 < x_2^2) \vee (x_1^1 \leq x_2^1)$$
$$x_1 \preceq x_2 :\Leftrightarrow (x_1^1 = x_1^1 \wedge x_1^2 \leq x_2^2) \vee (x_1^1 \leq x_2^1)$$

Welche Bedingungen an eine „schöne" Präferenzrelation ist verletzt? Warum kann keine Nutzenfunktion gefunden werden (verbal!)?

6.1.6 Aufgabe

Wie im ersten Buchteil sei

$$\mathrm{GE} = \left[\mathbb{R}^n, \mathbb{Y}^k{}_{k=1,\ldots,K}, \left(\mathbb{X}^i, U^i, \omega^i, \delta^i\right)_{i=1,\ldots,I}\right]$$

ein allgemeines Gleichgewichtsmodell. Betrachten Sie den Spezialfall einer Tauschwirtschaft (d.h. einer Ökonomie ohne Produktion) mit zwei Gütern und zwei Konsumenten. Wie im ersten Buchteil beschrieben, kann in diesem Spezialfall jede durchführbare nicht verschwenderische Allokation in der sogenannten *Edgeworth-Box* dargestellt werden.

Die beiden Konsumenten sind wie folgt charakterisiert: $\omega^1 = (1,0)$, $\omega^2 = (0,1)$ sind die Ressourcen, und die Nutzenfunktionen haben die Parameter $\alpha^1 = \frac{1}{2}$, $\alpha^2 = \frac{1}{4}$. Betrachten Sie nun für diese Parameterwerte die folgenden drei Paare von Nutzenfunktionen. Zusammen mit den Ressourcen stellt also jedes Paar 1. – 3. eine vollständig definierte Tauschwirtschaft dar:

1. $U^i(x_1^i, x_2^i) = \alpha^i \ln x_1^i + (1 - \alpha^i) \ln x_2^i$, $i = 1, 2$

2. $U^i(x_1^i, x_2^i) = \alpha^i x_1^i + (1 - \alpha^i) x_2^i$, $i = 1, 2$

3. $U^i(x_1^i, x_2^i) = \min\{\alpha^i x_1^i, (1 - \alpha^i) x_2^i\}$, $i = 1, 2$

Aufgaben:

a) Stellen Sie für jede der drei Tauschwirtschaften 1. – 3. die Pareto-effizienten Allokationen in einer Edgeworth-Box dar.

b) Bestimmen Sie für jede der drei Tauschwirtschaften 1. – 3. je ein Walras-Gleichgewicht und zeichnen Sie dieses in die Edgeworth-Box-Diagramme aus Teilaufgabe a) ein.

6.1.7 Aufgabe

Kreuzen Sie die jeweils richtige Alternative an:

1. Die Mikroökonomische Theorie befaßt sich im Gegensatz zur Makroökonomischen Theorie mit

   N) relativ kleinen Problemen der Ökonomie.

   O) keinerlei praxisrelevanten Themen.

P) einzelnen Gütern und Haushalten.

2. Die erste mathematische Formulierung des Allgemeinen Gleichgewichtsmodells geht zurück auf

Q) Jevons.

R) Walras.

S) Marshall.

3. Ein Walrasgleichgewicht ist eine Allokation von Konsum- und Produktionsplänen, sowie ein Preissystem, sodaß

E) jeder Konsument und jeder Produzent seinen Nutzen bzw. Gewinn
maximiert und alle Märkte geräumt sind.

F) Angebot gleich Nachfrage ist, d.h. die Summe der Konsumpläne gleich
der Summe der Ressourcen und der Summe der Produktionspläne ist.

G) man keinen Konsumenten verbessern kann.

6.2 Schwierigkeitsniveau 2

6.2.1 Aufgabe

Berechnen Sie zu folgenden Nutzenfunktionen die Marshall'schen Nachfragen
$\widehat{x}(p, w, b)$ und $\widehat{f}(p, w, b)$:

1. $U(x, f) = \sqrt{x} + \sqrt{f}$
2. $U(x, f) = x + \sqrt{f}$
3. $U(x, f) = \ln(x \cdot f) + \ln(f)$

Bestimmen Sie die Grenzneigung zum Konsum $\partial_b \widehat{x}(p, w, b)$ und $\partial_b \widehat{f}(p, w, b)$.

6.2.2 Aufgabe

Sei $\mathbb{X} = \{(x, f) \geqslant 0\}$ die Konsummenge, $T(l^d) = a\sqrt{l^d}$ die Technologie und
$U(x, f) = \sqrt{x} + \sqrt{f}$ die Nutzenfunktion.

1. Berechnen Sie die Gewinnfunktion $\pi(p, w)$.

2. Berechnen Sie die Marshall'schen Nachfragen $\widehat{x}(p, w, b)$ und $\widehat{f}(p, w, b)$.

3. Überprüfen Sie, ob $(\widehat{x}, \widehat{f})$ das AoP erfüllt.

4. Berechnen Sie $\partial_p \widehat{x}(p, w, b)$ und $\partial_w \widehat{f}(p, w, b)$.

5. Welches Gut ist inferior, welches normal?

6. Sei $b = w \cdot \widehat{f} + \pi(p, w)$. Zeigen Sie, daß für $a > 0$ die Arbeitsangebotskurve „backward bending" ist.

6.2.3 Aufgabe

Betrachten Sie
$$\min_{l,k} w \cdot l^d + r \cdot k^d \quad \text{s.t.} \quad y = T(l^d, k^d)$$
mit $T(k^d, l^d) = \alpha \sqrt{l^d} + \beta \sqrt{k^d}$.

1. Bestimmen Sie die Kostenfunktion $C(y, w, r)$.

2. Zeigen Sie die Eigenschaften der Kostenfunktion (Satz 8 auf Seite 93).

6.2.4 Aufgabe

Sei $U(x, f) = \sqrt{x} + \sqrt{f}$.

1. Berechnen Sie die Marshall'schen Nachfragen $\widehat{x}(p, w, b)$ und $\widehat{f}(p, w, b)$.

2. Berechnen Sie die Hicks'schen Nachfragen $\widetilde{x}(p, w, \overline{U})$ und $\widetilde{f}(p, w, \overline{U})$.

3. Berechnen Sie die indirekte Nutzenfunktion $v(p, w, b)$.

4. Berechnen Sie die Ausgabenfunktion $e(p, w, b)$.

5. Zeigen Sie, daß $-\frac{\partial_p v(p,w,b)}{\partial_b v(p,w,b)} = \widehat{x}(p, w, b)$ (Roy-Identität).

6. Zeigen Sie, daß $\partial_p e(p, w, b) = \widetilde{x}(p, w, b)$ (Shephard's Lemma).

7. Zeigen Sie, daß $\widehat{x}(p, w, e(p, w, b)) = \widetilde{x}(p, w, b)$.

8. Zeigen Sie, daß $\widetilde{x}(p, w, v(p, w, b)) = \widehat{x}(p, w, b)$.

6.2.5 Aufgabe

Betrachten Sie eine Ökonomie mit drei Gütern:

gegenwärtigem Konsum	x
Freizeit	f
zukünftigem Konsum	z
Output	y
Arbeitseinsatz	l^d
Kapitaleinsatz	k^d

Die Nutzenfunktion eines Konsumenten sei $U(x, f, z) = \ln(x) + \ln(f) + \ln(z)$, die Anfangsausstattung $\overline{f} = 4$, $\overline{z} = 1$, und die Produktionsfunktion eines Produzenten $T(l^d, k^d) = \sqrt{\frac{l^d k^d}{\alpha}}$ $\alpha > 0$. Bestimmen Sie das Walras-Gleichgewicht (Preise p, Löhne w und Zinsen r, so daß alle Märkte geräumt sind).

Vertiefungen des Modells

Existenz von Walras-Gleichgewichten

„Die allgemeine Gleichgewichtstheorie ist inhaltsleer ohne ein Argument, das die Existenz ihres zentralen Konzeptes zeigt.“

G. Debreu

In diesem Teil formulieren wir diejenigen Annahmen, die Debreu für die Ökonomie traf, um die Existenz eines Gleichgewichts beweisen zu können. Einige der Annahmen sind intuitiv klar und empirisch leicht begründbar, andere hingegen sind eher technischer Natur, wiederum andere sind in der Realität kaum anzutreffen. Duch Fixkosten gekennzeichnete, konvexe Technologien und Massenproduktion existieren beispielsweise eher oft.

7.1 Hinreichende Annahmen für die Existenz von Walras-Gleichgewichten

Um garantieren zu können, daß nutzenmaximierende Konsumbündel und gewinnmaximierende Produktionspläne, die stetig auf Preisänderungen reagieren, auch existieren, müssen wir sowohl auf der Produzenten- als auch auf der Konsumentenseite folgende Annahmen treffen.[1]

7.1.1 Annahmen auf der Produzentenseite

Zunächst seien $\mathbb{Y} \overset{\text{def}}{=} \sum_{j=1}^{J} \mathbb{Y}^j$ die Gesamttechnologie und $\vec{\omega} \overset{\text{def}}{=} \sum_{h=1}^{H} \vec{\omega}^h$ die Gesamtressourcen. Für alle $j = 1, \ldots, J$ gelte nun:

---

[1]Siehe Anhang B für eine ausführliche Erklärung.

(P1) $\mathbb{Y}^j$ sei abgeschlossen.

(P2) $\vec{0} \in \mathbb{Y}^j$: Möglichkeit der Untätigkeit.

(P3) $\mathbb{R}^n_- \subset \mathbb{Y}^j$: *Free Disposal*, d.h. die Möglichkeit der kostenlosen Vernichtung von Gütern.

(P4) $\mathbb{Y}^j$ sei konvex.

(P5) $\mathbb{Y}^j \cap \mathbb{R}^n_+ = \{0\}$: Ohne Input erhält man keinen Output.

(P6) Aus $\vec{y}^j \neq \vec{0}$, $\vec{y}^j \in \mathbb{Y}^j$ folgt $-\vec{y}^j \notin \mathbb{Y}^j$: Irreversibilität der Produktion. Schweine kann man zwar zu Wurst verarbeiten, Wurst jedoch nicht zu Schweinen.

Und für die Gesamtgrößen gelte:

(P7) $(\mathbb{Y} + \{\vec{\omega}\}) \cap \mathbb{R}^n_{++} \neq \emptyset$: Produktion und Anfangsausstattung. Die zur Verfügung stehenden Güter sind strikt positiv. Jedes Gut ist demnach immer verfügbar, ob es aus der Produktion stammt oder von Anfang an zur Ausstattung gehört.

(P8) $(\mathbb{Y} + \{\vec{\omega}\})$ sei nach oben beschränkt: Man kann nicht unendlich viele Güter besitzen.

7.1.2 Annahmen auf der Konsumentenseite

Für alle Konsumenten $h = 1, \ldots, H$ gelte:

(K1) $\mathbb{X}^h$ sei abgeschlossen.

(K2) $\mathbb{X}^h$ sei konvex.

(K3) $\mathbb{X}^h$ sei nach unten beschränkt. Man kann nicht unendlich viele Güter konsumieren.

(K4) Aus $\hat{\vec{x}}^h \in \mathbb{X}^h$ folgt $\hat{\vec{x}}^h \ll \vec{\omega}^h$: Jeder Haushalt kann durch den Handel mit seiner Anfangsausstattung überleben. Schon in Kapitel 2 wurde $\mathbb{X}^h$ so definiert, daß es den überlebensnotwendigen Konsum $\underline{x}$ beinhaltet.

(K5) U^h sei stetig.

(K6) U^h sei lokal nicht gesättigt.

(K7) U^h sei quasi-konkav.

7.2 Existenzsatz

Satz 13 (Existenzsatz)
Unter den in 7.1 aufgeführten Annahmen gibt es in der Ökonomie ein Walras-Gleichgewicht.

Für diesen Satz vergleichen wir Debreu [1959], insbesondere Kapitel 5. Zum Beweis verwendet Debreu an dieser Stelle Kakutanis Fixpunkt Theorem. Vereinfacht besagt es folgendes: Eine auf einer nichtleeren, kompakten und konvexen Teilmenge des $\mathbb{R}^n$ definierte *upper hemi-continuous correspondence*[2] hat einen Fixpunkt.

7.3 Verstärkung der Annahmen

In diesem Abschnitt zeigen wir die Existenz von Walras-Gleichgewichten mittels der Überschußnachfrage. Wir müssen zunächst stärkere Annahmen treffen, um die Existenz eines *eindeutigen* gewinnmaximierenden Produktionsplans bzw. eines *eindeutigen* nutzenmaximierenden Konsumbündels garantieren zu können. Dies erlaubt uns, Angebots- und Nachfrage*funktionen* herzuleiten und Walras-Gleichgewichte als ein System von Angebots- und Nachfrage*funktionen* darzustellen.
Wir nennen diese Annahmen im folgenden die *(SKM)-Annahmen*, wobei *SKM* für Stetigkeit, Konvexität und Monotonie steht.

7.3.1 Annahmen auf der Produzentenseite

Die Annahmen (P1) bis (P3) und (P5) bis (P8) bleiben unverändert.

$(\overline{\text{P4}})$ $\mathbb{Y}^j$ sei *strikt* konvex.

7.3.2 Annahmen auf der Konsumentenseite

Die Annahmen (K1) bis (K5) bleiben unverändert.

$(\overline{\text{K6}})$ U^h sei *strikt* monoton.

---

[2]Eine Abbildung von $\mathbb{R}^n$ zu einer Teilmenge des $\mathbb{R}^n$, deren Graph abgeschlossen ist. Siehe Anhang B.

$(\overline{K7})$ U^h sei *strikt* quasi-konkav.[3]

Insbesondere erlaubt die Annahme $(\overline{K6})$, den Bereich der zu betrachtenden Preise auf $\mathbb{R}^n_{++}$ zu beschränken, d.h. $\vec{p} \gg \vec{0}$.

7.4 Allgemeine Definition der Marktüberschußnachfragefunktion

Aufgrund der bisher getroffenen Annahmen können wir nun auch die Marktüberschußnachfrage*funktion* definieren. Dies erhöht die Anschaulichkeit und erleichtert uns die Beweisführung in weiterführenden Fragen bezüglich Eindeutigkeit, Stabilität und komparativer Statik.

Definition 7.1 (Marktüberschußnachfragefunktion).
Die Überschußnachfrage gibt an, welche Menge eines Gutes der Konsument bei einem gegebenen Preissystem über die Ressourcen hinaus bzw. weniger als die Ressourcen nachfragt. Sie sei wie folgt definiert:

$$\vec{z}^h\left(\vec{p}\right) = \vec{x}^h\left(\vec{p}\right) - \vec{\omega}^h,$$

wobei

$$\vec{x}^h\left(\vec{p}\right) = \arg\max_{\vec{x}^h \in \mathbb{X}^h} U^h\left(\vec{x}^h\right) \quad s.t. \quad \vec{p}^T\vec{x}^h \leqslant \vec{p}^T\vec{\omega}^h + \sum_{j=1}^{J} \delta_j^h \pi^j\left(\vec{p}\right) \quad .$$

Ähnlich definieren wir das Überschußangebot.

Definition 7.2 (Überschußangebotsfunktion).
Das Überschußangebot der Produzenten sei wie folgt definiert:

$$\vec{z}^j\left(\vec{p}\right) = \vec{y}^j\left(\vec{p}\right) = \arg\max_{\vec{y}^j \in \mathbb{Y}^j} \vec{p}^T\vec{y}^j \quad .$$

Beide Überschußfunktionen ergeben schlußendlich die (aggregierte) Marktüberschußnachfragefunktion, der wir bereits in Kapitel 5 begegnet sind.

---

[3]Wir setzen voraus, daß $U^h(\cdot)$ zweimal stetig differenzierbar ist. Vgl. dazu auch Kapitel 9, Abschnitt 9.5.1.

Definition 7.3 (Aggregierte Marktüberschußnachfragefunktion).
Die (aggregierte) Marktüberschußnachfragefunktion

$$\vec{z} : \mathbb{R}^n_{++} \longrightarrow \mathbb{R}^n$$

*setzt sich aus der Überschußnachfrage und dem Überschußangebot zusammen.
Sie sei definiert durch:*

$$\vec{z}\,(\vec{p}) = \sum_{h=1}^{H} \vec{z}^{\,h}\,(\vec{p}) - \sum_{j=1}^{J} \vec{z}^{\,j}\,(\vec{p}) \quad .$$

Die Definition der Marktüberschußnachfragefunktion erlaubt uns, ein Walras-Gleichgewicht schnell und eindeutig zu charakterisieren.

Definition 7.4 (Walras-Gleichgewicht).
Ein Walras-Gleichgewicht bei einem Preissystem $\overset{*}{\vec{p}}$ ist gegeben durch
$\vec{z}\left(\overset{*}{\vec{p}}\right) = \vec{0}$, *d.h.*

$$z_1\,(\overset{*}{p}_1, \cdots, \overset{*}{p}_n) = 0$$
$$\vdots$$
$$z_n\,(\overset{*}{p}_1, \cdots, \overset{*}{p}_n) = 0 \quad .$$

Ist nun $\vec{z}\,(\vec{p}) = \vec{0}$, ist der jeweilige Markt *für jedes Gut* $i = 1, \dots, n$ geräumt, d.h. die Identität „Nachfrage = Angebot" gilt.

7.5 Eigenschaften der Marktüberschußnachfrage

Die oben aufgrund der Annahmen definierte Marktüberschußnachfragefunktion besitzt die folgenden Eigenschaften. Sie garantieren die Existenz eines Gleichgewichtspreissystems $\overset{*}{\vec{p}}$.

1. **Homogenität** Die Funktion ist homogen vom Grade 0:

$$\forall \vec{p} \gg \vec{0} \quad \text{und} \quad \forall \lambda > 0 \quad \text{gilt} \quad \vec{z}(\lambda \vec{p}) = \vec{z}(\vec{p}) \quad .$$

Ist also $\overset{*}{\vec{p}}$ ein Gleichgewichtspreissystem, ist auch $\lambda \overset{*}{\vec{p}}$ mit $\lambda > 0$ ein Gleichgewichtspreissystem. Wir können daher o.B.d.A. eine Preisnormierung vornehmen. Fixiert man beispielsweise $p_n \equiv 1$, würde das der Wahl eines

Gutes als Geldmittel entsprechen. Alle Preise würden dann in Einheiten des entsprechenden Gutes ausgedrückt. Ein derartiges Gut, welches als Maßstab benutzt wird, nennt man auch *Numéraire*.

2. **Walras Gesetz** Der Wert der Marktüberschußnachfragefunktion ist Null:

$$\vec{p}^{\mathsf{T}}\, \vec{z}\,(\vec{p}) = \sum_{i=1}^{n} p_i z_i\,(\vec{p}) = 0 \quad \forall \vec{p} \gg \vec{0} \quad .$$

Sind $n-1$ Märkte im Gleichgewicht, befindet sich auch der n-te Markt im Gleichgewicht. Aus diesem Grund dürfen wir o.B.d.A. einen Markt außer Betracht lassen.

3. **Stetigkeit** Die Marktüberschußnachfragefunktion $\vec{z}\,(\vec{p})$ ist stetig auf $\vec{p} \gg \vec{0}$.

4. **Randverhalten**

   4.1 Konvergiert das Preissystem $\vec{p}$ zum Preissystem $\tilde{\vec{p}} \neq \vec{0}$, für welches $\tilde{p}_i = 0$ für ein $i \in \{1, \dots, n\}$ gilt, dann folgt, daß $\|\vec{z}_i\left(\tilde{\vec{p}}\right)\| \to \infty$.

   4.2 Die Funktion ist nach unten beschränkt: $\exists s \in \mathbb{R}$ sodaß gilt

$$\forall \vec{p} \gg \vec{0}: \quad \vec{z}\,(\vec{p}) \geqslant -s \begin{pmatrix} 1 \\ \vdots \\ 1 \end{pmatrix} \quad .$$

7.6 Rechtfertigung der Eigenschaften

In den nächsten Abschnitten möchten wir zeigen, aus welchen Gründen die obigen Eigenschaften der Marktüberschußnachfrage sowohl für Firmen als auch für Haushalte tatsächlich zutreffen.

7.6.1 Produktionsbereich

1. **Homogenität** Die Homogenität von $\vec{z}^{j}$ – d.h. $\vec{z}^{j}\,(\lambda \vec{p}) = \vec{z}^{j}\,(\vec{p})$ – ist gewährleistet, denn es gilt

$$\arg\max_{\vec{y} \in \mathbb{Y}^{j}} (\lambda \vec{p})^{\mathsf{T}}\, \vec{y} = \arg\max_{\vec{y}^{j} \in \mathbb{Y}^{j}} \vec{p}^{\mathsf{T}}\, \vec{y} \quad \forall \lambda > 0 \quad .$$

Ersetzen wir also $\vec{p}$ durch $\lambda \vec{p}$, verändern sich sowohl die Preise des Output als auch die Preise der Inputfaktoren. Die optimale Ausbringungsmenge bleibt identisch, während der Gewinn um den Faktor λ steigt.

2. **Walras Gesetz** Siehe dazu die Betrachtung des Konsumbereichs unten.

3. **Stetigkeit** $\mathbb{Y}^j$ ist abgeschlossen und für alle j (strikt) konvex. Das Überschußangebot ist daher auch stetig.[4]

4. **Randverhalten**

    4.1 Siehe dazu die Betrachtung des Konsumbereichs unten.

    4.2 **Nach unten beschränkt** Aufgrund der Annahmen (siehe Abschnitt 7.1.1) ist jede Technologie nach oben beschränkt. Aus dem negativen Vorzeichen des Produzentenbereichs folgt daher, daß die Überschußnachfragefunktion hier nach unten beschränkt ist.

7.6.2 Konsumbereich

Wir betrachten die Schreibweise[5]

$$\vec{z}^h\,(\vec{p}) = \arg\max_{\substack{\vec{z}^h \in \mathbb{R}^n \\ \omega^h + \vec{z}^h \in \mathbb{X}^h}} U^h\left(\vec{\omega}^h + \vec{z}^h\right) \quad \text{s.t.} \quad \vec{p}^{\mathsf{T}}\vec{z}^h \leqslant \sum_{j=1}^{J} \delta_j^h\left(\vec{p}^{\mathsf{T}}\vec{y}^j\right) \quad,$$

welche die Überschußnachfrage besser spezifiziert.

1. **Homogenität** Durch Ersetzen von $\vec{p}$ durch $\lambda\vec{p}$ ändert sich die Budgetmenge $\mathbb{B}^h\,(\vec{p})$, diejenige Menge, auf der wir maximieren, nicht.

2. **Walras Gesetz** Wir zeigen zuerst, daß

$$\vec{p}^{\mathsf{T}}\vec{z}^h\,(\vec{p}) = \sum_{j=1}^{J} \delta_j^h\left(\vec{p}^{\mathsf{T}}\vec{y}^j\right) \tag{7.1}$$

gelten muß: Angenommen, es gilt „$<$" statt „$=$", dann $\exists\,\tilde{\vec{z}}^h > 0$, so daß

$$\vec{p}^{\mathsf{T}}\left(\vec{z}^h + \tilde{\vec{z}}^h\right) \leqslant \sum_{j=1}^{J} \delta_j^h\left(\vec{p}^{\mathsf{T}}\vec{y}^j\right)$$

gilt. Dies bedeutet, $\vec{z}^h\,(\vec{p})$ kann kein Nutzenmaximum sein, denn aufgrund der strikten positiven Monotonie von $U\,(\cdot)$ gilt $U^h\left(\vec{z}^h\,(\vec{p}) + \tilde{\vec{z}}^h\right) > U^h\left(\vec{z}^h\,(\vec{p})\right)$. Somit haben wir bewiesen, daß (7.1) wahr sein muß. Aufgrund

---

[4]Siehe das Maximum Theorem, Takayama [1985], insbesondere Kapitel 2, ab Seite 254.

[5]Vgl. Hildenbrand und Kirman [1988], insbesondere Kapitel 6 und Mas-Colell et al. [1995], insbesondere Kapitel 17.

dieser Gleichung gilt also sowohl für Produzenten als auch für Konsumenten:

$$
\begin{aligned}
\vec{p}^{\mathsf{T}} \vec{z}\,(\vec{p}) &= \vec{p}^{\mathsf{T}} \sum_{h=1}^{H} \vec{z}^{h}\,(\vec{p}) - \vec{p}^{\mathsf{T}} \sum_{j=1}^{J} \vec{z}^{j}\,(\vec{p}) \\
&= \sum_{h=1}^{H} \vec{p}^{\mathsf{T}} \vec{z}^{h}\,(\vec{p}) - \sum_{j=1}^{J} \vec{p}^{\mathsf{T}} \vec{z}^{j}\,(\vec{p}) \\
&= \sum_{h=1}^{H} \left(\sum_{j=1}^{J} \delta_{j}^{h}\,(\vec{p}^{\mathsf{T}} \vec{y}^{j}) \right) - \sum_{j=1}^{J} \vec{p}^{\mathsf{T}} \vec{z}^{j}\,(\vec{p}) \\
&= \sum_{j=1}^{J} \underbrace{\left(\sum_{h=1}^{H} \delta_{j}^{h} \right)}_{=1} \vec{p}^{\mathsf{T}} \vec{y}^{j} - \sum_{j=1}^{J} \vec{p}^{\mathsf{T}} \vec{y}^{j} \\
&= \sum_{j=1}^{J} (\vec{p}^{\mathsf{T}} \vec{y}^{j}) - \sum_{j=1}^{J} \vec{p}^{\mathsf{T}} \vec{y}^{j} \\
&= 0 \quad,
\end{aligned}
$$

Die Ausgaben des einen sind die Einnahmen des anderen; insgesamt geht kein Geld verloren.

3. **Stetigkeit** Die Funktion ist stetig auf $\vec{p} \gg \vec{0}$, da die Nutzenfunktionen stetig und strikt quasi-konkav und die Budgetmengen abgeschlossen und beschränkt sind. Aufgrund von (K4) ist immer genügend Einkommen zum Überleben verfügbar.[6] Abbildung 7.1 zeigt die strikte Quasi-Konkavität von $U\,(\cdot)$.

4. **Randverhalten**

   4.1 Angenommen $\vec{p}$ konvergiert gegen ein Preissystem $\tilde{\vec{p}} \neq \vec{0}$ mit $\tilde{p}_i = 0$ für ein $i \in \{1, \dots, n\}$. Für jeden Haushalt gilt dann $\|\vec{x}^{h}\,(\vec{p})\| \to \infty$, da die Nutzenfunktionen strikt monoton sind. Bliebe $\|\vec{x}^{h}\,(\vec{p})\|$ endlich, so hätte das Nutzenmaximierungsproblem sogar für $\tilde{\vec{p}}$ eine Lösung. Dies ist jedoch aufgrund der strikten Monotonie und (K4) nicht möglich. Die Indifferenzkurven sind den Achsen asymptotisch.

   4.2 Die Überschußnachfrage ist nach unten beschränkt, da $\mathbb{X}^{i}$ nach unten beschränkt ist.

---

[6]Dies ist eine Folge des Maximumtheorems. Siehe Anhang B.

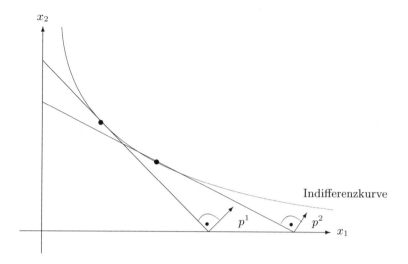

Abb. 7.1. Die stetige und strikt quasi-konkave Nutzenfunktion sowie die abgeschlossenen und beschränkten Budgetmengen.

7.7 Existenz von Walras-Gleichgewichten

Zusammenfassend können wir nun folgenden Satz über die Existenz von Walras-Gleichgewichten postulieren.

Satz 14 (Existenz von Walras-Gleichgewichten)

Sei

$$GE = \left[\mathbb{R}^n, \left(\mathbb{Y}^j \right)_{j=1,\ldots,J}, \left(\mathbb{X}^h, \vec{\omega}^h, \vec{\delta}^h, U^h \right)_{h=1,\ldots,H} \right]$$

ein allgemeines Gleichgewichtsmodell, das die Annahmen (P1) bis (P3), $(\overline{P4})$, (P5) bis (P8) sowie (K1) bis (K5), $(\overline{K6})$ und $(\overline{K7})$ erfüllt, so besitzt GE ein Walras-Gleichgewicht.

Beweis. Idee: $n = 2$

Wir normieren $p_2 \equiv 1$ und betrachten nur die Überschußnachfrage nach Gut x_1 als Funktion von p_1. Aus den vier vorgestellten Eigenschaften der Überschußnachfragefunktion folgt, daß diese Funktion für kleine p_1 positiv ist und für hinreichend große p_1 negativ. Sie ist darüber hinaus eine stetige Funktion und muß aufgrund des Zwischenwertsatzes eine Nullstelle, also ein Walras-Gleichgewicht, haben.

□

Die Verallgemeinerung für $n > 2$ ist möglich, wenn wir ein Fixpunkttheorem anwenden. Beispielsweise kann der Brouwer'sche Fixpunktsatz wie folgt angewandt werden. Eine stetige Abbildung $z : A \to A$ auf einer kompakten Menge $A \subset \mathbb{R}^n$ hat einen Fixpunkt $\mathring{p}$, d.h. $z(\mathring{p}) = \mathring{p}$. Zur Illustration siehe Abbildung 7.2. Mit $z(0) = 0$ oder $z(1) = 1$ wäre die Aussage trivialerweise

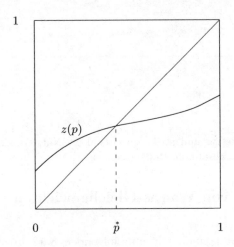

Abb. 7.2. Fixpunkttheorem und Zwischenwertsatz.

erfüllt. Mit $z(0) > 0$ und $z(1) < 1$ entspricht die Aussage unter stetiger Differenzierbarkeit dem Zwischenwertsatz. Die wesentliche Schwierigkeit besteht darin, die Menge A geeignet zu wählen, da für $\vec{p} = \vec{0}$ die Überschußnachfrage nicht definiert ist. Bücher wie Mas-Colell et al. [1995] führen den Beweis aus.

7.8 Erweiterungen und Schlußfolgerungen

Der erste Teil des Buches schloß in Kapitel 5 mit dem allgemeinen volkswirtschaftlichen Modell ab, welches beliebig viele Individuen (Konsumenten und Produzenten) und Güter berücksichtigt. Dabei stellte Debreus Struktursatz eine Warnung für die weitere Modellentwicklung dar, denn ohne weitere Zusatzannahmen ist die Eindeutigkeit eines allgemeinen Gleichgewichts nicht gewährleistet. Die Ausdehnung auf beliebig viele Individuen und Güter schafft somit eine Unbestimmtheit, von der erst mit weiteren Modellabgrenzungen abgesehen werden kann.

Die Mathematik hilft uns bei der Suche nach den für die Existenz notwendigen Modellannahmen. Einige von ihnen sind allerdings verglichen mit empirischen Beobachtungen sehr stark, vor allem die strikte Monotonie und die Konvexität.

Methodologisch nützliche Inputs bestehen hingegen im Gebrauch der Überschußnachfragefunktion, einer Technik, die in der Optimierungslehre oft benutzt wird.
Die Idee der Homogenität ist ebenfalls ein wichtiger Praxisbezug: Erfahrungsgemäß hat die Preisnormierung keinen Einfluß auf die Realwirtschaft. Obwohl die Kaufkraft einer Geldeinheit aus verschiedenen Währungen bekanntlich nicht dieselbe ist, führt dieser Unterschied nicht zu Realeffekten. Die Frage der Preisnormierung und die Wahl eines Referenzgutes als Geldmittel oder genauer als *Numéraire* behandeln wir im nächsten Kapitel.

Eindeutigkeit und Stabilität von Walras-Gleichgewichten

„Das Walras-Gleichgewicht ist nichts als ein utopischer Zustand, wenn wir keinen plausiblen Prozeß angeben können, welcher zum Walras-Gleichgewicht führt."

M. Morishima

8.1 Einführende Bemerkungen

Aus den vorherigen Bemerkungen wissen wir, daß unter gewißen Annahmen Gleichgewichte existieren. Nach der Klärung der Existenzfrage schließt sich sogleich die Frage nach der Eindeutigkeit und der Stabilität dieser Gleichgewichte an. Dazu betrachten wir zunächst das 2-Güter-Modell und verallgemeinern anschließend unsere Ergebnisse. Dem zentralen Satz über die Eindeutigkeit und Stabilität von Gleichgewichten werden wir dabei besondere Aufmerksamkeit widmen.

Zunächst wollen wir drei zentrale Eigenschaften von Gleichgewichten im Hinblick auf unsere weiteren Ausführungen betrachten.

Eindeutigkeit: Die Theorie ist dann eine aussagefähige „Werttheorie", wenn es nur ein einziges Preissystem gibt, welches Angebot und Nachfrage miteinander in Einklang bringt. Das bedeutet auch, daß nur in einem einzigen Preissystem ein Gleichgewicht herrscht.

Stabilität: Es gibt einen plausiblen ökonomischen Prozeß, der uns zum Gleichgewicht führt. Das Gleichgewicht ist stabil, wenn der ökonomische Prozeß uns nach einer Abweichung davon wieder zum selben Gleichgewicht führt.

Komparative Statik: Es liegt eine monotone Relation zwischen Ressourcen-angebot und Gleichgewichtspreisen vor. Die endogenen Größen (Preise) reagieren auf eine Veränderung der exogenen Daten, wie $\vec{\omega}$, in eine plausible Richtung. Wird z.B. die Erstausstattung von Gut 1 erhöht, sollte der Gleichgewichtspreis $\overset{*}{p}_1$ sinken, da Gut 1 nun weniger knapp ist.

8.2 Das 2-Güter-Modell

8.2.1 Lokale Eindeutigkeit, lokale Stabilität und komparative Statik

Wir nehmen zunächst an, daß $n = 2$ ist. Aufgrund der Homogenität der Marktüberschußnachfrage können wir den Preis des zweiten Gutes auf 1 normieren: $p_2 \equiv 1$. Wir können dann nach einem Gleichgewichtspreissystem $\overset{*}{\vec{p}} = (\overset{*}{p}_1, 1)$ suchen. Das Walras Gesetz besagt: Wenn $n-1$ Märkte im Gleichgewicht sind, ist auch der n-te Markt im Gleichgewicht. Wir betrachten also lediglich die Gleichung $z_1(p_1, 1) = 0$. Unter den zuvor getroffenen Annahmen könnte die Marktüberschußnachfrage $z_1(p_1, 1)$ dann wie diejenige in Abbildung 8.1 aussehen. In diesem Fall existiert nicht nur ein Gleichgewicht, son-

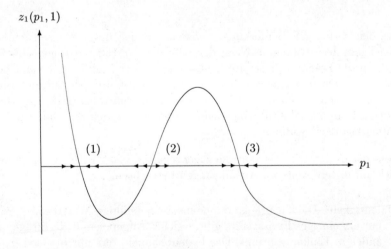

Abb. 8.1. Die Marktüberschußnachfrage $z_1(p_1, 1)$.

dern es existieren gleich drei. Die Frage nach der Stabilität von (1), (2) und

(3) können wir mit Hilfe der Preisanpassungsregel beantworten. Sie spiegelt die intuitive Vorstellung wider, daß die Preise steigen, wenn die Nachfrage in einer Ökonomie das Angebot übersteigt und die Preise sinken, wenn das Angebot größer ist als die Nachfrage.

Definition 8.1 (Preisanpassungsregel).
Die Preisanpassung wird mit der Marktüberschußnachfrage folgendermaßen definiert:

$$z_i\,(p_1,\dots,p_n) > 0 \quad \Rightarrow \quad p_i \uparrow$$
$$z_i\,(p_1,\dots,p_n) < 0 \quad \Rightarrow \quad p_i \downarrow \quad .$$

Nach Samuelson kann man diese Preisanpassungsregel durch folgenden stetigen dynamischen Prozeß beschreiben. Dieser Prozeß wird auch *Tâtonnement-Prozeß*[1] genannt.

$$\dot{p}_i(t) = z_i\,(\vec{p}(t))\,, \quad i = 1,\dots,n-1 \quad .$$

Betrachten wir die Marktüberschußnachfrage in Abbildung 8.2, so stellen wir

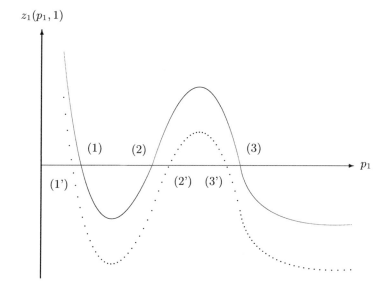

Abb. 8.2. Komparative Statik der Marktüberschußnachfrage: ω_1^h steigt.

---

[1]Der Punkt über p_i kennzeichnet die Ableitung nach t. Diese Bezeichnungsweise ist vor allem in den Naturwissenschaften sehr gebräuchlich.

fest, daß das Gleichgewicht (2) im Gegensatz zu den Gleichgewichten (1) und (3) instabil ist.

Beispiel 8.2 (Komparative Statik). Betrachten wir Abbildung 8.1. Was passiert nun, wenn ω_1^h steigt?

Die Lehre, welche Gleichgewichte miteinander vergleicht, wird als *komparative Statik* bezeichnet. Im Beispiel 8.2 steigt der Vorrat an Gut 1, ω_1, und die Überschußnachfrage z_1 nach Gut 1 sinkt *unabhängig vom Preissystem $\vec{p}$*. Die Marktüberschußnachfragefunktion verschiebt sich nach unten. Die beiden stabilen Gleichgewichtspreise (1) und (3) sinken und verhalten sich somit konsistent mit der intuitiven Vorstellung, daß eine Erhöhung der Erstausstattung eines Gutes zu einer Senkung des Preises führt. Im Gegensatz dazu steigt der instabile Gleichgewichtspreis in (2). Abbildung 8.2 stellt diese Zusammenhänge graphisch dar.

8.2.2 Globale Eindeutigkeit und globale Stabilität

Um ein eindeutiges und stabiles globales Gleichgewicht zu erhalten, in dem auch die intuitive komparative Statik gilt, müssen wir zusätzlich zu den vier Eigenschaften aus Abschnitt 7.5 eine weitere Eigenschaft der Marktüberschußnachfrage beachten. Im 2-Güter-Modell läßt sich diese folgendermaßen formulieren:

---

5. **Monotonie** Die Marktüberschußnachfragefunktion $z_1(\cdot, 1)$ genügt der Bedingung

$$\Big(p_1 - \bar{p}_1\Big)\Big(z_1(p_1, 1) - z_1(\bar{p}_1, 1)\Big) < 0 \quad \forall p_1, \bar{p}_1 > 0$$

und ist somit streng monoton fallend.

Besitzt die Marktberschußnachfrage $z_1(p_1, 1)$ diese Eigenschaft, kann sie beispielsweise wie in Abbildung 8.3 dargestellt werden.

8.3 Verallgemeinerung

Sei nun die Güteranzahl $n > 2$. In diesem Fall setzen wir aufgrund der ersten Eigenschaft, der Homogenität der Marktüberschußnachfragefunktion,

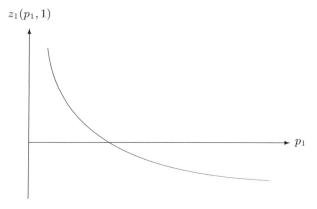

Abb. 8.3. Eine streng monoton fallende Marktüberschußnachfrage $z_1 (p_1, 1)$.

den Preis des letzten Gutes $p_n \equiv 1$. Somit können wir aufgrund des Walras-Gesetzes den letzten Markt außer Betracht lassen. Eine Verstärkung der im 2-Güter-Modell beschriebenen Monotonieeigenschaft führt dann zu globaler Eindeutigkeit und Stabilität. Das bedeutet, wir fordern nicht nur die Erfüllung der Monotonie in jedem Markt, sondern in einem System von n Märkten.

8.3.1 Monotonie der Marktüberschußnachfragefunktion

Die neu hinzugefügte fünfte Eigenschaft der Marktberschußnachfragefunktion wird folgendermaßen angepaßt:

---

5. **Monotonie der Marktberschußnachfragefunktion**

   Seien $\vec{p}_{\backslash n} \stackrel{\text{def}}{=} (p_1, \ldots, p_{n-1})$ und $\vec{z}_{\backslash n} \stackrel{\text{def}}{=} (z_1, \ldots, z_{n-1})$, dann muß für sie gelten, daß

   $$\left(\vec{p}_{\backslash n} - \bar{\vec{p}}_{\backslash n} \right)^{\mathsf{T}} \left(\vec{z}_{\backslash n} \left(\vec{p}_{\backslash n}, 1 \right) - \vec{z}_{\backslash n} \left(\bar{\vec{p}}_{\backslash n}, 1 \right) \right) < 0 \quad \forall \vec{p}_{\backslash n}, \bar{\vec{p}}_{\backslash n},$$

   was äquivalent ist zu

   $$\sum_{i=1}^{n-1} \left(p_i - \bar{p}_i \right) \left(z_i \left(\vec{p}_{\backslash n}, 1 \right) - z_i \left(\bar{\vec{p}}_{\backslash n}, 1 \right) \right) < 0 \quad \forall \vec{p}_{\backslash n}, \bar{\vec{p}}_{\backslash n} \quad .$$

Diese Annahme besagt anschaulich, daß der Vektor der Überschußnachfrage in die vom Preisvektor entgegengesetzte Richtung zeigt, wie in Abbildung 8.4 dargestellt.

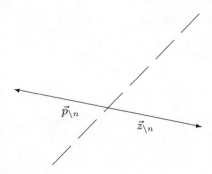

Abb. 8.4. Die Vektoren $\vec{p}_{\backslash n}$ und $\vec{z}_{\backslash n}$ zeigen in entgegengesetzte Richtungen.

8.3.2 Zusatzannahme zur Sicherung der Monotonie

Damit die Marktüberschußnachfrage die Monotonieeigenschaft erfüllt, müssen wir Annahmen auf der Konsumentenseite treffen, die über die bisherigen SKM-Annahmen hinausgehen. An dieser Stelle sei nochmals erwähnt, daß diese den Nutzen bei gegebener Budgetrestriktion (s.o.) maximieren. Gesucht wird also

$$x^h\left(\vec{p}\right) = \arg\max_{x^h \in \mathbb{X}^h} U^h\left(x^h\right)$$

$$\text{s.t}\quad \vec{p}^{\mathsf{T}} x^h \leqslant \vec{p}^{\mathsf{T}} \vec{\omega}^h + \sum_{j=1}^{J} \delta_j^h \pi^j\left(\vec{p}\right) \quad \forall h = 1, \dots, H \quad .$$

Intuitiv könnten wir vermuten, daß höhere Preise die Nachfrage sinken lassen bzw. die Nachfrage in die entgegengesetzte Richtung bewegen.

Da die Preise jedoch nicht nur einen Substitutionseinfluß auf die Nachfrage, sondern auch einen Einfluß auf das Einkommen der Konsumenten haben, müssen die Nutzenfunktionen so gewählt werden, daß eine Erhöhung des Preises eines Gutes und somit eine Erhöhung des Einkommens nicht auch die Nachfrage nach diesem Gut steigen läßt. Analog dazu sollte eine Preissenkung nicht zu einem Nachfragerückgang führen (Einkommenseffekt).

Derartig „seltsame" Bewegungen haben wir ausführlich in Kapitel 2 kennengelernt. Wir treffen daher die weitere Annahme, U^h sei quasi-linear. Der Gebrauch einer kardinalen Nutzenfunktion ermöglicht in diesem Zusammenhang die interpersonelle Vergleichbarkeit.

Definition 8.3 (Quasi-lineare Nutzenfunktion).
Die Nutzenfunktion $U^h\left(x_1^h, \ldots, x_n^h\right)$ heißt quasi-linear, falls

$$U^h\left(x_1^h, \ldots, x_n^h\right) = U_{\backslash n}^h\left(x_{\backslash n}^h\right) + x_n^h \quad \forall x^h \in \mathbb{X}^h \quad .$$

Eine mögliche Begründung für die obige Annahme wäre, daß das n-te Gut die Funktion eines Tauschmittels übernimmt. Diese Güter werden oft als Geld bezeichnet. Dies ermöglicht uns ein besseres Verständnis für die Preisnormierung $p_n \equiv 1$ und die besondere Eigenschaft, daß der Grenznutzen von x_n konstant bleibt. Die Anzahl der Güter in unserem jetzigen Modell ist beliebig groß und Geld kann gegen alle Güter getauscht werden. Die Annahme eines abnehmenden Grenznutzens wäre daher methodologisch fragwürdig. Da Geld in Form von Papiergeld jedoch keinen direkten Nutzen stiftet, ist eine Interpretation als Goldstandard sinnvoller. Abgesehen von der Annahme des Goldstandards können die Haushalte aber verschieden sein.

Wir könnten auch annehmen, daß die Konsumenten homothetische Präferenzen und kollineare Erstausstattungen haben. Kollineare Erstausstattungen bedeuten, daß die Haushalte denselben Anteil an jedem Gut und jeder Firma besitzen. Diese Annahme ist jedoch sehr unrealistisch. Die Annahme homothetischer Präferenzen kann durch geeignete Heterogenitätsannahmen ersetzt werden (vgl. Hildenbrand [1994]).

Definition 8.4 (Homothetische Präferenzrelationen). *Eine Präferenzrelation heißt homothetisch, wenn sie eine linear homogene Nutzendarstellung U besitzt, d.h. für alle $\vec{x} \in \mathbb{R}_+^n$ und alle $\lambda > 0$ gilt*

$$U^h\left(\lambda \vec{x}_1^h, \ldots, \lambda \vec{x}_n^h\right) = \lambda U^h\left(\vec{x}_1^h, \ldots, \vec{x}_n^h\right),$$

$$d.h. \quad U^h\left(\lambda \vec{x}^h\right) = \lambda U^h\left(\vec{x}^h\right).$$

Ist U^h differenzierbar, so sieht man unmittelbar, daß die Grenzraten der Substitution entlang eines Strahls durch den Ursprung gleich sind. Wie in Abbildung 8.5 dargestellt, verlaufen die Indifferenzkurven dort parallel.

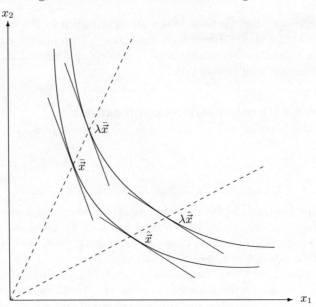

Abb. 8.5. Homothetische Präferenzen.

Satz 15 (Homogenität einer Marshall'schen Nachfrage in b) *Die Marshall'sche Nachfrage (vgl. Abbildung 3.15) $\vec{f}(\vec{p}, b)$ einer homogenen Präferenzrelation ist linear homogen im Einkommen b.*

Beweis. Wir müssen zeigen, daß $\lambda \cdot \vec{f}(\vec{p}, b)$ ein Nutzenmaximierer in $\mathbb{B}(\vec{p}, \lambda b)$ für eine linear homogene Nutzendarstellung U^h von der Präferenzordnung $\succeq$ ist, d.h. es gilt:

$$U^h\left(\lambda\vec{f}(\vec{p},b)\right) \geqslant U^h\left(\vec{x}^h\right) \text{ für alle } \vec{x} \text{ mit } \vec{p}^{\mathsf{T}}\vec{x} \leqslant \lambda b \quad .$$

Sei also $\vec{x}$ ein beliebiges Güterbündel aus $\mathbb{B}(\vec{p}, \lambda b)$, dann folgt $U^h\left(\lambda\vec{f}(\vec{p},b)\right) = \lambda U^h\left(\vec{f}(\vec{p},b)\right) \geqslant U^h\left(\vec{y}^h\right)$ für alle $\vec{y}$ mit $\vec{p}^{\mathsf{T}}\vec{y} \leq \lambda b$, denn $\vec{f}(\vec{p},b)$ ist Nutzenmaximierer in $\mathbb{B}(\vec{p}, \lambda b)$. Insbesondere erhält man

$$U^h\left(\lambda\vec{f}(\vec{p},b)\right) \geqslant \lambda U^h\left(\frac{\vec{x}}{\lambda}\right), \quad \text{da} \quad \vec{p}\left(\frac{\vec{x}}{\lambda}\right) = \frac{\vec{p}^{\mathsf{T}}\vec{x}}{\lambda} \leqslant \frac{\lambda b}{\lambda} = b \quad .$$

Die Homogenität von U^h liefert aber $\lambda U^h\left(\frac{\vec{x}}{\lambda}\right) = \frac{\lambda}{\lambda} \cdot U^h(\vec{x}) = U^h(\vec{x})$.

$\square$

8.4 Eindeutige und stabile Walras-Gleichgewichte

Die Eindeutigkeit und Stabilität eines volkswirtschaftlichen Gleichgewichts wird durch folgenden Satz genau präzisiert.

Satz 16 (Eindeutigkeit und Stabilität eines Gleichgewichtsmodells)
Sei

$$GE = \left[\mathbb{R}^n, \left(\mathbb{Y}^j \right)_{j=1,\ldots,J}, \left(\mathbb{X}^h, U^h, \vec{\omega}^h, \vec{\delta}^h \right)_{h=1,\ldots,H} \right]$$

ein allgemeines Gleichgewichtsmodell, das die SKM-Annahmen erfüllt. Sind die Nutzenfunktionen quasi-linear, dann ist die Marktüberschußnachfrage $\vec{z}(\vec{p}) : \mathbb{R}_{++}^n \longrightarrow \mathbb{R}^n$ monoton, d.h. für alle $\Delta \vec{p}_{\backslash n}$ gilt $\Delta \vec{p}_{\backslash n}^T \Delta \vec{z}_{\backslash n} < 0$. Somit sind dann Walras-Gleichgewichte eindeutig und stabil und sie weisen eine intuitive komparative Statik auf.

Wir möchten uns nun weiter den vier wichtigen Eigenschaften widmen, die bereits oben vorgestellt wurden: Monotonie, Eindeutigkeit, Stabilität und komparative Statik. Da die Beweise dieser Eigenschaften teilweise tief verzweigt sind, werden wir die einzelnen Themen jeweils in einem separaten Abschnitt betrachten.

8.5 Beweis: Monotonie

In diesem Abschnitt möchten wir zeigen, daß die Marktberschußnachfrage tatsächlich streng monoton ist. Zu diesem Zweck beweisen wir, daß $\vec{z}_{\backslash n} \left(\vec{p}_{\backslash n} \right)$ die Ableitung einer strikt konkaven Funktion ist, denn dann ist $\vec{z}_{\backslash n} \left(\vec{p}_{\backslash n} \right)$ streng monoton fallend! Genauer können wir formal schreiben:

$$\vec{z}_{\backslash n} \left(\vec{p}_{\backslash n} \right) \text{ ist monoton fallend} \quad \Leftarrow \quad \partial_{\vec{p}_{\backslash n}} \vec{z}_{\backslash n} \left(\vec{p}_{\backslash n} \right) \text{ ist negativ definit.}$$

Anders gesagt, die Matrix der zweiten Ableitungen – die sogenannte *Hesse-Matrix* – einer strikt konkaven Funktion ist negativ definit. Im eindimensionalen Fall ist das äquivalent mit der Aussage, daß die zweite Ableitung einer strikt konkaven Funktion negativ ist.[2]

Anmerkung 8.5 (Erläuterung von Abbildung 8.6). Die Funktion f ist strikt konkav, da

$$f \left(\lambda x + (1 - \lambda) x' \right) > \lambda f(x) + (1 - \lambda) f \left(x' \right).$$

Die zweite Ableitung von f ist negativ, da f' strikt monoton fallend ist.

---

[2]Vgl. Anhang B.

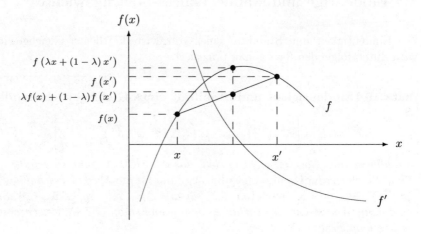

Abb. 8.6. Konkavität und strenge Monotonie.

Wir erinnern uns, daß

$$\vec{z}_{\backslash n}\left(\vec{p}\right) \stackrel{\text{def}}{=} \sum_{h=1}^{H} \vec{x}_{\backslash n}^{h}\left(\vec{p}\right) - \sum_{h=1}^{H} \vec{\omega}_{\backslash n}^{h} - \sum_{j=1}^{J} \vec{y}_{\backslash n}^{j}\left(\vec{p}\right) \quad .$$

Der Term $\sum_{h=1}^{H} \vec{\omega}_{\backslash n}^{h}$ geht als positiver Konstantenvektor in die Gleichung ein, d.h. die Monotonie bleibt unverändert. Bei der Ableitung fällt dieser Term weg. Wir müssen lediglich die beiden anderen Terme betrachten. Genauere Überlegungen dazu werden wir in den nächsten beiden Abschnitten separat betrachten.

8.5.1 Nachfrageseite

Die Nachfragefunktion $\vec{x}_{\backslash n}^{h}\left(\vec{p}_{\backslash n}\right)$ stammt aus

$$\vec{x}^{h}\left(\vec{p}\right) = \underset{\vec{x}^{h} \in \mathbb{X}^{h}}{\arg\max}\, U^{h}\left(\vec{x}^{h}\right) \quad \text{s.t.} \quad \vec{p}^{\mathsf{T}}\vec{x}^{h} \leqslant \underbrace{\vec{p}^{\mathsf{T}}\vec{\omega}^{h} + \sum_{j=1}^{J}\delta_{j}^{h}\pi^{j}\left(\vec{p}\right)}_{=:b^{h}\left(\vec{p}\right)} \quad ,$$

wobei die Nebenbedingung wegen der Eigenschaft (K7) mit Gleichheit erfüllt sein muß. Die Annahme

$$U^h\left(\vec{x}^h\right) = U^h_{\backslash n}\left(\vec{x}^h_{\backslash n}\right) + x^h_n$$

bzw. die Normierung von $p_n \equiv 1$ vereinfacht das Maximierungsproblem zu

$$\vec{x}^h_{\backslash n}\left(\vec{p}_{\backslash n}\right) = \arg\max_{\vec{x}^h_{\backslash n} \in \mathbb{X}^h_{\backslash n}} U^h_{\backslash n}\left(\vec{x}^h_{\backslash n}\right) + \left(b^h\left(\vec{p}_{\backslash n}\right) - \vec{p}^\mathsf{T}_{\backslash n}\vec{x}^h_{\backslash n}\right) \quad .$$

Unter der Annahme zweimaliger stetiger Differenzierbarkeit erhält man dann die Bedingung erster Ordnung:

$$\partial_{\vec{x}^h_{\backslash n}} U^h_{\backslash n}\left(x^h_{\backslash n}\right) = \vec{p}_{\backslash n} \quad . \tag{FOC}$$

Sei $\vec{x}^h_{\backslash n}\left(\vec{p}_{\backslash n}\right)$ die Lösung der (FOC), d.h.

$$\partial_{\vec{x}^h_{\backslash n}} U^h_{\backslash n}\left(\vec{x}^h_{\backslash n}\left(\vec{p}_{\backslash n}\right)\right) = \vec{p}_{\backslash n} \quad ,$$

so läßt sich nun aus der FOC die Ableitung von $\vec{x}^h_{\backslash n}\left(\vec{p}_{\backslash n}\right)$ nach $\vec{p}_{\backslash n}$ berechnen als

$$\partial^2_{\vec{x}^h_{\backslash n}} U^h_{\backslash n}\left(\vec{x}^h_{\backslash n}\left(\vec{p}_{\backslash n}\right)\right) \partial_{\vec{p}^h_{\backslash n}}\left(\vec{x}^h_{\backslash n}\right) = \mathrm{I}_{\backslash n}$$

oder, nach dem linksseitigen Matrixprodukt mit der Inverse der Hesse'schen Matrix

$$\partial_{\vec{p}_{\backslash n}}\vec{x}^h_{\backslash n}\left(\vec{p}_{\backslash n}\right) = \left[\partial^2_{\vec{x}^h_{\backslash n}} U^h_{\backslash n}\left(\vec{x}^h_{\backslash n}\left(\vec{p}_{\backslash n}\right)\right)\right]^{-1} \quad .$$

Die Matrix der Preisableitungen ist *negativ definit*, da $U^h_{\backslash n}(\cdot)$ strikt konkav ist! Aufgrund der Quasi-Konkavität und der Quasi-Linearität von $U^h(\cdot)$ ist $U^h_{\backslash n}(\cdot)$ in der Tat konkav und die Inverse einer negativ definiten Matrix ist ebenfalls negativ definit. *Somit haben wir gezeigt, daß die Marktüberschußnachfrage auf der Nachfrageseite streng monoton fallend ist.*

8.5.2 Angebotsseite

Wir möchten nun zeigen, daß $\vec{y}^j\left(\vec{p}\right)$ die Ableitung der Gewinnfunktion $\pi^j\left(\vec{p}\right)$ ist, sowie daß $\pi^j\left(\vec{p}\right)$ konvex ist. Ist $\vec{y}^j\left(\vec{p}\right)$ tatsächlich die Ableitung einer konvexen Funktion, d.h. $\vec{y}^j\left(\vec{p}\right)$ ist streng monoton steigend, so ist $-\vec{y}^j\left(\vec{p}\right)$ streng monoton sinkend!

Bevor wir den verfeinerten Beweis führen, möchten wir die Monotonie des Angebots auf alternative Weise zeigen. Nehmen wir ein Preissystem $\vec{p}_1$ an und sei $\vec{y}^j\left(\vec{p}_1\right)$ die optimale Produktion von Produzent j in diesem Preissystem. Wenn $\vec{p}_2$ ein neues Preissystem mit dem optimalen Produktionsplan $\vec{y}^j\left(\vec{p}_2\right)$ ist, dann können wir die Preisänderung mit $\vec{p}_2 - \vec{p}_1 = \Delta\vec{p}$ bezeichnen und analog die Produktionsanpassung mit $\vec{y}^j\left(\vec{p}_2\right) - \vec{y}^j\left(\vec{p}_1\right) = \Delta\vec{y}^j$. Aus der Optimalitätsbedingung folgt unmittelbar $\vec{p}^\mathsf{T}_1\vec{y}^j\left(\vec{p}_2\right) \leqslant \vec{p}^\mathsf{T}_1\vec{y}^j\left(\vec{p}_1\right)$ und somit

$$\vec{p}_1^{\mathsf{T}} \Delta \vec{y}^j \leqslant 0 \quad .$$

Analog erhalten wir $\vec{p}_2^{\mathsf{T}} \Delta \vec{y}^j \geqslant 0$ und durch Differenzbildung

$$\Delta \vec{p}^{\mathsf{T}} \Delta \vec{y}^j \geqslant 0 \quad .$$

Ändert sich nur ein Preis, z.B. p^k, dann hätten wir für diesen Markt

$$\Delta p^k \Delta y_k^j \geqslant 0 \quad ,$$

d.h. wir haben die positive Monotonie der Angebotsfunktion gezeigt.[3] Zum alternativen Beweis gehen wir in zwei Schritten vor.

Erster Schritt: $\vec{y}^j(\vec{p}) = \partial_{\vec{p}} \pi^j(\vec{p})$

Zunächst möchten wir zeigen, daß die Angebotskurve der Ableitung der Gewinnfunktion entspricht.

Beweis. Für fixe $\tilde{\vec{p}} \gg \vec{0}$ definiert man die Hilfsfunktion

$$g^j(\vec{p}) = \pi^j(\vec{p}) - \vec{p}^{\mathsf{T}} \vec{y}^j\left(\tilde{\vec{p}}\right) \quad .$$

Wir beobachten, daß $g^j(\vec{p})$ in $\vec{p} = \tilde{\vec{p}}$ ein Minimum annimmt, denn $g^j\left(\tilde{\vec{p}}\right) = 0$ und $g^j(\vec{p}) \geqslant 0$, da $\pi^j(\vec{p}) = \max_{\vec{y}^j \in \mathbb{Y}^j} \vec{p}^{\mathsf{T}} \vec{y}^j$. Die Bedingung erster Ordnung für ein Minimum liefert dann:

$$\partial_{\vec{p}} g^j\left(\tilde{\vec{p}}\right) \overset{!}{=} 0$$

$$\partial_{\vec{p}} \pi^j\left(\tilde{\vec{p}}\right) = \vec{y}^j\left(\tilde{\vec{p}}\right) \quad \forall \tilde{\vec{p}} \gg 0 \quad .$$

$\square$

Zweiter Schritt: $\pi^j(\vec{p})$ ist konvex

Nun müssen wir noch zeigen, daß die Gewinnfunktion der Firmen $\pi^j(\vec{p})$ konvex ist. Ist das der Fall, so ist $\vec{y}^j(\vec{p})$ automatisch streng monoton steigend und $-\vec{y}^j(\vec{p})$ streng monoton fallend.

---

[3]Diese Herleitung stammt aus Debreu [1959], S. 47.

Beweis. Betrachten wir $\vec{p}_0$, $\vec{p}_1$ und $\vec{p}_2 = \lambda\vec{p}_1 + (1-\lambda)\,\vec{p}_0$, dann gilt

$$
\begin{aligned}
\pi^j \left(\lambda\vec{p}_1 + (1-\lambda)\,p_0\right) &= \pi^j \left(\vec{p}_2\right) \\
&= \vec{p}_2^{\mathsf{T}}\vec{y}^j \left(\vec{p}_2\right) \\
&= \lambda\vec{p}_1^{\mathsf{T}}\vec{y}^j \left(\vec{p}_2\right) + (1-\lambda)\,\vec{p}_0^{\mathsf{T}}\vec{y}^j \left(\vec{p}_2\right) \\
&\leqslant \lambda\vec{p}_1^{\mathsf{T}}\vec{y}^j \left(\vec{p}_1\right) + (1-\lambda)\,\vec{p}_0^{\mathsf{T}}\vec{y}^j \left(\vec{p}_0\right) \\
&= \lambda\pi^j \left(\vec{p}_1\right) + (1-\lambda)\,\pi^j \left(\vec{p}_0\right) \quad,
\end{aligned}
$$

da $\vec{p}_1^{\mathsf{T}}\vec{y}^j \left(\vec{p}_1\right) \geqslant \vec{p}_1^{\mathsf{T}}\vec{y}^j$, $\forall y^j \in \mathbb{Y}^j$ und $\vec{p}_0^{\mathsf{T}}\vec{y}^j \left(\vec{p}_0\right) \geqslant \vec{p}_0^{\mathsf{T}}\vec{y}^j$, $\forall \vec{y}^j \in \mathbb{Y}^j$.

$\square$

8.6 Beweis: Eindeutigkeit

Wir möchten an dieser Stelle zeigen, daß das Gleichgewicht unter den für Satz 16 gültigen Annahmen eindeutig ist. Angenommen, es gibt zwei Preissysteme $\overset{*}{\vec{p}}_{\backslash n} \neq \hat{\vec{p}}_{\backslash n}$ und alle Märkte sind geräumt, d.h.

$$
\vec{z}\left(\overset{*}{\vec{p}}_{\backslash n}, 1\right) = \vec{0} = \vec{z}\left(\hat{\vec{p}}_{\backslash n}, 1\right) \quad.
$$

Dies impliziert, daß

$$
\left(\overset{*}{\vec{p}}_{\backslash n} - \hat{\vec{p}}_{\backslash n}\right)^{\mathsf{T}} \left(\vec{z}_{\backslash n}\left(\overset{*}{\vec{p}}_{\backslash n}, 1\right) - \vec{z}_{\backslash n}\left(\hat{\vec{p}}_{\backslash n}, 1\right)\right) = 0 \quad,
$$

was jedoch im Widerspruch zur Monotoniebedingung steht!
Der Beweis ist deshalb so einfach, weil wir die Monotonie als strikte Ungleichung definiert haben. Wären die Nutzenfunktionen statt strikt konkav lediglich quasi-konkav und die Produktionstechnologien statt strikt konvex lediglich konvex, würde die Monotonie lediglich als schwache Ungleichung gelten. Da die Menge der Gleichgewichtspreise unter der Monotonieannahme konvex ist, können wir zeigen, daß die Menge der Gleichgewichte für fast alle Ressourcen endlich ist.[4]

8.7 Beweis: Stabilität

Die Gleichgewichtsstabilität können wir wir anhand einer sogenannten Lyapunov-Funktion $L(t)$ zeigen. Sie hilft uns vor allem bei der Betrachtung der

---

[4]Vgl. Mas-Colell et al. [1995], S. 620 und ff.

Dynamik, die zum Stillstand, also zum Gleichgewicht, führt. Die Lyapunov-Funktion ist durch ihre zeitliche Änderung $\dot{L}(t) < 0$ gekenzeichnet und nimmt im Optimum $\overset{*}{\vec{p}}(t)$ den Wert Null $L(t) = 0$ an. In unserem Fall ist die Lyapunov-Funktion gegeben durch

$$L(t) = \left\| \vec{p}_{\backslash n}(t) - \overset{*}{\vec{p}}_{\backslash n} \right\|^2 \quad,$$

Sie beschreibt den Abstand vom Preissystem $\vec{p}_{\backslash n}(t)$ im Zeitpunkt t zum Gleichgewichtspreissystem $\overset{*}{\vec{p}}_{\backslash n}$. Die Preisänderung wird durch die Marktüberschußnachfragefunktion bestimmt:

$$\dot{\vec{p}}_{\backslash n}(t) = \vec{z}_{\backslash n}\left(\vec{p}_{\backslash n}(t), 1 \right) \quad.$$

Unter diesen Umständen gilt dann

$$
\begin{aligned}
\dot{L}(t) = \partial_t L(t) &= 2 \left(\vec{p}_{\backslash n}(t) - \overset{*}{\vec{p}}_{\backslash n} \right)^{\mathsf{T}} \dot{\vec{p}}_{\backslash n}(t) \\
&= 2 \left(\vec{p}_{\backslash n}(t) - \overset{*}{\vec{p}}_{\backslash n} \right)^{\mathsf{T}} \vec{z}_{\backslash n}\left(\vec{p}_{\backslash n}(t), 1 \right) \\
&= 2 \left(\vec{p}_{\backslash n}(t) - \overset{*}{\vec{p}}_{\backslash n} \right)^{\mathsf{T}} \left(\vec{z}_{\backslash n}\left(\vec{p}_{\backslash n}, 1 \right) - \vec{z}_{\backslash n}\left(\overset{*}{\vec{p}}_{\backslash n}, 1 \right) \right) < 0 \quad.
\end{aligned}
$$

Die letzte Ungleichheit folgt aus der Monotonie der Marktüberschußnachfragefunktion und bestätigt somit die Stabilität des Gleichgewichts.

8.8 Beweis: Intuitive komparative Statik

Erfüllt das in Satz 16 spezifizierte Gleichgewicht die intuitive Bedingung der komparativen Statik an die Veränderungen der Erstausstattungen, nämlich daß

$$p_i \downarrow \quad \text{wenn} \quad \omega_i \uparrow \quad ?$$

In anderen Worten, kann man mit unserem Modell die Tatsache erklären, daß der Erdölpreis zunimmt, wenn es weniger Öl gibt? Erinnern wir uns nochmals daran, daß

$$\overset{\hat{}}{\vec{x}}^h\left(\vec{p}, \vec{\omega}^h \right) = \arg\max_{x^h \in X^h} U^h\left(x^h \right) \quad \text{s.t.} \quad \vec{p}^{\mathsf{T}} \vec{x}^h \leqslant \vec{p}^{\mathsf{T}} \vec{\omega}^h + \sum_{j=1}^{J} \delta_j^h \pi^j\left(\vec{p} \right) \quad.$$

Im allgemeinen treten Vermögenseffekte auf, d.h. $\partial_{\vec{\omega}^h} \overset{\hat{}}{\vec{x}}^h\left(\vec{p}, \vec{\omega}^h \right) \neq \vec{0}$. Bei quasilinearen Nutzenfunktionen ist dies aber nicht der Fall.

Wir wollen somit zeigen, daß eine intuitive komparative Statik gilt, d.h. formal, daß

$$\Delta \vec{p}_{\backslash n}^{*\mathsf{T}} \Delta \vec{\omega}_{\backslash n} < 0 \quad .$$

Falls Vermögenseffekte nicht auftreten, wie das bei quasi-linearen Nutzen-funktionen der Fall ist, dann gilt unter der Monotonieannahme die intuitive komparative Statik.

Im Gleichgewicht gilt $\vec{z}_{\backslash n}(\overset{*}{\vec{p}}) = \vec{0}_{\backslash n}$. Wir definieren eine neue Funktion $A_{\backslash n}(\vec{p})$

$$\vec{z}_{\backslash n}(\overset{*}{\vec{p}}) = \underbrace{\sum_{h=1}^{H} \vec{x}_{\backslash n}^{h}(\overset{*}{\vec{p}}) - \sum_{j=1}^{J} \vec{y}_{\backslash n}^{j}(\overset{*}{\vec{p}})}_{A_{\backslash n}(\overset{*}{\vec{p}})} - \underbrace{\sum_{h=1}^{H} \vec{\omega}_{\backslash n}^{h}}_{\vec{\omega}_{\backslash n}} = \vec{0}_{\backslash n} \quad ,$$

die monoton ist, falls $\vec{z}_{\backslash n}(\cdot)$ monoton ist. Seien nun $\Delta \vec{\omega}_{\backslash n} = \hat{\vec{\omega}}_{\backslash n} - \bar{\vec{\omega}}_{\backslash n}$ und $\Delta \vec{p}_{\backslash n} = \hat{\vec{p}}_{\backslash n} - \bar{\vec{p}}_{\backslash n}$. Aus den Identitäten $A_{\backslash n}(\hat{\vec{p}}) = \hat{\vec{\omega}}_{\backslash n}$ und $A_{\backslash n}(\bar{\vec{p}}) = \bar{\vec{\omega}}_{\backslash n}$ folgt unmittelbar die intuitive komparative Statik

$$\Delta \vec{p}_{\backslash n}^{\mathsf{T}} \Delta \vec{\omega}_{\backslash n} = \left(\hat{\vec{p}} - \bar{\vec{p}}\right)^{\mathsf{T}} \left(A_{\backslash n}(\hat{\vec{p}}) - A_{\backslash n}(\bar{\vec{p}})\right) < 0 \quad ,$$

was zu zeigen war. Die Quasi-Linearität zeigt also beispielhaft auf, daß Walras-Gleichgewichte trotz beliebiger Heterogenität der Konsumenten eindeutig und stabil sein können und die erklärende komparative Statik gleichzeitig gelten kann. Natürlich ist die Abwesenheit von Einkommenseffekten sehr unrealistisch. Für weitere Ausführungen verweisen wir daher auf Hildenbrand [1994], der die geeignete Monotonieeigenschaft aus Heterogenitätsannahmen herleitet.

8.9 Erweiterungen und Schlußfolgerungen

Im Vorfeld haben wir uns vor allem mit der Existenz des Gesamtgleichge-wichts beschäftigt. In diesem Kapitel haben wir uns darüber hinaus mit der Anzahl der Gleichgewichte und dem Verlauf der Überschußnachfragefunktion beschäftigt, um das Gleichgewicht sowie dessen Stabilitätsverhalten besser zu verstehen. Heutzutage würde man, insbesondere im Zusammenhang mit sta-tistischen Modellen, von *Robustheit* sprechen.

Die Zusatzannahmen, welche wir im vorherigen Kapitel getroffen haben, si-cherten die Eindeutigkeit des Gleichgewichts aufgrund der strengen Monotonie der Überschußnachfragefunktion. Somit existiert nicht nur ein Gesamtgleich-gewicht, es ist auch eindeutig.

Eine besonders wichtige Rolle spielte die Preisnormierung des gesamten Preis-vektors auf ein beliebiges Gut. In der Vergangenheit wählte man vor allem

Güter, die man besonders gut absetzen konnte (Engl. *marketability*). Derartige Güter übernahmen sehr schnell die Funktion von Geld. Üblicherweise wählte man Gold (man beachte die sprachliche Verwandtschaft der Wörter), aber auch Vieh (lateinisch *pecus*, ähnlich *pecunia*, Geld) oder Salz (daher *Salär*, Lohn) je nach gesellschaftlichen Gegebenheiten. Zwar hat die Preisnormierung formal aufgrund der Homogenität der Überschußnachfragefunktion keine Auswirkung auf das Gleichgewicht, Geldpreise ermöglichen jedoch die Buchhaltung, oder vielmehr die Berechnung von Gewinnen und Verlusten und fördern somit den Handel. Die zusätzlichen Transaktionen erhöhen wiederum die Effizienz. Obwohl wir diese Aspekte in unserem formalen Modell nicht betrachtet haben, sind sie von historischer Bedeutung für den menschlichen Fortschritt.

„Effizienz" von Walras-Gleichgewichten

„Eigennutz schafft Wohlfahrt."

Schlagzeile der Neuen Westfälischen Zeitung anläßlich des Besuchs von G. Debreu in Bielefeld, 1996

In den vorherigen Kapiteln haben wir die hinreichenden Bedingungen für die Existenz von Walras-Gleichgewichten kennengelernt und uns mit der Eindeutigkeit, Stabilität und komparativen Statik derselben beschäftigt. Nun werden wir im allgemeinen Modell die Wohlfahrtseigenschaften von Marktwirtschaften untersuchen. Wohlfahrtseigenschaften sind diejenigen wünschenswerten Eigenschaften, die im wirtschaftlichen Umgang miteinander erfüllt sein sollten.

9.1 Definitionen

Zunächst werden die Bedingungen definiert, die die relative Knappheit der Ressourcen respektieren. Die Definitionen sollen dann folgende Fragen beantworten: Wie kann ich die vorhandenen Ressourcen richtig einsetzen und verteilen? Welche Konsumpläne sind wünschenswert?

Zunächst definieren wir wieder eine Güterallokation.

Definition 9.1 (Allokation).

Eine Liste $\left(\vec{x}^1, \ldots, \vec{x}^H; \vec{y}^1, \ldots, \vec{y}^J\right)$ von Konsumplänen $\vec{x}^h = \left(x_1^h, \ldots, x_n^h\right)^T$ $\forall h = 1, \ldots, H$ und von Produktionsplänen $\vec{y}^j = \left(y_1^j, \ldots, y_n^j\right)^T$ $\forall j = 1, \ldots, J$ heißt Allokation, wenn diese Pläne technologisch und menschlich möglich sind, d.h. $\vec{y}^j \in \mathbb{Y}^j$ und $\vec{x}^h \in \mathbb{X}^h$ $\forall j = 1, \ldots, J$ und $h = 1, \ldots, H$.

Jedoch sind nicht alle Allokationen durchführbar, denn in der obigen Definition wurde das Zusammenwirken von Produktion und Nachfrage noch nicht betrachtet. Wir unterscheiden daher einfache Allokationen von erreichbaren Allokationen.

Definition 9.2 (Erreichbarkeit).

Eine Allokation $\left(\vec{x}^1, \ldots, \vec{x}^H; \vec{y}^1, \ldots, \vec{y}^J\right)$ ist erreichbar, falls nicht mehr konsumiert wird als Ressourcen und Produkte vorhanden sind, d.h.

$$\sum_{h=1}^H \vec{x}^h \leqslant \sum_{h=1}^H \vec{\omega}^h + \sum_{j=1}^J \vec{y}^j \ .$$

Ein Ansatz, der zwischen erreichbaren Allokationen unterscheidet, ist das uns schon bekannte Pareto-Prinzip. Für das allgemeine Modell gilt folgende Definition.

Definition 9.3 (Pareto-Effizienz).

Eine erreichbare Allokation $\left(\hat{\vec{x}}^1, \ldots, \hat{\vec{x}}^H; \hat{\vec{y}}^1, \ldots, \hat{\vec{y}}^J\right)$ heißt Pareto-effizient, solange es keine andere erreichbare Allokation $\left(\bar{\vec{x}}^1, \ldots, \bar{\vec{x}}^H; \bar{\vec{y}}^1, \ldots, \bar{\vec{y}}^J\right)$ gibt, für die gilt

$$U^h\left(\bar{\vec{x}}^h\right) \geqslant U^h\left(\hat{\vec{x}}^h\right) \quad \forall h = 1, \ldots, H$$

und

$$U^h\left(\bar{\vec{x}}^h\right) > U^h\left(\hat{\vec{x}}^h\right) \quad \text{für mindestens ein } h \in \{1, \ldots, H\} \ .$$

9.2 Der 1. Hauptsatz der Wohlfahrtstheorie

Wir haben den Zusamenhang zwischen Pareto-Effizienz und Gesamtgleichgewicht bereits in Abschnitt 4.4.4 gesehen. Betrachten wir den *Ersten Hauptsatz der Wohlfahrtstheorie* wird schnell klar, daß diese Beziehung kein Zufall ist.

Satz 17 (1. Hauptsatz der Wohlfahrtstheorie)
Sei

$$GE = \left[\mathbb{R}^n, \left(\mathbb{Y}^j \right)_{j=1,\ldots,J}, \left(\mathbb{X}^h, U^h, \vec{\omega}^h, \vec{\delta}^h \right)_{h=1,\ldots,H} \right]$$

ein allgemeines Gleichgewichtsmodell mit lokal nicht gesättigten Nutzenfunktionen und Free Disposal in der Produktion. Dann ist jedes Walras-Gleichgewicht von GE Pareto-effizient.

Wir möchten diesen Satz nun beweisen und die Beziehung anhand eines reduzierten Beispiels darstellen.

9.2.1 Beweis des 1. Hauptsatzes der Wohlfahrtstheorie

Wir nehmen an, $\left(\overset{*}{\vec{x}}{}^1, \ldots, \overset{*}{\vec{x}}{}^H, \overset{*}{\vec{y}}{}^1, \ldots, \overset{*}{\vec{y}}{}^J, \overset{*}{\vec{p}} \right)$ sei ein Walras-Gleichgewicht und es gibt eine erreichbare Allokation $\left(\bar{\vec{x}}^1, \ldots, \bar{\vec{x}}^H; \bar{\vec{y}}^1, \ldots, \bar{\vec{y}}^J \right)$, so daß

$$U^h \left(\bar{\vec{x}}^h \right) \geqslant U^h \left(\overset{*}{\vec{x}}_h \right) \quad \forall h = 1, \ldots, H$$

und

$$U^h \left(\bar{\vec{x}}^h \right) > U^h \left(\overset{*}{\vec{x}}_h \right) \quad \text{für mindestens ein } \overline{h} \in \{1, \ldots, H\} \quad .$$

Da bei diesem $\overline{h}$-ten Konsumenten $U^h \left(\bar{\vec{x}}^h \right) > U^h \left(\overset{*}{\vec{x}}_h \right)$ ist, muß

$$\overset{*}{\vec{p}}{}^{\mathsf{T}} \bar{\vec{x}}^h > \overset{*}{\vec{p}}{}^{\mathsf{T}} \overset{*}{\vec{x}}_h$$

gelten, sonst würde der Konsument h mit $\overset{*}{\vec{x}}_h$ seinen Nutzen nicht maximieren. Für alle anderen Konsumenten mit $U^h \left(\bar{\vec{x}}^h \right) \geqslant U^h \left(\overset{*}{\vec{x}}_h \right)$ muß gelten

$$\overset{*}{\vec{p}}{}^{\mathsf{T}} \bar{\vec{x}}^h = \overset{*}{\vec{p}}{}^{\mathsf{T}} \overset{*}{\vec{x}}_h \quad \forall h = 1, \ldots, H \quad ,$$

da nutzenmaximierende Güterbündel aufgrund der lokalen Nichtsättigung das Budget ausschöpfen. Ist $U^h \left(\bar{\vec{x}}^h \right) = U^h \left(\overset{*}{\vec{x}}_h \right)$, gilt $\overset{*}{\vec{p}}{}^{\mathsf{T}} \overset{*}{\vec{x}}_h = b^h \left(\overset{*}{\vec{p}} \right)$ und $\overset{*}{\vec{p}}{}^{\mathsf{T}} \bar{\vec{x}}^h = b^h \left(\overset{*}{\vec{p}} \right)$. Es gilt also $\overset{*}{\vec{p}}{}^{\mathsf{T}} \overset{*}{\vec{x}}_h = \overset{*}{\vec{p}}{}^{\mathsf{T}} \bar{\vec{x}}^h$.

Aufsummieren über alle Konsumenten ergibt dann

$$\sum_{h=1}^{H} \overset{*}{p}^{\mathsf{T}} \overset{*}{x}^h > \sum_{h=1}^{H} \overset{*}{p}^{\mathsf{T}} \overset{*}{x}_h = \sum_{h=1}^{H} \overset{*}{p}^{\mathsf{T}} \vec{\omega}^h + \sum_{h=1}^{H} \sum_{j=1}^{J} \delta_j^h \left(\overset{*}{p}^{\mathsf{T}} \overset{*}{y}_j \right)$$

$$= \sum_{h=1}^{H} \overset{*}{p}^{\mathsf{T}} \vec{\omega}^h + \sum_{j=1}^{J} \underbrace{\left(\sum_{h=1}^{H} \delta_j^h \right)}_{=1} \left(\overset{*}{p}^{\mathsf{T}} \overset{*}{y}_j \right)$$

$$\geqslant \sum_{h=1}^{H} \overset{*}{p}^{\mathsf{T}} \vec{\omega}^h + \sum_{j=1}^{J} \left(\overset{*}{p}^{\mathsf{T}} \bar{y}^j \right) \quad .$$

Die letzte Ungleichung gilt, da der Gewinn $\overset{*}{p}^{\mathsf{T}} \overset{*}{y}^j$ für alle Firmen j definitionsgemäß größer als oder gleich dem Gewinn bei jeder anderen Produktion ist.
Er ist demnach auch größer als oder gleich $\overset{*}{p}^{\mathsf{T}} \bar{y}^j$. Aus der obigen Beziehung
folgt

$$\overset{*}{p}^{\mathsf{T}} \left(\sum_{h=1}^{H} \bar{x}^h \right) > \overset{*}{p}^{\mathsf{T}} \left(\sum_{h=1}^{H} \vec{\omega}^h + \sum_{j=1}^{J} \bar{y}^j \right) \quad .$$

Mit diesem Resultat haben wir durch Widerspruch automatisch den 1. Satz
der Wohlfahrtslehre bewiesen, denn beachten wir die Erreichbarkeitsbedin-
gung muß gelten, daß

$$\sum_{h=1}^{H} \bar{x}^h \leqslant \sum_{h=1}^{H} \vec{\omega}^h + \sum_{j=1}^{J} \bar{y}^j \quad .$$

Man beachte, daß die Preise aufgrund der *Free Disposal* Bedingung nicht
negativ sind.

9.2.2 Beispiel: 2 Güter, 2 Konsumenten

Der erste Hauptsatz der Wohlfahrtstheorie ist besonders wichtig und bedingt
außer dem *Free Disposal* und der lokalen Nichtsättigung keiner weiteren Voraussetzungen. Zur Bedeutung der Annahme betrachten wir dazu ein Beispiel mit Walras-Gleichgewichten, die nicht Pareto-effizient sind, da die lokale
Nichtsättigung nicht berücksichtigt wird.

Gegeben sei eine Tauschwirtschaft mit $\mathbb{Y}^j = \mathbb{R}^n_-$ $\forall j = 1, \ldots, J$, zwei Konsumenten $h = 1, 2$ und zwei Gütern $n = 2$. Diese Tauschwirtschaft können wir
in einer *Edgeworth-Box* darstellen.[1]

---

[1]Vgl. Seite 130, Abschnitt 4.4.3.

Was passiert, wenn wir die Annahme lokal nicht gesättigter Präferenzen aufgegeben? Konsument 1 könnte beispielsweise „dicke" Indifferenzmengen haben. In der näheren Umgebung von Punkt $\left(\overset{*}{\vec{x}}{}^{1}, \overset{*}{\vec{x}}{}^{2}\right)$ gäbe es dann keine Punkte, welche Konsument 1 strikt besser stellen würden. Die Allokation $\left(\overset{*}{\vec{x}}{}^{1}, \overset{*}{\vec{x}}{}^{2}\right)$ ist

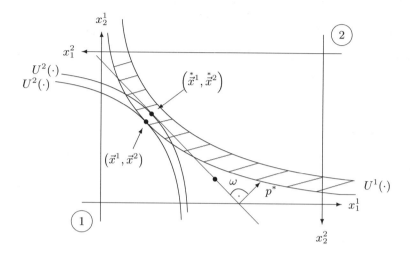

Abb. 9.1. Konsument 1 hat geästtigte Präferenzen.

zwar ein Walras-Gleichgewicht, jedoch *nicht* Pareto-effizient. Konsument 1 ist indifferent zwischen $\vec{x}^{1}$ und $\overset{*}{\vec{x}}{}^{1}$, während Konsument 2 $\vec{x}^{2}$ strikt vorzieht!

9.3 Der 2. Haupsatz der Wohlfahrtstheorie

9.3.1 Idee des 2. Hauptsatzes

Die Effizienz von Walras-Gleichgewichten ist nicht das einzige Wohlfahrtskriterium. Die „Gerechtigkeit" von Allokationen spielt in der Wohlfahrtstheorie eine ebenso wichtige Rolle. So ist in der vorher betrachteten Tauschwirtschaft eine Allokation, in der ein Konsument über alle Güter verfügt, der andere jedoch nichts erhält, Pareto-effizient. Dies widerspricht natürlich den intuitiven Gerechtigkeitsvorstellungen. Um Effizienz und Gerechtigkeit in einer Marktwirtschaft zu vereinbaren, gehen wir folgendermaßen vor: *Suche nach einer gerechten* und *effizienten Allokation und implementiere sie als Walras-Gleichgewicht. Wähle die ursprüngliche Vermögensverteilung dann so, daß ge-*

rade die Pareto-effiziente Allokation, die man sich wünscht, in einem Walras-Gleichgewicht resultiert.

Um dieses Ziel zu erreichen, werden wir wie bisher den Preismechanismus nutzen und zusätzlich Transferzahlungen τ einführen, welche die „Ungerechtigkeiten" bereinigen. Was wir unter „Gerechtigkeit" beziehungsweise „Ungerechtigkeit" verstehen, werden wir in den späteren Kapiteln – insbesondere in Kapitel 13 – näher definieren und untersuchen.

Definition 9.4 (Walras-Gleichgewicht unter Berücksichtigung von Transferzahlungen).

Eine Allokation $\left(\hat{\vec{x}}^1, \ldots, \hat{\vec{x}}^H, \hat{\vec{y}}^1, \ldots, \hat{\vec{y}}^J \right)$ ist ein Walras-Gleichgewicht unter Berücksichtigung von Transferzahlungen, falls es ein Preissystem $\hat{\vec{p}}$ gibt und Transferzahlungen $\hat{\tau}^h$ von $\sum_{h=1}^H \hat{\tau}^h = 0$ erfolgen, so daß

1. *Gewinnmaximierug*

$$\hat{\vec{y}}^j \in \arg \max_{\vec{y}^j \in \mathbb{Y}^j} \hat{\vec{p}}^T \vec{y}^j \quad \forall j = 1, \ldots, J \quad .$$

2. *Nutzenmaximierung*

$$\hat{\vec{x}}^h \in \arg \max_{\vec{x}^h \in \mathbb{X}^h} U^h \left(\vec{x}^h \right) \quad s.t.$$

$$\hat{\vec{p}}^T \vec{x}^h \leqslant \hat{\vec{p}}^T \vec{\omega}^h + \sum_{j=1}^J \delta_j^h \left(\hat{\vec{p}}^T \hat{\vec{y}}^j \right) + \hat{\tau}^h \quad \forall h = 1, \ldots, H \quad .$$

3. *Durchführbarkeit*

$$\sum_{h=1}^H \hat{\vec{x}}^h = \sum_{h=1}^H \vec{\omega}^h + \sum_{j=1}^J \hat{\vec{y}}^j \quad .$$

Ist einmal ein Walras-Gleichgewicht unter Berücksichtigung von Transferzahlungen definiert, können wir den 2. Hauptsatz der Wohlfahrtstheorie wenigstens im Ansatz skizzieren. Den eigentlichen Satz werden wir später genauer formalisieren.

Aussage (2. Hauptsatz der Wohlfahrtstheorie)

Unter gewißen Voraussetzungen gilt: Zu jeder Pareto-effizienten Allokation $\left(\hat{\vec{x}}^1, \ldots, \hat{\vec{x}}^H, \hat{\vec{y}}^1, \ldots, \hat{\vec{y}}^J \right)$ gibt es ein Preissystem $\hat{\vec{p}}$ und ein System von Transferzahlungen $\hat{\tau}^h$, $h = 1, \ldots, H$ mit $\sum_{h=1}^H \hat{\tau}^h = 0$, so daß $\left(\hat{\vec{x}}^1, \ldots, \hat{\vec{x}}^H, \hat{\vec{y}}^1, \ldots, \hat{\vec{y}}^J \right)$ ein Walras-Gleichgewicht unter Berücksichtigung von Transferzahlungen darstellt.

Allgemein stimmt diese Aussage, wir beöntigen jedoch mehr Voraussetzungen als im 1. Hauptsatz der Wohlfahrtstheorie! Die drei wichtigsten Voraussetzungen sind die Konvexität der Bemessungen und der Technologien sowie die strenge Monotonie mindestens einer Nutzenfunktion.

9.3.2 Voraussetzung: Konvexität

1. **Konsumenten**
   Die Bessermengen müssen konvex sein. Wir nehmen daher an, $U^i(\cdot)$ sei quasi-konkav! Abbildung 9.2 zeigt die Bedeutung dieser Annahme.

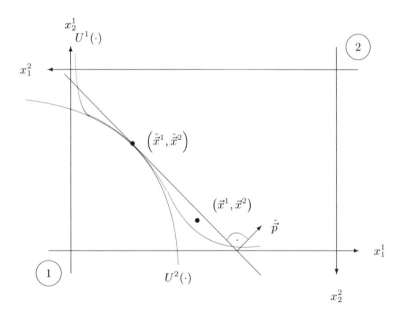

Abb. 9.2. Eine nicht-konvexe Bessermenge.

Die Allokation $\left(\hat{\hat{x}}^1, \hat{\hat{x}}^2\right)$ ist eine Pareto-effiziente Allokation, die nicht durch ein Walras-Gleichgewicht unter Berücksichtigung von Transferzahlungen herbeigeführt werden kann. Auf der Budgetgeraden würde Konsument 2 zwar $\left(\hat{\hat{x}}^1, \hat{\hat{x}}^2\right)$ nachfragen, Konsument 1 würde jedoch die Allokation $\left(\vec{x}^1, \vec{x}^2\right)$ bevorzugen.

2. **Produzenten**
   Auch auf der Produzentenseite müssen wir eine Konvexitätsannahme tref-

fen: $\mathbb{Y}^j$ sei konvex. Abbildung 9.3 zeigt (analog zu Abbildung 2.36 im 2. Kapitel, Abschnitt 3.6.2 auf Seite 67) an dieser Stelle wieder ein Gegenbeispiel. Gegeben sei eine Ökonomie mit einem Konsumenten ($H = 1$) und zwei Gütern ($n = 2$), zum einen die „Arbeit" des Konsumenten, zum anderen das durch seine Arbeit produzierte „Konsumgut" („Robinson-Crusoe-Ökonomie"). Abbildung 9.3 zeigt deutlich, daß die Allokation $\hat{\tilde{y}}$ im Be-

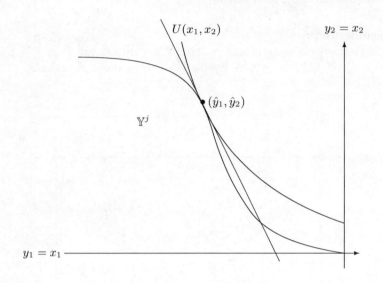

Abb. 9.3. Eine nicht-konvexe Technologie.

rührungspunkt zwischen Technologie $\mathbb{Y}^j$ und Nutzenfunktion $U(x_1, x_2)$ Pareto-effizient ist, jedoch nicht als Walras-Gleichgewicht unter Berücksichtigung von Transferzahlungen erreichbar ist, da sie den Gewinn des Produzenten nicht maximiert! Wird Punkt $(0,0)$ gewählt und die Produktion eingestellt, ist der Gewinn größer als in $\hat{\tilde{y}}$. (Dies impliziert, daß $\pi(\hat{\tilde{y}}) < 0$ war.)

9.3.3 Voraussetzung: Strikt monotone Nutzenfunktion

Wir wollen diesen Zusammenhang noch einmal anhand eines Gegenbeispiels zeigen, indem wir von einem Konsumenten 2 ausgehen, dessen Präferenzen nicht strikt monoton sind. Wir nehmen an, Konsument 2 interessiert sich ausschließlich für Gut 1 und ist Gut 2 gegenüber vollkommen indifferent. Die Indifferenzkurven seiner Nutzenfunktion, in Abbildung 9.4 mit U^2 notiert, sind in der Edgeworth-Box senkrecht und ausschließlich in x_1^2 zunehmend.

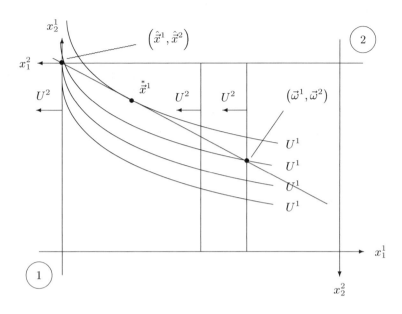

Abb. 9.4. Nicht strikt monotone Präferenzen.

Konsument 1 hingegen hat eine Schaar ganz normaler Indifferenzkurven U^1 für unendlich kleine Mengen eines Gutes, die parallel zur jeweiligen Achse verlaufen.

Auch in diesem Beispiel ist die Allokation $\left(\hat{\hat{x}}^1, \hat{\hat{x}}^2\right)$ Pareto-effizient, jedoch als Walras-Gleichgewicht unter Bercksichtigung von Transferzahlungen nicht erreichbar. Wäre $\frac{p_1}{p_2} > 0$, dann wäre es für Konsument 2 optimal, $\hat{\hat{x}}^2$ nachzufragen. Konsument 1 hingegen würde nicht $\hat{\hat{x}}^1$ nachfragen. Er würde sich aufgrund seiner Präferenzen nur verbessern, wenn er weniger von Gut 2, aber dafür etwas mehr von Gut 1 wählen würde. Er könnte sich dann von $\hat{\hat{x}}^1$ nach $\overset{*}{x}^1$ bewegen. Wäre $p_2 = 0$, läge die Budgetgeraden auf der x^1_2-Achse. Die Allokation $\left(\hat{\hat{x}}^1, \hat{\hat{x}}^2\right)$ wäre kein Walras-Gleichgewicht mehr, denn die Nachfrage von Konsument 1 nach Gut 2 wäre unendlich groß!

Die Bewegung aus einer hypothetischen Erstausstattung, die aufgrund von Transferzahlungen exogen verändert werden kann, stellt ein zweites Problem dar. Nehmen wir $\left(\vec{\omega}^1, \vec{\omega}^2\right)$ als Anfangsausstattungen an und $p_2 = 0$, könnten zwei Individuen nur entlang einer senkrechten Budgetgerade handeln. Konsument 2 könnte sich dann nicht wie vorher durch den Verkauf von x_2^2 die gewünschten Einheiten an x_1^2 beschaffen, zumal die Zession von x_2^2 kein Einkommen mehr generiert!

9.3.4 Nutzenmaximierung aus Kostenminimierung

Um den 2. Hauptsatz der Wohlfahrtstheorie beweisen zu können, müssen wir zunächst zeigen, unter welchen Unständen Kostenminimierung auch gleichzeitig nutzenmaximierend ist. Dazu definieren wir beide Begriffe folgendermaßen.

Definition 9.5 (Kostenminimierung).
$\hat{\vec{x}}^h$ *ist Kostenminimum von* U^h *bei gegebenen Einkommen* b^h *und Preissystem* $\hat{\vec{p}}$, *wenn*

$$\forall \hat{\vec{x}}^h, \vec{x}^h \in \mathbb{X}^h : \quad U^h\left(\vec{x}^h\right) \geqslant U^h\left(\hat{\vec{x}}^h\right) \quad \text{so daß} \quad b^h \geqslant \hat{\vec{p}}^T \vec{x}^h \geqslant \hat{\vec{p}}^T \hat{\vec{x}}^h \quad .$$

Die obige Beziehung kann man auch durch Widerspruch zeigen. Angenommen, die Bedingung sei falsch, d.h.

$$\exists x^h : \quad U^h\left(\vec{x}^h\right) \geqslant U^h\left(\hat{\vec{x}}^h\right) \quad \wedge \quad \hat{\vec{p}}^T \vec{x}^h < \hat{\vec{p}}^T \hat{\vec{x}}^h \quad ,$$

so könnte der Konsument h das Nutzenniveau $U^h\left(\vec{x}^h\right)$ mit geringeren Kosten garantieren. Im Gegensatz dazu definieren wir Nutzenmaximierung wie folgt.

Definition 9.6 (Nutzenmaximierung).
$\hat{\vec{x}}^h$ *ist Nutzenmaximum von* $U^h\left(\vec{x}^h\right)$ *bei gegebenen Einkommen* b^h *und Preissystem* $\hat{\vec{p}}$ *wenn*

$$\forall \hat{\vec{x}}^h, \vec{x}^h \in \mathbb{X}^h : \quad U^h\left(\vec{x}^h\right) > U^h\left(\hat{\vec{x}}^h\right) \quad , \text{so daß} \quad \hat{\vec{p}}^T \vec{x}^h > \hat{\vec{p}}^T \hat{\vec{x}}^h = b^h \quad .$$

Abbildung 9.5 zeigt den Unterschied zwischen Kostenminimierung und Nutzenmaximierung. Angenommen $\vec{p} = (0, p_2)^T$, so minimiert Kosumbündel $\hat{\vec{x}}^1$ die Kosten für Konsument 1, denn

$$\vec{p}^T \hat{\vec{x}}^1 = (0, p_2) \cdot \begin{pmatrix} \hat{x}_2^1 \\ 0 \end{pmatrix} = 0 \quad .$$

Das Güterbündel $\hat{\vec{x}}^1$ ist jedoch nicht nutzenmaximierend innerhalb seiner Budgetmenge!

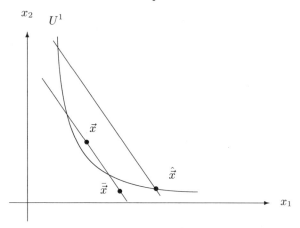

Abb. 9.5. Kostenminimierung und Nutzenmaximierung.

Lemma 9.7 (Kostenminimierung und Nutzenmaximierung).
Ein kostenminimierendes Konsumbündel ist nutzenmaximierend, wenn folgende Bedingung erfüllt ist:

$$\forall \hat{\vec{p}} \in \mathbb{R}^n_{++} : \quad \exists \bar{\vec{x}}^h \in \mathbb{X}^h \quad so\ da\beta \quad \hat{\vec{p}}^T \bar{\vec{x}}^h < \underbrace{\hat{\vec{p}}^T \vec{\omega}^h + \sum_{j=1}^{J} \delta_j^h \left(\hat{\vec{p}}^T \vec{y}^j \right)}_{=b^h} \quad ,$$

d.h. der Konsument h besitzt für alle positiven Preise ausreichendes Einkommen.

Beweis. Durch Widerspruch (vgl. Abbildung 9.5 für den zweidimensionalen Fall). Angenommen, es gilt Kostenminimierung, aber nicht Nutzenmaximierung für $\hat{\bar{x}}^h$, d.h. $\exists \vec{x}^h$, so daß

$$U^h(\vec{x}^h) > U^h(\hat{\bar{x}}^h) \quad \text{aber} \quad \hat{\vec{p}}^T \vec{x}^h \leqslant \hat{\vec{p}}^T \hat{\bar{x}}^h \quad ,$$

dann existiert gemäß Annahme ein $\bar{\vec{x}}^h$, so daß $\hat{\vec{p}}^T \bar{\vec{x}}^h < \hat{\vec{p}}^T \hat{\bar{x}}^h$. Da $\hat{\bar{x}}^h$ kostenminimierend ist, muß $U^h(\bar{\vec{x}}^h) < U^h(\hat{\bar{x}}^h)$ sein. Für $\lambda \bar{\vec{x}}^h + (1-\lambda)\vec{x}^h$ mit $\lambda \in (0,1)$ gilt:

$$\hat{\vec{p}}^T(\lambda \bar{\vec{x}}^h + (1-\lambda)\vec{x}^h) = \underbrace{\hat{\vec{p}}^T \vec{x}^h}_{<\hat{\vec{p}}^T \hat{\bar{x}}^h} - \lambda \underbrace{\left(\hat{\vec{p}}^T \vec{x}^h - \hat{\vec{p}}^T \bar{\vec{x}}^h \right)}_{>0} < \hat{\vec{p}}^T \hat{\bar{x}}^h \quad .$$

Lassen wir nun λ von 0 gegen 1 konvergieren, dann ergibt dies $\bar{\lambda}$, so daß

$$U^h \left(\bar{\lambda} \bar{\vec{x}}^h + \left(1 - \bar{\lambda} \right) \vec{x}^h \right) = U^h(\hat{\bar{x}}^h) \quad ,$$

d.h. $\vec{x}^h$ ist nicht kostenminimierend, denn das Güterbündel $\left(\bar{\lambda} \bar{\vec{x}}^h + \left(1 - \bar{\lambda} \right) \hat{\bar{x}}^h \right)$ kostet weniger und liefert denselben Nutzen!

□

9.4 Beweis des 2. Hauptsatzes der Wohlfahrtstheorie

Für den Beweis des zweiten Hauptsatzes der Wohlfahrtstheorie gehen wir im folgenden in neun Schritten vor. Der Satz, den wir durch Aussage 9.3.1 auf Seite 194 bereits intuitiv einführen konnten, läßt sich folgendermaßen darstellen.

Satz 18 (2. Hauptsatz der Wohlfahrtstheorie)
Sei

1. $\forall j = 1, \ldots, J$: $\mathbb{Y}^j$ *konvex*, $\vec{0} \in \mathbb{Y}^j$;
2. $\forall h = 1, \ldots, H$: $\mathbb{X}^h = \mathbb{R}_+^n$, $\sum_{h=1}^H \vec{\omega}^h \gg \vec{0}$, U^h *quasi-konkav, lokal nicht gesättigt, und es gibt mindestens ein U^h, das strikt monoton ist,*

so gibt es zu jeder Pareto-effizienten Allokation $\left(\hat{\bar{x}}^1, \ldots, \hat{\bar{x}}^H, \hat{\bar{y}}^1, \ldots, \hat{\bar{y}}^J \right)$ ein Preissystem $\hat{\bar{p}}$, so daß $\left(\hat{\bar{x}}^1, \ldots, \hat{\bar{x}}^H, \hat{\bar{y}}^1, \ldots, \hat{\bar{y}}^J, \hat{\bar{p}}, \hat{\tau}^1, \ldots, \hat{\tau}^H \right)$ ein Walras-Gleichgewicht unter Berücksichtigung von Transferzahlungen $\hat{\tau}^h$ darstellt!

Für den Beweis benötigen wir zunächst einige neue Begriffe. Die Bessermenge von $\hat{\bar{x}}^h$ sei für alle $h = 1, \ldots, H$ definiert durch

$$\mathbb{V}^h \stackrel{\text{def}}{=} \left\{ \vec{x}^h \in \mathbb{X}^h \,\middle|\, \vec{x}^h \succ^h \hat{\bar{x}}^h \right\} \subset \mathbb{R}^n \quad ,$$

die Menge der aggregierten Bessermenge durch

$$\mathbb{V} \stackrel{\text{def}}{=} \sum_{h=1}^H \mathbb{V}^h = \left\{ \sum_{h=1}^H \vec{x}^h \in \mathbb{R}^n \,\middle|\, \vec{x}^1 \in \mathbb{V}^1, \ldots, \vec{x}^H \in \mathbb{V}^H \right\}$$

und die Gesamttechnologie durch

$$\mathbb{Y} \stackrel{\text{def}}{=} \sum_{j=1}^J \mathbb{Y}^j = \left\{ \sum_{j=1}^J \vec{y}^j \in \mathbb{R}^n \,\middle|\, \vec{y}^1 \in \mathbb{Y}^1, \ldots, \vec{y}^J \in \mathbb{Y}^J \right\} \quad .$$

Erster Schritt

Für jeden Haushalt h ist die Bessermenge $\mathbb{V}^h$ konvex, denn aus der Annahme „U^h sei quasi-konkav" folgt, daß $\left\{ \vec{x}^h \in \mathbb{X}^h \,\middle|\, \vec{x}^h \succsim^h \hat{\vec{x}}^h \right\}$ konvex ist. Somit ist auch $\mathbb{V}^h$ konvex, $\forall h = 1, \ldots, H$.

Zweiter Schritt

$\mathbb{V}$ und $\mathbb{Y} + \{\vec{\omega}\}$ mit $\vec{\omega} = \sum_{h=1}^{H} \vec{\omega}^h$ sind konvex, da die Summe konvexer Mengen auch konvex ist.

Dritter Schritt

Der dritte Schritt $\mathbb{V} \cap \{\mathbb{Y} + \{\vec{\omega}\}\} = \emptyset$ folgt aus der Pareto-Effizienz von $\left(\hat{\vec{x}}^1, \ldots, \hat{\vec{x}}^H, \hat{\vec{y}}^1, \ldots, \hat{\vec{y}}^J \right)$. Nehmen wir an, es gibt einen Vektor, der sowohl in $\mathbb{V}$ als auch in $\mathbb{Y} + \{\vec{\omega}\}$ liegt. Mit den gegebenen Gesamtressourcen und der Gesamttechnologie wäre es dann möglich einen aggregierten Vektor zu produzieren, der jedem Haushalt h ein Konsumbündel gibt, welches besser als $\hat{\vec{x}}^h$ ist. Dies würde selbstverständlich die Pareto-Effizienz verletzen.

Vierter Schritt

An dieser Stelle wollen wir zunächst den *Trennungssatz* einführen.

Satz 19 (Trennungssatz)
Seien zwei disjunkte und konvexe Mengen $A, B \in \mathbb{R}^n$, d.h. $A \cap B = \emptyset$ gegeben, gibt es ein $\hat{\vec{p}} \in \mathbb{R}^n$, $\hat{\vec{p}} \neq \vec{0}$ und ein $r \in \mathbb{R}$, so daß

$$\hat{\vec{p}}^{\mathsf{T}} \vec{x} \geqslant r \quad \forall \vec{x} \in A$$
$$\hat{\vec{p}}^{\mathsf{T}} \vec{y} \leqslant r \quad \forall \vec{y} \in B \quad .$$

Satz 19 angewandt auf $\mathbb{V}$ *und* $\{\mathbb{Y} + \{\vec{\omega}\}\}$ ergibt: Es gibt ein $\hat{\vec{p}} = (\hat{p}_1, \ldots, \hat{p}_n)^{\mathsf{T}} \neq \vec{0}$ sowie ein $r \in \mathbb{R}$, so daß

$$\hat{\vec{p}}^{\mathsf{T}} \vec{z} \geqslant r \quad \forall \vec{z} \in \mathbb{V}$$
$$\hat{\vec{p}}^{\mathsf{T}} \vec{z} \leqslant r \quad \forall \vec{z} \in \mathbb{Y} + \{\vec{\omega}\} \quad .$$

Fünfter Schritt

In diesem Schritt zeigen wir, daß folgendes gilt:

$$\vec{x}^h \succsim^h \hat{\vec{x}}^h, \forall h = 1, \ldots, H \quad \Rightarrow \quad \hat{\vec{p}}^\mathsf{T} \left(\sum_{h=1}^H \vec{x}^h \right) \geqslant r \quad .$$

Wir nehmen an, $\vec{x}^h \succsim^h \hat{\vec{x}}^h \ \forall h = 1, \ldots, H$ gilt tatsächlich. Aufgrund der lokalen Nichtsättigung existiert ein $\tilde{\vec{x}}^h$ in der Nähe von $\hat{\vec{x}}^h$, so daß $\tilde{\vec{x}}^h \succ^h \hat{\vec{x}}^h$. Damit ist $\tilde{\vec{x}}^h \in \mathbb{V}^h$ und $\sum_{h=1}^H \tilde{\vec{x}}^h \in \mathbb{V}$, so daß

$$\hat{\vec{p}}^\mathsf{T} \left(\sum_{h=1}^H \tilde{\vec{x}}^h \right) \geqslant r.$$

Mit $\lim_{\tilde{\vec{x}}^h \to \vec{x}^h}$ wird $\hat{\vec{p}}^\mathsf{T} \left(\sum_{h=1}^H \vec{x}^h \right) \geqslant r$ impliziert.

Sechster Schritt

Wir wollen nun zeigen, daß gilt

$$\hat{\vec{p}}^\mathsf{T} \left(\sum_{h=1}^H \hat{\vec{x}}^h \right) = \hat{\vec{p}}^\mathsf{T} \left(\vec{\omega} + \sum_{j=1}^J \hat{\vec{y}}^j \right) = r \quad .$$

Aufgrund des fünften Schritts gilt

$$\hat{\vec{p}}^\mathsf{T} \left(\sum_{h=1}^H \hat{\vec{x}}^h \right) \geqslant r \quad ,$$

während die Erreichbarkeit von $\left(\hat{\vec{x}}^1, \ldots, \hat{\vec{x}}^H, \hat{\vec{y}}^1, \ldots, \hat{\vec{y}}^J \right)$ impliziert, daß

$$\sum_{h=1}^H \hat{\vec{x}}^h \leqslant \vec{\omega} + \sum_{j=1}^J \hat{\vec{y}}^j \quad .$$

Durch das linkseitige Produkt mit $\hat{\vec{p}}^\mathsf{T}$ folgt andererseits

$$\hat{\vec{p}}^\mathsf{T} \left(\sum_{h=1}^H \hat{\vec{x}}^h \right) \leqslant \hat{\vec{p}}^\mathsf{T} \left(\vec{\omega} + \sum_{j=1}^J \hat{\vec{y}}^j \right) \leqslant r \quad .$$

Beide Beziehungen implizieren zusammen die gesuchte Identität

$$\hat{\vec{p}}^\mathsf{T} \left(\sum_{h=1}^H \hat{\vec{x}}^h \right) = r \quad .$$

Siebter Schritt

In diesem Schritt zeigen wir zunächst, daß für alle Firmen j

$$\forall \vec{y}^j \in \mathbb{Y}^j : \hat{\vec{p}}^{\mathsf{T}} \vec{y}^j \leqslant \hat{\vec{p}}^{\mathsf{T}} \hat{\vec{y}}^j$$

gilt. Dabei müssen wir beachten, daß $\forall j, \forall \vec{y}^j \in \mathbb{Y}^j : \vec{y}^j + \sum_{k \neq j} \hat{\vec{y}}^k \in \mathbb{Y}$. Somit ist

$$\hat{\vec{p}}^{\mathsf{T}} \left(\vec{\omega} + \vec{y}^j + \sum_{k \neq j} \hat{\vec{y}}^k \right) \leqslant r \overset{(6)}{=} \hat{\vec{p}}^{\mathsf{T}} \left(\vec{\omega} + \hat{\vec{y}}^j + \sum_{k \neq j} \hat{\vec{y}}^k \right) \quad ,$$

wobei die letzte Gleichheit aus dem sechsten Schritt folgt. Damit gilt $\hat{\vec{p}}^{\mathsf{T}} \vec{y}^j \leqslant \hat{\vec{p}}^{\mathsf{T}} \hat{\vec{y}}^j$, was zu zeigen war.

Achter Schritt

Wir möchten in diesem Schritt die Kostenminimierungseigenschaft beweisen, so daß

$$\forall h : \vec{x}^h \succ^h \hat{\vec{x}}^h \quad \Rightarrow \quad \hat{\vec{p}}^{\mathsf{T}} \vec{x}^h \geqslant \hat{\vec{p}}^{\mathsf{T}} \hat{\vec{x}}^h \quad .$$

Aus der Bedingung $\forall h, \forall \vec{x}^h \succ^h \hat{\vec{x}}^h$ folgt

$$\hat{\vec{p}}^{\mathsf{T}} \left(\vec{x}^h + \sum_{i \neq h} \hat{\vec{x}}^i \right) \geqslant r = \hat{\vec{p}}^{\mathsf{T}} \left(\hat{\vec{x}}^h + \sum_{i \neq h} \hat{\vec{x}}^i \right) \quad ,$$

und damit auch, was zu zeigen war: $\hat{\vec{p}}^{\mathsf{T}} \vec{x}^h \geqslant \hat{\vec{p}}^{\mathsf{T}} \hat{\vec{x}}^h$.

Neunter Schritt

Im letzten Schritt beweisen wir nun den 2. Hauptsatz der Wohlfahrtslehre, indem wir den Übergang von der Kostenminimierung zur Nutzenmaximierung zeigen, solange $b^h > 0$ ist. Dabei werden die Transferzahlungen eine wesentliche Rolle spielen. Um aus der im 8. Schritt erreichten Kostenminimierung die Nutzenmaximierung abzuleiten (vgl. Lemma 9.7 auf Seite 199), zeigen wir abschließend noch, daß alle relevanten Einkommen $b^h = \hat{\vec{p}}^{\mathsf{T}} \hat{\vec{x}}^h$ positiv sind.

Da U^h strikt monoton für mindestens ein h ist, muß $\hat{\vec{p}} \gg \vec{0}$ sein. Aus $\sum_{h=1}^{H} \vec{\omega}^h \gg \vec{0}$ und $\vec{0} \in \mathbb{Y}^j$ (also $\pi^j \left(\hat{\vec{p}} \right) \geqslant \vec{0}$) folgt

$$\hat{\vec{p}}^{\mathsf{T}} \left(\sum_{h=1}^{H} \vec{\omega}^h + \sum_{j=1}^{J} \hat{\vec{y}}^j \right) > 0 \quad .$$

Wählen wir dann

$$\hat{\tau}^h = \hat{\vec{p}}^{\mathsf{T}} \hat{\vec{x}}^h - \hat{\vec{p}}^{\mathsf{T}} \vec{\omega}^h - \sum_{j=1}^{J} \delta_j^h \left(\hat{\vec{p}}^{\mathsf{T}} \hat{\vec{y}}^j \right)$$

und

$$\sum_{h=1}^{H} \hat{\tau}^h = 0 \quad , \qquad\qquad \text{(aufgrund des 6. Schrittes)}$$

können wir zwei Fälle unterscheiden:

1. Fall: $\hat{\vec{x}}^h = \vec{0}$
   In diesem Fall ist $b^h = 0$ und $\left\{ \vec{0} \right\}$ ist der einzige Punkt innerhalb der Budgetmenge und damit nutzenmaximierend.

2. Fall: $\hat{\vec{x}}^h > \vec{0}$
   Hier ist $b^h > 0$. Da $\vec{0} \in \mathbb{X}^h$, ist die Voraussetzung für obiges Lemma erfüllt und das Konsumbündel ist nutzenmaximierend.

$\square$

9.5 Marginalbedingungen und Hauptsätze der Wohlfahrtstheorie

Abschließend möchten wir auch für das allgemeine Modell wieder die Marginalbedingungen der Wohlfahrtstheorie aufzeigen.

9.5.1 Annahmen und Marginalbedingungen

Die Marginalbedingungen bieten eine weitere Möglichkeit, Walras-Gleichgewichte, Pareto-effiziente Allokationen und die beiden Hauptsätze der Wohlfahrtstheorie zu charakterisieren. Zunächst sei die Technologie $\mathbb{Y}^j$

$$\mathbb{Y}^j = \left\{ \vec{y}^j \in \mathbb{R}^n \,\middle|\, F^j \left(\vec{y}^j \right) \leqslant 0 \right\} \quad ,$$

wobei $F^j : \mathbb{R}^n \to \mathbb{R}$ die sogenannte *implizite Produktionsfunktion* zur Technologie $\mathbb{Y}^j$ mit effizientem Rand $F^j \left(\vec{y}^j \right) = 0$ ist.

Beispiel 9.8 (Firmen mit einem Output).
Betrachtet man nur Firmen mit einem Output, so erhält man leicht die altbekannte „explizite Produktionsfunktion" $T^j(\cdot)$. Sei y_m^j der Output, dann gilt

$$F^j\left(y_1^j, \ldots, y_{m-1}^j, y_m^j, y_{m+1}^j, \ldots, y_n^j\right) = 0$$
$$= y_m^j - T^j\left(y_1^j, \ldots, y_{m-1}^j, y_{m+1}^j, \ldots, y_n^j\right) \quad,$$

woraus folgt, daß $T^j\left(y_1^j, \ldots, y_{m-1}^j, y_{m+1}^j, \ldots, y_n^j\right) = y_m^j$.

Damit die Marginalbedingungen gelten, müssen wir weitere Annahmen für die Produzenten und Konsumenten treffen!

Bisher galten für die Existenz: (P1) – (P8), (K1) – (K7), und für die Beschreibung von Walras-Gleichgewichten durch die Marktüberschußnachfragefunktion: (SKM). Nun kommen dazu Differenzierbarkeit, strikte Konkavität und strikte Monotonie, abgekürzt mit (DKM). Diese Annahmen bedeuten konkret für Firmen und Haushalte Folgendes:

Produzenten:

1. $F^j(\cdot)$ sei zweimal stetig differenzierbar.

2. $F^j(\cdot)$ sei strikt monoton, d.h. $\nabla F^j\left(\vec{y}^j\right) \gg \vec{0}$.[2]

3. $F^j(\cdot)$ sei strikt konvex, d.h. $\vec{h}^\mathsf{T} D^2 F^j\left(\vec{y}^j\right) \vec{h} > 0$, $\forall h \in \mathbb{R}^n$.

Konsumenten: Für alle $\vec{x}^h \in \overset{\circ}{\mathbb{X}}$ gilt[3]

1. U^h sei zweimal stetig differenzierbar.

2. U^h sei strikt quasi-konkav, eine hinreichende Bedingung dafür ist $\vec{h}^\mathsf{T} D^2 U^h\left(\vec{x}^h\right) \vec{h} < 0$, $\forall \vec{h} \neq \vec{0}$ mit $\vec{h}^\mathsf{T} \nabla U^h\left(\vec{x}^h\right) = 0$.

3. U^h sei strikt monoton, d.h. $\nabla U^h\left(\vec{x}^h\right) \gg 0$.

4. $\mathbb{V}\left(\vec{x}^h\right) = \left\{\hat{\vec{x}}^h \in X^h \,\middle|\, U^h\left(\hat{\vec{x}}^h\right) \geq U^h\left(\vec{x}^h\right)\right\} \subseteq \overset{\circ}{\mathbb{X}}$, d.h. die Indifferenzkurven schneiden die Achsen nicht.

Sind die DKM-Annahmen erfüllt, gilt folgender Satz.

---

[2] $\nabla F^j\left(\vec{y}^j\right)$ bezeichnet den Gradienten von $F^j\left(\vec{y}^j\right)$.

[3] $\overset{\circ}{\mathbb{X}}$ bezeichnet das Innere der Konsummenge $\mathbb{X}^h$.

Satz 20

Die Allokation $\left(\{\hat{\bar{x}}^h\}_{1,\ldots,H}, \{\hat{\bar{y}}^j\}_{1,\ldots,J}\right)$ ist Pareto-effizient genau dann, wenn die Marginalbedingungen gelten, d.h. wenn

$$GRS^h_{l,g}\left(\hat{\bar{x}}^h\right) = -\frac{\partial_{x^h_l} U^h\left(\hat{\bar{x}}^h\right)}{\partial_{x^h_g} U^h\left(\hat{\bar{x}}^h\right)} = -\frac{\partial_{x^k_l} U^h\left(\hat{\bar{x}}^k\right)}{\partial_{x^k_g} U^h\left(\hat{\bar{x}}^k\right)} = GRS^k_{l,g}\left(\hat{\bar{x}}^k\right) \quad \forall(h,k), \forall(l,g)$$

$$GRT^j_{l,g}\left(\hat{\bar{y}}^j\right) = -\frac{\partial_{y^j_l} F^j\left(\hat{\bar{y}}^j\right)}{\partial_{y^j_g} F^j\left(\hat{\bar{y}}^j\right)} = -\frac{\partial_{y^f_l} F^f\left(\hat{\bar{y}}^f\right)}{\partial_{y^f_g} F^f\left(\hat{\bar{y}}^f\right)} = GRT^f_{l,g}\left(\hat{\bar{y}}^f\right) \quad \forall(j,f), \forall(l,g)$$

$$GRS^h_{l,g}\left(\hat{\bar{x}}^h\right) \qquad\qquad = \qquad\qquad GRT^j_{l,g}\left(\hat{\bar{y}}^j\right) \quad \forall(h,j), \forall(l,g)$$

Diese Marginalbedingungen ergeben sich als (FOC) aus folgendem Optimierungsproblem:

$$\max_{\bar{x}^h, \bar{y}^j} \sum_{h=1}^{H} \lambda^h U^h\left(\bar{x}^h\right) \quad \text{s.t.} \quad F^j\left(\bar{y}^j\right) \leqslant 0, \quad \forall j = 1, \ldots, J$$

$$\sum_{h=1}^{H} \bar{x}^h = \sum_{h=1}^{H} \bar{\omega}^h + \sum_{j=1}^{J} \bar{y}^j \quad .$$

Wir empfehlen dem Leser diese Behauptung zur Kontrolle des Verständnisses nachzurechnen. Der Zusammenhang zwischen diesem Optimierungsproblem und den effizienten Allokationen stellt sich wie folgt dar. Sei $\lambda^h > 0$, $h = 1, \ldots, H$, dann ist die Lösung des Optimierungsproblems eine Pareto-effiziente Allokation. Sei umgekehrt $\left(\{\hat{\bar{x}}^h\}_{1,\ldots,H}, \{\hat{\bar{y}}^j\}_{1,\ldots,J}\right)$ eine Pareto-effiziente Allokation, dann gibt es $\lambda^h > 0$, $h = 1, \ldots, H$, sodaß diese Allokation Lösung des Optimierungsproblems ist.[4]

Wir können auch ein Beispiel angeben, in dem die DKM-Annahmen nicht erfüllt sind und die Marginalbedingungen nicht gelten müssen: In Abbildung 9.6 ist $\left(\hat{\bar{x}}^1, \hat{\bar{x}}^2\right)$ eine Pareto-effiziente Allokation. U^h erfüllt alle Voraussetzungen bis auf die letzte und $GRS^1 > GRS^2$. Somit kann hier Pareto-Effizienz nicht mit Hilfe der Marginalbedingungen überprüft werden.

---

[4]Man kann i.a. nur $\lambda^h \geqslant 0$ ($\lambda^h \neq 0$) sichern (der Beweis läuft via Trennungssatz). Um $\lambda^h > 0 \ \forall \lambda^h$ zu sichern, erfordert es Regularitätsbedingungen, die möglicherweise unter DKM-Annahmen erfüllt sind. Eine nützliche Referenz für interessierte Leser ist Geoffrion [1968], der die allgemeinere Idee der *Proper Efficiency – eigentliche Effizienz* – vorstellt. Ein interessanter Artikel zur Geschichte der Optimierungstheorie ist Stadler [1979].

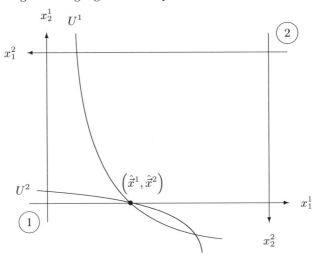

Abb. 9.6. DKM ist nicht erfüllt.

9.5.2 Beweis des 1. Hauptsatzes mittels der Marginalbedingungen

Zur Erinnerung noch einmal die Aussage des Satzes: *Sei* $\left(\{\overset{*}{\vec{x}}^h\}_{1,\dots,H}, \{\overset{*}{\vec{y}}^j\}_{1,\dots,J}\right)$ *ein Walras-Gleichgewicht, dann ist* $\left(\{\overset{*}{\vec{x}}^h\}_{1,\dots,H}, \{\overset{*}{\vec{y}}^j\}_{1,\dots,J}\right)$ *Pareto-effizient.*

Beweis. Betrachten wir noch einmal die Definition eines *Walras-Gleichgewichts*. Eine Allokation $\left(\{\overset{*}{\vec{x}}^h\}_{1,\dots,H}, \{\overset{*}{\vec{y}}^j\}_{1,\dots,J}\right)$ mit einem Preissystem $\overset{*}{\vec{p}}$ ist ein Walras-Gleichgewicht, wenn gilt:

1. $\overset{*}{\vec{y}}_j \in \arg\max_{\vec{y}^j} \overset{*}{\vec{p}}^{\mathsf{T}} \vec{y}^j$ s.t. $F^j\left(\vec{y}^j\right) \leqslant 0 \ \forall j = 1, \dots, J.$

2. $\overset{*}{\vec{x}}_h \in \arg\max_{\vec{x}^h \in \mathbb{X}^h} U^h\left(\vec{x}^h\right)$ s.t. $\overset{*}{\vec{p}}^{\mathsf{T}} \vec{x}^h \leqslant \overset{*}{\vec{p}}^{\mathsf{T}} \vec{\omega}^h + \sum_{j=1}^J \delta_j^h \left(\overset{*}{\vec{p}}^{\mathsf{T}} \overset{*}{\vec{y}}_j\right) \ \forall h = 1, \dots, H.$

3. $\sum_{h=1}^H \overset{*}{\vec{x}}_h = \sum_{h=1}^H \vec{\omega}^h + \sum_{j=1}^J \overset{*}{\vec{y}}_j.$

Aus 2. erhalten wir mittels der Lagrange-Funktion die Bedingung Erster Ordnung[5]

---

[5]Die Lagrange-Theorie allein würde hier wegen der „$\leqslant$ " -Restriktionen nicht ausreichen. Stattdessen sollte Kuhn-Tucker benutzt werden. Gilt nämlich für ein h eine strikte Ungleichheit in der Restriktion, wäre die Umformung nicht zulässig, denn

$$\partial_{x_l^h} U^h \left(\overset{*}{\vec{x}}_h \right) - \lambda^h \overset{*}{p}_l \overset{!}{=} 0 \qquad \text{(FOC)}$$

$$\partial_{x_l^h} U^h \left(\overset{*}{\vec{x}}_h \right) = \lambda^h \overset{*}{p}_l \quad .$$

Daraus folgt für zwei Güter l und g

$$\frac{\partial_{x_l^h} U^h \left(\overset{*}{\vec{x}}_h \right)}{\partial_{x_g^h} U^h \left(\overset{*}{\vec{x}}_h \right)} = \frac{\lambda^h \overset{*}{p}_l}{\lambda^h \overset{*}{p}_g} = \frac{\overset{*}{p}_l}{\overset{*}{p}_g} \quad .$$

Aus 1. erhalten wir analog

$$\overset{*}{p}_l - \lambda^j \partial_{y_l^j} F^j \left(\overset{*}{\vec{y}}_j \right) = 0 \qquad \text{(FOC)}$$

$$\overset{*}{p}_l = \lambda^j \partial_{y_l^j} F^j \left(\overset{*}{\vec{y}}_j \right) ,$$

woraus für zwei Güter l und g folgt, daß

$$\frac{\overset{*}{p}_l}{\overset{*}{p}_g} = \frac{\lambda^j \partial_{y_l^j} F^j \left(\overset{*}{\vec{y}}_j \right)}{\lambda^j \partial_{y_g^j} F^j \left(\overset{*}{\vec{y}}_j \right)} = \frac{\partial_{y_l^j} F^j \left(\overset{*}{\vec{y}}_j \right)}{\partial_{y_g^j} F^j \left(\overset{*}{\vec{y}}_j \right)} \quad .$$

Aus den beiden obigen Beziehungen können wir direkt den 1. Hauptsatz ableiten, indem wir alle Beziehungen zwischen Haushalten, Firmen und Gütern betrachten: Für alle Haushaltspaare $\forall (h,k)$, alle Güterpaare $\forall (l,g)$ und alle Firmenpaare $\forall (j,f)$ gilt

$$-\text{GRS}_{l,g}^h \left(\overset{*}{\vec{x}}^h h \right) = \frac{\partial_{x_l^h} U^h \left(\overset{*}{\vec{x}}^h \right)}{\partial_{x_g^h} U^h \left(\overset{*}{\vec{x}}^h \right)} = \frac{\overset{*}{p}_l}{\overset{*}{p}_g} = \frac{\partial_{x_l^k} U^k \left(\overset{*}{\vec{x}}^k \right)}{\partial_{x_g^k} U^k \left(\overset{*}{\vec{x}}^k \right)} = -\text{GRS}_{l,g}^k \left(\overset{*}{\vec{x}}^k \right) \quad ,$$

$$-\text{GRT}_{l,g}^j \left(\overset{*}{\vec{y}}^j \right) = \frac{\partial_{y_l^j} F^j \left(\overset{*}{\vec{y}}^j \right)}{\partial_{y_g^j} F^k \left(\overset{*}{\vec{y}}^j \right)} = \frac{\overset{*}{p}_l}{\overset{*}{p}_g} = \frac{\partial_{y_l^f} F^f \left(\overset{*}{\vec{y}}^f \right)}{\partial_{y_g^f} F^f \left(\overset{*}{\vec{y}}^f \right)} = -\text{GRT}_{l,g}^f \left(\overset{*}{\vec{y}}^f \right) \quad ,$$

$$\text{GRS}_{l,g}^h \left(\overset{*}{\vec{x}}^h \right) \qquad\qquad = \qquad\qquad \text{GRT}_{l,g}^j \left(\overset{*}{\vec{y}}^j \right) \quad .$$

Diese Resultate stimmen mit mit denen von Anmerkung 4.7 auf Seite 134 überein.

□

9.5.3 Beweis des 2. Hauptsatzes mittels der Marginalbedingungen

Der 2. Hauptsatz besagt: Zu jeder Pareto-effizienten Allokation $\left(\{ \overset{*}{\vec{x}}^h \}_{1,...,H}, \{ \overset{*}{\vec{y}}^j \}_{1,...,J} \right)$ gibt es ein Preissystem $\hat{p}$ und ein System von Trans-

---

$\lambda^h = 0$. Ist U^h jedoch streng monoton steigend, ausreichend oft diffenrenzierbar und $\overset{*}{p}_l > 0$, so ist $\lambda^h \neq 0$ und das hier vorgestellte Vorgehen ist zulässig.

ferzahlungen $\{\hat{\tau}^h\}_{h=1,\ldots,H}$ mit $\sum_{h=1}^H \hat{\tau}^h = 0$, so daß $\left(\{\overset{*}{\hat{x}}{}^h\}_{1,\ldots,H}, \{\overset{*}{\hat{y}}{}^j\}_{1,\ldots,J}\right)$ ein Walras-Gleichgewicht unter Berücksichtigung von Transferzahlungen darstellt.

Beweis. Sei $\left(\{\overset{*}{\hat{x}}{}^h\}_{1,\ldots,H}, \{\overset{*}{\hat{y}}{}^j\}_{1,\ldots,J}\right)$ eine Pareto-effiziente Allokation. Dann ist sie erreichbar und aufgrund der strikten Monotonie gilt die Identität

$$\sum_{h=1}^H \hat{\vec{x}}{}^h = \sum_{h=1}^H \vec{\omega}^h + \sum_{j=1}^J \hat{\vec{y}}{}^j \quad .$$

Wir vergleichen dazu auch Definition 9.4. Definiert man nun

$$\hat{p}_i \overset{\text{def}}{=} \partial_{x_i^h} U^h\left(\hat{\vec{x}}{}^h\right) \quad \forall h = 1, \ldots, H \quad ,$$

so erfüllt $\hat{\vec{p}}$ alle Bedingungen erster Ordnung und

$$-\mathrm{GRS}_{l,g}^h\left(\hat{\vec{x}}{}^h\right) = \frac{\partial_{x_l^h} U^h\left(\hat{\vec{x}}{}^h\right)}{\partial_{x_g^h} U^h\left(\hat{\vec{x}}{}^h\right)} = \frac{\hat{p}_l}{\hat{p}_g} = \frac{\partial_{x_l^k} U^k\left(\hat{\vec{x}}{}^k\right)}{\partial_{x_g^k} U^h\left(\hat{\vec{x}}{}^k\right)} = -\mathrm{GRS}_{l,g}^k\left(\hat{\vec{x}}{}^k\right)$$

für alle möglichen Haushalts- und Güterpaare $\forall(h,j), \forall(l,g)$. Analog zum obigen Abschnitt gilt

$$-\mathrm{GRT}_{l,g}^j\left(\hat{\vec{y}}{}^j\right) = -\mathrm{GRS}_{l,g}^h\left(\hat{\vec{x}}{}^h\right) = \frac{p_l}{p_g} \quad .$$

Setzen wir nun

$$\hat{\tau}^h \overset{\text{def}}{=} \hat{\vec{p}}^\mathsf{T} \hat{\vec{x}}{}^h - \hat{\vec{p}}^\mathsf{T} \vec{\omega}^h - \sum_{j=1}^J \delta_j^h \left(\hat{\vec{p}}^\mathsf{T} \hat{\vec{y}}{}^j\right) \quad ,$$

so erhalten wir durch Aufsummieren

$$\sum_{h=1}^H \hat{\tau}^h = \hat{\vec{p}}^\mathsf{T} \sum_{h=1}^H \hat{\vec{x}}{}^h - \hat{\vec{p}}^\mathsf{T} \sum_{h=1}^H \vec{\omega}^h - \sum_{j=1}^J \underbrace{\left(\sum_{h=1}^H \delta_j^h\right)}_{=1} \left(\hat{\vec{p}}^\mathsf{T} \hat{\vec{y}}{}^j\right)$$

$$= \hat{\vec{p}}^\mathsf{T} \underbrace{\left(\sum_{h=1}^H \hat{\vec{x}}{}^h - \sum_{h=1}^H \vec{\omega}^h - \sum_{j=1}^J \hat{\vec{y}}{}^j\right)}_{=0}$$

$$= 0$$

□

9.6 Erweiterungen und Schlußfolgerungen

Dieses Kapitel sollte vor allem dazu dienen, das wichtige Pareto-Prinzip noch besser zu verstehen. Sprechen Ökonomen von Effizienz, meinen sie in der Regel eine Pareto-Verbesserung oder eine Pareto-optimale Allokation. Die grundlegende Idee ist, daß eine Allokation dieser Art niemanden schlechter stellt. Paretos Beurteilung von Allokationen und die daraus resultierende Idee der Wohlfahrt hat jedoch nichts mit kollektiven Entscheidungsverfahren (wie der Demokratie) oder mit Gerechtigkeit (Engl. *fairness*) zu tun. Diese beiden Themen werden wir in Kapitel 13 behandeln.

Der Thematik konvexer Produktionsfunktionen sollten wir hier auch einige Gedanken widmen. Unter 9.3.2 wird die klassische Produktionsfunktion beispielsweise ausgeschlossen, obwohl sie in vielen empirischen Fällen sinnvoll ist. Dadurch kehren wir zur allgemeinen Kritik zurück: Steigende Skalenerträge sind für die allgemeine Gleichgewichtstheorie problematisch. Obwohl sie allgemein nicht beobachtbar sind – dies würde sonst implizieren, daß jedes Gut von einem einzigen Hersteller produziert wird – erscheinen sie vor allem in neuen, wachsenden Branchen, deren Synergiemöglichkeiten und Größenvorteile noch nicht von den überproportional zunehmenden Organisations- und Transaktionskosten dominiert werden.

Eine Schwäche der allgemeinen Gleichgewichtstheorie ergibt sich, wenn wir das Modell um das System von Transferzahlungen $\{\hat{\tau}^h\}_{h=1,...,H}$ erweitern. Hier existiert das grundlegende Problem der Information: Wie kann man die richtigen und notwendigen Transferzahlungen ermitteln? Diese Kritik werden wir im dritten Teil des Buches in Kapitel 11 und Kapitel 12 noch genauer untersuchen.

Mit diesem Kapitel schließt auch der vertiefende zweite Teil des Buches ab, in welchem wir das allgemeine Modell aus Kapitel 5 weiter spezifiziert haben. Auf den folgenden Seiten widmen wir uns einigen Modellerweiterungen und lassen einige der bisher gültigen Annahmen fallen.

Übungen Teil II

10.1 Schwierigkeitsniveau 1

10.1.1 Aufgabe

Sei

$$GE = \left[\mathbb{R}^n, {Y^k}_{k=1,\dots,K}, \left(X^i, U^i, \omega^i, \delta^i \right)_{i=1,\dots,I} \right]$$

ein allgemeines Gleichgewichtsmodell.

Betrachten Sie nun folgenden einfachen Spezialfall:
Es gibt 4 Güter, d.h. $n = 4$. Die beiden ersten Güter sind Konsumgüter, die beiden letzten Güter sind reine Produktionsfaktoren. Es gibt zwei Firmen, d.h. $K = 2$. Firma 1 produziert das erste Konsumgut unter Einsatz des letzten Faktors gemäß der Technologie

$$Y^1 = \left\{ y^1 \in \mathbb{R}^4 \mid y_1^1 \leq \sqrt{-y_4^1}, y_2^1 \leq 0, y_3^1 \leq 0, y_4^1 \leq 0 \right\}.$$

Firma 2 produziert das zweite Konsumgut unter Einsatz des anderen Faktors gemäß der linearen Technologie

$$Y^2 = \left\{ y^2 \in \mathbb{R}^4 \mid y_1^2 \leq 0, y_2^2 \leq -y_3^2, y_3^2 \leq 0, y_4^2 \leq 0 \right\}.$$

Es gibt ferner zwei Konsumenten, $I = 2$. Beide Konsumenten besitzen je die Hälfte beider Firmen, d.h. $\delta_1^1 = \delta_2^1 = \delta_1^2 = \delta_2^2 = \frac{1}{2}$, und sie haben beide folgende Ausstattung an Ressourcen $\omega^1 = \left(0, 0, \frac{3}{4}, \frac{1}{8} \right) = \omega^2$. Die Konsummenge X^i beider Konsumenten $i = 1, 2$ sei die Menge aller nichtnegativen Güterbündel, d.h. $X^i = \mathbb{R}_+^4$, $i = 1, 2$.
Konsument 2 ist nur an dem Konsum des zweiten Gutes interessiert, denn

$$U^2(x_1^2, x_2^2, x_3^2, x_4^2) = x_2^2,$$

während Konsument 1 die beiden ersten Güter gemäß der Nutzenfunktion

$$U^1(x_1^1, x_2^1, x_3^1, x_4^1) = \ln x_1^1 + \ln x_2^1$$

bewertet.

Aufgaben:

1. Erfüllen die in obigem Spezialfall angegebenen Charakteristika der Produzenten Y^k, $k = 1, 2$, und die der Konsumenten $\left(X^i, U^i, \omega^i, \delta^i\right)_{i=1,2}$ die in der Vorlesung vorgestellten hinreichenden Bedingungen für die Existenz von Walras-Gleichgewichten?

2. Zeigen Sie, daß

$$p^* = (1, 1, 1, 1)$$
$$y^{*1} = \left(\frac{1}{2}, 0, 0, -\frac{1}{4}\right), \ y^{*2} = \left(0, \frac{3}{2}, -\frac{3}{2}, 0\right),$$
$$x^{*1} = \left(\frac{1}{2}, \frac{1}{2}, 0, 0\right), \quad x^{*2} = (0, 1, 0, 0)$$

ein Walras-Gleichgewicht dieser Ökonomie ist.

10.1.2 Aufgabe

Sei

$$GE = \left[\mathbb{R}^n, {Y^k}_{k=1,\dots,K}, \left(X^i, U^i, \omega^i, \delta^i\right)_{i=1,\dots,I}\right]$$

ein allgemeines Gleichgewichtsmodell.

Betrachten Sie ein allgemeines Gleichgewichtsmodell mit einem privaten Gut, m, und einem öffentlichen Gut, y. Das öffentliche Gut y kann aus dem privaten Gut m gemäß der Technologie

$$Y = \left\{(y, m) | y \geq 0, \ m \leq 0 \text{ und } (y)^2 + m \leq 0\right\}$$

produziert werden. Es gibt zwei Konsumenten mit Nutzenfunktionen

$$U^1(y, m^1) = \alpha \ln(y) + (1 - \alpha) \ln(m^1), \alpha = \frac{1}{3}$$

und

$$U^2(y, m^2) = \beta \ln(y) + (1 - \beta) \ln(m^2), \beta = \frac{3}{5}.$$

Die Erstausstattungen am privaten Gut seien mit $M^1 = 1$ bzw. $M^2 = 2$ bezeichnet. $\delta^1 = \frac{1}{2}$ bzw. $\delta^2 = \frac{1}{2}$ bezeichnen die Anteile am Gewinn des öffentlichen Sektors.

1. Geben Sie eine Pareto–effiziente Allokation und eine durchführbare Pareto–ineffiziente Allokation an.

2. Zeigen Sie, daß es kein Walras–Gleichgewicht geben kann.

3. Zeigen Sie, daß

$$\left(\overset{\star 1}{x}, \overset{\star 2}{x}, \overset{\star 1}{m}, \overset{\star 2}{m}, \overset{\star}{y}, \overset{\star}{m}\right) \left(\overset{\star 1}{t}, \overset{\star 2}{t}, \overset{\star}{p}\right) = (a, 1 - a, 1, 1, 1, -1) \left(\frac{1}{2}, \frac{3}{2}, 2\right)$$

für jedes a ein Lindahl–Gleichgewicht ist.

4. Ist das unter 3. berechnete Gleichgewicht Pareto–effizient ?

10.1.3 Aufgabe

Sei

$$GE = \left[\mathbb{R}^n, Y^k{}_{k=1,\ldots,K}, \left(X^i, U^i, \omega^i, \delta^i\right)_{i=1,\ldots,I}\right]$$

ein allgemeines Gleichgewichtsmodell.

Betrachten Sie nun folgenden einfachen Spezialfall einer Tauschwirtschaft, d.h. $Y^k = \mathbb{R}^n_-$, $k = 1, \ldots, K$ mit zwei Gütern ($n = 2$) und zwei Konsumenten ($I = 2$).

Die Nutzenfunktionen seien

$$U^i(x_1^i, x_2^i) = \sqrt{x_1^i} + \sqrt{x_2^i} , \; i = 1, 2$$

und die Ressourcen sind $\omega^1 = (1, 0)$, $\omega^2 = (0, 1)$.

Aufgaben:

1. Erfüllen die Nutzenfunktionen die zur Anwendung der Marginalbedingung notwendigen Voraussetzungen?

2. Bestimmen Sie die Menge der Pareto-effizienten Allokationen in der Edgeworth-Box.

3. Bestimmen Sie die Menge der erreichbaren Nutzenallokationen. Zeichnen Sie in diese Menge die Drohpunkte im Sinne von Nash ein.

4. Bestimmen Sie nun die Nash-Verhandlungslösung dieses Allokationsproblems.

10.1.4 Aufgabe

Sei

$$GE = \left[\mathbb{R}^n, Y^k{}_{k=1,...,K}, \left(X^i, U^i, \omega^i, \delta^i\right)_{i=1,...,I}\right]$$

ein allgemeines Gleichgewichtsmodell.

Betrachten Sie den Spezialfall einer Tauschwirtschaft mit zwei Gütern und zwei Konsumenten. In diesem Spezialfall kann jede durchführbare nicht verschwenderische Allokation in der sogenannten Edgeworth-Box dargestellt werden.

Die beiden Konsumenten sind wie folgt charakterisiert: $\omega^1 = (1,0)$, $\omega^2 = (0,1)$ sind die Ressourcen, und die Nutzenfunktionen haben die Parameter $\alpha^1 = \frac{1}{2}$, $\alpha^2 = \frac{1}{4}$.

Betrachten Sie nun für diese Parameterwerte die folgenden drei Paare von Nutzenfunktionen. Zusammen mit den Ressourcen stellt also jedes Paar a) - c) eine vollständig definierte Tauschwirtschaft dar:

a) $U^i(x_1^i, x_2^i) = \alpha^i \ln x_1^i + (1 - \alpha^i)\ln x_2^i$, $\quad i = 1, 2$

b) $U^i(x_1^i, x_2^i) = \alpha^i x_1^i + (1 - \alpha^i)x_2^i$, $\quad i = 1, 2$

c) $U^i(x_1^i, x_2^i) = \min \{\alpha^i x_1^i, (1 - \alpha^i)x_2^i\}$, $\quad i = 1, 2$

Aufgaben:

1. Stellen Sie für jede der drei Tauschwirtschaften a) - c) die Pareto-effizienten Allokationen in einer Edgeworth-Box dar.

2. Bestimmen Sie für jede der drei Tauschwirtschaften a) - c) je ein Walras-Gleichgewicht und zeichnen Sie dieses in die Edgeworth-Box - Diagramme aus Teilaufgabe 1.) ein.

10.1.5 Aufgabe

Sei

$$GE = \left[\mathbb{R}^n, Y^k{}_{k=1,\dots,K}, \left(X^i, U^i, \omega^i, \delta^i \right)_{i=1,\dots,I} \right]$$

ein allgemeines Gleichgewichtsmodell.

Betrachten Sie nun folgenden einfachen Spezialfall:
Es gibt zwei Güter, d.h. $n = 2$. Es wird nichts produziert, d.h. $Y^k = \mathbb{R}^2_-$, $k = 1, \dots, K$. Das Modell beschreibt also eine reine Tauschwirtschaft. Es gibt zwei Konsumenten, welche die Nutzenfunktionen und Ressourcen

$$U^1(x^1_1, x^1_2) = -\frac{1}{4} \left(2(x^1_1)^{-4} + (x^1_2)^{-4} \right), \qquad \omega^1 = (1,0)$$

$$U^2(x^2_1, x^2_2) = -\frac{1}{4} \left((x^2_1)^{-4} + 2(x^2_2)^{-4} \right), \qquad \omega^2 = (0,1)$$

haben.

Aufgaben:

1. Zeigen Sie, daß $p^* = (1,1)$ ein Walras-Gleichgewichtspreis ist.

   Hinweis: Bei der Lösung dieser Aufgabe ist es hilfreich, von Anfang an den Preis des zweiten Gutes auf 1 zu normieren. Beachten Sie auch, daß aus Symmetriegründen die Nachfrage des zweiten Konsumenten aus der des ersten Konsumenten abgelesen werden kann.

2. Es sei $z_1(p_1, p_2)$ die Marktüberschußnachfrage nach Gut 1. Zeigen Sie, daß $z_1(p_1, 1)$ monton fallend in p_1 ist.

3. Was können Sie aus 2.) über die Anzahl der Walras-Gleichgewichte, deren Stabilität und die komparative Statik schließen?

10.1.6 Aufgabe

Sei
$$GE = \left[\mathbb{R}^n, {Y^k}_{k=1,\ldots,K}, \left(X^i, U^i, \omega^i, \delta^i\right)_{i=1,\ldots,I}\right]$$
ein allgemeines Gleichgewichtsmodell.

Betrachten Sie nun folgenden einfachen Spezialfall:
Es gibt zwei Güter, d.h. $n = 2$. Es wird nichts produziert, d.h. $Y^k = \mathbb{R}^2_-$, $k = 1,\ldots,K$. Das Modell beschreibt also eine reine Tauschwirtschaft. Es gibt zwei Konsumenten, welche die Nutzenfunktionen und Ressourcen

$$U^1(x_1^1, x_2^1) = +x_1^1 - \tfrac{1}{8}(x_2^1)^{-8}, \qquad\qquad \omega^1 = (2, r)$$
$$U^2(x_1^2, x_2^2) = -\tfrac{1}{8}(x_1^2)^{-8} + x_2^2, \qquad\qquad \omega^2 = (r, 2)$$

haben; wobei $r = 2^{\frac{8}{9}} - 2^{\frac{1}{9}}$ ist.

Aufgaben:

1. Zeigen Sie, daß $p^* = (1, 1)$ ein Walras-Gleichgewichtspreis ist.

2. Es sei $z_1(p_1, p_2)$ die Marktüberschußnachfrage nach Gut 1. Zeigen Sie, daß im Gleichgewicht $p^* = (1, 1)$ die Steigung von z_1 positiv ist, daß also $\partial_{p_1} z_1(1, 1) > 0$.

3. Was können Sie aus b) über die Anzahl der Walras-Gleichgewichte, deren Stabilität und die komparative Statik schließen?

10.1.7 Aufgabe

Sei
$$GE = \left[\mathbb{R}^n, {Y^k}_{k=1,\ldots,K}, \left(X^i, U^i, \omega^i, \delta^i\right)_{i=1,\ldots,I}\right]$$
das betrachtete Modell einer Marktwirtschaft mit I Konsumenten und K Unternehmen. Nehmen Sie an, $n = 2$ und

- $X^i = \mathbb{R}^2_+$, U^i stetig, streng monoton und streng quasi-konkav,

- $\omega^i > 0$, $i = 1,\ldots,I$, $\sum\limits_{i=1}^{I} \omega^i \gg 0$,

- Y^j abgeschlossen, streng konvex und nach oben beschränkt, $0 \in Y^j$, $j = 1,\ldots,K$.

Aufgaben:

1. Definieren Sie ein Walras-Gleichgewicht für diese Ökonomie.

2. Welche Eigenschaften hat die Marktüberschußnachfrage $\bar{z} : \mathbb{R}^2_{++} \to \mathbb{R}^2$ dieser Ökonomie GE?

3. Welche der folgenden Funktionen können keine Marktüberschußnachfragefunktionen der Ökonomie GE sein ? Bitte geben Sie jeweils eine kurze (!) Begründung.

   a) $\bar{z}(p_1, p_2) = (0, 0)$

   b) $\bar{z}(p_1, p_2) = \left(\frac{p_2}{p_1} - 1, \frac{p_1}{p_2} - 1 \right)$

   c) $\bar{z}(p_1, p_2) = \left(\frac{1}{p_1} - p_2, p_1 - \frac{1}{p_2} \right)$

   d) $\bar{z}(p_1, p_2) = \left(\frac{p_2{}^2}{p_1(p_1 - p_2)}, \frac{p_2}{p_2 - p_1} \right)$

   e) $\bar{z}(p_1, p_2) = \left(\frac{p_2}{p_1}, -\frac{p_1}{p_2} \right)$

4. Betrachten Sie nun diejenigen Funktionen aus Teilaufgabe 3.), die das Walras-Gesetz und die Homogenität erfüllen. Normieren sie $p_2 \equiv 1$, und überprüfen Sie in einem Diagramm, in welchem $\bar{z}_1$ als Funktion von p_1 abgetragen wird, ob es für die jeweilige Funktion Walras-Gleichgewichte gibt.

10.1.8 Aufgabe

Sei

$$GE = \left[\mathbb{R}^n, Y^k{}_{k=1,\dots,K}, \left(X^i, U^i, \omega^i, \delta^i \right)_{i=1,\dots,I} \right]$$

ein allgemeines Gleichgewichtsmodell.

Betrachten Sie nun folgenden einfachen Spezialfall:
Es gibt 2 Güter, d.h. es ist $n = 2$. Das erste Gut ist aus Sicht der Produzenten der Inputfaktor Arbeit, aus Sicht der Konsumenten entgangene Freizeit. Das zweite Gut ist das einzige Konsumgut. Es gibt eine Firma, d.h. $K = 1$, welche mittels Arbeit gemäß der Technologie

$$Y^1 = \{ y^1 \in \mathbb{R}^2 | y_1^1 \leq 0, y_2^1 \geq 0, y_2^1 \leq \sqrt{-y_1^1} \}$$

das Konsumgut y_2^1 produziert.

Es gibt einen Konsumenten, d.h. $I = 1$. Dieser kann nichtnegative Mengen am Konsumgut x_1^1 sowie an der Freizeit x_2^1 konsumieren, wobei x_1^1 durch 1 nach oben beschränkt ist, d.h. die Konsummenge ist $X^1 = \{x^1 \in \mathbb{R}_+^2 \mid x_1^1 \leq 1\}$. Der Konsument ist mit einer Einheit Zeit, welche er auf Arbeit und Freizeit aufteilen kann, ausgestattet, d.h. $\omega^1 = (1, 0)$. Er trifft die Konsum–Freizeit–Entscheidung gemäß der Nutzenfunktion

$$U^1(x_1^1, x_2^1) = \ln x_1^1 + \ln x_2^1.$$

Schließlich ist der Konsument der alleinige Eigentümer der Firma, d.h. $\delta^1 = 1$.

Aufgaben:

1. Definieren Sie ein Walras-Gleichgewicht für die oben angegebene Ökonomie.

2. Berechnen Sie ein Walras-Gleichgewicht für die oben angegebene Ökonomie.

3. Stellen Sie das Walras-Gleichgewicht in einem x_1^1, x_2^1 bzw. y_2^1, y_2^1–Diagramm dar.

10.1.9 Aufgabe

Kreuzen Sie die jeweils richtige Alternative an:

1. Die Existenz von Walrasgleichgewichten

   G) folgt aus dem Walrasgesetz.

   H) setzt die endliche Anzahl von Gütern voraus.

   I) folgt aus gewißen Stetigkeits-, Konvexitäts- und Monotonieannahmen.

2. Die Marktüberschußnachfragefunktion

   Q) gibt an, wieviel Überfluß produziert wird.

   R) liefert zu jedem Preissystem die Anzahl der Märkte, welche nicht im Gleichgewicht sind.

   S) faßt alle individuellen Maximierungsprobleme zusammen und erlaubt somit eine 'kompakte' Beschreibung von Marktgleichgewichten.

3. Das Randverhalten der Marktüberschußnachfragefunktion besagt, daß entlang einer Folge von Preisen, welche gegen ein Preissystem konvergiert, das positive wie auch Preise gleich Null hat,

   M) die Norm der Marktüberschußnachfrage unbeschränkt ist.

   N) die Nachfrage größer als das Angebot wird.

   O) alle Märkte ausgeglichen sind.

4. Die wünschenwerten Eigenschaften: Eindeutigkeit, Stabilität und intuitive Komparative Statik

   G) folgen aus den Stetigkeits,- Konvexitäts- und Monotonieannahmen.

   H) sind für den Fall von nur zwei Gütern immer erfüllt.

   I) folgen nur, falls Zusatzannahmen wie die der quasi-linearen Nutzenfunktionen gemacht werden.

5. Eine durchführbare Allokation heißt Pareto-effizient, falls es keine andere durchführbare Allokation gibt,

   J) in der der Gewinn einer Firma erhöht werden kann, ohne den Gewinn einer anderen Firma zu senken.

   K) in der der Nutzen eines Konsumenten erhöht werden kann, ohne den Nutzen eines anderen Konsumenten zu senken.

   L) die alle Märkte räumt.

10.2 Schwierigkeitsniveau 2

10.2.1 Aufgabe

Sei

$$GE = \left[\mathbb{R}^n, Y^k{}_{k=1,\dots,K}, \left(X^i, U^i, \omega^i, \delta^i \right)_{i=1,\dots,I} \right]$$

ein allgemeines Gleichgewichtsmodell.

Betrachten Sie nun folgenden einfachen Spezialfall:

Es gibt nur einen Produzenten (d.h. $K = 1$) und nur einen Konsumenten (d.h. $I = 1$). Es gibt zwei Güter (d.h. $n = 2$), Konsum x bzw. y und Zeit. Der

Konsument hat $T > 2$ Einheiten Zeit zur Verfügung. Er hat keinen Anfangsbestand am Konsumgut und ist einziger Eigentümer der Firma, d.h. $\delta = 1$. Seine Zeit kann er aufteilen auf Freizeit, f, Arbeitsangebot, l^s, oder Ausbildung, e, d.h. $T = f + e + l^s$. Der Konsument trifft seine Arbeits–Freizeit–Entscheidung anhand der Nutzenfunktion $U : \mathbb{R}^2_+ \to \mathbb{R}, U(x, f) = \ln(x) + \ln(f)$.

Der Produzent stellt das Konsumgut, y, mittels der von ihm nachgefragten Arbeit, l^d, her. Ausbildung übt einen *positiven externen Effekt* auf die Produktion aus: Je besser der Konsument ausgebildet ist, d.h. je größer e, desto produktiver ist die eingesetzte Arbeit, und zwar ist die Technologie:

$$Y = \left\{ (y, l^d) \in \mathbb{R}^2_+ \,|\, y \le (1 + e)l^d \right\}.$$

Aufgaben:

1. Zeigen Sie, daß

$$\left((\hat{x}, \hat{l}^s, \hat{e}), (\hat{y}, \hat{l}^d) \right) = \left[\left(\frac{(T+1)^2}{9}, \frac{T+1}{3}, \frac{T-2}{3} \right), \left(\frac{(T+1)^2}{9}, \frac{T+1}{3} \right) \right]$$

eine Pareto–effiziente Allokation dieser Ökonomie ist.

2. Betrachten Sie nun folgende Marktwirtschaft:

Es gibt einen Markt für das Konsumgut sowie einen Arbeitsmarkt. Es gibt keinen Markt für Ausbildung. Der Preis des Konsumgutes sei p, der Lohn sei w. Ein Walras–Gleichgewicht dieser Ökonomie ist eine Allokation $(\overset{\star}{x}, \overset{\star}{l}^s, \overset{\star}{e})(\overset{\star}{y}, \overset{\star}{l}^d)$ und ein Preissystem $(\overset{\star}{p}, \overset{\star}{w})$, so daß

i) $(\overset{\star}{y}, \overset{\star}{l}^d) \in \arg \max_{(y, l^d) \in Y} \overset{\star}{p} y - \overset{\star}{w} l^d =: \overset{\star}{\Pi}$

ii) $(\overset{\star}{x}, \overset{\star}{l}^s, \overset{\star}{e}) \in \arg \max_{x, e, l^s \ge 0} \quad \ln(x) + \ln(T - e - l^s)$
s.t. $px \le wl^s + \overset{\star}{\Pi}$, $T - e - l^s > 0$

iii) $\overset{\star}{x} = \overset{\star}{y}$ und $\overset{\star}{l}^d = \overset{\star}{l}^s$

Zeigen Sie, daß

$$\left[(\overset{\star}{x}, \overset{\star}{l}^s, \overset{\star}{e}), (\overset{\star}{y}, \overset{\star}{l}^d) \right] = \left[\left(\frac{T}{2}, \frac{T}{2}, 0 \right), \left(\frac{T}{2}, \frac{T}{2} \right) \right],$$

und $(\overset{\star}{p}, \overset{\star}{w}) = (1, 1)$

ein Walras–Gleichgewicht dieser Ökonomie ist.

3. Im Walras–Gleichgewicht besitzt der Konsument offensichtlich keinen Anreiz, sich auszubilden! Führen Sie nun einen Staat ein, der Ausbildung mit einer Pigou–Steuer 't' subventioniert. Die Haushaltsdefizite des Staates, $G = t \cdot e$, zahlt der Konsument.

Ein Walras–Gleichgewicht mit Pigou–Steuer ist in dieser Ökonomie eine Allokation $[(\hat{x}, \hat{l}^s, \hat{e}), (\hat{y}, \hat{l}^d)]$ sowie ein Preis–Steuersystem $(\hat{p}, \hat{w}, \hat{t})$, so daß

i) $(\hat{y}, \hat{l}^d) \in \arg \max_{(y, l^d) \in Y} \hat{p}y - \hat{l}^d =: \hat{\Pi}$

ii) $(\tilde{x}, \tilde{l}^s, \tilde{e}) \in \arg \max_{x, e, l^s \geq 0} \quad \ln(x) + \ln(T - e - l^s)$
s.t. $px \leq wl^s + te + \hat{\Pi} - \tilde{G}$

iii) $\tilde{x} = \tilde{y}$ und $\tilde{l}^d = \tilde{l}^s$

iv) $G = \tilde{t}\tilde{e}$

Zeigen Sie, daß

$$\left((\hat{x}, \hat{l}^s, \hat{e})\right) = \left[\left(\frac{(T+1)^2}{9}, \frac{T+1}{3}, \frac{T-2}{3}\right), \left(\frac{(T+1)^2}{9}, \frac{T+1}{3}\right)\right],$$

$$(\tilde{p}, \tilde{w}, \tilde{t}) = \left(1, \frac{T+1}{3}, \frac{T+1}{3}\right)$$

ein Walras–Gleichgewicht mit Pigou–Steuer dieser Ökonomie ist.

4. Stellen Sie sich nun vor, der Staat könne durchsetzen, daß der Konsument mindestens $\frac{T-2}{3}$ Einheiten Zeit für dieAusbildung verwendet.

Ein Walras–Gleichgewicht mit "Schadensobergrenze", $\bar{e}$, ist in dieser Ökonomie eine Allokation $[(\tilde{x}, \tilde{l}^s, \tilde{e}), (\tilde{y}, \tilde{l}^d)]$, ein Preissystem $(\tilde{p}, \tilde{w})$ sowie eine Zahl $\bar{e} > 0$, so daß

i) $(\tilde{y}, \tilde{l}^s) \in \arg \max_{(y, l^d) \in Y} \tilde{p}y - \tilde{w}l^d =: \tilde{\Pi}$

ii) $(\tilde{x}, \tilde{l}^s, \tilde{e}) \in \arg \max_{x, e, l^s \geq 0} \quad \ln(x) + \ln(T - e - l^s)$
s.t. $px \leq wl^s + \tilde{\Pi}, \ e \geq \bar{e}$

iii) $\tilde{x} = \tilde{y}$ und $\tilde{l}^d = \tilde{l}^d$.

Zeigen Sie, daß

$$\left[(\tilde{x}, \tilde{l}^s, \tilde{e}), (\tilde{y}, \tilde{l}^d)\right] = \left[\left(\frac{(T+1)^2}{9}, \frac{T+1}{3}, \frac{T-2}{3}\right), \left(\frac{(T+1)^2}{9}, \frac{T+1}{3}\right)\right],$$

$$(\tilde{p}, \tilde{w}) = \left(1, \frac{T+1}{3}\right), \bar{e} = \frac{T-2}{3}$$

ein Walras–Gleichgewicht mit Schadensobergrenze ist.

5. Etablieren Sie nun einen Zertifikatsmarkt, auf dem die Firma dem Konsumenten Zertifikate verkauft, die ihn verpflichten, die positive Externalität auszuüben, d.h. sich auszubilden. Sei 'h' der Lohn einer Ausbildungseinheit e, die auf diesem Markt gehandelt wird.

Ein Walras–Gleichgewicht mit Zertifikatmarkt ist für diese Ökonomie eine Allokation
$$[(\tilde{x}, \tilde{l}^s, \tilde{e}^s), (\tilde{y}, \tilde{l}^d, \tilde{e}^d)]$$
sowie ein Preissystem $(\tilde{p}, \tilde{w}, \tilde{h})$, so daß

i) $(\tilde{y}, \tilde{l}^d, \tilde{e}^d) \in \arg \max_{y, l^d, e^d \geq 0} \quad \tilde{p}y - \tilde{w}l^d - \tilde{h}e^d =: \tilde{\Pi}$
    s.t. $y \leq (1 + e^d)l^d$

ii) $(\tilde{x}, \tilde{l}^s, \tilde{e}^s) \in \arg \max_{x, l^s, e^s \geq 0} \quad \ln(x) + \ln(T - e^s - l^s)$
    s.t. $px \leq wl^s + he^s + \tilde{\Pi}$

iii) $\tilde{x} = \tilde{y}, \tilde{l}^d = \tilde{l}^s, \tilde{e}^d = \tilde{e}^s$.

Zeigen Sie, daß die effiziente Allokation

$$\left[(\tilde{x}, \tilde{l}^s, \tilde{e}^s) \quad , \quad (\tilde{y}, \tilde{l}^d, \tilde{e}^d) \right]$$
$$= \left[\left(\frac{(T+1)^2}{9}, \frac{T+1}{3}, \frac{T-2}{3} \right), \left(\frac{(T+1)^2}{9}, \frac{T+1}{3} \right) \right]$$

keine Walras–Gleichgewichts–Allokation in einem Zertifikatsmarkt sein kann.

10.2.2 Aufgabe

Sei
$$GE = \left[\mathbb{R}^n, Y^k{}_{k=1,\dots,K}, \left(X^i, U^i, \omega^i, \delta^i \right)_{i=1,\dots,I} \right]$$
ein allgemeines Gleichgewichtsmodell.

Betrachten Sie nun folgenden einfachen Spezialfall:
Es gibt drei Güter, d.h. $n = 3$. Die beiden ersten Güter sind Konsumgüter, welche mittels des dritten Gutes, einem reinen Produktionsfaktor, hergestellt werden. Und zwar gibt es zwei Firmen. Firma 1(2) stellt mit Gut 3 das Gut 1(2) her. Die Technologien sind:

$$Y^1 = \left\{ y^1 \in \mathbb{R}^3 | y_2^1 \leq 0, y_3^1 \leq 0, (y_1^1)^2 + y_3^1 \leq 0 \right\}$$
$$Y^2 = \left\{ y^2 \in \mathbb{R}^3 | y_1^2 \leq 0, y_3^2 \leq 0, (y_2^2)^4 + y_3^2 \leq 0 \right\}.$$

Es gibt zwei Konsumenten, welche gemäß der Anteile $\delta^1 = (\frac{1}{3}, \frac{2}{3}), \delta^2 = (\frac{2}{3}, \frac{1}{3})$ an den Firmengewinnen beteiligt sind. Die Konsumenten haben keine Ausstattungen an Konsumgütern, wohl aber an dem reinen Produktionsfaktor. Es ist

$$\omega^1 = \left(0, 0, \frac{1}{2}\right)$$

$$\omega^2 = \left(0, 0, \frac{3}{2}\right)$$

Die Konsumenten können nichtnegative Mengen der Konsumgüter konsumieren; jedoch keine Menge des reinen Produktionsfaktors, d.h.

$$X^1 = \left\{ x^1 \in \mathbb{R}^3 | x_1^1 \geq 0, \; x_2^1 \geq 0, \; x_3^1 = 0 \right\}$$
$$X^2 = \left\{ x^2 \in \mathbb{R}^3 | x_1^2 \geq 0, \; x_2^2 \geq 0, \; x_3^2 = 0 \right\}.$$

Die Konsumenten bewerten Konsumgüterbündel gemäß der folgenden Präferenzen:

$$U^1(x^1) = 3(x_1^1)^{\frac{1}{3}} + a^1 x_2^1, \text{ wobei } a^1 = 2\left(\frac{1}{3}\right)^{-\frac{2}{3}}$$

$$U^2(x^2) = 2(x_1^2)^{\frac{1}{2}} + a^2 x_2^2, \text{ wobei } a^2 = 2\left(\frac{2}{3}\right)^{-\frac{1}{2}}$$

Aufgaben:

1. Berechnen Sie die gesamtwirtschaftliche Angebotsmenge an Konsumgütern

   $$A = \left\{ (y_1^1, y_2^2) \in \mathbb{R}^2 | y^1 \in Y^1, y^2 \in Y^2, y^1 + y^2 + \omega^1 + \omega^2 \geq 0 \right\}$$

   und stellen Sie diese in einem Diagramm dar.

2. Zeichnen Sie in das Diagramm aus Teilaufgabe 1.) zum Punkt $(1,1) \in A$ eine Edgeworth–Box ein, in der Sie die Menge der Pareto–effizienten Allokationen skizzieren.

3. Zeigen Sie, daß $(\hat{x}, \hat{y})$ mit

   $$\hat{x}^1 = \left(\frac{1}{3}, \frac{1}{2}, 0\right), \; \hat{x}^2 = \left(\frac{2}{3}, \frac{1}{2}, 0\right)$$
   $$\hat{y}^1 = (1, 0, -1), \; \hat{y}^2 = (0, 1, -1)$$

   eine Pareto–effiziente Allokation ist, und tragen Sie diese in das Diagramm aus Teilaufgabe 2.) ein.

4. Zeigen Sie, daß $\hat{p} = (1, 2, \frac{1}{2})$ das (bis auf Normierung) einzige zu $(\hat{x}, \hat{y})$ gehörige Effizienzpreissystem ist.

5. Nutzen Sie Teilaufgabe 4.), um zu zeigen, daß die Pareto–effiziente Allokation aus Teilaufgabe 3.) keine Walras–Gleichgewichts–Allokation zu den Vermögensbeständen $\omega^1, \omega^2, \delta^1, \delta^2$ sein kann.

6. Geben Sie ausgeglichene Transferzahlungen τ^1, τ^2 an, so daß $(\hat{x}, \hat{y})$ Walras–Gleichgewichts–Allokation zu Transferzahlungen wird.

7. Ist das in Teilaufgabe 6.) gefundene Walras–Gleichgewicht eindeutig und stabil? Gilt eine intuitive komparative Statik?
   Hinweis: Setzen Sie voraus, daß die SKM-Annahmen erfüllt sind.

8. Berechnen Sie zu den fest vorgegebenen Produktionsplänen $\hat{y}^k$, $k = 1, 2$ aus Teilaufgabe 3.) die Nutzenmöglichkeitskurve.

9. Berechnen Sie die Nash-Verhandlungslösung zur Nutzenmöglichkeitskurve aus Teilaufgabe 8.). Gehen Sie dabei davon aus, daß der Drohpunkt der Punkt $\left(U^1(\omega^1), U^2(\omega^2) \right)$ ist.

10.2.3 Aufgabe

Sei

$$GE = \left[\mathbb{R}^n, Y^k_{\ k=1,\ldots,K}, \left(X^i, U^i, \omega^i, \delta^i \right)_{i=1,\ldots,I} \right]$$

ein allgemeines Gleichgewichtsmodell.

Betrachten Sie nun folgenden einfachen Spezialfall: Es gibt zwei Güter $(n = 2)$, zwei Firmen $(K = 2)$ und zwei Konsumenten $(I = 2)$. Die erste Firma, $k = 1$, produziert Gut $l = 1$ unter Einsatz von Gut $l = 2$ gemäß der Technologie

$$Y^1 = \left\{ (y_1^1, y_2^1) \in \mathbb{R}^2 \mid y_1^1 \geq 0, y_2^1 \leq 0, (y_1^1)^2 + y_2^1 \leq 0 \right\}.$$

Die zweite Firma, $k = 2$, produziert Gut $l = 2$ unter Einsatz von Gut $l = 1$ gemäß der Technologie

$$Y^2 = \left\{ (y_1^2, y_2^2) \in \mathbb{R}^2 \mid y_1^2 \leq 0, y_2^2 \geq 0, 12y_1^2 + (y_2^2)^3 \leq 0 \right\}.$$

Konsument $i = 1$ ist der alleinige Eigentümer von Firma $k = 1$, d. h. $\delta^1 = (1, 0)$, und Konsument $i = 2$ ist der alleinige Eigentümer von Firma $k = 2$, d. h. $\delta^2 = (0, 1)$. Darüberhinaus besitzen die Konsumenten folgende Erstausstattungen an den beiden Gütern:

$$\omega^1 = (2, \tfrac{1}{4}), \quad \omega^2 = (\tfrac{5}{6}, 2)$$

Die Konsumenten bewerten Konsumbündel $x^i \in X^i = \mathbb{R}_+^2$ gemäß den Nutzenfunktionen

$$U^1(x_1^1, x_2^1) = 2 \ ln \ x_1^1 + 3 \ ln \ x_2^1$$
$$U^2(x_1^2, x_2^2) = \sqrt{x_1^2} + \sqrt{x_2^2} \ .$$

Aufgaben:

1. Zeigen Sie mittels der Marginalbedingungen, daß die Allokation

$$\left(\overset{*}{x}, \overset{*}{y} \right) = \left(\overset{*1}{x_1}, \overset{*1}{x_2}, \overset{*2}{x_1}, \overset{*2}{x_2}, \overset{*1}{y_1}, \overset{*1}{y_2}, \overset{*2}{y_1}, \overset{*2}{y_2} \right) = \left(2, 3, 1, 1, \tfrac{1}{2}, -\tfrac{1}{4}, -\tfrac{1}{3}, 2 \right)$$

   Pareto-effizient ist.

2. Finden Sie ein Preissystem $\overset{*}{p} = (\overset{*}{p_1}, \overset{*}{p_2})$ sowie Transferzahlungen $\overset{*}{\tau}$ $= (\overset{*1}{\tau}, \overset{*2}{\tau})$ mit $\overset{*1}{\tau} + \overset{*2}{\tau} = 0$, sodaß die Allokation aus Teilaufgabe 1.), $(\overset{*}{x}, \overset{*}{y})$, eine Walras-Gleichgewichtsallokation beim Preissystem $\overset{*}{p}$ nach Transferzahlungen $\overset{*}{\tau}$ ist.

3. Zeigen Sie mittels der Marginalbedingungen, daß die Allokation

$$\left(\hat{x}, \hat{y} \right) = \left(\hat{x}_1^1, \hat{x}_2^1, \hat{x}_1^2, \hat{x}_2^2, \hat{y}_1^1, \hat{y}_2^1, \hat{y}_1^2, \hat{y}_2^2 \right) = \left(2, 1\tfrac{1}{4}, 1\tfrac{3}{4}, 1, 1, -1, -\tfrac{1}{12}, 1 \right)$$

   nicht Pareto-effizient ist.

4. Geben Sie eine durchführbare Allokation an, in der sich im Vergleich zur Allokation $(\hat{x}, \hat{y})$ aus Teilaufgabe 3.) beide Konsumenten verbessern.

10.2.4 Aufgabe

Sei

$$GE = \left[\mathbb{R}^n, Y^k{}_{k=1,\ldots,K}, \left(X^i, U^i, \omega^i, \delta^i \right)_{i=1,\ldots,I} \right]$$

ein allgemeines Gleichgewichtsmodell.

Betrachten Sie nun folgenden einfachen Spezialfall:
Es gibt zwei Güter, d.h. $n = 2$. Es wird nichts produziert, d.h. $Y^k = \mathbb{R}_-^2$, $k = 1, \ldots, K$. Das Modell beschreibt also eine reine Tauschwirtschaft. Es gibt zwei Konsumenten, welche die Nutzenfunktionen und Ressourcen

$$U^1(x_1^1, x_2^1) = -\frac{1}{2}\left((x_1^1)^{-2} + \left(\frac{12}{37}\right)^3 (x_2^1)^{-2}\right), \qquad \omega^1 = (1,0)$$

$$U^2(x_1^2, x_2^2) = -\frac{1}{2}\left(\left(\frac{12}{37}\right)^3 (x_1^2)^{-2} + (x_2^2)^{-2}\right), \qquad \omega^2 = (0,1)$$

haben.

Aufgaben:

1. Zeigen Sie, daß es in dieser Ökonomie folgende drei Gleichgewichtspreis-systeme gibt:

$$\overset{\star}{p} = (1,1), \; \hat{p} = \left(\left(\frac{3}{4}\right)^{\frac{1}{3}}, 1\right), \; \tilde{p} = \left(\left(\frac{4}{3}\right)^{\frac{1}{3}}, 1\right).$$

Hinweis: Die Aufgabe vereinfacht sich mit der Normierung $p_2 = 1$ und der Substitution $q = p_1{}^{\frac{1}{3}}$.

2. Berechnen Sie die Menge der Pareto–effizienten Allokationen in dieser Ökonomie.

3. Stellen Sie die Menge der Pareto–effizienten Allokationen aus 2.) sowie die Walrasgleichgewichte[1] aus 1.) in einem Edgeworth–Box Diagramm dar.

10.2.5 Aufgabe

Sei

$$GE = \left[\mathbb{R}^n, Y^k{}_{k=1,\ldots,K}, \left(X^i, U^i, \omega^i, \delta^i\right)_{i=1,\ldots,I}\right]$$

ein allgemeines Gleichgewichtsmodell.

Betrachten Sie nun folgenden einfachen Spezialfall:
Es gibt 4 Güter, d.h. $n = 4$. Die beiden ersten Güter sind Konsumgüter, die beiden letzten Güter sind reine Produktionsfaktoren. Es gibt 2 Firmen, d.h. $K = 2$. Firma 1 stellt das erste Konsumgut aus dem ersten reinen Faktor gemäß der folgenden Technologie her:

$$Y^1 = \left\{y^1 \in \mathbb{R}^4 | y_2^1 \le 0, y_3^1 \le 0, y_4^1 \le 0, y_1^1 \le \sqrt{-y_3^1}\right\}.$$

---

[1]Bitte wie in der Vorlesung die Gleichgewichtsallokationen, die Budgetgeraden sowie die Indifferenzkurven darstellen.

Firma 2 stellt das zweite Konsumgut aus dem zweiten reinen Faktor gemäß der folgenden Technologie her:

$$Y^2 = \left\{ y^2 \in \mathbb{R}^4 | y_1^2 \leq 0, y_3^2 \leq 0, y_4^2 \leq 0, y_2^2 \leq \sqrt{-y_4^2} \right\}$$

Es gibt zwei Konsumenten, d.h. $I = 2$.

Konsument 1 ist alleiniger Eigentümer von Firma 1, d.h. $\delta^1 = (1, 0)$, Konsument 2 ist alleiniger Eigentümer von Firma 2, d.h. $\delta^2 = (0, 1)$. Die Konsumenten haben folgende Erstausstattungen:

$$\omega^1 = (0, 0, 2, 1), \omega^2 = (0, 0, 1, 2).$$

Die Konsummengen sind

$$X^1 = X^2 = \{ x \in \mathbb{R}^4 | x_1 \geq 0, x_2 \geq 0, x_3 = 0, x_4 = 0 \}.$$

Konsument 1 ist nur am Konsum des ersten Gutes interessiert, d.h.

$$U^1(x_1^1, x_2^1, x_3^1, x_4^1) = x_1^1.$$

Konsument 2 ist nur am Konsum des zweiten Gutes interessiert, d.h.

$$U^2(x_1^2, x_2^2, x_3^2, x_4^2) = x_2^2.$$

Aufgaben:

1. Überprüfen Sie, ob die oben angegebenen Charakteristika der Ökonomie GE die in der Vorlesung definierten Annahmen (P1) – (P8) bzw. (K1) – (K7) erfüllen.

2. Zeigen Sie, daß folgende Funktion $z : \mathbb{R}^4_{++} \to \mathbb{R}^4$ die Marktüberschußnachfragefunktion dieser Ökonomie ist:

$$z_1(p_1, p_2, p_3, p_4) = \frac{8p_3^2 + 4p_3p_4 - p_1^2}{4p_1p_3}$$

$$z_2(p_1, p_2, p_3, p_4) = \frac{4p_3p_4 + 8p_4^2 - p_2^2}{4p_2p_4}$$

$$z_3(p_1, p_2, p_3, p_4) = \frac{p_1^2 - 12p_3^2}{4p_3^2}$$

$$z_4(p_1, p_2, p_3, p_4) = \frac{p_2^2 - 12p_4^2}{4p_4^2}$$

3. Zeigen Sie, daß die Marktüberschußnachfragefunktion in 2.) die in der Vorlesung besprochenen Eigenschaften Homogenität und Walras Gesetz erfüllt.

4. Zeigen Sie, daß $\overset{*}{p} = (\sqrt{12}, \sqrt{12}, 1, 1)$ ein Walras-Gleichgewichtspreisverhalten dieser Ökonomie ist.

Teil III

Erweiterungen des Modells

Öffentliche Güter

"Ökonomie ist sowohl Kunst als auch Wissenschaft, weil das Verhalten von Menschen und Institutionen sich ständig ändert - unsere Theorien müssen sich mit ihnen verändern."

P. A. Samuelson

11.1 Einführende Bemerkungen

Öffentliche Güter sind Güter, die den Konsum einer Einheit durch einen Konsumenten ermöglichen, so daß der Konsum derselben Einheit durch einen anderen Konsumenten weder beeinträchtigt noch ausgeschlossen wird. Genauer gesagt, können Güter typischerweise nach zwei Kriterien beurteilt und kategorisiert werden: Ausschließbarkeit und Rivalität. Wir werden in diesem Kapitel die Annahme treffen, daß alle benutzten Funktionen ausreichend oft differenzierbar seien.

11.1.1 Ausschließbarkeit und Rivalität

Mit *Ausschließbarkeit* ist gemeint, daß ein Konsument vom Konsum einer Gütereinheit ausgeschlossen werden kann. In der Regel erfolgt dies physisch, indem man ihm das Gut nicht liefert. Typische Beispiele dafür sind Eintrittskontrollen wie bei einem Fußball-Match oder in einem Hallenbad. Die Personen, die nicht bezahlt haben, können dort ausgeschlossen werden. Auch eine Flasche Wein erfüllt das Kriterium der Ausschließbarkeit, denn das Gut ist nur für denjenigen erreichbar, der die Flasche öffnen kann.

Schließt der Konsum eines Konsumenten den Konsum derselben Einheit durch einen zweiten Konsumenten aus, wird dies in der Literatur in der Regel mit *Rivalität* bezeichnet. Obwohl diese Eigenschaft auf viele Güter zutrifft, weisen nicht alle Güter Rivalität auf. Trinkt Peter eine Flasche Wasser, kann dieselbe Flasche von Andrea nicht mehr getrunken werden (Rivalität im Konsum). Sitzt Peter aber in einer Vorlesung und es gibt noch freie Plätze im Hörsaal, kann Andrea ohne besondere Konsequenzen für Peter derselben Veranstaltung folgen. Auch eine dritte und vierte Person könnten Platz nehmen, ohne daß für die anderen Studenten „weniger Vorlesung" zur Verfügung stünde.

Die Nicht-Rivalität in der Nachfrage wird auch *Nicht-Sättigung* des Angebots genannt: Die Produktion dieser besonderen Güter ermöglicht (je nachdem) beliebig vielen Konsumenten den Verbrauch, ohne daß sich der verfügbare Umfang verringert.

Industrien wie Kinos, Theater, Opernhäuser und Vorstellungen im allgemeinen, aber auch Hallenbäder oder Feuerwerke weisen Nicht-Rivalität im Konsum auf.

Aufgrund der beiden Merkmale werden in der folgenden Tabelle vier Fälle unterschieden:

	NICHT-AUSSCHLIESSBARKEIT	AUSSCHLIESSBARKEIT
NICHT-RIVALITÄT	*Öffentliche Güter*	*Club-Güter*
RIVALITÄT	*Externe Effekte*	*Private Güter*

11.1.2 Private Gtüer

Die meisten Güter heißen *private Güter* und sind durch die gleichzeitige Rivalität und Ausschließbarkeit gekennzeichnet: Dieses Lehrbuch ist ein privates Gut, denn die Seiten in den Händen des Lesers stehen anderen Lesern nicht mehr zur Verfügung (Rivalität); andere Leser können von der Lektüre sogar ausgeschlossen werden, indem man das Buch ganz einfach schließt oder es ihnen nicht zur Verfügung stellt.

11.1.3 Öffentliche Güter

Es wird oft behauptet, öffentliche Güter seien durch die Nicht-Ausschließbarkeit charakterisiert. Das ist jedoch falsch, denn nur gleichzeitige Nicht-Ausschließbarkeit und Nicht-Rivalität kennzeichnen diese Güter, die u.U. auch nicht unbedingt vom Staat produziert werden müssen. Man sollte sich von der Bezeichnung („öffentlich") zwar nicht verwirren lassen. Beispiele öffentlicher Güter sind Leuchttürme, Feuerwerke, die Landesverteidigung, Lawinen- und Flutschutzmaßnahmen oder auch Lohnverhandlungen einer Gewerkschaft zugunsten aller Arbeitnehmer. Wir werden auf den folgenden Seiten formal zeigen, weshalb die Versorgung mit öffentlichen Gütern in einer Marktwirtschaft als suboptimal angesehen werden muß. Das größte Problem besteht in ihrer Finanzierung: Da die Ausschließbarkeit definitionsgemäß unmöglich ist, wird jeder Konsument versuchen, vom Gut zu profitieren ohne finanziell beizutragen. Dieses Verhalten heißt auf deutsch „Trittbrettfahrer-Verhalten" (englisch *free riding*). Durch diese Dynamik würden dann keine öffentlichen Güter mehr produziert. Dies wäre offensichtlich nicht optimal, denn das Gut als solches hätte eine Nutzenerhöhung bewirkt.

Mit diesem Argument wird heutzutage oft die Bereitstellung öffentlicher Güter durch den Staat gerechtfertigt. Weiter unten werden wir noch genauer darauf eingehen.

11.1.4 Club-Güter

Hallenbäder, Vorlesungen, Konzerte usw. sind Güter ohne Rivalität, doch mit Ausschließbarkeit. Diese Güter werden nicht als öffentliche Güter bezeichnet, sondern eher als *Club-Güter*, da sie meistens zu einem fixen Preis (Gebühr) von einem Club oder einer Firma angeboten werden. Hier ist die privatwirtschaftliche Bereitstellung dank der Ausschließbarkeit deutlich weniger problematisch. Die nützliche Eigenschaft, daß dieselbe Gütereinheit von allen Leuten gleichzeitig konsumiert werden kann (was der praktischen Bedeutung der Nicht-Rivalität entspricht) ermöglicht besonders niedrige Gebühren für ihre Bereitstellung, denn die Kosten müssen nun geringer als die *Summe* aller individuellen Zahlungsbereitschaften sein.

11.1.5 Externe Effekte

Als letzte Möglichkeit finden wir in der obigen Tabelle Güter ohne Ausschließbarkeit, jedoch mit Rivalität im Konsum. Sie werden oft fälschlicherweise auch als öffentliche Güter bezeichnet, obwohl man in solchen Fällen von *Externalitäten* oder *externen Effekten* spricht. Der Abwasserkanal einer Stadt kann in einen Fluß führen und das Angeln im unten liegenden Dorf unmöglich machen. Das Gut wäre hier der Fluß, ohne Ausschließbarkeit für seinen Gebrauch (als Angelbereich oder Abwasserkanal), jedoch mit Rivalität im Konsum (mehr Abwasser und gleichzeitiges Angeln ist unmöglich). Dieser Fall wird ausführlich in Kapitel 12 behandelt. Beispiele für externe Effekte sind die saubere Umwelt oder der Polizeischutz.

11.2 Das Modell

Angenommen, in einer Ökonomie gibt es $h = 1, \ldots, H$ Haushalte und $n = 2$ Güter, wobei $y \in \mathbb{R}_+$ die Menge des bereitgestellten öffentlichen Gutes (z.B. Feuerwerke für eine Gemeinschaft) und $m^h \in \mathbb{R}_+$ die Ausgaben des Konsumenten h für alle privaten Güter darstellen (m steht für *money*). Niemand ist mit einer positiven Menge des öffentlichen Gutes ausgestattet, d.h

$$\omega^h = 0, \ \forall h = 1, \ldots, H \quad .$$

Jeder besitzt jedoch einen gewißen Geldbestand

$$M^h \in \mathbb{R}_+, \ \forall h = 1, \ldots, H$$

und einen Anteil am Staatsgewinn oder -defizit

$$\delta^h \in \mathbb{R}_+, \ \forall h = 1, \ldots, H \ \text{mit} \ \sum_{h=1}^{H} \delta^h = 1.$$

Der Nutzen des Konsumenten h sei beschrieben durch

$$U^h(y, m^h), \ \forall h = 1, \ldots, H \quad .$$

Im Vergleich zur Analyse privater Güter gibt es einen wichtigen Unterschied: y hat im Gegenteil zu m^h keinen individuellen Index, da das öffentliche Gut definitionsgemäß *allen Individuen gleichzeitig und im selben Ausmaß* zur Verfügung steht, also Nicht-Rivalität im Konsum herrscht.

Außerdem soll es eine Firma geben, die das öffentliche Gut y unter Einsatz von m produzieren kann:

$$\mathbb{Y} = \left\{ (y, m) \in \mathbb{R}^2 \mid y \geqslant 0, m \leqslant 0, F(y, m) \leqslant 0 \right\} \quad .$$

Der Preis p_2 sei normiert auf $p_2 \equiv 1$ (m ist ein *Numéraire* und kann wie Geld eingesetzt werden), und der Preis des öffentlichen Gutes sei $p \in \mathbb{R}$.

11.3 Walras-Gleichgewichte und Pareto-Effizienz

11.3.1 Definitionen

Definition 11.1 (Durchführbarkeit).
Eine Allokation $(y, m, m^1, \ldots, m^H)$ *heißt durchführbar, wenn genau soviel konsumiert wird, wie Ressourcen und Produkte vorhanden sind. Es gilt*

$$y \geqslant 0, \quad m \leqslant 0, \quad F(y, m) \leqslant 0, \quad m^h \geqslant 0, \quad \forall h = 1, \ldots, H \quad \text{und}$$

$$\sum_{h=1}^{H} m^h = \sum_{h=1}^{H} M^h + m \quad .$$

Für öffentliche Güter definieren wir:

Definition 11.2 (Pareto-Effizienz).
Eine durchführbare Allokation $(\hat{y}, \hat{m}, \hat{m}^1, \ldots, \hat{m}^H)$ *heißt Pareto-effizient, wenn es keine andere durchführbare Allokation* $(\bar{y}, \bar{m}, \bar{m}^1, \ldots, \bar{m}^H)$ *gibt, so daß gilt*

$$U^h(\bar{y}, \bar{m}^h) \geqslant U^h(\hat{y}, \hat{m}^h) \quad \forall h = 1, \ldots, H, \quad \text{und}$$

$$U^h(\bar{y}, \bar{m}^h) > U^h(\hat{y}, \hat{m}^h) \quad \text{für mindestens ein } h \in \{1, \ldots, H\} \quad .$$

Sei $x^h \geqslant 0$ die Nachfrage des Konsumenten h nach dem öffentlichen Gut y.

Definition 11.3 (Walras-Gleichgewicht bei öffentlichen Gütern).
Eine Allokation $(\overset{*}{x}_1, \ldots, \overset{*}{x}_H, \overset{*}{m}_1, \ldots, \overset{*}{m}_H, \overset{*}{y}, \overset{*}{m})$ *mit einem Preis* $\overset{*}{p} > 0$ *ist ein Walras-Gleichgewicht bei öffentliche Gütern, wenn gilt:*

1. $(\overset{*}{y}, \overset{*}{m}) \in \arg\max_{y \geqslant 0, m \leqslant 0} \overset{*}{p}y + m \ \text{s.t.} \ F(y, m) \leqslant 0$
2. $(\overset{*}{x}_h, \overset{*}{m}_h) \in \arg\max_{x^h, m^h \geqslant 0} U^h\left(x^h + \sum_{j \neq h} \overset{*}{x}_j, m^h\right)$
   $\text{s.t.} \ \overset{*}{p}x^h + m^h \leqslant M^h + \delta^h(\overset{*}{p}\overset{*}{y} + \overset{*}{m}) \quad \forall h = 1, \ldots, H$
3. $\sum_{h=1}^{H} \overset{*}{x}^h = \overset{*}{y}$
4. $\sum_{h=1}^{H} \overset{*}{m}^h = \sum_{h=1}^{H} M^h + \overset{*}{m}$

Man beachte, daß $m \leqslant 0$ ist.

11.3.2 Charakterisierung von Pareto-effizienten Allokationen durch die Marginalbedingungen

Nach diesen ersten Definitionen möchten wir die effiziente Ausbringung des Öffentlichen Gutes berechnen, damit wir eine Vergleichslage für die späteren Betrachtungen haben. Unsere Überlegungen werden uns zur berühmten *Samuelson-Bedingung* führen, der Formel zur Berechnung der zu produzierenden Menge an öffentlichen Gütern.

Vergessen wir nicht, daß eine Allokation $(\hat{y}, \hat{m}, \hat{m}^1, \ldots, \hat{m}^H)$ Pareto-effizient ist, wenn sie zu irgendeinem Vektor von positiven Gewichten $\vec{\lambda} \in \mathbb{R}^H_{++}$ Lösung des folgenden Optimierungsproblem ist:[1]

$$\max_{y,m,m^1,\ldots,m^H} \sum_{h=1}^{H} \lambda^h U^h(y, m^h) \quad \text{s.t.} \quad F(y, m) \leqslant 0$$

$$\sum_{h=1}^{H} m^h = \sum_{h=1}^{H} M^h + m \quad . \tag{11.1}$$

Gegeben die Differenzierbarkeitsannahmen (DKM) erhält man mittels der Lagrange-Funktion

$$L = \sum_{h=1}^{H} \lambda^h U^h(y, m^h) - \mu \, F(y, m) - \gamma \left(\sum_{h=1}^{H} m^h - \sum_{h=1}^{H} M^h - m \right) \tag{11.2}$$

die Bedingungen Erster Ordnung (FOC):

$$\text{aus } \frac{\partial L}{\partial m^h} \overset{!}{=} 0: \quad \lambda^h \partial_{m^h} U^h(\hat{y}, \hat{m}^h) \overset{!}{=} \gamma, \quad \forall h = 1, \ldots, H \tag{11.3}$$

$$\text{aus } \frac{\partial L}{\partial m} \overset{!}{=} 0: \quad \mu \partial_m F(\hat{y}, \hat{m}) \overset{!}{=} \gamma \tag{11.4}$$

$$\text{aus } \frac{\partial L}{\partial y} \overset{!}{=} 0: \quad \sum_{h=1}^{H} \lambda^h \partial_y U^h(\hat{y}, \hat{m}^h) \overset{!}{=} \mu \partial_y F(\hat{y}, \hat{m}) \tag{11.5}$$

Die Division von (11.5) durch γ ergibt[2]

$$\sum_{h=1}^{H} \frac{\lambda^h \partial_y U^h(\hat{y}, \hat{m}^h)}{\gamma} = \frac{\mu \partial_y F(\hat{y}, \hat{m})}{\gamma} \quad ,$$

---

[1]Dafür nehmen wir die üblichen Regularitätsbedingungen an. Man vergleiche dazu auch die Bemerkungen auf Seite 206.

[2]Dazu muß $\gamma \neq 0$ gelten, z.B. via 11.3 und $U^h(\cdot)$ streng monoton wachsend in m für mindestens einen h.

was durch Einsetzen der beiden ersten Gleichungen äquivalent ist zu[3]

$$\sum_{h=1}^{H} \frac{\lambda^h \partial_y U^h(\hat{y}, \hat{m}^h)}{\lambda^h \partial_{m^h} U^h(\hat{y}, \hat{m}^h)} = \frac{\mu \partial_y F(\hat{y}, \hat{m})}{\mu \partial_m F(\hat{y}, \hat{m})} \quad .$$

Diese letzte Gleichung ist die berühmte *Samuelson-Bedingung* und wird in der Regel folgendermaßen dargestellt:

$$\sum_{h=1}^{H} \mathrm{GRS}_{y,m^h}^h(\hat{y}, \hat{m}^h) = \mathrm{GRT}_{y,m}(\hat{y}, \hat{m}) \quad . \tag{11.6}$$

Hinter der mathematischen Sprache steckt ein wichtiger Begriff: *Bei der optimalen Ausbringungsmenge eines öffentlichen Gutes entsprechen die Grenzkosten der* Summe *aller Zahlungsbereitschaften.* Die (realen) Grenzkosten werden durch die Grenzrate der technischen Substitution zwischen dem öffentlichen Gut y und den übrigen Gütern m dargestellt, während die individuelle Grenzrate der Substitution zwischen dem öffentlichen Gut y und den übrigen individuell nachgefragten Gütern m^h die Zahlungsbereitschaft für y darstellt. Da m die „übrigen Güter" oder Geld darstellt, nehmen wir an dieser Stelle implizit eine monetäre Analyse vor.

Berechnet man das effiziente Niveau privater Güter werden die individuell nachgefragten *Mengen*, nicht die individuellen *Zahlungsbereitschaften* addiert. Diese Besonderheit ist auf die Nicht-Rivalität im Konsum zurückzuführen: Das öffentliche Gut y wird gleichermaßen von allen Konsumenten konsumiert, so daß die individuellen Beiträge zur Gesamtfinanzierung beitragen können. Bei privaten Gütern hingegen, wo Rivalität im Konsum herrscht, muß jeder Konsument seine eigenen verursachten Grenzkosten decken.

Obwohl man Güter ohne Rivalität wegen der Aggregation der Zahlungsbereitschaften sehr günstig anbieten könnte, ist dies in Walras-Gleichgewichten wegen des einheitlichen Preises nicht möglich. Im nächsten Unterabschnitt möchten wir es zeigen.

11.3.3 Charakterisierung von Walras-Gleichgewichten durch die Marginalbedingungen

Nachdem wir gemäß der Samuelson-Bedingung die effiziente Menge eines öffentlichen Gutes ermittelt haben, möchten wir das Walras-Gleichgewicht, welches sich aus den Marktinteraktionen ergibt, berechnen. Dabei werden die

---

[3]Unter der Annahme, daß $\mu \neq 0$, z.B. dank 11.3 und $U^h(\cdot)$ streng monoton wachsend in m für mindestens einen h plus $F(\cdot)$ streng monoton fallend in m, via 11.4. Dazu sollte gelten, daß $U^h(\cdot)$ streng monoton fallend in m^h, $\forall h$ ist.

strategischen Verhaltensverzerrungen, die theoretisch zu einer Unterversorgung an öffentlichen Gütern führen sollten, deutlich.

Im Walras-Gleichgewicht für öffentliche Güter erhalten wir die folgenden Marginalbedingungen: Aus Punkt 2 von Definition 11.3 auf Seite 235 bilden wir die Lagrange-Funktion

$$L = U^h\left(x^h + \sum_{j \neq h} \mathring{x}_j, m^h\right) - \lambda\left(\mathring{p}\,x^h + m^h - M^h - \delta^h(\mathring{p}\,\mathring{y} + \mathring{m})\right) \quad,$$

bei deren Maximierung die Bedingungen erster Ordnung folgendermaßen aussehen

$$\partial_{x^h} U^h(\mathring{y}, \mathring{m}_h) \stackrel{!}{=} \lambda^h \mathring{p}$$

$$\partial_{m^h} U^h(\mathring{y}, \mathring{m}_h) \stackrel{!}{=} \lambda^h \quad.$$

Auch aus dem 1. Punkt von Definition 11.3 können wir eine Lagrange-Funktion formulieren[4]

$$L = \mathring{p}\,y + m - \mu\,F(y, m) \quad,$$

um zu den Bedingungen erster Ordnung zu gelangen

$$\mathring{p} \stackrel{!}{=} \mu\,\partial_y F(\mathring{y}, \mathring{m})$$

$$1 \stackrel{!}{=} \mu\,\partial_m F(\mathring{y}, \mathring{m}) \quad.$$

Aus dem Vergleich der Optimalitätsbedingungen für alle Individuen (d.h. $\forall(i, k)$) und den Produzenten des öffentlichen Gutes

$$-\mathrm{GRS}^h_{x^h, m^h}(\mathring{y}, \mathring{m}_h) = \frac{\partial_{x^h} U^h(\mathring{y}, \mathring{m}_h)}{\partial_{m^h} U^h(\mathring{y}, \mathring{m}_h)} = \mathring{p} = -\mathrm{GRS}^k_{x^k, m^k}(\mathring{y}, \mathring{m}_k)$$

$$-\mathrm{GRT}_{y, m}(\mathring{y}, \mathring{m}) = \frac{\partial_y F(\mathring{y}, \mathring{m})}{\partial_m F(\mathring{y}, \mathring{m})} = \mathring{p}$$

resultiert die Identität

$$\mathrm{GRS}^h_{x^h, m^h}(\mathring{y}, \mathring{m}_h) = \mathrm{GRT}_{y, m}(\mathring{y}, \mathring{m}), \quad \forall h = 1, \dots, H \quad.$$

Das bedeutet, Walras-Gleichgewichte sind nicht Pareto-effizient, denn die Samuelson-Bedingung ist nicht erfüllt! Kein Konsument berücksichtigt bei der Nutzenmaximierung, daß sein Konsum an dem öffentlichen Gut und damit

---

[4]Hier implizieren die FOC's $\partial_{x^h} U(\cdot) > 0, \partial_{m^h} U(\cdot) > 0$ im Walras-Gleichgewicht. Analog $\partial_y F \neq 0$, falls $\mathring{p} > 0$; $\partial_m F \neq 0$ (Kuhn-Tucker-Bedingung: $\mu < 0$).

sein finanzieller Beitrag zu diesem einen positiven externen Effekt auf die anderen Konsumenten hat. Im allgemeinen existiert in Walras-Gleichgewichten eine Unterversorgung am öffentlichen Gut, denn im Walras-Gleichgewicht (Punkt 1 in Abbildung 11.1) ist die Steigung der Isogewinngeraden

$$\frac{1}{\mathrm{GRT}_{y,m}} = -\frac{1}{\overset{*}{p}} = \frac{1}{\mathrm{GRS}^h_{x^h,m^h}} \quad ;$$

für eine Pareto-effiziente Allokation gilt jedoch

$$\frac{1}{\mathrm{GRT}_{y,m}} = \frac{1}{\sum_{h=1}^{H} \mathrm{GRS}^h_{y,m^h}} \quad ,$$

d.h. die Isogewinngerade (Punkt 2 in Abbildung 11.1) ist flacher!

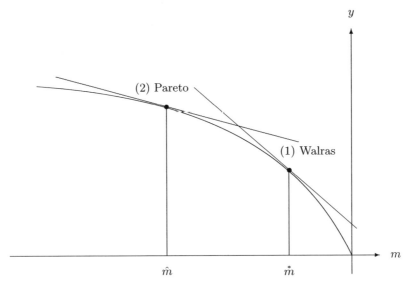

Abb. 11.1. Pareto-Optimalität und Walras-Gleichgewicht bei öffentlichen Gütern.

11.4 Lindahl-Gleichgewichte

Das Problem des bisherigen Gleichgewichtskonzeptes ist, daß jeder Konsument gleich viel bzw. wenig zum öffentlichen Gut beiträgt. Als Lösung betrachten wir nun ein Gleichgewichtskonzept mit individuellen Beiträgen t^h. Die Wahl dieses Buchstabens stammt aus der Gewohnheit, öffentliche Güter mit Gebühren (Engl. *tax*) zu finanzieren.

Definition 11.4 (Lindahl-Gleichgewicht bei öffentlichen Gütern).
Eine Allokation $(\mathring{x}_1, \ldots, \mathring{x}_H, \mathring{m}_1, \ldots, \mathring{m}_H, \mathring{y}, \mathring{m})$ *mit* $(\mathring{t}_1, \ldots, \mathring{t}_H, \mathring{p})$ *ist ein* Lindahl-Gleichgewicht bei öffentliche Gütern, *wenn gilt:*

1. $(\mathring{y}, \mathring{m}) \in \arg\max_{y \geqslant 0, m \leqslant 0} \; \mathring{p}\, y + m \quad s.t. \quad F(y, m) \leqslant 0$
2. $(\mathring{x}_h, \mathring{m}_h) \in \arg\max_{x^h, m^h \geqslant 0} U^h \left(x^h + \sum_{j \neq h} \mathring{x}_j, m^h \right)$

   $s.t. \quad \mathring{t}_h \left(\sum_{j \neq h} \mathring{x}_j + x^h \right) + m^h \leqslant M^h + \delta^h (\mathring{p}\, \mathring{y} + \mathring{m}) \quad \forall h = 1, \ldots, H$
3. $\sum_{h=1}^{H} \mathring{x}_h = \mathring{y}$
4. $\sum_{h=1}^{H} \mathring{m}_h = \sum_{h=1}^{H} M^h + \mathring{m}$
5. $\sum_{h=1}^{H} \mathring{t}_h = \mathring{p}$

Anmerkung 11.5. Es gilt das „Walras-Gesetz" für Lindahl-Gleichgewichte, d.h. aus der Budgetrestriktion folgt kein Widerspruch zur Markträumung:

$$\sum_{h=1}^{H} \mathring{m}_h = \sum_{h=1}^{H} M^h - \underbrace{\sum_{h=1}^{H} \mathring{t}_h}_{=\mathring{p}} \mathring{y} + \underbrace{\sum_{h=1}^{H} \delta^h \, (\mathring{p}\, \mathring{y} + \mathring{m})}_{=1}$$

$$= \sum_{h=1}^{H} M^h - \mathring{p}\, \mathring{y} + \mathring{p}\, \mathring{y} + \mathring{m} \quad .$$

D.h. die Bereitstellung öffentlicher Güter wird vollumfänglich aus den Beiträgen finanziert.

Im Lindahl-Gleichgewicht bei öffentlichen Gütern ergeben sich folgende Marginalbedingungen: Aus Punkt 2. von Definition 11.4 erhalten wir mittels der Lagrange-Funktion die (FOC)

$$\partial_{x^h} U^h(\mathring{y}, \mathring{m}_h) = \lambda^h \mathring{t}_h$$
$$\partial_{m^h} U^h(\mathring{y}, \mathring{m}_h) = \lambda^h \quad ,$$

während wir analog zu Punkt 1 folgende (FOC) erhalten

$$\mathring{p} = \mu \partial_y F(\mathring{y}, \mathring{m})$$
$$1 = \mu \partial_y F(\mathring{y}, \mathring{m}) \quad .$$

Die Division beider Gleichungen führt im ersten Fall zu

$$-\text{GRS}^h_{x^h, m^h}(\mathring{y}, \mathring{m}_h) = \frac{\partial_{x^h} U^h(\mathring{y}, \mathring{m}_h)}{\partial_{m^h} U^h(\mathring{y}, \mathring{m}_h)} = \mathring{t}_h$$

und im zweiten Fall zu

$$-\mathrm{GRT}_{y,m}(\overset{*}{y},\overset{*}{m}) = \frac{\partial_y F(\overset{*}{y},\overset{*}{m})}{\partial_m F(\overset{*}{y},\overset{*}{m})} = \overset{*}{p} \quad,$$

woraus aufgrund des 5. Punktes von Definition 11.4, genau die Samuelson-Bedingung folgt:[5]

$$\overset{\mathrm{wg.~5.}}{\Rightarrow} \quad \sum_{h=1}^{H} \mathrm{GRS}_{x^h,m^h}^h(\overset{*}{y},\overset{*}{m}_h) = \mathrm{GRT}_{y,m}(\overset{*}{y},\overset{*}{m}) \quad.$$

Das heißt, Lindahl-Gleichgewichte führen zur selben Bedingung von Pareto-effizienten Allokationen.

Abschließend möchten wir festhalten, daß beim Konzept des Lindahl-Gleichgewichts eine Form des 2. Hauptsatzes der Wohlfahrtstheorie gilt. Hierzu erweitern wir zunächst Definition 11.4 um Transferzahlungen:

Definition 11.6 (Lindahl-Gleichgewicht mit Transferzahlungen).
Eine Allokation $(\hat{x}^1, \ldots, \hat{x}^H, \hat{m}^1, \ldots, \hat{m}^H, \hat{y}, \hat{m})$ *ist ein* Lindahl-Gleichgewicht mit Transferzahlungen, *wenn es* $(\hat{t}^1, \ldots, \hat{t}^H, \hat{p})$ *und Transferzahlungen* $\hat{\tau}^h$ *mit* $\sum_{h=1}^{H} \hat{\tau}^h = 0$ *gibt, so daß*

1. $(\hat{y}, \hat{m}) \in \arg\max_{y \geqslant 0, m \leqslant 0} \ \hat{p}y + m \quad s.t. \quad F(y,m) \leqslant 0$
2. $(\hat{x}^h, \hat{m}^h) \in \arg\max_{x^h, m^h \geqslant 0} \ U^h\left(x^h + \sum_{k \neq h} \hat{x}^k, m^h\right)$

   $s.t. \quad \hat{t}^h\left(\sum_{k \neq h} \hat{x}^k + x^h\right) + m^h \leqslant M^h + \delta^h(\hat{p}\hat{y} + \hat{m}) + \hat{\tau}^h \quad \forall h = 1, \ldots, H$
3. $\sum_{h=1}^{H} \hat{x}^h = \hat{y}$
4. $\sum_{h=1}^{H} \hat{m}^h = \sum_{h=1}^{H} M^h + \hat{m}$
5. $\sum_{h=1}^{H} \hat{t}^h = \hat{p}$

Behandeln wir nun eine leichte Variante des schon in Kapitel 9 auf Seite 200 vorgestellten 2. Hauptsatzes der Wohlfahrtstheorie (Satz 18), welche die Pareto-Effizienz mit dem Lindal-Gleichgewicht (statt dem Walras-Gleichgewicht) verknüpft.

Satz 21 (2. Hauptsatz der Wohlfahrtstheorie)
Unter den Stetigkeits- und Konvexitätsannahmen (DKM) gilt: Zu jeder Pareto-effizienten Allokation $(\hat{y}, \hat{m}, \hat{m}^1, \ldots, \hat{m}^H)$ *gibt es* $(\hat{t}^1, \ldots, \hat{t}^H, \hat{p})$ *und ein System von Transferzahlungen* $\hat{\tau}^h{}_{h=1,\ldots,H}$ *mit* $\sum_{h=1}^{H} \hat{\tau}^h = 0$, *so daß* $(\hat{y}, \hat{m}, \hat{m}^1, \ldots, \hat{m}^H)$ *ein Lindahl-Gleichgewicht mit Transferzahlungen ist.*

---

[5]Hier gelten analoge Bemerkungen bezüglich der Durchführbarkeit der Schritte wie in Abschnitt 11.3.3 auf Seite 237.

Also kann jede effiziente Allokation als Lindahl-Gleichgewicht mit Transferzahlungen dezentralisiert werden. Selbstverständlich bleibt die Frage offen, wie ein derartiges System von Transferzahlungen in der Praxis zu gestalten ist.

Bei genauerem Hinsehen fällt auf, daß die Definition von Lindahl-Gleichgewichten auf folgende Weise kompakter geschrieben werden kann:

Definition 11.7 (Lindahl-Gleichgewicht bei öffentlichen Gütern).
Eine Allokation $(\overset{*}{m}_1,\ldots,\overset{*}{m}_H,\overset{*}{y},\overset{*}{m})$ *mit* $(\overset{*}{t}_1,\ldots,\overset{*}{t}_H,\overset{*}{p})$ *ist ein Lindahl-Gleichgewicht bei öffentlichen Gütern, wenn gilt:*

1. $(\overset{*}{y},\overset{*}{m}) \in \arg\max_{y\geqslant 0,m\leqslant 0}\overset{*}{p}y + m \quad s.t. \quad F(y,m) \leqslant 0$
2. $(\overset{*}{y},\overset{*}{m}_h) \in \arg\max_{y,m^h\geqslant 0} U^h\left(y,m^h\right)$
   $s.t. \quad \overset{*}{t}_h y + m^h \leqslant M^h + \delta^h(\overset{*}{p}\overset{*}{y} + \overset{*}{m}) \quad \forall h = 1,\ldots,H$
3. $\sum_{h=1}^H \overset{*}{m}_h = \sum_{h=1}^H M^h + \overset{*}{m}$
4. $\sum_{h=1}^H \overset{*}{t}_h = \overset{*}{p}$

Hier sind die individuellen Entscheidungen x^h verschwunden, die Subjektivität der Präferenzen wird jedoch durch die optimalen Beiträge $\overset{*}{t}_h$ offenbart. Auch hier ist das grundlegende Ziel der Theorie zu beweisen, daß eine Lösung existiert. Die Frage nach dem Weg dorthin ist eine deutlich schwierigere, denn sie hat mit der individuellen Anreizeproblematik und vorhandenen Informationen zu tun.

11.5 Erweiterungen und Schlußfolgerungen

Die politischen Implikationen der Theorie der öffentlichen Güter sind in der modernen Volkswirtschaftslehre sehr umstritten. Eine kleine *tour d'horizon* durch diese interessanten Themen wird sich sicher lohnen.

11.5.1 Versorgung und Bereitstellung

In den meisten Lehrbüchern folgt aus der Ineffizienz des Walrasianischen Marktmechanismus bei der Produktion öffentlicher Güter, daß der Staat als Bereitsteller dieser Güter eingreifen sollte. Das Lindahl-Gleichgewicht muß demzufolge durch staatliche Interventionspolitik erreicht werden. Das oben nicht behandelte Problem steckt jedoch in den wirtschaftspolitischen Details. Zu berücksichtigen ist, daß die bürokratische „Klasse" jederzeit versucht, den eigenen Handlungsspielraum möglichst stark zu erweitern, auch mit Hilfe dieser Argumente.

Daß aus der *vermuteten* Marktineffizienz die Notwendigkeit einer staatlichen Bereitstellung folgt, ist keine einzige mögliche Schlußfolgerung. Der Staat könnte sich in der Tat ausschließlich um das System der zur Finanzierung dienenden Transferzahlungen $\overset{*}{\tau}_h$ und Gebühren $\overset{*}{t}_h$ kümmern und trotzdem die Bereitstellung dem Markt überlassen. Man spricht in diesem Fall von einer Trennung zwischen staatlicher Versorgung und staatlicher Bereitstellung eines Gutes, wobei man auf letztere verzichtet.

Nehmen wir als Beispiel die polizeiliche Kontrolle einer Stadt. Das öffentliche Gut wäre hier „Sicherheit auf der Straße", von deren Nutzen niemand ausgeschlossen werden kann, und bei der keine Rivalität herrscht, solange das Kriminalitätsniveau bescheiden bleibt. Die Kontrollgänge könnten aber auch von privaten Agenturen, die auf Kosteneffizienz fokussiert sind und mit staatlichen Steuergeldern bezahlt werden, durchgeführt werden. An manchen Orten sind solche Experimente schon zu beobachten.

11.5.2 Leuchttürme und Turnpikes: Was die Geschichte lehrt

Öffentliche Güter können auch völlig privatwirtschaftlich versorgt und bereitgestellt werden. Die ökonomische Tätigkeit des Staates, hervorgerufen durch Marktversagen, ist deutlich jünger als die Erfahrung der meisten Bevölkerungen mit öffentlichen Gütern wie Straßen, Leuchttürmen, Polizei oder sozialer Sicherheit. Ronald Coase etablierte in seinem berühmten Artikel „The Lighthouse in Economics", der 1974 im Journal of Law and Economics veröffentlicht wurde,[6] das Musterbeispiel für öffentliche Güter anhand der Leuchttürme in England, die bis Anfang des XIX Jh. privatwirtschaftlich finanziert wurden. Grundsätzlich wurden die englischen Leuchttürme, bevor sie verstaatlicht wurden, von den Häfen betrieben und finanziert, um dadurch das gefahrlose Einfahren und Anlegen der Schiffe gewährleisten zu können. Da das Anlegen in einem Hafen der Auschließbarkeit und Rivalität unterliegt, also ein privates Gut ist, ist auch seine Preissetzung unproblematisch. Ein Teil der Hafengebühren wurde zur Leuchtturmfinanzierung verwendet.

Klein [1990] beschreibt in einem ähnlichen Artikel den privat finanzierten Bau der Straßen in den Anfangszeiten Amerikas. Die *turnpikes* wurden damals ausschließlich von ihren Benutzern finanziert.

---

[6]Vgl. Coase [1974] im Literaturverzeichnis.

11.5.3 Private Produktion öffentlicher Güter

Was sind demzufolge die wesentlichen Lösungen für das Dilemma öffentlicher Güter? Grundsätzlich können wir fünf Ansätze betrachten, die unten kurz skizziert werden. Dort sind auch nützliche bibliographische Verweise zu finden. Bei allen fünf Lösungsmöglichkeiten macht man von der wichtigsten ökonomischen Eigenschaft öffentlicher Güter Gebrauch, der Additivität der einzelnen Zahlungsbereitschaften. Obwohl jeder Einzelne strategisch einen starken Anreiz hat, zu defektieren (Trittbrettfahrerverhalten), kann ein öffentliches Gut bereits mit sehr bescheidenen individuellen Beiträgen zustande kommen, da die Beiträge einfach addiert werden können. Auch der kleinste Mechanismus, der die Defektion reduziert (und nicht unbedingt verhindert), kann ein öffentliches Gut erfolgreich hervorbringen.

Private Anreize

Das von Nobelpreisträger Coase vorgebrachte Beispiel der damaligen Leuchttürmebereitstellung in England beruht auf der Tatsache, daß das öffentliche Gut „sichere Orientierung dank Leuchtturm" zusammen mit dem privaten Gut „Anlegen im Hafen" verkauft wurde. Man spricht in diesem Zusammenhang von *privaten Anreizen*. Ein weiteres berühmtes, historisches Beispiel betrifft die Entstehung von Gewerkschaften im XIX Jh.. Diese boten damals die ersten (privaten) Arbeitslosenversicherungen an. Mit diesen privaten Gütern konnten die Gewerkschaften die Interessen der Arbeitnehmer vertreten, was typischerweise öffentlichen Charakter besitzt. Es ist kein Zufall, daß Bismarck die Arbeitslosenversicherung verstaatlichte, um die Gewerkschaften zu schwächen. Aufgrund des Trittbrettfahrerverhaltens gilt die Regel: Verkaufe nie ein öffentliches Gut allein, sondern kombiniere es mit einem privaten Gut (wo Ausschließbarkeit und Rivalität herrschen).

Vertragliche Lösungen ex ante

Das strategische Spiel zur Finanzierung eines öffentlichen Gutes ist deutlich anderer Natur *bevor das Gut überhaupt produziert wird*. Betrachten wir den Bau eines Damms zur Flutbekämpfung eines Flußes: Sobald der Wasserfluß durch den Damm reguliert wird und die Flut bewältigt ist, entsteht ein öffentliches Gut ohne Auschließbarkeit und Rivalität für das geschützte Dorf. Obwohl die Einwohner daran starkes Interesse haben, spekuliert jeder auf die Kostendeckung durch die Beiträge der Anderen.

Die strategische Dynamik verhält sich jedoch anders, wenn das Dorf noch nicht existiert oder der Dammunternehmer genügend Grundstücke im Dorf besitzt, so daß er sein Projekt durch die erhöhten Grundstückspreise finanzieren kann. Diese zweite Möglichkeit beruht darüber hinaus auf der Tatsache, daß die Immobilienpreise bei Flutgefahr wahrscheinlich sehr tief sind und nach dem Bau des Damms stark ansteigen werden.

Eine dritte Lösung wäre der Abschluß eines Vertrages mit den Dorfbewohnern *vor* dem Bau des Damms. Dieser Vertrag müßte eine Klausel beinhalten, die den Dammbau nur erlaubt, wenn die Mehrheit der Dorfbewohner mit dem Projekt einverstanden ist. Jeder Konsument würde dann zum Grenznachfrager und könnte mit seiner Wahl über den Dammbau entscheiden.

Selbstorganisation und soziale Kontrolle

Ein weiterer Ausweg aus dem Dilemma der Bereitstellung öffentlicher Güter auf einem freien Markt beruht auf sozialen Dynamiken: Da die persönliche Reputation ein wichtiges privates Gut ist, kann sie auch im Spiel miteinbezogen werden. Konkret geht es darum, geeignete soziale Mechanismen zu entwickeln, die es ermöglichen Trittbrettfahrer als solche zu erkennen und Handelsverluste in anderen sozialen Bereichen zu bestrafen.

Wiederholte Spiele

Obwohl zu diesem Zeitpunkt in unserer Betrachtung der analytischen Mikroökonomie formal noch nicht vorgestellt, liefert die Spieltheorie (ein Teilgebiet der VWL) zusätzliche Lösungsansätze. Für die Entstehung und Weiterproduktion eines öffentlichen Gutes ist häufig ein Finanzierungsfluß notwendig, d.h. jeder muß regelmäßig für das öffentliche Gut zahlen. Aus dieser Tatsache können sich interessante intertemporale Dynamiken ergeben. Eine typische Startegie ist die *tit for tat strategy* (auf deutsch „wie Du mir, so ich Dir"-Regel), die auf der Verhaltensreziprozität basiert. Da die individuellen Präferenzen in der Regel in der Reihenfolge „trage bei, öff. Gut kommt nicht zustande"–„trage nicht bei, öff. Gut kommt nicht zustande"–„trage bei, öff. Gut kommt zustande"–„trage nicht bei, öff. Gut kommt zustande" geordnet sind und das Spiel sich wiederholt, hat auch ein Trittbrettfahrer Interesse daran, daß das öffentliche Gut über die Zeit bereitgestellt wird. Trägt er heute nicht bei, bestrafen ihn die anderen, indem sie in der folgenden Periode nicht beitragen, was für alle Teilnehmer zum schlechten Ergebnis „nicht beitragen, kein öff. Gut" führt. Der rationale Trittbrettfahrer erkennt diese Gefahr und trägt daher schon heute bei. In Kapitel 14 werden wir auf diese spieltheoretischen Überlegungen näher eingehen.

Neue Technologien

Eine weitere Antwort auf die Marktkritiken liefert die technologische Entwicklung, welche die ökonomischen Rahmenbedingungen ständig ändert. Denken wir nochmals an Leuchttürme: Heutzutage werden sie in vielen Bereichen (außerhalb der Schiffahrt vor allem im Flugverkehr) durch Funksignale, die nur Anwender interpretieren können, die einen Decoder besitzen, ersetzt: Die Orientierungsfunktion des Leuchtturms ist plötzlich zu einem privaten Gut geworden.

Ähnliche Dynamiken konnte man in der Fernsehbranche beobachten, als die Signalverschlüsselung die Einführung von *pay per view* Sendungen ermöglichte.

Schenkung öffentlicher Güter

Über das letzte Argument kann man weniger spekulieren. Es sollte jedoch nicht vergessen werden. Öffentliche Güter werden auch aus Prestigegründen oder Philanthropie von privaten Individuen finanziert und zur Verfügung gestellt. Beispiele sind die Tätigkeit von Stiftungen im Kulturwesen oder Feuerwerke, die von wohlhabenden Personen gespendet werden.

11.5.4 Gemeingüter als verwandte Theorie

Gemeingüter (Engl. *commons*) sind Güter, die Rivalität aber keine Ausschließbarkeit im Konsum aufweisen. Unterscheidet man Gemeingüter von den reinen sogenannten öffentlichen Gütern, liegen Gemeingüter zwischen privaten und öffentlichen Gütern. Sie unterliegen dem Problem der externen Effekte, das formal in Kapitel 12 behandelt wird. Die fehlende Auschließbarkeit setzt unvollständige Verhaltensanreize, was zu allokativen Ineffizienzen führen kann. Auch in diesem Fall können die institutionellen Rahmenbedingungen eine wichtige Rolle spielen.

12

Externe Effekte

„Die komplizierten Analyse-Methoden der Ökonomen sind nicht nur bloße Gymnastik. Sie sind Werkzeuge, die das Leben der Menschheit verbessern."

A. C. Pigou

12.1 Einführende Bemerkungen

In dem bisher betrachteten allgemeinen Gleichgewichtsmodell

$$\text{GE} = \left[\mathbb{R}^n, \mathbb{Y}^j{}_{j=1,\dots,J}, (\mathbb{X}^h, \vec{\omega}^h, \vec{\delta}^h, U^h)_{h=1,\dots,H} \right] \quad,$$

findet die Interaktion der Entscheidungsträger (d.h. Produzenten und Konsumenten) nur indirekt über die Märkte mittels des Preismechanismus statt. In diesem Kontext formulierten wir das Walras-Gleichgewicht und überzeugten uns davon, daß die beiden Hauptsätze der Wohlfahrtstheorie unter den getroffenen Annahmen für die Ökonomie gültig sind. Durch das Auftreten von externen Effekten, die sowohl positiv als auch negativ sein können, interagieren die Entscheidungsträger nun jedoch auch direkt miteinander! Beispielsweise können folgende soziale Phänomene modelliert werden: *Neid, Mitleid, Störenfriede, Verkehrsstau, Umweltverschmutzung* und *Produktionsbehinderung.* Diese Modellierung geschieht im Gleichgewichtsmodell durch Erweiterung der Zielfunktionen der Produzenten und Konsumenten folgendermaßen:

$$U^h(\vec{x}^1, \dots, \vec{x}^H; \vec{y}^1, \dots, \vec{y}^J) = U^h(\mathbf{x}, \mathbf{y}) \quad \forall h = 1, \dots, H \tag{12.1}$$

$$F^j(\vec{x}^1, \dots, \vec{x}^H; \vec{y}^1, \dots, \vec{y}^J) = F^j(\mathbf{x}, \mathbf{y}) \quad \forall j = 1, \dots, J \quad, \tag{12.2}$$

wobei die neue Notation $\mathbf{x}$ für die $[n \times H]$ Matrix $[\vec{x}^1, \ldots, \vec{x}^H]$ aller Konsumpläne steht und $\mathbf{y}$ für die $[n \times J]$ Matrix $[\vec{y}^1, \ldots, \vec{y}^J]$ aller Produktionspläne. Wir treffen auch in diesem Kapitel die Annahme, daß alle benutzten Funktionen ausreichend oft differenzierbar seien.

Externe Effekte sind also eine direkte Interaktion der Entscheidungsträger an den Märkten vorbei, wie Abbildung 12.1 graphisch schematisiert.

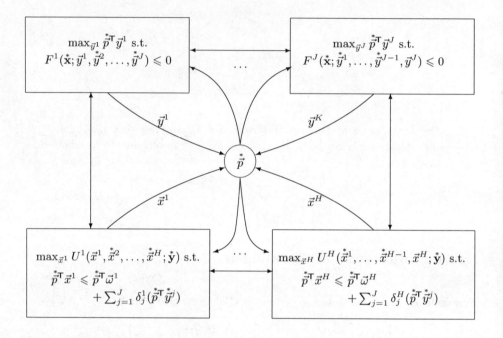

Abb. 12.1. Das Netz direkter Interaktionen der Entscheidungsträger an den Märkten.

12.2 Walras-Gleichgewichte & Pareto-Effizienz

12.2.1 Definitionen

Obwohl nach wie vor jeder nach seinem eigenen Nutzen strebt *und* zudem noch jeden anderen beeinflußt, herrscht kein Chaos, denn auch hier gibt es wieder ein Gleichgewicht. Zunächst seien

$$\mathbf{x}^{\backslash h} := (\vec{x}^1, \ldots, \vec{x}^{h-1}, \vec{x}^{h+1}, \ldots, \vec{x}^H)$$
$$\mathbf{x} = (\vec{x}^h, \mathbf{x}^{\backslash h})$$
$$\mathbf{y}^{\backslash j} := (\vec{y}^1, \ldots, \vec{y}^{j-1}, \vec{y}^{j+1}, \ldots, \vec{y}^J)$$
$$\mathbf{y} = (\vec{y}^j, \mathbf{y}^{\backslash j}) \quad .$$

Definition 12.1 (Walras-Gleichgewicht bei externen Effekten).
Eine Allokation $(\overset{*}{\mathbf{x}}, \overset{*}{\mathbf{y}})$ *mit einem Preissystem* $\overset{*}{\vec{p}}$ *ist ein* Walras-Gleichgewicht unter der Berücksichtigung externer Effekte, *wenn gilt:*

1. $\overset{*}{\vec{y}}_j \in \arg\max_{\vec{y}^j} \overset{*}{\vec{p}}^T \vec{y}^j$ *s.t.*
   $F^j(\overset{*}{\mathbf{x}}, \vec{y}^j, \mathbf{y}^{\backslash j}) \leqslant 0,\ y \in \mathbb{Y}^j$

   $$\forall j = 1, \ldots, J$$

2. $\overset{*}{\vec{x}}_h \in \arg\max_{\vec{x}^h \in \mathbb{X}^h} U^h(\vec{x}^h, \overset{*}{\mathbf{x}}^{\backslash h}, \overset{*}{\mathbf{y}})$ *s.t.*
   $$\overset{*}{\vec{p}}^T \vec{x}^h \leqslant \overset{*}{\vec{p}}^T \vec{\omega}^h + \sum_{j=1}^J \delta_j^h (\overset{*}{\vec{p}}^T \overset{*}{\vec{y}}_j) \quad \forall h = 1, \ldots, H$$

3. $\sum_{h=1}^H \overset{*}{\vec{x}}_h = \sum_{h=1}^H \vec{\omega}^h + \sum_{j=1}^J \overset{*}{\vec{y}}_j$

Auch bei externen Effekten definieren wir wieder

Definition 12.2 (Pareto-Effizienz).
Eine durchführbare Allokation $(\hat{\mathbf{x}}, \hat{\mathbf{y}})$ *heißt* Pareto-effizient, *falls es keine andere durchführbare Allokation* $(\bar{\mathbf{x}}, \bar{\mathbf{y}})$ *gibt, so daß gilt*

$$U^h(\bar{\mathbf{x}}, \bar{\mathbf{y}}) \geqslant U^h(\hat{\mathbf{x}}, \hat{\mathbf{y}}) \quad \forall h = 1, \ldots, H$$

und

$$U^k(\bar{\mathbf{x}}, \bar{\mathbf{y}}) > U^k(\hat{\mathbf{x}}, \hat{\mathbf{y}}) \quad \textit{für mindestens ein} k \in \{1, \ldots, H\} \quad .$$

Eine Pareto-effiziente Allokation, die so definiert ist, erhält man, wenn sie gegeben irgend einen Vektor von positiven Gewichten $\lambda \in \mathbb{R}_{++}^H$ Lösung des folgenden Optimierungsproblems ist:[1]

---

[1]Man beachte die Fußnote auf Seite 206.

$$\max_{\mathbf{x},\mathbf{y}} \sum_{h=1}^{H} \lambda^h U^h(\mathbf{x},\mathbf{y}) \quad \text{s.t.}$$

$$F^j(\mathbf{x},\mathbf{y}) \leqslant 0 \quad \forall j = 1,\ldots,J \tag{12.3}$$

$$\sum_{h=1}^{H} \vec{x}^h = \sum_{h=1}^{H} \vec{\omega}^h + \sum_{j=1}^{J} \vec{y}^j \quad.$$

12.2.2 Charakterisierung von Pareto-effizienten Allokationen durch die Marginalbedingungen

Sind die (DKM)-Annahmen erfüllt, erhält man mittels Lagrange-Funktion

$$L := \sum_{h=1}^{H} \lambda^h U^h(\hat{\mathbf{x}},\hat{\mathbf{y}}) - \sum_{j=1}^{J} \mu^j F^j(\hat{\mathbf{x}},\hat{\mathbf{y}}) - \sum_{l=1}^{n} \gamma_i \left(\sum_{h=1}^{H} x_i^h - \sum_{h=1}^{H} \omega_i^h - \sum_{j=1}^{J} y_i^j \right)$$

die Bedingungen erster Ordnung für das Optimierungsproblem (12.3):

$$\sum_{h=1}^{H} \lambda^h \partial_{x_i^j} U^h(\hat{\mathbf{x}},\hat{\mathbf{y}}) - \sum_{j=1}^{J} \mu^j \partial_{x_i^j} F^j(\hat{\mathbf{x}},\hat{\mathbf{y}}) - \gamma_i = 0 \quad , \tag{12.4}$$

$$\forall i = 1,\ldots,n, \; j = 1,\ldots,H$$

$$\sum_{h=1}^{H} \lambda^h \partial_{y_i^f} U^h(\hat{\mathbf{x}},\hat{\mathbf{y}}) - \sum_{j=1}^{J} \mu^j \partial_{y_i^f} F^j(\hat{\mathbf{x}},\hat{\mathbf{y}}) + \gamma_i = 0 \quad , \tag{12.5}$$

$$\forall l = 1,\ldots,n, \; f = 1,\ldots,J$$

Bedingung (12.4) bezieht sich auf die Konsumenten, Bedingung (12.5) auf die Produzenten. Die Mischterme (d.h. die Ableitung der Nutzenfunktion nach der Produktion bzw. die Ableitung der Produktionsfunktion nach dem Konsum) zeigen allfällige externe Effekte.

Beispiel 1: Abwesenheit externer Effekte

Gäbe es keine externen Effekte, d.h.

$$\partial_{x_i^k} U^h(\hat{\mathbf{x}},\hat{\mathbf{y}}) = 0 \quad \forall k = 1,\ldots,H, k \neq h \quad ,$$

$$\partial_{y_i^f} U^h(\hat{\mathbf{x}},\hat{\mathbf{y}}) = 0 \quad \forall f = 1,\ldots,J \quad ,$$

$$\partial_{x_i^k} F^j(\hat{\mathbf{x}},\hat{\mathbf{y}}) = 0 \quad \forall k = 1,\ldots,H \quad ,$$

$$\partial_{y_i^f} F^j(\hat{\mathbf{x}},\hat{\mathbf{y}}) = 0 \quad \forall f = 1,\ldots,J, f \neq j \quad ,$$

nimmt Gleichung (12.4) die Form $\lambda^h \partial_{x_i^h} U^h(\hat{\mathbf{x}}, \hat{\mathbf{y}}) - \gamma_i = 0$ an, äquivalent zu $\lambda^h \partial_{x_i^h} U^h(\hat{\mathbf{x}}, \hat{\mathbf{y}}) = \gamma_i$. Für beliebige Güter l, g folgt unter der Annahme $\gamma_k \neq 0, \forall k$

$$-\mathrm{GRS}_{l,g}^h(\hat{\mathbf{x}}, \hat{\mathbf{y}}) = \frac{\gamma_l}{\gamma_g} = -\mathrm{GRS}_{l,g}^k(\hat{\mathbf{x}}, \hat{\mathbf{y}}) \quad \forall(h,k), \forall(l,g) \quad .$$

Analog dazu nimmt Gleichung (12.5) die Form $-\mu^j \partial_{y_i^j} F^j(\hat{\mathbf{x}}, \hat{\mathbf{y}}) + \gamma_i = 0$ an, was äquivalent zu $\mu^j \partial_{y_i^j} F^j(\hat{\mathbf{x}}, \hat{\mathbf{y}}) = \gamma_i$ ist, woraus für beliebige Güter l, g nochmals folgt

$$-\mathrm{GRT}_{l,g}^j(\hat{\mathbf{x}}, \hat{\mathbf{y}}) = \frac{\gamma_l}{\gamma_g} = -\mathrm{GRT}_{l,g}^f(\hat{\mathbf{x}}, \hat{\mathbf{y}}) \quad \forall(j,f), \forall(l,g) \quad .$$

Aufgrund beider Marginalbedingungen für Konsumenten und Produzenten gilt also die bekannte Beziehung

$$\mathrm{GRS}_{l,g}^h(\hat{\mathbf{x}}, \hat{\mathbf{y}}) = \mathrm{GRT}_{l,g}^j(\hat{\mathbf{x}}, \hat{\mathbf{y}}) \quad \forall(h,j), \forall(l,g) \quad .$$

Beispiel 2: Externe Effekte

Wie sieht die Pareto-effiziente Allokation aus, wenn externe Effekte auftreten? Sei jetzt $n = 2 = J$ und die Produktion des 1. Konsumgutes der Firma 1 habe einen externen Effekt auf die Produktion der Firma 2.

Für die *Konsumenten* ergibt sich aus den Grenzraten der Substitution die schon bekannte Optimalitätsbedingung: (12.4) hat dann die Form

$$\lambda^h \partial_{x_i^h} U^h(\hat{\mathbf{x}}, \hat{\mathbf{y}}) - \gamma_i = 0 \quad ,$$

was unter der Annahme $\gamma_1 \neq 0, \gamma_2 \neq 0$ über alle Individuenpaare (h,k) zu

$$-\mathrm{GRS}_{1,2}^h(\hat{\mathbf{x}}, \hat{\mathbf{y}}) = \frac{\gamma_1}{\gamma_2} = -\mathrm{GRS}_{1,2}^k(\hat{\mathbf{x}}, \hat{\mathbf{y}}) \quad \forall(h,k)$$

führt.

Bei den *Produzenten* müssen wir die zwei Firmen aufgrund der Asymmetrie in der Externalität unabhängig voneinander betrachten.

Firma 1: Da ihre Produktion einen externen Effekt auf Firma 2 hat, taucht in dieser Marginalbedingung ein neuer Term auf. Die partielle Ableitung nach der Produktion des ersten Gutes y_1 hat die Form

$$-\mu^1 \partial_{y_1^1} F^1(\hat{\mathbf{x}}, \hat{\mathbf{y}}) \underbrace{-\mu^2 \partial_{y_1^1} F^2(\hat{\mathbf{x}}, \hat{\mathbf{y}})}_{\text{Externer Effekt}} + \gamma_1 = 0$$

und kann folgendermaßen dargestellt werden

$$\mu^1 \partial_{y_1^1} F^1(\hat{\mathbf{x}}, \hat{\mathbf{y}}) + \mu^2 \partial_{y_1^1} F^2(\hat{\mathbf{x}}, \hat{\mathbf{y}}) = \gamma_1 \quad .$$

Bei der partiellen Ableitung nach y_2 ist hingegen nichts Besonderes zu bemerken; die Marginalbedingung ist $-\mu^1 \partial_{y_2^1} F^1(\hat{\mathbf{x}}, \hat{\mathbf{y}}) + \gamma_2 = 0$ und wird zu $\mu^1 \partial_{y_2^1} F^1(\hat{\mathbf{x}}, \hat{\mathbf{y}}) = \gamma_2$ umgeformt. Die Division beider Bedingungen liefert uns unter der Annahme $\gamma_2 \neq 0, \mu_1 \neq 0$ die um die Externalität korrigierte Grenzrate der Transformation für Firma 1

$$\frac{\partial_{y_1^1} F^1(\hat{\mathbf{x}}, \hat{\mathbf{y}})}{\partial_{y_2^1} F^1(\hat{\mathbf{x}}, \hat{\mathbf{y}})} + \frac{\mu^2 \partial_{y_1^1} F^2(\hat{\mathbf{x}}, \hat{\mathbf{y}})}{\mu^1 \partial_{y_2^1} F^1(\hat{\mathbf{x}}, \hat{\mathbf{y}})} = \frac{\gamma_1}{\gamma_2} \quad .$$

Firma 2: Da die Produktion von Firma 2 keine Externalität aufweist, erhalten wir in den folgenden Schritten die gewöhnliche Herleitung der Grenzrate der Transformation und ihre Übereinstimmung mit dem Lagrange-Parameter-Verhältnis im Optimum. Beginnen wir mit der Produktion des ersten Gutes:

$$-\mu^2 \partial_{y_1^2} F^2(\hat{\mathbf{x}}, \hat{\mathbf{y}}) + \gamma_1 = 0$$
$$\mu^2 \partial_{y_1^2} F^2(\hat{\mathbf{x}}, \hat{\mathbf{y}}) = \gamma_1 \quad .$$

Analog dazu liefert die Betrachtung der Produktion des zweiten Gutes in Firma 2 $-\mu^2 \partial_{y_2^2} F^2(\hat{\mathbf{x}}, \hat{\mathbf{y}}) + \gamma_2 = 0$, umgeformt zu $\mu^2 \partial_{y_2^2} F^2(\hat{\mathbf{x}}, \hat{\mathbf{y}}) = \gamma_2$. Aus der Division der ersten Bedingung durch die zweite Bedingung resultiert die bekannte Beziehung

$$\frac{\partial_{y_1^2} F^2(\hat{\mathbf{x}}, \hat{\mathbf{y}})}{\partial_{y_2^2} F^2(\hat{\mathbf{x}}, \hat{\mathbf{y}})} = \frac{\gamma_1}{\gamma_2} \quad .$$

Da $\frac{\gamma_1}{\gamma_2}$ fix ist, können wir die Marginalbedingungen der ersten und zweiten Firma miteinander vergleichen als

$$-\mathrm{GRT}_{1,2}^1(\hat{\mathbf{x}}, \hat{\mathbf{y}}) + \underbrace{\frac{\mu^2 \partial_{y_1^1} F^2(\hat{\mathbf{x}}, \hat{\mathbf{y}})}{\mu^1 \partial_{y_2^1} F^1(\hat{\mathbf{x}}, \hat{\mathbf{y}})}}_{\text{Korrekturterm}} = \frac{\gamma_1}{\gamma_2} = -\mathrm{GRT}_{1,2}^2(\hat{\mathbf{x}}, \hat{\mathbf{y}}) \quad ,$$

was die für die Pareto-Effizienz notwendige Korrektur des externen Effektes deutlich macht.

12.2.3 Charakterisierung von Walras-Gleichgewichten durch die Marginalbedingungen

Im Walras-Gleichgewicht bei externen Effekten erhalten wir aber andere Marginalbedingungen als die für die Pareto-Effizienz notwendigen. Aus Punkt 1 in Definition 12.1 (vgl. Seite 249) erhalten wir mittels Lagrange-Funktion die Bedingung erster Ordnung

$$\overset{*}{p}_i = \mu^j \partial_{y^j_i} F^j(\overset{*}{\mathbf{x}}, \overset{*}{\mathbf{y}}) \quad ,$$

während aus Punkt 2

$$\partial_{x^h_i} U^h(\overset{*}{\mathbf{x}}, \overset{*}{\mathbf{y}}) = \lambda^h \overset{*}{p}_i$$

resultiert. Für alle Haushaltspaare $\forall(h, j)$, für alle Güterpaare $\forall(l, g)$ sowie für alle Firmenpaare $\forall(f, j)$ gilt demzufolge

$$-\mathrm{GRS}^h_{l,g}(\overset{*}{x}, \overset{*}{y}) = \frac{\partial_{x^h_i} U^h(\overset{*}{x}, \overset{*}{y})}{\partial_{x^h_g} U^h(\overset{*}{x}, \overset{*}{y})} = \frac{\overset{*}{p}_i}{\overset{*}{p}_g} = \frac{\partial_{x^j_i} U^j(\overset{*}{x}, \overset{*}{y})}{\partial_{x^j_g} U^j(\overset{*}{x}, \overset{*}{y})} = -\mathrm{GRS}^j_{l,g}(\overset{*}{x}, \overset{*}{y})$$

$$-\mathrm{GRT}^j_{l,g}(\overset{*}{x}, \overset{*}{y}) = \frac{\partial_{y^j_i} F^j(\overset{*}{x}, \overset{*}{y})}{\partial_{y^j_g} F^j(\overset{*}{x}, \overset{*}{y})} = \frac{\overset{*}{p}_i}{\overset{*}{p}_g} = \frac{\partial_{y^f_i} F^f(\overset{*}{x}, \overset{*}{y})}{\partial_{y^f_g} F^f(\overset{*}{x}, \overset{*}{y})} = -\mathrm{GRT}^f_{l,g}(\overset{*}{x}, \overset{*}{y})$$

$$\mathrm{GRS}^h_{l,g}(\overset{*}{x}, \overset{*}{y}) \qquad = \qquad \mathrm{GRT}^j_{l,g}(\overset{*}{x}, \overset{*}{y}) \quad ,$$

d.h. die externen Effekte werden im Walras-Gleichgewicht nicht berücksichtigt! *Sowohl der 1. Hauptsatz der Wohlfahrtstheorie als auch der 2. Hauptsatz der Wohlfahrtstheorie wird verletzt!*

12.2.4 Lösungswege zur Wiederherstellung von Pareto-Effizienz

Im folgenden werden wir von einer *negativen* Externalität ausgehen, da diese dem wirtschaftspolitisch schwerwiegenden Fall, bei dem Konflikte entstehen können, entsprechen. Um die Pareto-Effizienz im Gleichgewichtsmodell wieder herbeizuführen, kann eine der drei folgenden Lösungsmöglichkeiten in der Ökonomie etabliert werden:

1. Schadensobergrenzen: Im Falle negativer Externalitäten führen die unkoordinierten individuellen Tätigkeiten zu Überemissionen, die man zwangsläufig durch gesetzliche Obergrenzen zu vermindern versucht. Eine Autorität, typischerweise der Staat, legt die maximale Emission für jeden Produzenten fest und kontrolliert regelmäßig das Einhalten der Vorschrift. Mit dieser Methode sind aber zwei wichtige Probleme verbunden. (1) Die Gesamtemission bleibt unkontrolliert, da neue Markteintretende derselben individuellen Vorschrift unterliegen. (2) Man gibt Firmen mit tiefen Emissionen zu hohe Grenzen vor, während Firmen mit hohen Emissionen relativ enge Grenzen einhalten müssen. Eine Abmachung unter beiden Typen von Firmen (der Art „Firma A kann auch über die nicht-produzierten Emissionen von Firma B verfügen") ist unmöglich, obwohl dies die Gesamtproduktion erhöhen würde, ohne daß die gemeinsamen Emissionen

beider Firmen größer als die doppelte Emissionsgrenze wären. Die Autorität mischt sich also mit der Emissionsallokation für alle Produzenten ein. Dies führt zu Ineffizienzen.

2. Pigou-Steuern: Eine Alternative zu den Schadensobergrenzen, welche als Zwangsmaßnahmen angesehen werden können, sind sogenannte *Pigou-Steuern* (heute häufig auch „Ökosteuern" genannt). Der Name dieses wirtschaftspolitischen Instuments beruht auf Arthur Cecil Pigou.[2] Ziel ist die *Internalisierung* – d.h. die Bepreisung – des externen Effekts durch eine Steuer, deren Höhe theoretisch dem monetären Wert der Externalität entsprechen sollte. Die Kritik dieser wirtschaftspolitischen Maßnahme beruht einerseits auf der Tatsache, daß die Regierung nicht über alle relevanten Informationen verfügt. Die Bestimmung der genauen Steuerhöhe ist dadurch unmöglich. Das Problem wird in der Praxis durch eine konstante Steuersatzanpassung behoben, bis die gewünschte Gesamtemission erreicht wird. Eine zweite stärkere Kritik dieses Instruments behauptet, daß eine Regierung auch private Anreize hat. Sie würde die effiziente Besteuerung daher kaum wählen. Stattdessen würde sie die Maximierung der Steuereinnahmen vorziehen.

3. Zertifikatmärkte: Die letzte hier diskutierte wirtschaftspolitische Lösung des Externalitätsproblems besteht in der Einführung eines Marktes für die Emission. Eine Autorität legt ein *Gesamtemissionsvolumen* fest, ohne die Allokation des Volumens unter den einzelnen Produzenten vorzuschreiben. Diese wird indirekt durch den Marktmechanismus erreicht. Das Gesamtemissionsvolumen wird in *Teile* zerlegt, die als Zertifikat auf einer Zertifikatbörse gehandelt werden. Der Besitz eines Zertifikats berechtigt zur Emission des im Zertifikat beschriebenen Umfangs. In der Praxis sind verschiedene Varianten bei der Anfangsallokation zu finden: Der Staat kann die Zertifikate verschenken (handelt es sich dabei um bestehende Firmen, spricht man oft von *„grandfathering"*), oder sie direkt versteigern. Mit

---

[2]Arthur Cecil Pigou (1877-1959) war der beste Student des englischen Ökonomen Alfred Marshall (1842-1924) und als solcher ein wichtiger Vertreter der Cambridger Neoklassischen Schule. Er wurde durch sein Buch *Wealth and Welfare* (Pigou [1912]), in dem er die Wohlfahrtstheorie als Bestandteil der ökonomischen Theorie wahrnahm, berühmt. Er unterschied als erster zwischen individuellen und gesellschaftlichen Grenzkosten und erklärte damit - wie weiter oben ausgeführt - die Diskrepanz zwischen Pareto-effizienter Allokation und Walras-Gleichgewicht. In *Wealth and Welfare* wurde erstmals die Idee einer wohlwollenden Steuer vorgestellt, durch welche die Externalitäten internalisiert werden konnten. Die Arbeiten von Pigou wurden von dem an der LSE lehrenden Ökonomen Lord Lionel C. Robbins (1898-1984) und dem Chicagoer Ökonomen Frank H. Knight (1885-1972) stark kritisiert. Später zeigte die Public Choice School die Unmöglichkeit einer wohlwollenden Regierung und Ronald H. Coase (1910-) hob die Irrelevanz dieser wirtschaftspolitischen Maßnahmen hervor, solange die Eigentumsrechte genau definiert sind. Weitere Informationen hierzu sind auf http://cepa.newschool.edu/het/ zu finden.

Zertifikaten (Engl. *vouchers*) kann man gleichzeitig die Gesamtbelastung kontrollieren, ohne in die Allokationsdynamiken einzugreifen. Der Prozeß bepreist im übrigen die Externalität, so daß die wichtige Information über die Relevanz der Problematik spontan auftaucht.

In den folgenden Abschnitten werden wir zwei Beispiele von Externalitäten vorstellen und die Auswirkungen der obengenannten wirtschaftspolitischen Instrumente analysieren. Wir beginnen mit einer Konsumexternalität und fahren mit einer Produktionsexternalität fort.

12.3 Erstes Beispiel: Wechselseitige negative Konsumexternalität

12.3.1 Das Modell

In einer Ökonomie gibt es $h = 1, \dots, H$ Konsumenten und 2 Güter, $n = 2$, wobei $x^h \in \mathbb{R}_+$ den Konsum des einen Gutes des Konsumenten h darstellt und $m^h \in \mathbb{R}_+$ die restlichen Ausgaben in einem zweiten Gut zusammenfaßt. Wir sprechen in diesem Zusammenhang auch von „Geld". Kein Konsument verfügt über eine Anfangsausstattung des Konsumgutes, d.h. $\omega^h = 0$, $\forall h = 1, \dots, H$. Jeder besitzt jedoch einen gewißen Geldbestand, $M^h \in \mathbb{R}_+$, $\forall h = 1, \dots, H$, und Firmenanteile $\vec{\delta}^h \in \mathbb{R}_+^J$ $\forall h = 1, \dots, H$ mit $\sum_{h=1}^{H} \delta_j^h = 1$ $\forall j = 1, \dots, J$.

Sei $\vec{x} = (x^1, \dots, x^H) \in \mathbb{R}_+^H$ die Konsumgüterallokation und $\vec{m} = (m^1, \dots, m^H)$ die Geldallokation. Der Nutzen des Konsumenten $h = 1, \dots, H$ sei beschrieben durch

$$U^h\left(\vec{x}, m^h\right) = u^h\left(x^h, \sum_{j \neq h} x^j\right) + m^h$$

mit

$$\partial_{x^h} u^h\left(x^h, \sum_{j \neq h} x^j\right) > 0$$

positivem eigenen Grenznutzen und mit

$$\partial_{\vec{x}^{\setminus h}} u^h\left(x^h, \sum_{j \neq h} x^j\right) < \vec{0}$$

negativem externen Effekt. Eine Erhöhung der Nachfrage des Konsumenten h vergrößert demnach seinen eigenen Nutzen, während sein Nutzen bei einer erhöhten Nachfrage eines anderen Konsumenten sinkt (negative Konsumexternalität). Ein Beispiel hierfür wäre lautes Musikhören.

Zudem gibt es $j = 1, \ldots, J$ Firmen, die den Anteil y^j am Gut y unter Einsatz von m^j produzieren können, d.h.

$$\mathbb{Y}^j = \left\{ (y^j, m^j) \in \mathbb{R}^2 | y^j \geqslant 0, m^j \leqslant 0, F^j(y^j, m^j) \leqslant 0 \right\} \quad .$$

Der Preis p_2 sei normiert, d.h. $p_2 \equiv 1$, und der Preis des Konsumgutes sei demzufolge $p \in \mathbb{R}$.

Ein konkretes Beispiel wäre folgendes: In der Ökonomie gibt es $h = 1, \ldots, H$ Konsumenten, die entweder das Gut „Autobahn" oder das Gut „keine Autobahn" konsumieren können. Der Konsum des Gutes „Autobahn" hängt davon ab, wie stark alle anderen Konsumenten dieses Gut konsumieren. Es besteht also ein externer Effekt. Kein Konsument besitzt eine Anfangsausstattung des Gutes „Autobahn", jeder besitzt jedoch einen gewißen Geldbestand. Zudem gibt es $j = 1, \ldots, J$ Firmen, die das Gut „Autobahn" produzieren können, wobei die Konsumenten Anteile an genau diesen Firmen besitzen.

In diesem Modell können wir das Walras-Gleichgewicht folgendermaßen definieren:

Definition 12.3 (Walras-Gleichgewicht bei externen Effekten).
Eine Allokation $(\overset{*}{x}, \overset{*}{m}), (\overset{*}{y}, \overset{*}{m})$ mit einem Preis $\overset{*}{p}$ ist ein Walras-Gleichgewicht bei externen Effekten, wenn gilt:

1. $(\overset{*}{y}_j, \overset{*}{m}_j) \in \arg\max_{y^j \geqslant 0, m^j \leqslant 0} \overset{*}{p} y^j + m^j$ *s.t.* $F^j(y^j, m^j) \leqslant 0 \quad \forall j = 1, \ldots, J.$

2. $(\overset{*}{x}_h, \overset{*}{m}_h) \in \arg\max_{x^h, m^h \geqslant 0} u^h \left(x^h, \sum_{k \neq h} \overset{*}{x}_k \right) + m^h$ *s.t.* $\overset{*}{p} x^h + m^h \leqslant M^h$

$$+ \sum_{j=1}^{J} \delta_j^h (\overset{*}{p} \overset{*}{y}_j + \overset{*}{m}_j) \quad \forall h = 1, \ldots, H$$

3. $\sum_{h=1}^{H} \overset{*}{x}_h = \sum_{j=1}^{J} \overset{*}{y}_j.$

4. $\sum_{h=1}^{H} \overset{*}{m}_h = \sum_{h=1}^{H} M^h + \sum_{j=1}^{J} \overset{*}{m}_j$

Man vergleiche Definition 12.3 mit Definition 12.1 auf Seite 249, die den allgemeineren Fall beschreibt.

12.3.2 Charakterisierung dieses Walras-Gleichgewichts durch die Marginalbedingungen

Was setzt sich in diesem Modell als Gleichgewicht durch? Das Entscheidungsproblem des Konsumenten lautet einerseits

$$\max_{x^h, m^h \geqslant 0} u^h \left(x^h, \sum_{j \neq h} \mathring{x}_j \right) + m^h \quad \text{s.t.} \quad \mathring{p}\, x^h + m^h \leqslant M^h + \sum_{j=1}^{J} \delta_j^h \left(\mathring{p}\mathring{y}_j + \mathring{m}_j \right) \quad .$$

Daraus erhalten wir die Bedingung erster Ordnung

$$\partial_{x^h} u^h \left(\mathring{x}_h, \sum_{j \neq h} \mathring{x}_j \right) = \mathring{p} \quad .$$

Auf der anderen Seite lautet das Entscheidungsproblem der Firmen

$$\max_{y^j \geqslant 0, m^j \leqslant 0} \mathring{p}\, y^j + m^j \quad \text{s.t.} \quad F^j(y^j, m^j) \leqslant 0 \quad .$$

Daraus erhalten wir mittels der Lagrange-Funktion die Bedingungen erster Ordnung

$$\mathring{p} = \mu^j \partial_{y^j} F^j(\mathring{y}_j, \mathring{m}_j)$$
$$1 = \mu^j \partial_{m^j} F^j(\mathring{y}_j, \mathring{m}_j) \quad .$$

Für alle Haushaltspaare $\forall (h, k)$ und alle Firmenpaare $\forall (j, f)$ ergeben sich die bekannten Relationen unter den Marginalbedingungen

$$-\text{GRS}_{x^h, m^h}^h \left(\mathring{\vec{x}}, \mathring{m}_h \right) = \frac{\partial_{x^h} U^h(\mathring{\vec{x}}, \mathring{m}_h)}{\partial_{m^h} U^h(\mathring{\vec{x}}, \mathring{m}_h)}$$

$$= \frac{\partial_{x^h} u^h(\mathring{\vec{x}})}{1} = \frac{\mathring{p}}{1} = -\text{GRS}_{x^k, m^k}^k \left(\mathring{\vec{x}}, \mathring{m}_k \right) \quad ,$$

$$-\text{GRT}_{y^j, m^j}^j (\mathring{y}_j, \mathring{m}_j) = \frac{\partial_{y^j} F^j(\mathring{y}_j, \mathring{m}_j)}{\partial_{m^j} F^j(\mathring{y}_j, \mathring{m}_j)} = \frac{\mathring{p}}{1}$$

$$= \frac{\partial_{y^f} F^f(\mathring{y}_f, \mathring{m}_f)}{\partial_{m^f} F^f(\mathring{y}_f, \mathring{m}_f)} = -\text{GRT}_{y^f, m^f}^f (\mathring{y}_f, \mathring{m}_f) \quad ,$$

$$\text{GRS}_{x^h, m^h}^h \left(\mathring{\vec{x}}, \mathring{m}_h \right) = \text{GRT}_{y^j, m^j}^j (\mathring{y}_j, \mathring{m}_j) \quad .$$

12.3.3 Charakterisierung der Pareto-Effizienz durch die Marginalbedingungen

Bei quasi-linearen Nutzenfunktionen ist eine Allokation $(\hat{x}^1, \ldots, \hat{x}^H, \hat{m}^1, \ldots, \hat{m}^H, \hat{y}^1, \ldots, \hat{y}^J, \hat{m}^1, \ldots, \hat{m}^J)$ genau dann Pareto-effizient, wenn sie Lösung des folgenden Optimierungsproblems ist:[3]

---

[3]Diese Schreibweise ohne Gewichtung basierend auf den Nutzenfunktionen ist erlaubt, da sie durch ad hoc monotone Transformationen jeder Funktion erreicht wird. Dieses Vorgehen gilt jedoch nur für quasi-lineare Funktionen. Man vergleiche auch die Fußnote auf Seite 206.

$$\max_{\vec{x},\vec{m}^h,\vec{y},\vec{m}^j} \sum_{h=1}^{H} \left(u^h \left(x^h, \sum_{j \neq h} x^j \right) + m^h \right) \quad \text{s.t. } F^j(y^j, m^j) \leqslant 0, \quad \forall j = 1, \ldots, J$$

$$\sum_{h=1}^{H} x^h = \sum_{j=1}^{J} y^j$$

$$\sum_{h=1}^{H} m^h = \sum_{h=1}^{H} M^h + \sum_{j=1}^{J} m^j \quad,$$

umformbar zu

$$\max_{\vec{x},(\vec{y},\vec{m}^j)} \sum_{h=1}^{H} u^h \left(x^h, \sum_{j \neq h} x^j \right) + \sum_{h=1}^{H} M^h + \sum_{j=1}^{J} m^j$$

$$\text{s.t.} \quad F^j(y^j, m^j) \leqslant 0, \quad \forall j = 1, \ldots, J$$

$$\sum_{h=1}^{H} x^h = \sum_{j=1}^{J} y^j \quad.$$

Aus dieser letzten Umformung erhält man durch Optimierung nach den Haushalten die Bedingung erster Ordnung und ihren Vergleich über alle Haushalte:

$$\partial_{x^h} u^h(\hat{\vec{x}}) + \sum_{k \neq h} \partial_{x^h} u^k(\hat{\vec{x}}) - \gamma = 0 \tag{12.6}$$

$$\partial_{x^h} u^h(\hat{\vec{x}}) + \sum_{k \neq h} \partial_{x^h} u^k(\hat{\vec{x}}) = \partial_{x^k} u^k(\hat{\vec{x}}) + \sum_{h \neq k} \partial_{x^k} u^h(\hat{\vec{x}}) \quad \forall h \neq k \quad . \tag{12.7}$$

Für die Firmen lauten die zwei Bedingungen erster Ordnung hingegen

$$-\mu^j \partial_{y^j} F^j(\hat{y}^j, \hat{m}^j) + \gamma = 0 \tag{12.8}$$

$$1 - \mu^j \partial_{m^j} F^j(\hat{y}^j, \hat{m}^j) = 0 \tag{12.9}$$

und führen zu

$$-\text{GRT}^j_{y^j, m^j}(\hat{y}^j, \hat{m}^j) = \frac{\partial_{y^j} F^j(\hat{y}^j, \hat{m}^j)}{\partial_{m^j} F^1(\hat{y}^j, \hat{m}^j)} = \gamma$$

$$= \frac{\partial_{y^f} F^f(\hat{y}^f, \hat{m}^f)}{\partial_{m^f} F^1(\hat{y}^f, \hat{m}^f)} = -\text{GRT}^f_{y^f, m^f}(\hat{y}^f, \hat{m}^f) \quad \forall (f, j) \quad .$$

Also muß für die Pareto-Effizienz

$$\text{GRS}^h_{x^h, m^h}(\hat{\vec{x}}, \hat{m}^h) + \sum_{k \neq h} \partial_{x^h} u^k(\hat{\vec{x}}) = \gamma = \text{GRT}^j_{y^j, m^j}(\hat{y}^j, \hat{m}^j)$$

gelten. Das ist jedoch verschieden von den Marginalbedingungen des Walras-Gleichgewichts. *Das heißt, Walras-Gleichgewichte bei externen Effekten sind nicht Pareto-effizient.* Im Walras-Gleichgewicht berücksichtigt jeder Konsument nur die eigene Nutzenerhöhung aus seinem Konsum, nicht aber den Schaden, den er damit den anderen Konsumenten zufügt.

12.3.4 Lösung: „Schadensobergrenzen durch Quoten"

Der erste Lösungsansatz für das Externalitätsproblem ist die zwangsläufige Einführung von Obergrenzen, d.h. maximale Emissionen für jeden Störenden (hier jeden Konsumenten). Die Obergrenze, die x^h einhalten muß, sei $\bar{x}^h$. $\mathring{p}$ sei das Preissystem und $(\hat{\bar{x}}, \hat{\bar{y}})$ eine Pareto-effiziente Lösung.

Definition 12.4 (Walras-Gleichgewicht mit Quoten).
Eine Allokation $(\tilde{x}, \tilde{m}), (\tilde{\bar{y}}, \tilde{\bar{m}})$ mit einem Preis $\tilde{p}$ ist ein Walras-Gleichgewicht mit Quoten $\bar{x}$, wenn gilt:

1. $(\tilde{y}^j, \tilde{m}^j) \in \arg\max_{y^j \geqslant 0, m^j \leqslant 0} \tilde{p}\, y^j + m^j$ s.t. $F^j(y^j, m^j) \leqslant 0 \; \forall j = 1, \ldots, J$.

2. $(\tilde{x}^h, \tilde{m}^h) \in \arg\max_{x^h, m^h \geqslant 0} U^h(x^h, \tilde{\bar{x}}^{\backslash h}, m^h)$ s.t. $\tilde{p}\, x^h + m^h \leqslant M^h +$

$$\sum_{j=1}^J \delta_j^h (\tilde{p}\, \tilde{y}^j + \tilde{m}^j) \quad \wedge \quad x^h \leqslant \bar{x}^h \quad \forall h = 1, \ldots, H.$$

3. $\sum_{h=1}^H \tilde{x}^h = \sum_{j=1}^J \tilde{y}^j$.

4. $\sum_{h=1}^H \tilde{m}^h = \sum_{h=1}^H M^h + \sum_{j=1}^J \tilde{m}^j$.

Pareto-effiziente Allokationen haben wir somit vollständig charakterisiert. Wie können wir sie aber erreichen? Wir können zeigen, daß auch folgendes Gleichgewicht ein Walras-Gleichgewicht mit Quoten ist: *Sei $\tilde{p} = \mathring{p}$ das Preissystem des Walras-Gleichgewichts ohne Quoten. Setzen wir $\bar{x}^h = \hat{x}^h \; \forall h = 1, \ldots, H$, d.h. die Pareto-effiziente Lösung, als Obergrenze,* dann ist

$$\tilde{y}^j = \mathring{y}_j \quad \forall j = 1, \ldots, J \quad,$$

$$\tilde{x}^h = \bar{x}^h = \hat{x}^h \quad \forall h = 1, \ldots H \quad,$$

$$\tilde{m}^h = M^h + \sum_{j=1}^J \delta_j^h \left(\tilde{p}\, \tilde{y}^j + \tilde{m}^j \right) - \tilde{p}\, \tilde{x}^h \quad.$$

Gelten für diesen neuen Zustand die Bedingungen des Walras-Gleichgewichts mit Quoten?

1. Die 1. Bedingung gilt, da die Profitmaximierung unverändert bleibt.

2. Die 2. Bedingung gilt, denn Nutzenmaximierung führt zu einem sozial zu hohen Konsum, d.h. die Schranken sind bindend.

3. Die 3. Bedingung gilt wie zuvor.

4. Die 4. Bedingung gilt, da

$$\sum_{h=1}^{H} \tilde{m}^h = \sum_{h=1}^{H} M^h + \sum_{j=1}^{J} \underbrace{\left(\sum_{h=1}^{H} \delta_j^h \right)}_{=1} (\tilde{p}\,\tilde{y}^j + \tilde{m}^j) - \sum_{h=1}^{H} \tilde{p}\,\tilde{x}^h$$

$$= \sum_{h=1}^{H} M^h + \tilde{p} \underbrace{\left(\sum_{j=1}^{J} \tilde{y}^j - \sum_{h=1}^{H} \tilde{x}^h \right)}_{=0} + \sum_{j=1}^{J} \tilde{m}^j \quad .$$

Somit haben wir gezeigt, daß das Walras-Gleichgewicht mit den exogen einge-führten Quoten $\vec{x}$ auch Pareto-effizient ist, d.h. durch die exogene Einführung von $\vec{x}$ wurde die Optimalitätsverzerrung behoben.

12.3.5 Lösung: „Pigou-Steuern"

Eine zweite in Abschnitt 12.2.4 vorgestellte Methode zur Erhöhung der Ef-fizienz unter Berücksichtigung der Interaktionen und Externalitäten ist die sogenannte Pigou-Steuer. Die Pigou-Steuer wird vom Verursacher des exter-nen Effekts gezahlt. Er berücksichtigt also den angerichteten Schaden bereits in seinem Kalkül.

Definition 12.5 (Walras-Gleichgewicht mit Pigou-Steuern).
Eine Allokation $(\tilde{\vec{x}}, \tilde{m}), (\tilde{\vec{y}}, \tilde{m})$ *mit einem Preis* $\tilde{p}$ *zu Steuern* $\vec{t}$ *und Transfer-zahlungen* $\vec{\tau}$ *ist ein* Walras-Gleichgewicht mit Pigou-Steuern, *wenn gilt:*

1. $(\tilde{y}^j, \tilde{m}^j) \in \arg\max_{y^j \geqslant 0, m^j \leqslant 0} \tilde{p} y^j + m^j \ s.t. \ F^j(y^j, m^j) \leqslant 0 \ \forall j = 1, \ldots, J.$
2. $(\tilde{x}^h, \tilde{m}^h) \in \arg\max_{x^h, m^h \geqslant 0} U^h(x^h, \tilde{x}^{\backslash h}, m^h) \ s.t. \ (\tilde{p} + t^h) x^h + m^h \leqslant M^h$
   $+ \sum_{j=1}^{J} \delta_j^h (\tilde{p}\,\tilde{y}^j + \tilde{m}^j) + \tau^h \quad \forall h = 1, \ldots, H$
3. $\sum_{h=1}^{H} \tilde{x}^h = \sum_{j=1}^{J} \tilde{y}^j$
4. $\sum_{h=1}^{H} \tilde{m}^h = \sum_{h=1}^{H} M^h + \sum_{j=1}^{J} \tilde{m}^j$

Wir möchten jetzt zeigen, daß folgendes Gleichgewicht ein Walras-Gleich-gewicht mit Pigou-Steuern ist: Sei $\tilde{p} = \mathring{p}$ das Preissystem des Walras-Gleichgewichts *ohne Pigou-Steuern* sowie $\tilde{\vec{x}} = \mathring{\vec{x}}, \tilde{\vec{y}} = \mathring{\vec{y}} = \mathring{\vec{y}}$ und $\tilde{m}^j = \mathring{m}_j$ $\forall j = 1, \ldots, J$ die Pareto-effiziente Allokation. Eine Steuer des Konsumenten h pro Konsumeinheit sei gegeben durch

$$t^h = -\sum_{k \neq h} \partial_{x^h} u^k(\hat{\vec{x}}) \quad \forall h = 1, \ldots, H \quad ,$$

die individuellen Transferzahlungen τ^h vollkommen finanziert, so daß

$$\sum_{h=1}^{H} \tau^h = \sum_{h=1}^{H} t^h \hat{x}^h \quad .$$

Schließlich ändert sich die Haushaltsfinanzierung (Herkunft von m^h in einem Regime mit Pigou-Steuern) zu

$$\tilde{m}^h = M^h + \sum_{j=1}^{J} \delta_j^h \left(\tilde{p} \, \tilde{y}^j + \tilde{m}^j \right) - \left(\tilde{p} + t^h \right) \hat{x}^h + \tau^h \quad .$$

Warum gelten hier die Bedingungen des Walras-Gleichgewichts mit Pigou-Steuern?

1. Die erste Bedingung gilt, da die Profitmaximierung unverändert bleibt.

2. Die zweite Bedingung gilt, denn aus

$$\max_{x^h} u^h \left(x^h, \sum_{j \neq h} \tilde{x}^j \right) + M^h + \sum_{j=1}^{J} \delta_j^h \left(\tilde{p} \, \tilde{y}^j + \tilde{m}^j \right) - \left(\tilde{p} + t^h \right) x^h + \tau^h$$

erhalten wir unter der üblichen Annahme der Differenzierbarkeit die Bedingung erster Ordnung $\partial_{x^h} u^h(\hat{x}) = \tilde{p} + t^h$, äquivalent zu $\partial_{x^h} u^h(\hat{\tilde{x}}) + \sum_{j \neq h} \partial_{x^h} u^j(\hat{\tilde{x}}) = \tilde{p}$, woraus für den Vergleich zwischen Individuen folgt, daß

$$\partial_{x^h} u^h(\hat{\tilde{x}}) + \sum_{k \neq h} \partial_{x^h} u^k(\hat{\tilde{x}}) = \tilde{p} = \partial_{x^k} u^k(\hat{\tilde{x}}) + \sum_{h \neq k} \partial_{x^k} u^h(\hat{\tilde{x}}) \quad .$$

3. Die dritte Bedingung gilt wie zuvor.

4. Auch die vierte Bedingung gilt, da

$$\sum_{h=1}^{H} \tilde{m}^h = \sum_{h=1}^{H} M^h + \sum_{j=1}^{J} \underbrace{\left(\sum_{h=1}^{H} \delta_j^h \right)}_{=1} \left(\tilde{p} \, \tilde{y}^j + \tilde{m}^j \right) - \sum_{h=1}^{H} \left(\tilde{p} + t^h \right) \hat{x}^h + \sum_{h=1}^{H} \tau^h$$

$$= \sum_{h=1}^{H} M^h + \tilde{p} \underbrace{\left(\sum_{j=1}^{J} \tilde{y}^j - \sum_{h=1}^{H} \hat{x}^h \right)}_{=0} + \underbrace{\sum_{h=1}^{H} -t^h \hat{x}^h + \sum_{h=1}^{H} \tau^h}_{=0} + \sum_{j=1}^{J} \tilde{m}^j.$$

In der obigen Betrachtung haben wir somit gezeigt, daß auf der theoretischen Ebene die Einführung einer Pigou-Steuer den Markt wieder zu seiner Pareto-effizienten Lösung führen kann. In Abschnitt 12.6 auf Seite 277 werden wir uns einer ausführlichen Kritik der verschiedenen Instrumente widmen. Dort werden wir die Gründe der Undurchführbarkeit der Pigou-Steuer vorstellen.

12.3.6 Lösung: „Markt für Zertifikate"

Dieses Lösungskonzept werden wir anhand des folgenden Beispiels zur Produktionsexternalität, welches auch die Praxis in der Gesetzgebung wiederspiegelt, erläutern.

12.4 Zweites Beispiel: einseitige Produktionsexternalität

12.4.1 Das Modell

In der Ökonomie gibt es einen Konsumenten, $(H = 1)$, zwei Firmen, $(J = 2)$, und drei Güter, $(n = 3)$, wobei das 1. und das 2. Gut Konsumgüter sind und das 3. Gut der Produktionsfaktor.

Der Produktionssektor

Man spricht von einseitiger Produktionsexternalität, da:

$$\mathbb{Y}^2 = \left\{ \vec{y}^2 \in \mathbb{R}^3 \mid y_1^2 \leqslant 0, y_2^2 \geqslant 0, y_3^2 \leqslant 0, F^2(y_2^2, y_3^2) \leqslant 0 \right\} \quad ,$$

d.h. Firma 2 produziert das 2. Gut unter Einsatz des 3. Gutes. Die Produktion von Firma 2 wird nicht durch die Produktion von Firma 1 beeinträchtigt. Für Firma 1 gilt ähnlicherweise

$$\mathbb{Y}^1 = \left\{ \vec{y}^1 \in \mathbb{R}^3 \mid y_1^1 \geqslant 0, y_2^1 \leqslant 0, y_3^1 \leqslant 0, F^1(y_1^1, y_3^1, y_2^2) \leqslant 0 \right\} \quad ,$$

d.h. Firma 1 produziert das 1. Gut unter Einsatz des 3. Gutes, wobei der Output an Gut 2 von Firma 2 die Produktion der Firma 1 beeinträchtigt: Firma 2 übt somit eine negative Externalität auf Firma 1 aus. Wir nehmen daher an, daß

$$\partial_{y_2^2} F^1(y) > 0 \quad .$$

Der Konsumsektor

$\mathbb{X} = \mathbb{R}^3_+$ sei der Güterraum. Der Konsument besitzt keines der beiden Konsumgüter, ist jedoch mit einer Menge $\vec{\omega} = (0, 0, \bar{\omega}_3)$ des Produktionsfaktors ausgestattet und besitzt Firmenanteile $\vec{\delta} = (1, 1)$. Der Nutzen des Konsumenten ist unabhängig vom Produktionsfaktor und sei beschrieben durch

$$U(x_1, x_2, x_3) = u(x_1, x_2) \quad .$$

Definitionen

Definition 12.6 (Durchführbarkeit).
Eine Allokation $(x, y^1, y^2) \in \mathbb{R}^3 \times \mathbb{R}^3 \times \mathbb{R}^3$ *mit* $\vec{x} \in \mathbb{X}$, $\vec{y}^1 \in \mathbb{Y}^1$, $\vec{y}^2 \in \mathbb{Y}^2$ *ist* durchführbar, *falls*

$$x_i = y_i^1 + y_i^2 + \omega_i \quad \forall i = 1, 2, 3 \quad .$$

Definition 12.7 (Pareto-Effizienz).
Eine durchführbare Allokation $(\hat{\vec{x}}, \hat{\vec{y}}^1, \hat{\vec{y}}^2)$ *heißt* Pareto-effizient, *falls es keine andere durchführbare Allokation* $(\bar{\vec{x}}, \bar{\vec{y}}^1, \bar{\vec{y}}^2)$ *gibt, so daß gilt*

$$U(\bar{\vec{x}}) > U(\hat{\vec{x}}) \quad .$$

12.4.2 Geometrische Darstellung der Pareto-effizienten Allokationen

Zunächst sei

$$
\begin{aligned}
\mathbb{Y}_{\{1,2\}} &= \left(\mathbb{Y}^1 + \mathbb{Y}^2 + \{\vec{\omega}\} \right)_{\{1,2\}} \\
&= \left\{ \vec{y} \in \mathbb{R}^3 \mid \vec{y} \leqslant \vec{y}^1 + \vec{y}^2 + \vec{\omega}, \vec{y}^1 \in \mathbb{Y}^1, \vec{y}^2 \in \mathbb{Y}^2 \right\}_{\{1,2\}}
\end{aligned}
$$

der summarische Produktionsraum. Durch geschicktes Einsetzen erhält man hier die *Transformationskurve*, die alle auf dem effizienten Rand liegenden Outputkombinationen bezüglich eines festen Input – hier $\bar{\omega}_3$ – darstellt:

$$
\begin{aligned}
T(y_1, y_2) = 0 \quad &\longleftarrow \quad F^1\left(y_1^1, \; y_3^1, y_2^2 \right) = 0 \\
&\qquad\qquad \uparrow \\
&\qquad\quad y_3^1 = -\bar{\omega}_3 - y_3^2 \\
&\qquad\qquad\qquad\quad \uparrow y_3^2 \left(y_2^2 \right) \\
&\qquad\quad F^2\left(y_2^2, y_3^2 \right) = 0 \quad .
\end{aligned}
$$

Erklärung der Herleitung:

1. Mittels der impliziten Produktionsfunktion der Firma 2 (letzte Zeile im obigen Schema) erhalten wir zunächst die Nachfrage der Firma 2 nach dem Inputgut (hier das 3. Gut) in Abhängigkeit von der effizienten Aus- bringungsmenge, formal als $y_3^2 \left(y_2^2 \right)$ dargestellt.

2. Da auch Firma 1 unter Einsatz des 3. Gutes produziert und die Ressourcen ausgeschöpft werden, erhalten wir unter Einsatz des vorherigen Resultats die Inputmenge y_1^3 der Firma 1, die abhängig ist von $\bar{\omega}_3$ und y_3^2. Sowohl y_3^2 als auch y_1^2 haben als Inputfaktoren konventionsgemäß ein negatives Vorzeichen.

3. Setzen wir dieses Ergebnis nun in die implizite Produktionsfunktion $F^1\left(y_1^1, y_3^1, y_2^2\right) = 0$ der Firma 1 ein, erhalten wir eine Funktion, die nur noch von beiden Outputs y_1 und y_2 abhängt, die sogenannte Transformationskurve.

Den allgemeinen Produktionsraum $\mathbb{Y}\{1,2\}$ können wir daher als folgende Menge neu definieren:

$$\mathbb{Y}\{1,2\} = \left\{(y_1, y_2) \in \mathbb{R}^2 \,|\, T(y_1, y_2) \leqslant 0\right\} \quad,$$

welche bei externen Effekten typischerweise nicht konvex ist. Abbildung 12.4.2 zeigt einen solchen Fall graphisch.

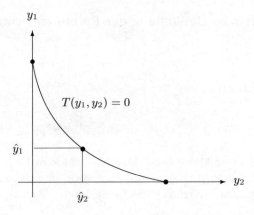

Abb. 12.2. Eine nicht-konvexe Menge produzierbarer Güter.

12.4.3 Marginalbedingungen für Pareto-Effizienz

Eine Pareto-effiziente Allokation $\hat{\vec{x}}$ ist Lösung des folgenden Optimierungsproblems:

$$\hat{\vec{x}} \in \arg\max_{x_1, x_2} u(x_1, x_2) \quad \text{s.t.} \quad T(x_1, x_2) \leqslant 0 \qquad (12.10)$$

oder etwas expliziter

$$(\hat{\bar{x}}, \hat{\bar{y}}^1, \hat{\bar{y}}^2) \in \arg\max_{x_1, x_2, \bar{y}} U(x_1, x_2) \quad \text{s.t.} \quad F^1(y_1^1, y_3^1, y_2^2) \leqslant 0 \quad,$$

$$F^2(y_2^2, y_3^2) \leqslant 0 \quad,$$

$$x_1 = y_1^1 \quad, \tag{12.11}$$

$$x_2 = y_2^2 \quad,$$

$$\bar{\omega}_3 + y_3^1 + y_3^2 = 0 \quad.$$

Wie lauten jetzt die Bedingungen erster Ordnung für den Konsumenten und die zwei Produzenten? Lassen sich nochmals Beziehungen zwischen den Marginalbedingungen feststellen?

Die Bedingung erster Ordnung für den Haushalt und das erste Gut x_1 ist

$$\partial_{x_1} u(\hat{\bar{x}}) - \gamma_1 = 0$$

$$\partial_{x_1} u(\hat{\bar{x}}) = \gamma_1 \tag{12.12}$$

und die für das zweite Gut x_2

$$\partial_{x_2} u(\hat{\bar{x}}) - \gamma_2 = 0$$

$$\partial_{x_2} u(\hat{\bar{x}}) = \gamma_2 \quad. \tag{12.13}$$

Analog gilt für die erste Firma optimiert nach dem ersten Gut y_1^1,

$$-\mu^1 \partial_{y_1^1} F^1(\hat{\bar{y}}^1) + \gamma_1 = 0$$

$$\mu^1 \partial_{y_1^1} F^1(\hat{\bar{y}}^1) = \gamma_1 \tag{12.14}$$

und nach dem Inputfaktor y_3^1

$$-\mu^1 \partial_{y_3^1} F^1(\hat{\bar{y}}^1) + \gamma_3 = 0$$

$$\mu^1 \partial_{y_3^1} F^1(\hat{\bar{y}}^1) = \gamma_3 \quad. \tag{12.15}$$

Die Optimierung der zweiten Firma ist etwas schwieriger, denn zusätzlich muß ihre negative Externalität auf die erste Firma betrachtet werden. Es ergibt sich nach ihrem Endprodukt y_2^2

$$-\mu^1 \partial_{y_2^2} F^1(\hat{\bar{y}}^2) - \mu^2 \partial_{y_2^2} F^2(\hat{\bar{y}}^2) + \gamma_2 = 0$$

$$\mu^1 \partial_{y_2^2} F^1(\hat{\bar{y}}^2) + \mu^2 \partial_{y_2^2} F^2(\hat{\bar{y}}^2) = \gamma_2 \quad, \tag{12.16}$$

was die Externalität gut verdeutlicht. Die Optimierung nach dem Inputfaktor y_3^2 ergibt

$$-\mu^2 \partial_{y_3^2} F^2(\hat{\bar{y}}^2) + \gamma_3 = 0$$

$$\mu^2 \partial_{y_3^2} F^2(\hat{\bar{y}}^2) = \gamma_3 \quad. \tag{12.17}$$

Aus den obigen Bedingungen kann man schnell die wichtige Optimalitäts-Beziehung

$$- \text{GRS}_{2,1}(\hat{\vec{x}}) = \text{GRT}^2_{2,3}(\hat{\vec{y}}) \cdot \text{GRT}^1_{3,1}(\hat{\vec{y}}) + \frac{\partial_{y_2^2} F^1(\hat{\vec{y}})}{\partial_{y_1^1} F^1(\hat{\vec{y}})} \qquad (12.18)$$

erkennen.

12.4.4 Marginalbedingungen für Walras-Gleichgewichte

In diesem Produzentenexternalitätsbeispiel möchten wir uns jetzt dem Walras-Gleichgewicht widmen.

Definition 12.8 (Walras-Gleichgewicht bei externen Effekten).
Eine Allokation $(\overset{*}{x}, \overset{*}{y})$ mit einem Preissystem $\overset{*}{p}$ ist ein Walras-Gleichgewicht bei externen Effekten, wenn gilt:

1. $\overset{*}{y}_j \in \arg\max \overset{*}{p} \cdot y^j$ *s.t.* $F^j(y^j, \overset{*}{\mathbf{y}}^{\setminus j}) \leqslant 0$ $j = 1, 2$
2. $\overset{*}{x} \in \arg\max_{x \geqslant 0} U(x)$ *s.t.* $\overset{*}{p} \cdot x \leqslant \overset{*}{p} \cdot \omega + \overset{*}{p} \cdot (y^{*1} + y^{*2})$
3. $\overset{*}{x} = \omega + y^{*1} + y^{*2}$

Man vergleiche Definition 12.8 mit der allgemeinen Definition 12.1 auf Seite 249, oder mit der Definition 12.3, Seite 256 aus dem ersten Beispiel.

Aus der zweiten Bedingung erhalten wir mittels der Lagrange-Funktion wieder die Bedingung erster Ordnung

$$\partial_{x_i} U(\overset{*}{\vec{x}}) = \lambda \overset{*}{p}_i \qquad (12.19)$$

und aus der ersten analog

$$\overset{*}{p}_i = \mu^j \partial_{y_i^j} F^j(\overset{*}{\mathbf{y}}) \qquad (12.20)$$

Wie zu vermuten war, implizieren beide Bedingungen zusammen die Abweichung von der Pareto-Effizienz. Im Walrasianischen Gleichgewicht gilt in der Tat

$$\text{GRS}_{2,1}(\overset{*}{\vec{x}}) = \text{GRT}^2_{2,3}(\overset{*}{\vec{y}}^2) \, \text{GRT}^1_{3,1}(\overset{*}{\vec{y}}^1)$$

Auch in diesem Beispiel können wir versuchen, mit einer der drei oben vorgestellten wirtschaftspolitischen Maßnahmen die Pareto Effizienz einzuführen. Diese behandeln wir in den folgenden Abschnitten genau.

12.4.5 Lösung: „Schadensobergrenzen durch Quoten"

Auch bei Produzentenexternalitäten sind Schadensobergrenzen eine mögliche Lösung des Externalitätsproblems.

Definition 12.9 (Walras-Gleichgewicht mit Quoten).
Eine Allokation $(\tilde{\vec{x}}, \tilde{\vec{y}}^1, \tilde{\vec{y}}^2)$ *mit einem Preissystem* $\tilde{\vec{p}}$ *ist ein* Walras-Gleichgewicht mit der Produktionsquote $\bar{y}_2^2$, *wenn gilt:*

1. $\tilde{\vec{y}}^1 \in \arg\max_{\vec{y}^1} \tilde{\vec{p}}^T \vec{y}^1 \ s.t. \ F^1(\vec{y}^1, \tilde{\vec{y}}^2) \leqslant 0$
   $\tilde{\vec{y}}^2 \in \arg\max_{\vec{y}^2} \tilde{\vec{p}}^T \vec{y}^2 \ s.t. \ F^2(\vec{y}^2) \leqslant 0 \wedge y_2^2 \leqslant \bar{y}_2^2.$
2. $\tilde{\vec{x}} \in \arg\max_{\vec{x} \geqslant 0} U(\vec{x}) \ s.t. \ \tilde{\vec{p}}^T \vec{x} \leqslant \tilde{\vec{p}}^T \vec{\omega} + \tilde{\vec{p}}^T (\tilde{\vec{y}}^1 + \tilde{\vec{y}}^2).$
3. $\tilde{\vec{x}} = \tilde{\vec{y}}^1 + \tilde{\vec{y}}^2 + \vec{\omega}.$

Wie würde ein Walras-Gleichgewicht mit Quoten aussehen? Sei $(\hat{\vec{x}}, \hat{\vec{y}}^1, \hat{\vec{y}}^2)$ eine Pareto-effiziente Lösung. Man definiere folgendes Effizienzpreissystem $\hat{\vec{p}}$:

$$\frac{\hat{p}_1}{\hat{p}_2} := |\text{GRS}_{1,2}(\hat{\vec{x}})|$$

$$\frac{\hat{p}_1}{\hat{p}_3} := |\text{GRT}^1_{1,3}(\hat{\vec{y}}^1)|$$

daraus folgt

$$\frac{\hat{p}_2}{\hat{p}_3} = |\text{GRS}_{2,1}(\hat{\vec{x}})| \, |\text{GRT}^1_{1,3}(\hat{\vec{y}}^1)| \quad .$$

Durch Normierung von $\hat{p}_3 \equiv 1$ ist dann

$$\hat{p}_2 = |\text{GRS}_{2,1}(\hat{\vec{x}})| \, |\text{GRT}^1_{1,3}(\hat{\vec{y}}^1)|$$

$$\hat{p}_1 = |\text{GRT}^1_{1,3}(\hat{\vec{y}}^1)| \quad .$$

Dann ist

$$\left(\tilde{\vec{x}}, \tilde{\vec{y}}^1, \tilde{\vec{y}}^2\right) = \left(\hat{\vec{x}}, \hat{\vec{y}}^1, \hat{\vec{y}}^2\right), \quad \tilde{\vec{p}} = \hat{\vec{p}}$$

ein Walras-Gleichgewicht mit der Quote $\bar{y}_2^2 = \hat{y}_2^2$!

Wir möchten nun zeigen, daß in diesem Fall die Bedingungen des Walras-Gleichgewichts mit Quoten aus Definition 12.9 tatsächlich gelten.[4] Die 3.

---

[4]Im ersten Beispiel dieses Kapitels haben wir auf Seite 259 die damit verwandte Definition 12.5 gefunden und getestet.

Bedingung gilt, da $\hat{\bar{x}} = \hat{\bar{y}}^1 + \hat{\bar{y}}^2 + \vec{\omega}$ aufgrund der Pareto-Effizienz. Die 2. Bedingung gilt auch, denn $\hat{\bar{x}}$ erfüllt $\mathrm{GRS}_{1,2}(\hat{\bar{x}}) = \frac{\hat{p}_1}{\hat{p}_2}$ und

$$\vec{p}^{\mathsf{T}}\hat{\bar{x}} = \vec{p}^{\mathsf{T}}\vec{\omega} + \vec{p}^{\mathsf{T}}(\hat{\bar{y}}^1 + \hat{\bar{y}}^2) \Leftrightarrow \vec{p}^{\mathsf{T}}\underbrace{(\hat{\bar{x}} - \vec{\omega} - \hat{\bar{y}}^1 - \hat{\bar{y}}^2)}_{=\vec{0}\text{ wegen 3.}} = 0$$

folgt. Die 1. Bedingung gilt auch für die erste Firma, denn $\hat{\bar{y}}^1$ erfüllt $\mathrm{GRT}_{1,3}^1(\hat{\bar{y}}) = \frac{\hat{p}_1}{\hat{p}_3}$ und $F^1(\vec{y}^1, \hat{\bar{y}}^2) = 0$ wegen der Pareto-Effizienz. Aus der allgemeinen Theorie der Profitmaximierung kennen wir die Regel „Bestimme $\overset{*}{y}_1^1, \overset{*}{y}_3^1$ so, daß Grenzproduktivität und Preisverhältnis einander entsprechen":

$$|\mathrm{GRT}_{3,1}^1(\overset{*}{y}_1^1, \overset{*}{y}_3^1, y_2^2)| = \frac{p_3}{p_1} \quad .$$

Weshalb die Grenzproduktivität $|\mathrm{GRT}_{3,1}^1(\overset{*}{y}_1^1, \overset{*}{y}_3^1, y_2^2)|$ entspricht, zeigen wir im folgenden.

Anmerkung 12.10 (Exkurs: Steigung der impliziten Produktionsfunktion).
Aus $F^1(\bar{y}_1^1, \bar{y}_3^1, \bar{y}_2^2) = 0$ erhalten wir durch das totale Differential

$$\partial_{y_1^1} F^1(\bar{y})\, \mathrm{d}y_1^1 + \partial_{y_3^1} F(\bar{y})\, \mathrm{d}y_3^1 = 0$$

die Steigung der impliziten Produktionsfunktion

$$\frac{\mathrm{d}y_1^1}{\mathrm{d}y_3^1} = -\frac{\partial_{y_3^1} F^1(\bar{y})}{\partial_{y_1^1} F(\bar{y})} = -\mathrm{GRT}_{3,1}^1(\bar{y}) \quad .$$

Zu zeigen bleibt, daß Firma 2 nicht unterhalb der Schadensgrenze produziert, d.h.

$$|\mathrm{GRT}_{3,2}^2(\hat{\bar{y}})| \geqslant \frac{\hat{p}_3}{\hat{p}_2} \quad \text{ist äquivalent zu} \quad |\mathrm{GRT}_{2,3}^2(\hat{\bar{y}})| \leqslant \frac{\hat{p}_2}{\hat{p}_3} \quad .$$

Diese letzte Ungleichung wird in Abbildung 12.4.5 dargestellt. Der Beweis beginnt mit der Gleichung 12.18, Seite 266

$$|\mathrm{GRS}_{2,1}(\hat{\bar{x}})| = |\mathrm{GRT}_{2,3}^2(\hat{\bar{y}})|\,|\mathrm{GRT}_{3,1}^1(\hat{\bar{y}})| + \frac{\partial_{y_2^2} F^1(\hat{\bar{y}})}{\partial_{y_1^1} F^1(\hat{\bar{y}})} \quad ,$$

woraus

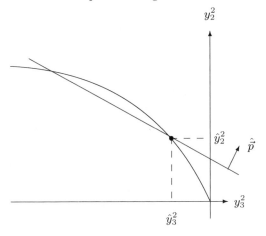

Abb. 12.3. Firma 2 produziert nicht unterhalb der Schadensgrenze.

$$|\text{GRT}^2_{2,3}(\hat{\vec{y}})| = \left(|\text{GRS}_{2,1}(\hat{\vec{x}})| - \frac{\partial_{y^2_2} F^1(\hat{\vec{y}})}{\partial_{y^1_1} F^1(\hat{\vec{y}})}\right)|\text{GRT}^1_{1,3}(\hat{\vec{y}})|$$

$$= \underbrace{|\text{GRS}_{2,1}(\hat{\vec{x}})|\,|\text{GRT}^1_{1,3}(\hat{\vec{y}})|}_{=\frac{\hat{p}_2}{\hat{p}_3}} - \underbrace{\frac{\partial_{y^2_2} F^1(\hat{\vec{y}})}{\partial_{y^1_1} F^1(\hat{\vec{y}})}\,|\text{GRT}^1_{1,3}(\hat{\vec{y}})|}_{>0}$$

$$< \frac{\hat{p}_2}{\hat{p}_3}$$

folgt, was zu zeigen war.

12.4.6 Lösung: „Pigou-Steuern"

Das Produktionsexternalitätsproblem können wir wiederum mit Hilfe von Lenkungssteuern, den sogenannten „Pigou-Steuern" lösen.

Definition 12.11 (Walras-Gleichgewicht mit Pigou-Steuern).
Eine Allokation $(\tilde{\vec{x}}, \tilde{\vec{y}}^1, \tilde{\vec{y}}^2)$ mit einem Preissystem $\tilde{\vec{p}}$ und einer Steuer t ist ein Walras-Gleichgewicht, *wenn gilt:*

1. $\tilde{\vec{y}}^1 \in \arg\max_{y^1} \tilde{\vec{p}}^T \tilde{\vec{y}}^1 \ s.t. \ F^1(\tilde{\vec{y}}^1, \tilde{y}^2_2) \leqslant 0$
   $\tilde{\vec{y}}^2 \in \arg\max_{\tilde{y}^2} (\tilde{p}_2 - t) y^2_2 + \tilde{p}_3 y^2_3 \ s.t. \ F^2(\tilde{\vec{y}}^2) \leqslant 0$
2. $\tilde{\vec{x}} \in \arg\max_{\vec{x} \geqslant 0} U(\vec{x}) \ s.t. \ \tilde{\vec{p}}^T \vec{x} \leqslant \tilde{\vec{p}}^T \vec{\omega} + \tilde{\vec{p}}^T \tilde{\vec{y}}^1 + (\tilde{p}_2 - t)\tilde{y}^2_2 + \tilde{p}_3 \tilde{y}^2_3 + t\tilde{y}^2_2$
3. $\tilde{\vec{x}} = \vec{\omega} + \tilde{\vec{y}}^1 + \tilde{\vec{y}}^2$

Man vergleiche die obige Definition mit Definition 12.5 im ersten Beispiel auf Seite 260.

Sei $(\tilde{x}, \hat{\tilde{y}}^1, \hat{\tilde{y}}^2)$ jetzt eine Pareto-effiziente Lösung. Dann ist

$$\left(\tilde{x}, \hat{\tilde{y}}^1, \hat{\tilde{y}}^2 \right) = \left(\hat{\tilde{x}}, \hat{\tilde{y}}^1, \hat{\tilde{y}}^2 \right) \quad ,$$

$$\tilde{p} = \hat{p} \quad \text{und}$$

$$t = \frac{\partial_{y_2^2} F^1(\hat{\tilde{y}})}{\partial_{y_3^1} F^1(\hat{\tilde{y}})}$$

ein Walras-Gleichgewicht mit Pigou-Steuern.

Warum gelten nun die Bedingungen der obigen Definition? Die 3. Bedingung gilt, da aufgrund der Pareto-Effizienz $\hat{\tilde{x}} = \hat{\tilde{y}}^1 + \hat{\tilde{y}}^2 + \vec{\omega}$ ist. Die 2. Bedingung gilt, denn $\hat{\tilde{x}}$ ist eine Tangentiallösung des Optimierungsproblems, d.h. es erfüllt die Marginalbedingung

$$\text{GRS}_{1,2}(\hat{\tilde{x}}) = \frac{\hat{p}_1}{\hat{p}_2}$$

und schöpft gleichzeitig die Budgetrestriktion aus, da aus

$$\hat{\tilde{p}}^\mathsf{T} \hat{\tilde{x}} = \hat{\tilde{p}}^\mathsf{T} \vec{\omega} + \hat{\tilde{p}}^\mathsf{T} \hat{\tilde{y}}^1 + (\hat{p}_2 - t)\hat{y}_2^2 + \hat{p}_3 \hat{y}_3^2 + t \hat{y}_2^2$$

folgt

$$\hat{\tilde{p}}^\mathsf{T} \underbrace{\left(\hat{x} - \omega - \hat{y}^1 - \hat{y}^2 \right)}_{=0 \text{ wegen 3. in Def. 12.11}} = 0 \quad .$$

Die 1. Bedingung gilt ebenfalls, denn $\hat{\tilde{y}}^1$ erfüllt $\text{GRT}_{1,3}^1(\hat{\tilde{y}}) = \frac{\hat{p}_1}{\hat{p}_3}$ und $F^1(\hat{\tilde{y}}^1, \hat{\tilde{y}}^2) = 0$ wegen der Pareto-Effizienz. Zu zeigen bleibt somit, daß $\hat{\tilde{y}}^2$ die Marginalbedingungen der Pareto-Effizienz erfüllt. Aus

$$\max_{\tilde{y}^2} (\tilde{p}_2 - t)y_2^2 + \tilde{p}_3 y_3^2 \quad \text{s.t.} \quad F^2(\tilde{y}^2) \leqslant 0$$

erhalten wir mittels Lagrange-Funktion die Bedingungen erster Ordnung

$$(\tilde{p}_2 - t) - \mu^2 \partial_{y_2^2} F^2(\tilde{y}^2) = 0 \qquad \text{(partielle Abl. nach } y_2^2)$$

$$\tilde{p}_2 - t = \mu^2 \partial_{y_2^2} F^2(\tilde{y}^2) \tag{12.21}$$

$$\tilde{p}_3 - \mu^2 \partial_{y_3^2} F^2(\tilde{y}^2) = 0 \qquad \text{(partielle Abl. nach } y_3^2)$$

$$\tilde{p}_3 = \mu^2 \partial_{y_3^2} F^2(\tilde{y}^2) \quad ; \tag{12.22}$$

die Division beider Bedingungen führt zu

$$\mathrm{GRT}^2_{2,3}(\tilde{y}) = \frac{\tilde{p}_2 - t}{\tilde{p}_3} = \frac{\hat{p}_2}{\hat{p}_3} - \frac{t}{\hat{p}_3} \qquad (12.23)$$

äquivalent zu

$$\mathrm{GRT}^2_{2,3}(\tilde{y}) = \hat{p}_2 - t = \mathrm{GRS}_{2,1}(\tilde{x})\,\mathrm{GRT}^1_{1,3}(\tilde{y}) - t \qquad (12.24)$$

Es gilt darüber hinaus

$$
\begin{aligned}
t &= \frac{\partial_{y^2_2} F^1(\hat{\tilde{y}})}{\partial_{y^1_1} F^1(\hat{\tilde{y}})} \\
&= \frac{\partial_{y^2_2} F^1(\hat{\tilde{y}})}{\partial_{y^1_1} F^1(\hat{\tilde{y}})} \frac{\partial_{y^1_1} F^1(\hat{\tilde{y}})}{\partial_{y^1_3} F^1(\hat{\tilde{y}})} \\
&= \frac{\partial_{y^2_2} F^1(\hat{\tilde{y}})}{\partial_{y^1_1} F^1(\hat{\tilde{y}})} \mathrm{GRT}^1_{1,3}(\hat{\tilde{y}}) \quad ,
\end{aligned}
$$

was unsere Prüfung abschließt.

12.4.7 Lösung: „Markt für Zertifikate"

Das Beispiel der Produktionsexternalitäten ist das geeignetste, um den Mechanismus der Zertifikate zu erklären. Diese Lösung spielt in der Praxis eine immer wichtigere Rolle, denn trotz des Markteingriffs ermöglicht sie zusätzlich die spontane Anpassungsfunktion des Marktes und sollte somit die Allokationseffizienz erhöhen. Im letzten Abschnitt werden wir dann die drei Lenkungsmaßnahmen politökonomisch genauer miteinander vergleichen.

Wir gehen folgendermaßen vor: Analog zu unserem Beispiel 4 führen wir das $n + 1$-Gut ein. Dieses Gut ist ein handelbares Zertifikat, (Engl. *voucher*), welches das Recht verbrieft, den anderen in einem bestimmten Ausmaß zu schädigen. Da in unserem Beispiel Firma 2 eine negative Externalität auf Firma 1 ausübt, ergibt sich in einem Markt für Zertifikate folgende Beziehung:

$$j = 1 : y^1_4 > 0 \quad \text{Verkaufe das Recht, geschädigt zu werden.}$$
$$j = 2 : y^2_4 < 0 \quad \text{Kaufe das Recht zu schädigen.}$$

Die Besonderheit dieses Systems liegt per se darin, daß Firma 1 bereit ist, eine Schädigung anzunehmen, denn der Schaden wird ihr entgeltlich rückerstattet. Dadurch kann Firma 1 ihre Einnahmen erhöhen bzw. kompensieren.

Durch die Einführung von handelbaren Zertifikaten ändern sich die Produktionsräume beider Firmen folgendermaßen:

$$\mathbb{Y}^1 = \left\{ \vec{y}^1 \in \mathbb{R}^4 \Big| y_1^1 \geqslant 0, y_2^1 \leqslant 0, y_3^1 \leqslant 0, y_4^1 \geqslant 0, \right.$$

$$\left. F^1(y_1^1, y_3^1, y_2^2) \leqslant 0 \quad \text{und} \quad y_4^1 \leqslant y_2^2 \right\}$$

bzw.

$$\mathbb{Y}^2 = \left\{ \vec{y}^2 \in \mathbb{R}^4 \Big| y_1^2 \leqslant 0, y_2^2 \geqslant 0, y_4^2 \leqslant 0, \right.$$

$$\left. F^2(y_2^2, y_3^2) \leqslant 0 \quad \text{und} \quad y_2^2 \leqslant -y_4^2 \right\} \quad .$$

Wie bei den anderen politischen Instrumenten möchten wir auch in diesem Fall eine das Walras-Gleichgewicht charakterisierende Definition einführen.

Definition 12.12 (Walras-Gleichgewicht mit Zertifikatmarkt).
Eine Allokation $(\tilde{\vec{x}}, \tilde{\vec{y}}^1, \tilde{\vec{y}}^2)$ *mit einem Preissystem* $\tilde{p}$ *ist ein* Walras-Gleichgewicht mit Zertifikatmarkt, *wenn gilt:*

1. $\tilde{\vec{y}}^1 \in \arg\max_{\vec{y}^1} \tilde{p}^T \vec{y}^1 \ s.t. \ F^1(\vec{y}^1, \tilde{y}_2^2) \leqslant 0$
   $\tilde{\vec{y}}^2 \in \arg\max_{\vec{y}^2} \tilde{p}^T \vec{y}^2 \ s.t. \ F^2(\vec{y}^2) \leqslant 0.$
2. $\tilde{\vec{x}} \in \arg\max_{\vec{x} \geqslant \vec{0}} U(x_1, x_2, x_3, x_4) = u(x_1, x_2) \ s.t. \ \tilde{p}^T \vec{x} \leqslant \tilde{p}^T \vec{\omega} + \tilde{p}^T \tilde{\vec{y}}^1 + \tilde{p}^T \tilde{\vec{y}}^2.$
3. $\tilde{\vec{x}} = \vec{\omega} + \tilde{\vec{y}}^1 + \tilde{\vec{y}}^2.$

Sei nun $(\hat{\vec{x}}, \hat{\vec{y}}^1, \hat{\vec{y}}^2)$ eine Pareto-effiziente Lösung. Dann ist die Allokation $(\tilde{\vec{x}}, \tilde{\vec{y}}^1, \tilde{\vec{y}}^2)$ und das Preissystem $\tilde{p}$ mit

$$
\begin{array}{llll}
\tilde{x}_1 = \hat{x}_1 & \tilde{x}_2 = \hat{x}_2 & \tilde{x}_3 = 0 & \tilde{x}_4 = 0 \\
\tilde{y}_1^1 = \hat{y}_1^1 & \tilde{y}_2^1 = 0 & \tilde{y}_3^1 = \hat{y}_3^1 & \tilde{y}_4^1 = \hat{y}_2^2 \\
\tilde{y}_1^2 = 0 & \tilde{y}_2^2 = \hat{y}_2^2 & \tilde{y}_3^2 = \hat{y}_3^2 & \tilde{y}_4^2 = -\hat{y}_2^2 \\
\tilde{p}_1 = \hat{p}_1 & \tilde{p}_2 = \hat{p}_2 & \tilde{p}_3 = \hat{p}_3 & \tilde{p}_4 = t
\end{array}
$$

ein Walras-Gleichgewicht mit Zertifikatmarkt. Gelten nun die Bedingungen des Walras-Gleichgewichts mit Zertifikatmarkt aus Definition 12.12?

Die 3. Bedingung gilt, da aufgrund der Pareto-Effizienz $\hat{\vec{x}} = \hat{\vec{y}}^1 + \hat{\vec{y}}^2 + \vec{\omega}$ ist. Die 2. Bedingung gilt auch, denn $\hat{\vec{x}}$ erfüllt $\text{GRS}_{1,2}(\hat{\vec{x}}) = \frac{\hat{p}_1}{\hat{p}_2}$ und $\hat{p}^T \hat{\vec{x}} = \hat{p}^T \vec{\omega} + \hat{p}^T \hat{\vec{y}}^1 + \hat{p}^T \hat{\vec{y}}^2$, was äquivalent zu

$$\hat{p}^T \underbrace{(\hat{\vec{x}} - \vec{\omega} - \hat{\vec{y}}^1 - \hat{\vec{y}}^2)}_{=0 \text{ wegen 3. in Def. 12.12}} = 0$$

ist. Die 1. Bedingung gilt, denn $\hat{\vec{y}}^1$ erfüllt $\text{GRT}_{1,3}^1(\hat{\vec{y}}) = \frac{\hat{p}_1}{\hat{p}_3}$ und $F^1(\hat{\vec{y}}^1, \hat{\vec{y}}^2) = 0$ sowie $\tilde{y}_4^1 = \hat{y}_2^2$ aufgrund der Pareto-Effizienz. Zu zeigen bleibt, daß $\tilde{\vec{y}}^2$ die

Marginalbedingungen der Pareto-Effizienz erfüllt. Das Optimierungsproblem lautet

$$\max_{\vec{y}^2} \tilde{p}_2 y_2^2 + \tilde{p}_3 y_3^2 + \tilde{p}_4 y_4^2 \quad \text{s.t.} \quad F^2(\vec{y}^2) \leqslant 0, y_4^2 \leqslant -y_2^2$$

und ist umformbar zu

$$\max_{\vec{y}^2} (\tilde{p}_2 - \tilde{p}_4) y_2^2 + \tilde{p}_3 y_3^2 \quad \text{s.t.} \quad F^2(\vec{y}^2) \leqslant 0$$

oder unter Gebrauch von $\tilde{p}_4 = t$

$$\max_{\vec{y}^2} (\tilde{p}_2 - t) y_2^2 + \tilde{p}_3 y_3^2 \quad \text{s.t.} \quad F^2(\vec{y}^2) \leqslant 0 \quad , \tag{12.25}$$

d.h. wir erhalten dasselbe Optimierungsproblem wie bei den Pigou-Steuern. Aus diesem Grund haben wir in unserer Notation den Zertifikatspreis auch mit t bezeichnet, also mit demselben Buchstaben wie die Pigou-Steuer. Ist die Zertifikatslösung aus diesem Grund völlig identisch mit dem Lenkungssteueransatz und somit uninteressant? Darauf gehen wir im nächsten abschließenden Abschnitt ein.

12.5 Der dezentrale Ansatz von Coase

12.5.1 Die vier Thesen

1960 veröffentlichte Ronald H. Coase einen wichtigen Artikel über das *Problem der Sozialkosten*.[5] Zu dieser Zeit war die Pigou-Besteuerung der übliche Ansatz im Kampf gegen externe Effekte. Nach Meinung von Coase, einem Professor an der Universität Chicago, der sich mehr für marktwirtschaftliche als für interventionistische Lösungen einsetzte, haben Lenkungsabgaben folgende theoretische Schwächen: (1) Der Verschmutzer weiß über die tatsächlichen Vermeidungskosten besser Bescheid als die Regierung. Dies führt zu Willkür in den politischen Maßnahmen und Spielraum für den Verschmutzer. (2) Die Regierung kann Lenkungsabgaben einfach als zusätzliche Einnahmequelle nutzen. (3) Staatseingriffe können bereits aus ideologischen Gründen abgelehnt werden. (4) Im Pigou-Ansatz geht man immer davon aus, daß das „Recht auf keine Emission" existiert. Warum sollte aber der Verschmutzer kein Recht auf Verschmutzung genießen, wenn er der erste Bewohner eines Gebiets war? (5) Warum fordert man staatliche Lenkungsabgaben, wenn einfache Verhandlungen zwischen den Marktparteien das Problem auf kostengünstige Weise lösen könnten?
Coase überraschte die akademische Welt mit vier Thesen zum Problem durch menschliche Interaktionen verursachter Externalitäten:

---

[5] Wir beziehen uns auf Coase [1960].

1. *Reciprocity*: Coase war der Meinung, daß Externalitäten kein unilaterales Problem vom Verursacher zum Beschädigten darstellen. Es geht eher um die Existenz einer Interaktion zwischen den beiden. Gäbe es nur den Verursacher, würde man intuitiv nicht von Externalität sprechen!

2. *Invariance claim*: Die Gleichgewichtslage, also die Größe des Externalitätsvolumens, hängt nicht von der Anfangsverteilung der Eigentumsrechte ab. Wichtiger ist, daß diese Rechte definiert werden (z.B. Recht auf Verschmutzung bzw. Recht auf saubere Umwelt).

3. *Efficiency claim*: Verhandlungen (*bargain*) führen zu effizienten Lösungen, die alle Teilnehmer besser stellen.

4. *Role of transaction costs*: Transaktionskosten wirken bei Verhandlungen als Hürde und können dazu führen, daß das Endgleichgewicht vom idealen abweicht. Bei der Regulierung entstehen jedoch auch Transaktionskosten und Informationsasymmetrien, so daß auch sie eine effizientere Lösung nicht notwendigerweise erreicht.

12.5.2 Ein numerisches Beispiel

Tabelle 12.5.2 stellt den Verhandlungsansatz nach Coase dar. Denken wir in diesem Rahmen an einen industriellen Betrieb, der Staub und andere Abgase produziert. Eine Wäscherei in der Nähe kann dadurch beeinträchtigt werden. Der Betrieb könnte die Abgase durch teure Filter reduzieren und die Wäscherei sollte Schutzmaßnahmen implementieren, um ihre Qualität trotz der Externalitäten zu bewahren. Die Bedeutungen der Spalten sind in Tabelle

Tabelle 12.1. Die Externalitten eines Betriebes auf eine Wäscherei.

EE	Kontr.ko.	Δ KK	Pigou St.	TK	Externalität	Δ Ext.	Soz.ko.
0	25		0	25	0		25
1	16	-9	4	20	4	4	20
2	9	-7	8	17	8	4	17
3	4	-5	12	16	12	4	16
4	1	-3	16	17	16	4	17
5	0	-1	20	20	20	4	20

12.2 zu finden.

Der Verlauf von Δ KK zeigt, daß die Vermeidungskosten (Kontrollkosten) mit der Anzahl zu vermeidender Emissionseinheiten überproportional zunehmen. Ohne Filter würde der Betrieb 5 EE in die Luft abgeben. Möchte er nur 3 EE abgeben, dann sollte er Filterinvestitionen von 4 Geldeinheiten tätigen. Der

Tabelle 12.2. Legende zum numerischen Beispiel.

EE	Emissionseinheiten an Abgasen.
Kontr.ko.	Kontrollkosten des Betriebs, d.h. die Gesamtinvestitionen in Filteranlagen, um das jeweilige Emissionsniveau zu erreichen.
Delta KK	Marginale Veränderung der Kontrollkosten bei einer Veränderung des Emissionsziels um eine Emissionseinheit.
Pigou St.	Steuerschuld für den Betrieb je nach Emissionen, ausgehend von einer Lenkungsabgabe von 4 Geldeinheiten pro EE.
TK	Totalkosten, d.h. Kontrollkosten und Steuerschuld.
Externalität	Investitionskosten der Wäscherei je nach Emissionseinheiten.
Δ Ext.	Marginale Veränderung der Investitionskosten bei einer Veränderung des Emissionsziels um eine Emissionseinheit.
Soz.ko.	Sozialkosten, d.h. Gesamtkosten beider Unternehmungen, also die Summe der Kontrollkosten des Betriebs je nach Emissionseinheiten und der Investitionskosten der Wäscherei.

Verzicht auf eine zusätzliche Emissionseinheit würde ihn weitere 5 Geldeinheiten kosten, die Reduktion des Emissionsvolumen auf 2 Einheiten würde ihn 9 Geldeinheiten kosten. Dieser Verlauf beruht auf der Idee einer Abnahme im Grenzprodukt der Filtertechnik.

Die Externalitäten auf die Wäscherei werden in der Spalte „Externalität" dargestellt. Die nächste Spalte „Δ Ext." gibt die marginale Änderung derselben an. Aus der Tabelle sollte ersichtlich sein, daß zwischen den Auswirkungen auf die Wäscherei und den Emissionseinheiten des Betriebs annahmegemäß eine lineare Beziehung besteht.

„Δ Ext." bildet die Basis für den Betrag einer Lenkungsabgabe (Pigou-Steuer), die 4 Geldeinheiten pro Emissionseinheit betragen sollte. Die Steuerschuld (Emissionseinheiten multipliziert mit der Lenkungsabgabe pro Einheit) des Betriebs ist in Spalte „Pigou St." zu finden. Die Gesamtkosten für den Betrieb im Falle einer Pigou-Steuer entsprechen den Kontrollkosten plus der Steuerschuld, während die Sozialkosten der Summe von Kontrollkosten und Externalitäten entsprechen. Die Pigou-Steuer als Regulierungsinstrument des Staates beachten wir dabei nicht.

Als Ökonomen sehen wir sofort, wo das Effizienzniveau liegt:[6] Mit 3 EE erreichen wir das Sozialkostenminimum. Eine noch kleinere Verschmutzung wäre für den Betrieb übermäßig teuer, eine höhere wäre mit Externalitäten verbunden, die höher als die Vermeidungskosten wären.
Da in diesem Fall die Pigou-Steuer „richtig" gesetzt wurde – was in der Wirklichkeit aufgrund asymmetrischer Informationen nicht unbedingt der Fall sein muß – wählt der Betrieb das Sozialkostenminimum, indem er nur unter Be-

---

[6]Es sei in diesem Beispiel angenommen, daß die Produktionseinheiten konstant bleiben, so daß wir nur die Kosten beider Betriebe betrachten müssen.

rücksichtigung seiner Gesamtkostenkosten optimiert: *Die Externalität wurde somit internalisiert.*

Coase würde unsere Aufmerksamkeit auf den Verhandlungsspielraum lenken und zeigen, wie beide Parteien ohne staatlichen Eingriff in Richtung des Optimums interagieren. In den folgenden Betrachtungen möchten wir die Notation $F(\min, \max)$ für die Darstellung des Verhandlungsraums einführen, wobei min die kleinstmögliche und max die maximale Entschädigung angeben.

Nehmen wir an, man dürfte ohne Verhandlung zwischen den Parteien nicht verschmutzen. Die Wäscherei hätte somit das ökonomische Eigentum an der Luft. In Tabelle 12.5.2 befinden wir uns in der ersten Zeile und im Betrieb würden Vermeidungskosten in Höhe von 25 Geldeinheiten anfallen. Würde man mit dem Ziel keine Filterung verhandeln, würde der Betrieb 25 Geldeinheiten sparen. Der Wäscherei würde ein Schaden in Wert von 20 Geldeinheiten entstehen; daraus würde sich ein Verhandlungsraum $F(20, 25)$ ergeben. Dieser würde eine Verhandlungsrente von $\max - \min = 25 - 20 = 5$ Geldeinheiten, die je nach Verhandlungsgeschehen zwischen den Parteien geteilt würde, erzeugen. Wichtig dabei ist, daß der Verzicht auf Filterung einen Überschuß von 5 Geldeinheiten generieren würde. Bezieht man die Vermeidungskosten mit ein, ist Verschmutzung also *per se* nicht unbedingt negativ.

Die Verhandlungsrenten könnten wir für alle möglichen Bewegungen berechnen. Sie beträgt maximal 9 Geldeinheiten, wenn die Wäscherei anfänglich über saubere Luft verfügen kann (die maximale Rente stammt aus dem Verhandlungsraum $F(12, 21)$ bis zum Optimum, ausgehend von 0 EE), und maximal 4 Geldeinheiten, wenn das Recht auf Verschmutzung existiert (der Verhandlungsraum $F(4, 8)$ beschreibt die Bewegung aus einer Verschmutzung von 5 EE hin zum Optimum).

12.5.3 Die Rolle der Transaktionskosten

Wichtig bei diesem Ansatz ist, daß die Anfangsallokation der Eigentumsrechte irrelevant ist (das sogenannte *invariance claim*) und das Optimum immer dem besten Verhandlungsergebnis entspricht (*efficiency claim*).

Welche Rolle spielen Verhandlungsreibungen in diesem Zusammenhang? Sie werden in der Literatur mit Transaktionskosten bezeichnet und entsprechen allen Kosten, die mit der Verhandlung verbunden sind (Vorbereitungskosten, Abwicklungkosten, Nachbearbeitungskosten, Implementierungskosten sowie Kontrollkosten). Würden wir sie einfach mit t bezeichnen und fielen sie bei beiden Parteien an (so daß eine Transaktion insgesamt $2t$ an Transaktionskosten generieren würde), würde man nur noch verhandeln, wenn die Netto-Rente (Rente nach Abzug der Transaktionskosten) positiv ist, d.h. wenn

$$\max - \min - 2t > 0$$
$$t < \frac{\max - \min}{2}$$
$$< \frac{\text{Rente}}{2} \quad .$$

Sind die individuellen Transaktionskosten größer als die Hälfte der Verhandlungsrente, dann ist es für die Parteien nicht sinnvoll zu verhandeln. Das Sozialoptimum kann dann jedoch nicht mehr dem alten entsprechen, denn Transaktionskosten stellen einen Teil der Gesamtkosten der menschlichen Interaktion dar. Viele Lehrbücher argumentieren gegen Coase. Sie vermuten, daß Transaktionskosten zu Verhandlungsineffizienz führen und vergleichen das Resultat mit dem idealen Optimum. Im idealen Optimum gibt es jedoch keine Transaktionskosten. Einen derartigen Vergleich bezeichnet man auch als *Nirvana Ansatz* (Engl. *nirvana fallacy*). Man versucht reale Prozeße mit idealen zu vergleichen, um sie dann normativ zu bewerten.

12.6 Erweiterungen und Schlußfolgerungen

Wie wir bereits gesehen haben, führen externe Effekte zur Pareto-Ineffizienz des Walras-Gleichgewichts. Der Grund liegt darin, daß die Marktteilnehmer nicht alle Auswirkungen ihrer Handlungen einkalkulieren. Ein Teil ihrer Kosten (aber auch Nutzen im Falle einer positiven Externalität) wälzen sie auf andere Marktteilnehmer ab. Diese Ineffizienz kann durch die Einführung von Schadensobergrenzen, Pigou-Steuern oder Zertifikatmärkten behoben werden. Für die Abwägung zwischen diesen Instrumenten müssen verschiedene Faktoren berücksichtigt werden. In diesem letzten Abschnitt gehen wir auf einige Kritiken und Erweiterungen ein, die helfen, die Bedeutung der obigen Modelle besser einzuschätzen.

12.6.1 Bedeutung der Regulierung

Weshalb möchte man die Externalitäten überhaupt internalisieren? Hier möchten wir kurz an die vernunftmäßige Erklärung der Regulierung erinnern. Dabei gibt es grundsätzlich drei Aspekte, die wir am Beispiel von Umweltregulierungen erläutern wollen.

1. *Normativ*: Man möchte den Wohlstand maximieren. Das bedeutet, daß der Nutzen von externalitätsverbundenen Maßnahmen die Kosten derselben überschreiten muß. Dieses Konzept wird erst in Kapitel 13 genauer vorgestellt. Das große Problem besteht jedoch weiterhin darin, Nutzen zu messen und zu vergleichen.

2. *Positiv (deskriptiv)*: Wie schon von Coase [1960] erstmals vorgeschlagen, stammt Umweltverschmutzung aus den Divergenzen zwischen den privaten und den sozialen Grenzkosten. Negative Externalitäten bestehen aus den Kosten, die der Produzent nicht berücksichtigt, da sie ihm *fremd* (extern) sind. Die Maßnahmen dienen dazu, diese Kosten zu *internalisieren*.

3. *Einstellungsbezogen*: Es geht nicht darum, den Verschmutzer aufgrund seiner Tätigkeit zu kritisieren, sondern durchführbare Möglichkeiten für die Internalisierung des externen Effekts zu finden.

12.6.2 Lösungsansätze für Externalitäten

Im Modell mit symmetrischer Information – wie in diesem Kapitel vorgestellt – sind die drei Lösungen Schadensobergrenzen, Pigou-Steuern oder Zertifikatmärkte äquivalent. Es ist jedoch realistischer anzunehmen, daß der „Regulator" die Höhe des Schadens aufgrund der Informationsasymmetrie nicht genau kennt. Dann sind die drei Lösungen nicht mehr äquivalent. In diesem Abschnitt möchten wir daher alle wesentlichen Lösungen für Externalitäten in Anlehnung an die möglichen Lösungsansätze zur Umweltregulierung und ihre Relevanz in der Praxis – also auch unter der Annahme asymmetrischer Informationen – betrachten. Man unterscheidet typischerweise zwischen *ex ante* und *ex post* Maßnahmen. *Ex ante* Maßnahmen werden bereits eingeführt, bevor der Schaden entstanden ist. *Ex post* Maßnahmen werden erst nach dem Schaden eingeführt.

Zwei Kriterien sind für die Beurteilung dieser Regulierungsinstrumente relevant: Inwiefern ermöglichen sie Anreize zur weiteren Emissionsreduktion und inwiefern minimieren sie die Vermeidungskosten?

1. Gebote (*command-and-control regulations*) beziehen die oben vorgestellten Schadensobergrenzen ein, aber auch Technologie-basierte Standards. In diesem Umfeld spricht man oft von BAT – *best available technology* – als Referenztechnologie. Die BAT variiert mit dem technischen Fortschritt, stellt jedoch immer das technologische *non plus ultra* dar.

   Command-and-control regulations unterscheiden sich in den *design standards* und *performance standards*. Im ersten Fall legt der Regulator die BAT, welche von den Firmen nach und nach angenommen werden muß, fest. Die langsame Anpassung stellt dabei das größte Problem dar. Im zweiten Fall kann der Regulator eine gewiße Emissionseffizienz vorschreiben, die Umsetzung (Wahl der Technik) bleibt jedoch den Firmen überlassen. Somit sind die Verschmutzer flexibler und die Emissionsziele können vermutlich schneller erreicht werden.

Leider streben Schadensobergrenzen sowie Gebote allgemeiner Natur *keine Produktionskostenminimierung* an. Sie beeinträchtigen zudem die Allokationseffizienz der Verschmutzung. Jeder Produzent muß eine *maximale* Emissionsmenge einhalten, kann die *Gesamtverschmutzung* jedoch nicht mit den anderen Produzenten absprechen. Sind die Vorschriften einmal erfüllt, stellt dieser Ansatz außerdem keinen Anreiz mehr dar, die *individuelle Emission* weiterhin zu reduzieren. Darüber hinaus stellt sich die Frage, wann und wie die BAT neu definiert werden soll, denn sie hat direkte Auswirkungen auf die neue Regulierungs- und Anpassungsrunde.

2. Handelbare Zertifikate (*marketable permit schemes*) können unterschiedlich implementiert werden. In diesem Kapitel haben wir sie auf analytische Weise ausführlich vorgestellt. Diesem Ansatz nach darf jeder Produzent genau die Menge an Emissionen verursachen, zu der ihm seine Zertifikate berechtigen. Auf welchem Wege er diese Zertifikate erhält ist irrelevant.

Handelbare Zertifikate haben gegenüber Geboten den großen Vorteil, individuelle Anreize für eine weitere Reduktion der Externalität zu schaffen. Firmen, die „saubere" Technologien verwenden, können ihre unnötigen Zertifikate verkaufen und somit ihren Gewinn erhöhen. Bleibt jedoch die Gesamtmenge an Zertifikaten gleich, haben die Produzenten *im Aggregat* auch hier keinen Anreiz zur Emissionsreduktion, denn der Zertifikatpreis sinkt progressiv mit dem technischen Fortschritt und reduziert somit den Innovationsanreiz. Bei einem gegebenen aggregierten Verschmutzungsbestand wird die Produktion auf jeden Fall maximiert, da die Marktallokationsfähigkeit von der Regulierung nicht beeinträchtigt wird. Per Definition gewährleistet dieses System auch Kostenminimierung.

Fragwürdig ist die Gestaltung der Anfangsallokation der Zertifikate. Sollten sie vom Staat versteigert werden oder den bisherigen Firmen geschenkt werden (*grandfathering*)? Eine Versteigerung (1) ermöglicht eine schnelle Allokation an diejenigen Firmen, welche die Zertifikate am meisten schätzen; (2) die Regierung verdient dadurch Geld (was nicht zwangsläufig positiv sein muß, denn sie könnte (i) zu viele Zertifikate verkaufen oder (ii) zu viele Bereiche regulieren); (3) Bestechung und schlechtes Management können die Allokation verzerren; (4) Anfangspreise sind typischerweise höher (was höhere Innovationsanreize mit sich bringt); (5) die Methode ist mit dem Verursacherprinzip konsistent.
Grandfathering (1) kann auch zu Bestechung führen. (2) Bestehende Firmen könnten versuchen, die Gesamtmenge an Zertifikaten niedrig zu halten, um Markteintretende zu belasten. (3) Die Maßnahme bleibt konsistent mit der rechtlichen Begründung der bisherigen Verschmutzung, indem sie das (bisher vorhandene) Recht auf Emissionen anerkennt. Somit ist sie Pareto-effizient (niemand wird schlechter gestellt).

Eine weitere Frage im Zusammenhang mit handelbaren Zertifikaten betrifft ihre optimale Dauer. Möchte die Regierung ihre Anzahl von Zeit zu Zeit anpassen, können ewige Zertifikate teuer werden, denn im Falle einer Reduktion muß die Regierung zahlen. Die dahinter stehende Frage ist jedoch rechtlicher Natur: Wer besitzt die Umwelt überhaupt? Wieso soll (und darf) der Staat den Besitz von Luft oder andere Ressourcen in Anspruch nehmen? Diese Gedanken führen uns zur Betrachtung von Coase, die weiter unten folgt.

Ein letztes Thema im Zusammenhang mit Zertifikaten sind die Dynamiken, die enstehen, wenn ein Gebotsystem abgeschafft wird. Nehmen wir an, auf einem Gebiet gibt es neun Betriebe mit jeweils 10 Emissionseinheiten (maximale Anzahl an Emissionseinheiten). Nun werden Gebote aufgehoben und Zertifikate im Umfang von 90 Emissionseinheiten verteilt. Von der Anfangssituation

10 10 10		1 1 1
10 10 10	könnte man sich hinzu	1 82 1
10 10 10		1 1 1

bewegen und in der Mitte des Gebiets einen sogenannten *hot spot* mit *hoher Verschmutzung* erzeugen. Zertifikate können daher auch zur Emissionskonzentration führen, was je nach Emissionsauswirkungen unerwünscht sein könnte.

3. Lenkungsabgaben (*effluent fees*) entsprechen dem, was wir mit Pigou-Steuern bezeichnet haben. Sie stellen nur einen Anreiz zur weiteren individuellen Emissionsreduktion dar, solange die Vermeidungsgrenzkosten die Steuern unterschreiten. Ist diese Schwelle einmal erreicht, verbessert man die eigene Technologie nicht mehr. In Abschnitt 12.4.7 auf Seite 271 haben wir gezeigt, daß Pigou-Steuern den gleichen Effekt wie handelbare Zertifikate erzeugen, wenn die Steuer dem Marktpreis der letzteren entspricht. Bei asymmetrischen Informationen zwischen Industrie und Regulator muß dies aber nicht der Fall sein, denn der Regulator kennt den hypothetischen Marktpreis nicht.

Worin liegen nun die wesentlichen Unterschiede zwischen Lenkungsabgaben und Zertifikaten? Bei Lenkungsabgaben ist der Preis bekannt, die Emissionsmenge jedoch nicht; bei Zertifikaten ist es umgekehrt. Eine Pigou-Steuer kann somit Zertifikaten von einem Regulator, der auf Preiseffekte sensibel reagiert, vorgezogen werden, z.B. aus Standortvorteilüberlegungen. Pigou-Steuern werden außerdem oft als Substitut für andere Steuern eingeführt und bringen somit eine sogenannte doppelte Dividende ein: Verbesserung der Umweltlage und zusätzliche Steuereinnahmen für die öffentliche Hand. Es ist nicht schwierig zu verstehen, welchen Einwand die *capture theory* der Neuen Politischen Ökonomie diesbezglich liefert: Mit der Ausrede von Umweltschutzmaßnahmen streben Regierungen nach einer Erhöhung der Fiskalquote. In der Praxis sind deswegen nicht alle Lenkungsabgaben effizient. Viele politische Maßnahmen wirken sogar negativ! Kostenminimierung kann auch mit Lenkungsabgaben erreicht werde.

4. Depotrückerstattungssysteme (*deposit-refund systems*) werden zum Beispiel bei Batterien eingesetzt und fördern das Recycling. Wir wollen diese Systeme in diesem Buch nicht formal behandeln. Hier geht es ganz einfach darum, ein Anreizsystem für die Entsorgung gefährlicher Gegenstände einzuführen. Kostet zum Beispiel die korrekte Entsorgung eines PCs 100 Euro und schadet eine fahrlässige in der Höhe eines Betrags von 1000 Euro, dann sollte das Depot die Differenz, 900 Euro, betragen. Zu hohe Depots haben jedoch auch negative Konsequenzen, da sie beispielsweise Liquiditätsprobleme für Konsumenten verursachen können. Da das Vermögen in der Regel nicht verzinst wird, entstehen Opportunitätskosten, auch Zeitopportunitätskosten: Gut Verdienende würden den Gegenstand trotz Depots wegwerfen, weniger gut Verdienende würden ihn sammeln und korrekt entsorgen, um das Depot zu erhalten.

5. Veranwortungsregeln (*liability rules*) machen den Verursacher für die Schadensreparation verantwortlich. Diese Vorschriften können auch für die Zukunft (bzw. für die Vergangenheit) festgelegt werden.
Informationsmaßnahmen (*informational approaches*) sind eine weitere Möglichkeit, die statt einer Regulierung die Verbreitung von wichtigen Informationen vorzieht. Diese Informationen müssen nicht vom Staat selbst initiiert werden, sondern können durch NGO's verbreitet werden (*non governmental organizations*).

Da *Liability rules* und *informational approaches* nicht zu den Themen eines mikroökonomischen Lehrbuches gehören, möchten wir an dieser Stelle auf die weiterführende Literatur verweisen, die der Leser im Literaturverzeichnis findet.

„Gerechtigkeit" von Walras-Gleichgewichten

Die Wissenschaft hat nicht nur die Aufgabe, die Ideale der Gerechtigkeit zu formulieren, sie muß auch die Wege und Mittel zu ihrer Realisierung beschreiben.

L. Walras

Aufgrund des 2. Hauptsatzes der Wohlfahrtstheorie (vgl. Abschnitt 9.3 auf Seite 193) wissen wir nun, daß jede Pareto-effiziente Allokation durch Umverteilung des Vermögens als Walras-Gleichgewicht implementierbar ist. Im folgenden werden wir der Frage nachgehen, wie wir unter den effizienten Allokationen eine für alle Wirtschaftssubjekte „gerechte" Nutzenallokation finden können. Um zwischen den verschiedenen Lösungsansätzen unterscheiden zu können, müssen wir uns in diesem Zusammenhang vor allem fragen, was eine gerechte Allokation überhaupt bedeutet. Wir werden in diesem Kapitel die Annahme treffen, daß alle benutzten Funktionen ausreichend oft differenzierbar seien.

13.1 Die Wohlfahrtsfunktion $W\left(U^1, \ldots, U^H\right)$

Zunächst möchten wir das Konzept der *Wohlfahrtsfunktion* $W(U^1, \ldots, U^H)$ einführen, indem wir den „sozialen" Nutzen aufgrund des individuellen Nutzens berechnen, um die verschiedenen Verteilungsmöglichkeiten des Vermögens in einer Gesellschaft charakterisieren zu können.

13.1.1 Einführende Bemerkungen

Gegeben sei eine *Tauschwirtschaft*, d.h $\mathbb{Y}^j = \mathbb{R}^n_- \; \forall j = 1, \ldots, J$ mit zwei Konsumenten $h = 1, 2$ und zwei Gütern $n = 2$. Zur graphischen Veranschaulichung werden zunächst alle Pareto-effizienten Punkte der Edgeworth-Box (Kontraktkurve – vgl. Abbildung 13.1) in ein Nutzen-Diagramm mit den Achsen U^1 und U^2 übertragen (vgl. Abbildung 13.2). Hier können wir nun die Wohlfahrtsfunktionen darstellen, die aus den individuellen Nutzenfunktionen bei gegebenen Niveaus abgeleitet wurden. In den nächsten Abschnitten werden wir diese genauer beschreiben.

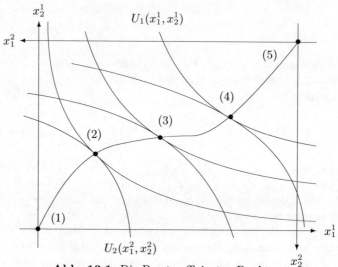

Abb. 13.1. Die Pareto-effizienten Punkte.

Die zwei berühmtesten Wohlfahrtsfunktionen $W(U^1, U^2)$ sind die utilitaristische und die Rawls'sche Wohlfahrtsfunktion. Wir möchten sie im folgenden genauer vorstellen.

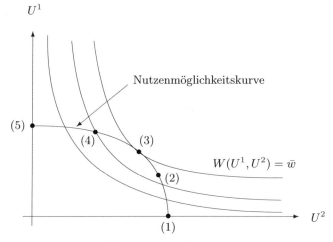

Abb. 13.2. Die Wohlfahrtsniveaus und die Nutzenmöglichkeitskurve.

13.1.2 Die utilitaristische Wohlfahrtsfunktion

Definition 13.1 (Utilitaristische Wohlfahrtsfunktion).
Sei $\vec{x}^h = (x_1^h, \ldots, x_n^h)$ *der Konsumplan des Konsumenten* h *und* $\mathbf{x} = (\vec{x}^1, \ldots, \vec{x}^H)$ *die Güterallokation zwischen* H *Konsumenten.* $U^h(\mathbf{x})$ *stellt das Nutzenniveau der Allokation* $\mathbf{x}$ *für den Konsumenten* h *dar. Eine utilitaristische Wohlfahrt von* $\mathbf{x}$ *ist dann definiert als*

$$W(\mathbf{x}) = W\left(U^1(\mathbf{x}), \ldots, U^H(\mathbf{x})\right) = \sum_{h=1}^{H} a_h U^h(\mathbf{x})$$

mit individuellen Gewichten a_h *$\forall h = 1, \ldots, H$.*

Für den obigen Fall zweier Individuen ergibt sich

$$W\left(U^1(\mathbf{x}), U^2(\mathbf{x})\right) = a_1 U^1(\mathbf{x}) + a_2 U^2(\mathbf{x}) \quad .$$

Oft normiert man alle Gewichte auf 1, so daß alle individuellen Nutzenniveaus gleich bewertet werden können, also $a_1 = a_2 = 1$. Die utilitaristische Wohlfahrtsfunktion besitzt dann zwei wichtige Eigenschaften:

1. *Symmetrie*: Aufgrund der kommutativen Eigenschaft der Addition gilt offenbar
$$W\left(U^1, U^2\right) = W\left(U^2, U^1\right) \quad .$$

Diese Eigenschaft ist ein Vorteil der Funktion, denn die Wohlfahrt ist unabhängig von der Person des Konsumenten und berücksichtigt jeden in gleicher Weise.

2. *Derjenige Konsument mit dem höchsten Grenznutzen erhält den höchsten Anteil.* Dies kann als Nachteil angesehen werden, denn die Funktion teilt demjenigen, der aus den Gütern den höchsten Nutzen ziehen kann, den höchsten Anteil an Gütern zu, während Konsumenten mit einem „Handicap" weniger erhalten.

Die sich aus der zweiten Eigenschaft ergebende Dynamik ist nicht mit jener der spontanen Interaktion zwischen Personen zu verwechseln. Personen verkaufen typischerweise Güter mit kleinem Grenznutzen, um Güter mit größerem Grenznutzen zu kaufen. Dies führt zu einer Pareto-Verbesserung. In unserem Fall sind jedoch alle Punkte der Nutzenmöglichkeitskurve bereits Pareto-Optima, denn sie entsprechen den Punkten aus der Kontraktkurve innerhalb der Edgeworth-Box in Abb. 13.1. Die Regel *„Derjenige Konsument mit dem höchsten Grenznutzen erhält den höchsten Anteil"* bezieht sich somit auf die *Umverteilung von Ressourcen entlang der Kontraktkurve*, auf der die Effizienz im Sinne von Pareto erreicht und beibehalten wird. Umverteilungen dieser Art verschlechtern notwendigerweise die Lage einer Partei (sonst wäre die Ausgangslage kein Pareto-Optimum) und können typischerweise nur durch autoritäre Maßnahmen erreicht werden.

13.1.3 Die Wohlfahrtsfunktion nach Rawls

Definition 13.2 (Wohlfahrtsfunktion nach Rawls).
Sei $\vec{x}^h = (x_1^h, \ldots, x_n^h)$ der Konsumplan des Konsumenten h und $\mathbf{x} = (\vec{x}^1, \ldots, \vec{x}^H)$ die Güterallokation zwischen den H Konsumenten. $U^h(\mathbf{x})$ stellt das Nutzenniveau der Allokation $\mathbf{x}$ für Konsumenten h dar. Eine Rawlssche Wohlfahrt von $\mathbf{x}$ ist dann definiert als

$$W(\mathbf{x}) = W\left(U^1(\mathbf{x}), \ldots, U^H(\mathbf{x})\right) = \min\left\{a_1 U^1(\mathbf{x}), \ldots, a_H U^H(\mathbf{x})\right\}$$

mit individuellen Gewichten a_h $\forall h = 1, \ldots, H$.

Für den obigen Fall zweier Individuen ergibt sich

$$W\left(U^1(\mathbf{x}), U^2(\mathbf{x})\right) = \min\left\{a_1 U^1(\mathbf{x}), a_2 U^2(\mathbf{x})\right\} \quad ,$$

oder für $a_1 = a_2 = 1$

$$W\left(U^1, U^2\right) = \min\left\{U^1, U^2\right\}$$

mit Normierung der individuellen Gewichte und kurzer Schreibweise ohne **x**. Die Wohlfahrtsfunktion nach Rawls besitzt ebenfalls zwei wichtige Eigenschaften:

1. *Symmetrie*: Aufgrund der kommutativen Eigenschaft des min Operators gilt offenbar
$$W\left(U^1, U^2\right) = W\left(U^2, U^1\right) \quad .$$
   Diese Eigenschaft ist aus den oben erläuterten Gründen von Vorteil.

2. *Derjenige Konsument mit dem niedrigsten Nutzen erhält den höchsten Anteil.* Die Rawls'sche Wohlfahrtsfunktion wird oft als „soziale" Wohlfahrtsfunktion bezeichnet, denn sie weist eine extreme Aversion gegen Ungleichheit auf. Im Sinne der Rawls'schen Wohlfahrtsfunktion wird immer zuerst den „Ärmeren" geholfen. Somit erhält die Wohlfahrtspolitik ihre formale Darstellung, nach der eine Umverteilung der Ressourcen eine Steigerung der Gesamtwohlfahrt (gemessen anhand der Wohlfahrtsfunktion) impliziert.

Die Rawls'sche Wohlfahrtsfunktion ist jedoch in Nutzeneinheiten definiert, nicht in Geldeinheiten. Vor jedem Schluß auf Einkommensumverteilungsmaßnahmen sollte daher die Verbindung zwischen Nutzen und Einkommen präzisiert werden. Reagiert der „Wohlhabende" beispielsweise sensibler auf Geld, dann sollte eine monetäre Umverteilung sogar zu seinem Gunsten organisiert werden. In den meisten politischen Debatten geht man jedoch davon aus, daß der Grenznutzen von Geld abnehmend verläuft.

Die Rawls'sche Wohlfahrtsfunktion führt zu weiteren Dilemmata, indem sie vom Grenznutzen absieht. Betrachten wir einen Krisenfall, in dem die Anzahl der Essensrationen nicht für alle Mitglieder einer Gruppe ausreicht. Der *utilitaristische* Regulator würde diejenigen Gruppenmitglieder vorziehen, die eine größere Überlebenschance haben – gleichbedeutend mit einem größeren Grenznutzen der Essensration. Die Opfer der Krise wären Menschen, deren Überlebenschancen ohnehin geringer sind. *Rawls* würde daher die knappen Essensrationen nach einem Losverfahren verteilen oder zuerst die Leute bevorzugen, die zum Zeitpunkt der Entscheidung benachteiligt sind (z.B. Kranke, Behinderte,...). Der Rawlssche Ansatz würde die Anzahl der Überlebenden im Vergleich zum utilitaristischen wahrscheinlich auf Kosten der sogenannten Gerechtigkeit reduzieren. Gerechtigkeit wird jedoch in der akademischen Literatur oft durch genau diesen Ansatz beschrieben.

13.1.4 Die Nash-Verhandlungslösung des Allokationsproblems

Wir fragen uns nun, wie individuelle und dezentrale Verhandlungen das Allokationsproblem lösen könnten. Dazu betrachten wir der Einfachheit halber zunächst den Fall mit nur zwei Konsumenten, d.h. $H = 2$. Trotz dieser Vereinfachung kann man zeigen, daß die Ergebnisse allgemein gültig sind und sich leicht auf höhere Dimensionen übertragen lassen.

Zunächst sei

$$\mathbb{X} := \left\{ \mathbf{x} = \left(\vec{x}^1, \vec{x}^2 \right) \in \mathbb{R}^{n \times n} \,\middle|\, \vec{x}^1 \in \mathbb{X}^1, \vec{x}^2 \in \mathbb{X}^2, \right.$$

$$\left. \vec{y}^j \in \mathbb{Y}^j \quad \forall j = 1, \dots, J, \quad \vec{x}^1 + \vec{x}^2 = \vec{\omega}^1 + \vec{\omega}^2 + \sum_{j=1}^{J} \vec{y}^j \right\}$$

die Menge der durchführbaren Konsumpläne und

$$\tilde{\mathbf{x}} = \left(\tilde{\vec{x}}^1, \tilde{\vec{x}}^2 \right) := V \left(\mathbb{X}, \vec{\omega}^1, \vec{\omega}^2, U^1, U^2 \right)$$

die Verhandlungslösung für das Allokationsproblem. Ab dieser Stelle, für dieses Kapitel, meinen wir durch die Notation $\mathbb{X} = \mathbb{X}_1 \times \mathbb{X}_2 \times \cdots \times \mathbb{X}_H$ somit die aus den individuellen Konsummengen $\mathbb{X}_h$ aggregierte Konsummenge. Was sind sinnvolle Kriterien zur Beschreibung von $V(\cdot)$?

1. Pareto-Effizienz: $\tilde{\mathbf{x}} \in \mathbb{X}$ ist Pareto-effizient, d.h. es gibt kein $\bar{\mathbf{x}} \in \mathbb{X}$ mit

$$U^h(\bar{\vec{x}}^h) \geqslant U^h(\tilde{\vec{x}}^h) \quad \forall h = 1, \dots, H \quad \text{und}$$
$$U^j(\bar{\vec{x}}^j) > U^j(\tilde{\vec{x}}^j) \quad \text{für mindestens ein } j \in \{1, \dots, H\}.$$

2. Symmetrie: Falls $\tilde{\mathbf{x}} = V \left(\mathbb{X}, \vec{\omega}^1, \vec{\omega}^2, U^1, U^2 \right)$ und $\hat{\mathbf{x}} = V \left(\mathbb{X}, \vec{\omega}^2, \vec{\omega}^1, U^2, U^1 \right)$, muß $\tilde{\vec{x}}^1 = \hat{\vec{x}}^2$ und $\tilde{\vec{x}}^2 = \hat{\vec{x}}^1$ sein. Die Indexierung der Marktteilnehmer ist somit irrelevant.

3. Freiwilligkeit: $\tilde{\mathbf{x}}$ wird von allen Teilnehmern der Anfangsallokation vorgezogen. Es gilt

$$U^1(\tilde{\vec{x}}^1) \geqslant U^1(\vec{\omega}^1) \quad \text{und}$$
$$U^2(\tilde{\vec{x}}^2) \geqslant U^2(\vec{\omega}^2) \quad,$$

wobei $U^1(\vec{\omega}^1)$ und $U^2(\vec{\omega}^2)$ als „Drohpunkte" bezeichnet werden.

4. Unabhängigkeit von irrelevanten Alternativen: Wir können die Nutzenbeziehungen beliebig definieren. Solange $\bar{U}^1(\vec{x}^1) = U^1(\vec{x}^1)$ und $\bar{U}^2(\vec{x}^2) = U^2(\vec{x}^2) \,\forall(\vec{x}^1, \vec{x}^2) \in \mathbb{X}$, bleibt die Verhandlungslösung konstant, d.h.

$$V \left(\mathbb{X}, \vec{\omega}^1, \vec{\omega}^2, U^1, U^2 \right) = V \left(\mathbb{X}, \vec{\omega}^1, \vec{\omega}^2, \bar{U}^1, \bar{U}^2 \right) \quad.$$

Satz 22 (Nash-Produkt) *Eine Verhandlungslösung mit den Eigenschaften „Pareto-Effizienz", „Symmetrie", „Freiwilligkeit" und „Unabhängigkeit von irrelevanten Alternativen" ist äquivalent zur Lösung des folgenden Maximierungsproblems:*

$$\tilde{\mathbf{x}} = \left(\tilde{\vec{x}}^1, \tilde{\vec{x}}^2\right) = V\left(\mathbb{X}, \vec{\omega}^1, \vec{\omega}^2, U^1, U^2\right)$$
$$= \arg\max_{\mathbf{x} \in \mathbb{X}} \left(U^1(\vec{x}^1) - U^1(\vec{\omega}^1)\right) \cdot \left(U^2(\vec{x}^2) - U^2(\vec{\omega}^2)\right) \quad .$$

Was impliziert Satz 22? Grundsätzlich kann das Ergebnis der Verhandlungslösung auch durch Maximieren einer Wohlfahrtsfunktion berechnet werden. Ein Regulator könnte daher die Marktlösung erreichen. Abgesehen von den tiefgreifenden Kritiken, die in diesem Kapitel folgen, kann man sich jedoch fragen, weshalb eine zentralisierte Lösung über die Maximierung der Wohlfahrtsfunktion einer dezentralen, freiwilligen Lösung vorzuziehen ist. Im nächsten Abschnitt erläutern wir einige erste Kritikpunkte.

13.1.5 Kritik an den Wohlfahrtsfunktionen

Das Problem des Ansatzes der Wohlfahrtsfunktionen als Instrument zur Behandlung von Gerechtigkeitsfragen ist doppelter Natur:

1. Wer soll die Wohlfahrtsfunktion $W(U^1, \ldots, U^H)$ bestimmen?

2. Für die Festlegung erforderlich sind

   i) die Nutzenmeßbarkeit, da die Lösung abhängig von der speziellen Repräsentation durch die Nutzenfunktionen ist, und

   ii) die interpersonelle Vergleichbarkeit von Nutzen.

Der erste Punkt ist normativer Natur: Hier würde vor allem die Neue Institutionelle Ökonomie, die schon in den Kapiteln 11 und 12 angedeutete Denkschule, die interessantesten und schärfsten Beiträge liefern. Da man in der konkreten Welt von den privaten Anreizen der Behörden und Politiker nicht absehen kann (und darf), ist der Erfolg der Maximierung einer Wohlfahrtsfunktion oft mit der Frage verbunden, wer für die Durchführung zuständig ist.

Zusätzlich zum Anreizproblem – der Regulator soll ja die Maximierung von $W(\cdot)$ *wollen* – besteht das Informationsproblem – der Regulator soll $W(\cdot)$ auch maximieren *können*. Welche Autorität ist also am besten geeignet, die Umverteilung mit den ihr zur Verfügung stehenden Informationen umzusetzen?

Gehen wir im Gegensatz zum Nirvana-Ansatz von unvollkommener Information aus, nähern wir uns einer Durchführungsunmöglichkeit, denn wir kennen nicht alle persönlichen Nutzenniveaus. Hier geht es wiederum um zwei Aspekte: (1) Inwiefern ist Information tatsächlich aggregierbar? (2) Kann man das Wissen über die individuellen Nutzenniveaus überhaupt sammeln, d.h. ist individueller Nutzen überhaupt meßbar? Dies führt uns zum zweiten Kritikpunkt obiger Kritik.

Der zweite Punkt ist im Gegensatz zum ersten deskriptiver Natur. Ist die Festlegung der Wohlfahrtsfunktion möglich, dann spricht man von einem *kardinalen Nutzenkonzept*. Ein Beispiel hierfür sind quasi-lineare Nutzenfunktionen, bei denen Geld (im Sinne von „monetärem Wert übriger Güter") und Nutzen gleich gestellt werden. Indem die Geldallokation beobachtbar und meßbar ist, wird somit auch der Nutzen meßbar.

Die Nutzenmeßbarkeit impliziert dadurch automatisch auch die interpersonelle Vergleichbarkeit, da man beim „Messen" einen Vergleich mit einem objektiven Maß zieht, der auch bei der Nutzenmessung eines anderen Individuums herangezogen wird. Die Nutzenmeßbarkeit ist jedoch im allgemeinen sehr fraglich, auch in der leichten Form quasi-linearer Nutzenfunktionen. Die erfolglose Suche nach einem objektiven Nutzenmaß stellte Ende des XIX. Jahrhunderts das große historische Versagen der klassischen Schule dar. Die methodologische Revolution der subjektiven Werttheorie führte um die Jahrhundertwende erstmals das *ordinale Nutzenkonzept* ein.

Statt den Konsumbündeln konkrete Zahlen zuzuweisen, legt man nach dem ordinalen Nutzenkonzept lediglich eine *Rangordnung* zwischen den Konsumbündeln aufgrund der Präferenzen fest. Verzichten wir jedoch auf die Behauptung der Nutzenmeßbarkeit, müssen wir auch auf das bereits vorgestellte Instrument der Wohlfahrtsfunktion, welches leider auf *genauen und meßbaren Nutzenwerten* beruht, verzichten. Wir benötigen daher einen neuen Ansatz, der Pareto-effiziente Güterallokationen konsistent mit dem ordinalen Nutzenansatz diskriminiert.

13.2 Ordinaler Ansatz zur Lösung des Allokationsproblems

13.2.1 Grundkonzept

Für jeden Konsumenten h sei nur die Pärferenzrelation $\succeq^h$ auf $\mathbb{X}^h \times \mathbb{X}^h$ entscheidend. Diese Präferenzrelation ist konsistent mit dem ordinalen Nutzenansatz und beschreibt nur die *Präferenzreihenfolge* zwischen den Güterbündeln, nicht ihre absolute Bewertung in Nutzeneinheiten. Folgende Definitionen sind für uns von Bedeutung.

Definition 13.3 (Schwache Präferenz).

Seien $\vec{x}^h, \hat{\vec{x}}^h \in \mathbb{X}^h$. $\vec{x}^h \succeq^h \hat{\vec{x}}^h$ verdeutlicht, daß das Güterbündel $\vec{x}^h$ für den Konsumenten h mindestens ebenso attraktiv ist wie das Güterbündel $\hat{\vec{x}}^h$.

Definition 13.4 (Präferenzrelation).

$\succeq^h$ heißt Präferenzrelation, *falls gilt:*

1. *Vollständigkeit, d.h. $\forall \vec{x}^h, \hat{\vec{x}}^h \in \mathbb{X}^h \times \mathbb{X}^h : \vec{x}^h \succeq^h \hat{\vec{x}}^h$ oder $\hat{\vec{x}}^h \succeq^h \vec{x}^h$.*
2. *Reflexivität, d.h. $\forall \vec{x}^h \in \mathbb{X}^h : \vec{x}^h \succeq^h \vec{x}^h$.*
3. *Transitivität, d.h. $\forall \vec{x}^h, \hat{\vec{x}}^h, \tilde{\vec{x}}^h \in \mathbb{X}^h : \vec{x}^h \succeq^h \hat{\vec{x}}^h, \; \hat{\vec{x}}^h \succeq^h \tilde{\vec{x}}^h \; \Rightarrow \; \vec{x}^h \succeq^h \tilde{\vec{x}}^h$.*

Definition 13.5 (Stetige Präferenzrelation).

Eine Präferenzrelation $\succeq^h$ heißt stetig, falls $\forall \hat{\vec{x}}^h$ die Menge

$$\mathcal{B}^h(\hat{\vec{x}}^h) := \left\{ \vec{x}^h \in \mathbb{X}^h | \vec{x}^h \succeq^h \hat{\vec{x}}^h \right\} \quad \text{(Bessermenge von } \hat{\vec{x}}^h)$$

sowie

$$\mathcal{S}^h(\hat{\vec{x}}^h) := \left\{ \vec{x}^h \in \mathbb{X}^h | \vec{x}^h \preceq^h \hat{\vec{x}}^h \right\} \quad \text{(Schlechtermenge von } \hat{\vec{x}}^h)$$

abgeschlossen sind.

Definition 13.5 bezieht sich auf die ausführlichere Definition 2.5, S. 34. Mit Hilfe dieser drei Definitionen können wir zwei wichtige Sätze einführen.

Satz 23 (Stetige, repräsentierende Nutzenfunktion) *Ist die Präferenzrelation $\succeq^h$ stetig, so gibt es eine stetige, repräsentierende Nutzenfunktion, d.h.*

$$\forall \vec{x}^h, \hat{\vec{x}}^h \in \mathbb{X}^h \quad gilt \quad U^h(\vec{x}^h) \geqslant U^h(\hat{\vec{x}}^h) \quad \Leftrightarrow \quad \vec{x}^h \succeq^h \hat{\vec{x}}^h \quad .$$

Satz 24 (Positive monotone Transformationen) *Gibt es eine stetige, repräsentierende Nutzenfunktion, so gibt es unendlich viele stetige, repräsentierende Nutzenfunktionen, denn jede positive, monotone Transformation $f^h : \mathbb{R} \longrightarrow \mathbb{R}$ repräsentiert die gleiche Präferenz!*

Positive, monotone Transformationen sind alle streng monoton steigenden, reellwertigen Funktionen, z.B. $f(u) = u^\alpha$ mit α, einer positiven reellen Zahl, oder $f(u) = \ln u, u > 0$.

13.2.2 Das ordinale Nutzenkonzept

Alles, was wir beginnend mit Kapitel 2 festgestellt haben, gilt ebenso, stellt man sich U^h nur ordinal vor. Das Nutzenmaximierungsproblem bleibt im wesentlichen unverändert! Es gilt, daß

$$\arg\max U^h(\vec{x}^h) \quad \text{s.t.} \quad \vec{x}^h \in \mathbb{B}^h(\vec{p})$$

dem Wert

$$\arg\max f^h\left(U^h(\vec{x}^h)\right) \quad \text{s.t.} \quad \vec{x}^h \in \mathbb{B}^h(\vec{p})$$

für alle positiven, monotonen Transformationen f^h entspricht. $\mathbb{B}^h(\vec{p})$ entspricht der erreichbaren Gütermenge für Haushalt h gegeben dem Preissystem $\vec{p}$ (Budgetmenge).

Die Begründung dafür ist leicht zu verstehen. Sei $\vec{x}^h$ die Lösung des Nutzenmaximierungsproblems mit f^h, jedoch keine Lösung des Nutzenmaximierungsproblems ohne f^h, d.h. $\exists \hat{\vec{x}}^h \in \mathbb{B}^h(p)$ mit $U^h(\hat{\vec{x}}^h) > U^h(\vec{x}^h)$. Das bedeutet jedoch, daß $f^h(U^h(\hat{\vec{x}}^h)) > f^h(U^h(\vec{x}^h))$, d.h. $\vec{x}^h$ sollte auch keine Lösung des Nutzenmaximierungsproblems mit f^h sein und umgekehrt!

Der bisher in diesem Kapitel gewählte Lösungsansatz mittels der Wohlfahrtsfunktion $W(U^1, \ldots, U^H)$ ist jedoch nicht übertragbar, denn nach dem ordinalen Nutzenkonzept werden die Nutzenfunktionen U^h nur ernst genommen, solange die Transformationen positiv monoton sind. $W(\cdot)$ ist jedoch nicht unabhängig von diesen! Daher betrachten wir nun einen weiteren Lösungsansatz: die ordinale Aggregationsregel. Ziel ist es, definitiv von der numerischen Nutzenmeßbarkeit abzusehen. Wir verzichten daher ganz auf eine quantitative Erfassung des individuellen Nutzens und suchen konsistent nach einer Methode, die nur die Reihenfolge festlegt.

Diese letzte methodologische Kritik der Wohlfahrtsfunktion ist nur eine der vielen Konsequenzen einer quantitativen Nutzendarstellung, wenn auch nur ordinal gemeint. Es bleibt klar, daß die bisher vorgestellte und verwendete Nutzenfunktion die mathematischen Eigenschaften von kardinal meßbaren Funktionen und Objekten besitzt. In diesem Punkt unseres Theorieaufbaus, sind wir auf eine erhebliche methodologische Inkonsistenz gestoßen. Ökonomen sollten diese Warnung ernst nehmen und sich über die Grenzen der Aussagekraft des zugrundeliegenden Modells immer im Klaren sein. Mit den Instrumenten aus Kapitel 2 und den folgenden können wir zwar viele Aspekte des menschlichen Wirtschaftens modellieren, jedoch nicht alle.

13.2.3 Die Aggregationsregel $\mathcal{A}$

Zunächst erweitern wir $\succeq^h$ auf die Menge der durchführbaren Konsumpläne

$$\mathbb{X} = \left\{ (\vec{x}^1, \dots, \vec{x}^H) \in \mathbb{R}^{n \times H} \middle| \vec{x}^h \in \mathbb{X}^h \quad \forall h = 1, \dots, H, \right.$$

$$\left. \sum_{h=1}^H \vec{x}^h = \sum_{h=1}^H \vec{\omega}^h + \sum_{j=1}^J \vec{y}^j \text{ für } \vec{y}^j \in \mathbb{Y}^j{}_{j=1,\dots,J} \right\}$$

d.h.

$$(\vec{x}^1, \dots, \vec{x}^H) \succeq^h (\hat{\vec{x}}^1, \dots, \hat{\vec{x}}^H) \quad \Leftrightarrow \quad \vec{x}^h \succeq^h \hat{\vec{x}}^h \quad \forall h = 1, \dots, H.$$

Gesucht wird die soziale Präferenz $\succeq^{\mathcal{A}}$, die ein Profil individueller Präferenzen $(\succeq^1, \dots, \succeq^H)$ auf $\mathbb{X}$ sinnvoll zusammenfaßt. Es wird also eine Aggregationsregel $\mathcal{A}$ mit $(\succeq^1, \dots, \succeq^H) \longmapsto \succeq^{\mathcal{A}}$ gesucht.

13.2.4 Sinnvolle Annahmen an die Aggregationsregel $\mathcal{A}$

Die Aggregationsregel sollte einigen sinnvollen Annahmen genügen. Von einem kollektiven Entscheidungsalgorithmus werden in der Regel vier Grundeigenschaften gewünscht, die wir wie folgt definieren:

1. **Unbeschränkter Definitionsbereich**
   $\mathcal{A}$ ist auf alle Präferenzprofile $(\succeq^1, \dots, \succeq^H)$ anwendbar. Diese Eigenschaft ermgölicht eine kollektive Entscheidungsregel, unabhängig von der Zusammensetzung der Bevölkerung. Die individuellen Präferenzordnungen unterliegen somit keinerlei Restriktionen.

2. **Einstimmigkeitsprinzip oder Pareto-Bedingung**
   Sei $\vec{x} \succeq^h \hat{\vec{x}}$ für alle $h = 1, \dots, H$ dann gilt $\vec{x} \succeq^{\mathcal{A}} \hat{\vec{x}}$. Die kollektive Entscheidungsregel muß auch im trivialsten Fall (die gesamte Bevölkerung ist derselben Meinung) konsistent sein. Sie darf also keine Ergebnisse produzieren, die von niemandem gewünscht wurden. Analog gilt auch, daß Alternative $\vec{x}$ gesellschaftlich vorgezogen werden soll, wenn sie von mindestens einem Individuum der Alternative $\hat{\vec{x}}$ vorgezogen wird, und kein anderes Individuum Alternative $\hat{\vec{x}}$ der Alternative $\vec{x}$ vorzieht.

3. **Nicht diktatorisch**
   Es existiert *kein h*, so daß $\forall \vec{x}, \hat{\vec{x}} \in \mathbb{X}$ und alle $(\succeq^1, \dots, \succeq^H)$. Es gilt

$$\vec{x} \succeq^{\mathcal{A}} \hat{\vec{x}} \Leftrightarrow \vec{x} \succeq^h \hat{\vec{x}} \quad .$$

Die Bedeutung dieser Eigenschaft ist weniger offensichtlich. Der Trick liegt in der Anfangsbedingung, die sich auf *alle* möglichen $\vec{x}$ bezieht. Man fordert, daß sich kein Individuum eindeutig und vollständig gemäß der Aggregationsregel verhält. Dieses Individuum würde sonst immer die Aggregationsregel bestimmen und auf diese Weise wie ein Diktator wirken. Auf die philosophische Bedeutung dieses Prinzips möchten wir nicht weiter eingehen. Es ist einfacher anzunehmen, daß kein Individuum befugt ist, die Entscheidung für die ganze Gesellschaft allein zu treffen.

4. **Unabhängigkeit von irrelevanten Alternativen**
   Gegeben seien zwei Präferenzsysteme $(\succeq^1, \ldots, \succeq^H)$ und $(\tilde{\succeq}^1, \ldots, \tilde{\succeq}^H)$, wobei $\forall h = 1, \ldots, H$:

$$\vec{x} \succeq^h \hat{\vec{x}} \Leftrightarrow \vec{x} \tilde{\succeq}^h \hat{\vec{x}} \ ,$$

dann ist

$$\vec{x} \succeq^A \hat{\vec{x}} \Leftrightarrow \vec{x} \tilde{\succeq}^A \hat{\vec{x}} \ .$$

Diese Eigenschaft besagt, daß die gesellschaftliche Entscheidung zwischen zwei Alternativen nicht von der Wertschätzung dritter Alternativen, die für diese Entscheidung nicht relevant sind, beeinflußt werden darf. Nur die relativen, individuellen Wertschätzungen der beiden Alternativen $\vec{x}$ und $\hat{\vec{x}}$ sind relevant. Gehen wir von einem ordinalen Nutzenkonzept aus, ändern sich die relativen Wertschätzungen in beiden Präferenzsystemen in der obigen formalen Darstellung nicht.

Zu den obigen vier Eigenschaften kommt noch eine fünfte hinzu. Sie gilt jedoch nicht als besondere Forderung an die Aggregationsregel $\mathcal{A}$: *Transitivität*. Wenn $\vec{x} \succeq^A \hat{\vec{x}}$ und $\hat{\vec{x}} \succeq^A \bar{\vec{x}}$, soll $\vec{x} \succeq^A \bar{\vec{x}}$ folgen. Obwohl manche Lehrbücher die Transitivität als fünfte Bedingung betrachten, stellt sie für uns die implizite Eigenschaft der Idee einer konsistenten Präferenzordnung dar. Sprechen wir von sozialer *Präferenz*, treffen wir bereits implizit die Transitivitätsannahme.

Arrow [1951] formulierte ein fundamentales Theorem, das die Unmöglichkeit der gleichzeitigen Gültigkeit aller vier Eigenschaften aufzeigte.[1]

Satz 25 (Arrows Unmöglichkeitstheorem) *Sei* $|\mathbb{X}| > 2$ *und* $H \geq 2$. *Dann gibt es* keine *Aggregationsregel* $\mathcal{A}$, *die ausgehend von individuellen Präferenzen eine soziale Präferenz bestimmt und die Annahmen 1. - 4. erfüllt!*

Auf die wirtschaftspolitische Bedeutung dieses wichtigen Satzes möchten wir im abschließenden Abschnitt eingehen. Zunächst möchten wir jedoch anhand

---

[1]Für eine Einführung in die vier Eigenschaften und das Unmöglichkeitstheorem empfehlen wir Frey und Kirchgässner [1994]. Für eine grundlegende Behandlung, die Bedeutung und den Beweis des Theorems empfehlen wir Mueller [2003].

von zwei Beispielen für Aggregationsregeln aufzeigen, daß tatsächlich nicht alle vier Grundeigenschaften gelten können.

13.2.5 Die Mehrheitswahlregel

Eine Methode, kollektive Entscheidungen zu treffen, ist die Demokratie. Dieses Verfahren ist gewiß anderen vorzuziehen. In einer wissenschaftlichen Behandlung, muß es jedoch in seinem Kontext genau studiert werden. In welcher Beziehung steht die Demokratie als kollektiver Entscheidungsalgorithmus zu Arrows Unmöglichkeitstheorem?

Der demokratische Mehrheitsregel-Algorithmus kann folgendermaßen formalisiert werden:

$$\vec{x} \succeq^A \hat{\vec{x}} \ \Leftrightarrow \ \# \left\{ h \in \{1, \ldots, H\} | \vec{x} \succeq^h \hat{\vec{x}} \right\} \geqslant \# \left\{ h \in \{1, \ldots, H\} \, | \hat{\vec{x}} \succeq^h \vec{x} \right\} \quad .$$

Welche der obigen Annahmen verletzt die Mehrheitswahlregel?

Die 1. Bedingung ist erfüllt, denn alle Präferenzprofile $(\succeq^1, \ldots, \succeq^H)$ sind anwendbar. Offensichtlich ist auch die 2. Bedingung erfüllt. Ebenso ist sowohl die 3. als auch die 4. Bedingung erfüllt, denn jeder einzelne kann überstimmt werden. *Aber* $\succeq^A$ ist keine soziale Präferenz, denn sie ist *nicht* transitiv! Dieses Verhalten wird aus dem berühmten Condorcet-Paradoxon ersichtlich.

Beispiel 13.6 (Das Condorcet-Paradoxon). Gegeben sei $\mathbb{X} = \{\vec{x}, \bar{\vec{x}}, \hat{\vec{x}}\}$ mit den individuellen Präferenzen

$$\vec{x} \succ^1 \bar{\vec{x}} \succ^1 \hat{\vec{x}}, \quad \bar{\vec{x}} \succ^2 \hat{\vec{x}} \succ^2 \vec{x}, \quad \hat{\vec{x}} \succ^3 \vec{x} \succ^3 \bar{\vec{x}} \quad .$$

Es gilt

$$x \succ^A \bar{x}$$
$$\bar{x} \succ^A \hat{x} \quad ,$$
$$\text{aber } x \prec^A \hat{x} \quad .$$

Betrachtet man die Präferenzen im Aggregat, ergibt sich ein Widerspruch zur Transitivität!

Direkte Konsequenz aus dem Condorcet-Paradoxon ist die Beeinflussung von Abstimmungen, wenn die Wähler Präferenzen aufweisen. Betrachten wir dazu noch einmal das obige Beispiel. Möchte man, daß $\bar{\vec{x}}$ in einer bilateralen Abstimmung gewinnt, sollte man über diese Alternative zuletzt abstimmen. In der ersten Runde wird dann zwischen $\vec{x}$ und $\hat{\vec{x}}$ abgestimmt. Für das erste

Individuum gilt $\vec{x} \succ^1 \hat{\vec{x}}$, für das zweite $\hat{\vec{x}} \succ^2 \vec{x}$ und für das dritte ebenfalls $\hat{\vec{x}} \succ^3 \vec{x}$. $\vec{x}$ wird 2 zu 1 abgelehnt und $\hat{\vec{x}}$ gewinnt die erste Runde.

In der zweiten Runde soll zwischen $\hat{\vec{x}}$ und $\bar{\vec{x}}$ abgestimmt werden. Für das erste Individuum gilt wieder $\bar{\vec{x}} \succ^1 \hat{\vec{x}}$, für das zweite $\bar{\vec{x}} \succ^2 \hat{\vec{x}}$ und für das dritte $\hat{\vec{x}} \succ^3 \bar{\vec{x}}$. $\bar{\vec{x}}$ gewinnt somit 2 zu 1 über $\hat{\vec{x}}$! Um zu anderen gewünschten Ergebnissen zu gelangen, könnten wir die Abstimmungsreihenfolge beliebig ändern.

13.2.6 Die De-Borda-Regel

Wir möchten Arrows Unmöglichkeitstheorem auch für ein zweites kollektives Entscheidungsverfahren zeigen: die sogenannte Regel von De-Borda. Nach dieser Regel *werden für den Rang der Alternativen Punkte vergeben.*

Formal gilt: Gegeben sei $\mathbb{X} = \{\vec{x}, \bar{\vec{x}}, \hat{\vec{x}}\}$. Jedes Element in $\mathbb{X}$ erhält *2 Punkte* für jeden Konsumenten h, der dieses Konsumbündel den anderen vorzieht, *1 Punkt* für jeden Konsumenten h, der in einem zweiten Schritt dieses Konsumbündel vorzieht und *0 Punkte* für jeden Konsumenten h, der in einem dritten Schritt dieses Konsumbündel vorzieht. Die Gesamtpunktzahl jedes Konsumbündels ergibt dann die soziale Präferenzordnung. Dieses Prinzip möchten wir kurz anhand eines Beispiels zeigen.

Beispiel 13.7 (Die De-Borda-Regel). Sei $H = 5$ und es gelte für

$$h = 1,2: \quad \vec{x} \succ^h \bar{\vec{x}} \succ^h \hat{\vec{x}} \quad,$$
$$h = 3,4: \quad \bar{\vec{x}} \succ^h \vec{x} \succ^h \hat{\vec{x}} \quad,$$
$$h = 5: \quad \hat{\vec{x}} \succ^h \bar{\vec{x}} \succ^h \vec{x} \quad.$$

Es ergeben sich folgende Punkte für die einzelnen Konsumgüter:

$$\vec{x} \text{ hat } 4 + 2 = 6 \text{ Punkte,}$$
$$\bar{\vec{x}} \text{ hat } 4 + 3 = 7 \text{ Punkte und}$$
$$\hat{\vec{x}} \text{ hat } \quad\;\; 2 \text{ Punkte}$$

und somit ist

$$\bar{\vec{x}} \succ^A \vec{x} \succ^A \hat{\vec{x}} \quad.$$

Welche der obigen Annahmen verletzt die De Borda-Regel? Die 1. Bedingung ist erfüllt, denn man kann alle Konsumbündel miteinander vergleichen, indem man die Punkte für alle Präferenzprofile $(\succ^1, \dots, \succ^H)$ addiert. Die 2. Bedingung ist offensichtlich erfüllt. Die 3. Bedingung ist ebenfalls erfüllt, da auch hier wieder jeder einzelne überstimmt werden kann. Die 4. Bedingung ist *nicht* erfüllt. Wir zeigen dies anhand eines Gegenbeispiels.

Beispiel 13.8 (De-Borda-Regel und irrelevante Alternative $\hat{\vec{x}}$). Gegeben sei ein zweites Präferenzprofil ($\overset{\sim}{\succ}{}^1,\dots,\overset{\sim}{\succ}{}^5$) mit

$$h = 1, 2 : \quad \vec{x} \; \overset{\sim}{\succ}{}^h \; \hat{\vec{x}} \; \overset{\sim}{\succ}{}^h \; \bar{\vec{x}} \quad ,$$

$$h = 3, 4 : \quad \bar{\vec{x}} \; \overset{\sim}{\succ}{}^h \; \vec{x} \; \overset{\sim}{\succ}{}^h \; \hat{\vec{x}} \quad ,$$

$$h = 5 \quad : \quad \hat{\vec{x}} \; \overset{\sim}{\succ}{}^h \; \bar{\vec{x}} \; \overset{\sim}{\succ}{}^h \; \vec{x} \quad .$$

Daraus ergeben sich dann folgende Punkte für die einzelnen Konsumgüter:

$\vec{x}$ hat $4 + 2 = 6$ Punkte,

$\bar{\vec{x}}$ hat $4 + 1 = 5$ Punkte und

$\hat{\vec{x}}$ hat $2 + 2 = 4$ Punkte.

Also ist

$$\vec{x} \; \overset{\sim}{\succ}{}^A \; \bar{\vec{x}} \; \overset{\sim}{\succ}{}^A \; \hat{\vec{x}} \quad .$$

Sieht man von $\hat{\vec{x}}$ ab (der irrelevanten Alternative) und beschränkt man die Präferenzordnung auf $\{\vec{x}, \bar{\vec{x}}\}$, sind die individuellen Präferenzen für beide Präferenzprofile ($\succ^1,\dots,\succ^5$) und ($\overset{\sim}{\succ}{}^1,\dots,\overset{\sim}{\succ}{}^5$) gleich, aber $\overset{\sim}{\succ}{}^A$ entspricht nicht $\succ^A$! Obwohl in beiden Fällen Individuen $i = 1, 2$ Güterbündel $\vec{x}$ dem Güterbündel $\bar{\vec{x}}$ vorziehen und Individuen $i = 3, 4, 5$ genau die gegenteilige Präferenz haben, führt die Präsenz von $\hat{\vec{x}}$ als zusätzliche Alternative dazu, daß $\bar{\vec{x}} \succ^A \vec{x}$ aber $\vec{x} \; \overset{\sim}{\succ}{}^A \; \bar{\vec{x}}$!

Diese Inkonsistenz der De-Borda-Regel könnte wiederum absichtlich benutzt werden, um Wahlergebnisse durch die Einführung von irrelevanten Alternativen zu beeinflußen.

13.3 Erweiterungen und Schlußfolgerungen

Wären Präferenzen und Nutzen meßbar, also kardinal, ließe sich aus den individuellen Präferenzen eine soziale Präferenz ableiten. Eine „kollektive" Nutzenfunktion dieser Art, nennt man in der Literatur Wohlfahrtsfunktion (Engl. *welfare function*), denn die Wohlfahrt wird als allgemeiner Nutzen verstanden. Die marginalistische Revolution um die Jahrhundertwende vom XIX. zum XX. Jh. führte zum kardinalen Nutzenkonzept mit der definitiven Einsicht, daß Nutzen nicht meßbar ist. Die Nicht-Meßbarkeit des Nutzens führt zu zwei praktischen Schlußfolgerungen: Man kann den Nutzen weder absolut messen, noch kann man die Nutzenintensitäten der Individuen miteinander vergleichen. Diese Schlußfolgerung beruht auf der Tatsache, daß Meßbarkeit eigentlich Vergleichbarkeit bedeutet. Im Falle einer hypothetischen absoluten Nutzenmeßung verwendet man dazu eventuell ein Referenzmaß. Ist die Nutzen-Nicht-Meßbarkeit methodologisch korrekt, ist es beispielsweise ein methodologischer Fehler, zu behaupten, daß eine Umverteilung von den Reichen zu den Armen zu einer Steigerung der Wohlfahrt führt, denn beide Nutzenniveaus (von Reichen und Armen) sind eigentlich unbeobachtbar.

Vor hundert Jahren stellte man also fest, daß der Nutzen eine *ordinale* Größe ist. Präferenzen können nur gemessen werden, indem man eine Rangfolge der möglichen Konsumbündel festlegt, wobei nur die Ordnung entscheidend ist, nicht die (zwar nicht-meßbare) Intensität. Eine vereinfachende Auffassung des ordinalen Nutzenkonzepts würde die alte kardinale Nutzenfunktion benutzen und sie nur ordinal betrachten. Bis auf streng monoton steigenden Transformationen der Nutzenniveaus, wie z.B. eine Logarithmierung, ändert sich die Präferenzordnung nicht. Der Versuch, eine Wohlfahrtsfunktion daraus abzuleiten, zeigt jedoch klar, daß dieser Methode klare Grenzen gesetzt sind. Streng monotone Transformationen haben zwar keinen Einfluß auf die individuelle, ordinale Nutzendarstellung, verändern jedoch eindeutig die soziale Präferenzordnung, d.h. den Verlauf der Wohlfahrtsfunktion. Somit stößt die Forschung wieder auf das ursprüngliche Problem: Nutzen ist nicht meßbar. Keine der unendlich vielen individuellen, monotonen Nutzentransformationen ist die „richtige." Die Wohlfahrtsfunktion existiert damit weder in der Theorie noch in der Praxis.

Im zweiten Abschnitt dieses Kapitels haben wir die altbekannte Nutzenfunktion vernachlässigt und stattdessen versucht, einen Weg zu verfolgen, der konsistent mit dem ordinalen Nutzenansatz ist. Insbesondere haben wir dazu kollektive Entscheidungsregeln analysiert. Arrows Unmgölichkeitstheorem, dessen Gültigkeit wir anhand zweier Beispiele illustriert haben, statt es formal zu beweisen, bestätigte das vernichtende Urteil für die Wohlfahrtsfunktion nur.

Was ist nun die Schlußfolgerung dieses Kapitels? Methodologisch gibt es nur eine Antwort. Nutzen ist ein privates Anliegen, das man auf keine Weise messen, vergleichen oder aggregieren kann. Jegliche rationale Begründung für Umverteilungsmaßnahmen ist wissenschaftlich nicht fundiert, solange sie utilitaristische Argumente, die sich auf eine Nutzenmeßbarkeit stützen, verwendet. Der Wohlfahrtstaat existiert zwar, kann aber nicht mit den Instrumenten der analytischen Mikroökonomie begründet werden. Gerechtigkeit muß daher anders erforscht werden und ist kein Thema, mit dem sich die Mikroökonomie befassen kann.

Gibt es somit überhaupt keine Regel oder keine Institution, welche die Wohlfahrt erhöhen kann? Es existieren drei Fälle, die gewiß Pareto-Verbesserungen erzeugen.

1. Der erste ist die Aneignung von Gütern, die vorher niemandem gehörten, zum Beispiel freies Land für Siedler. Diese Handlung verbessert die Lage der Siedler (ansonsten hätten sie sich das Land ja nicht angeeignet), ohne die der anderen zu verschlechtern (ansonsten hätten diese sich das Gut schon früher angeeignet).

2. Der zweite ist der Produktionsprozeß, weil man den eigenen Körper und die daraus erzeugte Energie mit anderen legal akquirierten Gütern freiwillig mischt, ohne Dritte miteinzubeziehen. Der Produktionsprozeß kommt bestimmt einer Pareto-Verbesserung gleich, denn der Produzent ist sicher besser gestellt (sonst hätte er diese Entscheidung nicht gefällt) während die anderen Akteuren sicher nicht schlechter gestellt sind (sonst hätten sie ihre Güter dem Produzenten nicht verkauft). Man beachte, daß in diesem Rahmen das im Kapitel 12 betrachtete Problem der Externalitäten mit unvollständig definierten Eigentumsrechten erklärbar ist.

3. Der letzte Fall einer eindeutigen Pareto-Verbesserung sind freiwillige Transaktionen (Handeln), die wir auf Seite 130 anhand der Edgeworth-Box ausführlich diskutiert haben.

14

Unvollkommener Wettbewerb

„Die Zeiten sind vorbei, in denen Ökonomen detailliert analysieren, wie zwei Individuen am Waldrand Nüsse gegen Beeren tauschen und glauben, ihre Analyse des Tauschprozeßes wäre komplett."

R. Coase

In den bisherigen Betrachtungen sind wir immer davon ausgegangen, daß sowohl die Konsumenten als auch die Produzenten die Preise als gegeben annehmen. Diese Annahme ist jedoch unrealistisch, falls auf einer Seite des Marktes – zum Beispiel der Anbieterseite – nur wenige Teilnehmer existieren. Denn gibt es nur ein einziges Unternehmen (Monopol) bzw. einige wenige Großunternehmen (Oligopol), so werden diese die Preise zu ihren Gunsten beeinflußen!

Im folgenden Kapitel möchten wir deswegen auf die Frage näher eingehen, wie wenige Marktteilnehmer miteinander interagieren, wenn sie mit ihren Handlungen den ganzen Markt beeinflußen können. Obwohl die Betrachtung sowohl für die Nachfrage- als auch für die Angebotseite möglich ist, werden wir uns hier auf die Behandlung von Monopolen und Oligopolen beschränken, d.h. auf Marktstrukturen mit einem einzigen Anbieter oder nur ganz wenigen. Dabei unterscheiden wir zwei wichtige Arten der Interaktion: Wettbewerb über die angebotenen Mengen (wobei der Marktpreis sich aus der Zahlungsbereitschaft der Nachfrage herleiten läßt), beziehungsweise Wettbewerb über die Preise (wobei die Nachfrageseite das Marktvolumen bestimmt).

Die Besonderheit dieses Buches ist, daß wir die Modelle des unvollkommenen Wettbewerbs in ein allgemeines Gleichgewichtsmodell einbetten. Dadurch wird sichergestellt, daß keine Kreuzeffekte vergessen werden. Das Kapitel schließt mit Modellen ab, die mehrere Interaktionsstufen betrachten oder den geographischen Wettbewerb darstellen. Wir werden in diesem Kapitel die Annahme treffen, daß alle benutzten Funktionen ausreichend oft differenzierbar seien. $U^h(\cdot)$ sei darüber hinaus strikt quasikonkav.

14.1 Mengenwettbewerb

Als erste Familie von Modellen unvollkommenen Wettbewerbs betrachten wir Mengenwettbewerbsmodelle, bei denen die (zwar wenigen) Firmen ihre Produktionsmengen bestimmen und sich der Preis aus der Zahlungsbereitschaft der Nachfrageseite für die Gesamtmenge herleiten läßt. Diese Modelle stammen aus der großen Familie der Cournot-Wettbewerbsmodelle.

14.1.1 Das Modell von Cournot

Sei

$$\mathrm{GE} = \left[\mathbb{R}^{n+1}, (\mathbb{R}^n_+, U^h, \vec{\omega}^h, M^h)_{h=1,\dots,H}, \mathbb{Y}^j{}_{j=1,\dots,J}\right]$$

ein allgemeines Gleichgewichtsmodell (Engl. *general equilibrium*) mit $n+1$ Gütern. Es gebe $j = 1, \dots, J$ Firmen, die $y^j \in \mathbb{R}^n_+$ unter Einsatz von m^j produzieren können, d.h.

$$\mathbb{Y}^j = \left\{ (\vec{y}^j, m^j) \in \mathbb{R}^{n+1} \,|\, \vec{y}^j \geqslant \vec{0}, m^j \leqslant 0, F^j(\vec{y}^j, m^j) \leqslant 0 \right\} \quad .$$

Es gebe zudem $h = 1, \dots, H$ Konsumenten. Seien

$\vec{x}^h \in \mathbb{R}^n_+$ das Konsumbündel des Konsumenten h und

$m^h \in \mathbb{R}_+$ die Ausgaben für alles andere, zusammengefaßt in

dem $(n+1)$-ten Gut, das auch Geld

(m für *money*) genannt wird.

Der Nutzen des Konsumenten h sei beschrieben durch eine quasi-lineare Nutzenfunktion, d.h.

$$U^h(\vec{x}^h, m^h) = u^h(\vec{x}^h) + m^h \quad \forall h = 1, \dots, H \quad .$$

Jeder Konsument besitzt eine Erstausstattung bestehend aus $\vec{\omega}^h \in \mathbb{R}^n_+$ $\forall h = 1, \dots, H$, und einen gewißen Geldbestand, $M^h \in \mathbb{R}_+$ $\forall h = 1, \dots, H$ sowie Firmenanteile $\vec{\delta}^h \in \mathbb{R}^J_+$ $\forall h = 1, \dots, H$. Der Preis p_{n+1} sei normiert, d.h. $p_{n+1} = p_m \equiv 1$, denn Geld m nimmt die Funktion eines *Numéraire* an.

Wir wiederholen zunächst mit dieser Notation die Definition eines Walras-Gleichgewichts bei vollkommenem Wettbewerb.

Definition 14.1 (Walras-Gleichgewicht).
Eine Allokation $\left(\overset{*}{\vec{x}}{}^{1}, \ldots, \overset{*}{\vec{x}}{}^{H}, \overset{*}{m}{}^{1}, \ldots, \overset{*}{m}{}^{H}\right)$, $\left(\overset{*}{\vec{y}}{}^{1}, \ldots, \overset{*}{\vec{y}}{}^{J}, \overset{*}{m}{}^{1}, \ldots, \overset{*}{m}{}^{J}\right)$ und ein Preissystem $\overset{*}{\vec{p}}$ ist ein Walras-Gleichgewicht bei vollkommenem Wettbewerb, wenn gilt:

1. $\left(\overset{*}{\vec{y}}{}^{1}, \ldots, \overset{*}{\vec{y}}{}^{J}, \overset{*}{m}{}^{1}, \ldots, \overset{*}{m}{}^{J}\right) \in$

$$\arg\max_{\vec{y}^{j} \geqslant \vec{0}, m^{j} \leqslant 0} \quad \overset{*}{\vec{p}}{}^{\mathsf{T}} \vec{y}^{j} + m^{j} \quad s.t. \quad F^{j}(y^{j}, m^{j}) \leqslant 0 \quad \forall j = 1, \ldots, J \quad .$$

2. $\left(\overset{*}{\vec{x}}{}^{1}, \ldots, \overset{*}{\vec{x}}{}^{H}, \overset{*}{m}{}^{1}, \ldots, \overset{*}{m}{}^{H}\right) \in \quad \arg\max_{\vec{x}^{h} \geqslant \vec{0}, m^{h} \geqslant 0} \quad u^{h}(\vec{x}^{h}) + m^{h}$

$$s.t. \quad \overset{*}{\vec{p}}{}^{\mathsf{T}} \vec{x}^{h} + m^{h} \leqslant \overset{*}{\vec{p}}{}^{\mathsf{T}} \vec{\omega}^{h} + M^{h} + \sum_{j=1}^{J} \vec{\delta}_{j}^{h} (\overset{*}{\vec{p}}{}^{\mathsf{T}} \overset{*}{\vec{y}}{}^{j} + \overset{*}{m}{}^{j}) \quad \forall h = 1, \ldots, H \quad .$$

3. $\sum_{h=1}^{H} \overset{*}{\vec{x}}{}^{h} = \sum_{h=1}^{H} \vec{\omega}^{h} + \sum_{j=1}^{J} \overset{*}{\vec{y}}{}^{j} \quad .$
4. $\sum_{h=1}^{H} \overset{*}{m}{}^{h} = \sum_{h=1}^{H} M^{h} + \sum_{j=1}^{J} \overset{*}{m}{}^{j} \quad .$

Gibt es nur eine relativ kleine Anzahl von Unternehmen, dann berücksichtigen diese, daß das Gleichgewichts-Preissystem $\overset{*}{\vec{p}}$ von der Ausbringung $y^{1}, \ldots, y^{J}$ abhängt.

Annahme: Die Produzenten kennen das Maximierungsproblem der Konsumenten, d.h. sie kennen die Nachfragefunktion

$$\vec{x}^{h}(\vec{p}, b^{h}) = \arg\max_{\vec{x}^{h} \geqslant \vec{0}, m^{h} \geqslant 0} \quad u^{h}(\vec{x}^{h}) + m^{h}$$
$$s.t. \quad \vec{p}^{\mathsf{T}} \vec{x}^{h} + m^{h} \leqslant b^{h} \quad \forall h = 1, \ldots, H \quad .$$

Um die Preisauswirkung alternativer Angebotsentscheidungen zu erschließen, lösen die Produzenten dann das nun modifizierte Gleichungssystem (*3.*)

$$\sum_{h=1}^{H} \vec{x}^{h} \left(\vec{p}, \vec{p}^{\mathsf{T}} \vec{\omega}^{h} + M^{h} + \sum_{j=1}^{J} \vec{\delta}_{j}^{h} (\vec{p}^{\mathsf{T}} \vec{y}^{j} + m^{j}) \right) = \sum_{h=1}^{H} \vec{\omega}^{h} + \sum_{j=1}^{J} y^{j}$$

und erhalten die Abbildung $P(\vec{y}^{1}, \ldots, \vec{y}^{J})$, genannt *indirekte Nachfragefunktion*, welche jedem Vektor von Produktionsplänen Gleichgewichtspreise $\overset{*}{\vec{p}}$ zuordnet und die Standardannahme erfüllt, daß mit höheren Angebotsmengen die Preise sinken. Diese Monotonieeigenschaft ist eine Folge der quasi-linearen Nutzenfunktionen, wie wir im Kapitel 3 gezeigt haben.

Anmerkung 14.2 (Der „Ford-Effekt"). Da das Einkommen der Konsumenten – und somit auch die Nachfragefunktion – vom Output der Produzenten abhängig ist, könnte der sogenannte „Ford-Effekt" auftreten. Das heißt, eine Steigerung der Produktion führt zu einer Erhöhung des Einkommens der Konsumenten, was wiederum eine stärkere Nachfrage zur Folge hat. Henry Ford führte diesen Effekt zur Erklärung des Auftretens und des Erfolgs von „Massenproduktion" ein.

Besitzen die Konsumenten quasi-lineare Nutzenfunktionen, dann kann der Ford-Effekt jedoch nicht auftreten, denn, falls $m^h = b^h - \vec{p}^\mathsf{T}\vec{x}^h(\vec{p}) > 0 \; \forall \vec{p}$ ist, dann gilt, daß $\partial_{b^h}\vec{x}^h(\vec{p}, b^h) = \vec{0}$ ist, d.h. eine Variation des Einkommens verändert die Nachfrage nicht, wie aus folgender Begründung ersichtlich sein sollte.

Das Nutzenmaximierungsproblem eines Konsumenten mit quasi-linearer Nutzenfunktion

$$\max_{\vec{x}^h \geqslant \vec{0}, m^h \geqslant 0} u^h(\vec{x}^h) + m^h \quad \text{s.t.} \quad \vec{p}^\mathsf{T}\vec{x}^h + m^h \leqslant b^h$$

ist gleichbedeutend mit dem Maximierungsproblem

$$\max_{\vec{x}^h \geqslant \vec{0}} u^h(\vec{x}^h) + b^h - \vec{p}^\mathsf{T}\vec{x}^h \quad .$$

Daraus erhalten wir die Bedingung Erster Ordnung (FOC) $\partial_{\vec{x}^h} u^h(\vec{x}^h) = \vec{p}$, d.h. den Beweis, daß $\vec{x}^h(\vec{p})$ von b^h unabhängig ist, falls keine Randlösungen auftreten, also von allen Gütern x, m etwas konsumiert wird.

Beispiel 14.3. Sei

$$\max_{x>0, m>0} a \ln x + m \quad \text{für } b > a > 0$$

$$\text{s.t.} \quad px + m = b \quad .$$

Dies ist äquivalent zu

$$\max_{x>0} a \ln x + b - px \quad .$$

Die FOC lautet

$$\frac{a}{x} = p \Leftrightarrow px = a \Leftrightarrow x = \frac{a}{p} \quad ,$$

also $m = b - a$. Somit ist a das Budget, welches auf x verwendet wird und solange $b > a$ ist, verändert sich die Nachfrage nach x nicht mit dem Einkommen. Für $b < a$ ist $m = 0$ und $x = \frac{b}{p}$.

Im folgenden betrachten wir ein Gleichgewichtskonzept, in dem die Produzenten die Auswirkungen alternativer Angebotsentscheidungen auf die Preise berücksichtigen. Die Produzenten stehen dann in strategischer Interaktion zueinander. Denn jeder Produzent j weiß, daß auch die Produktionsentscheidung aller anderen Firmen $\mathbf{y}^{\setminus j} = (\vec{y}^1, \ldots, \vec{y}^{j-1}, \vec{y}^{j+1}, \ldots, \vec{y}^J)$ die Preise beeinflußt. Das Lösungskonzept hierfür ist das Nash-Gleichgewicht (siehe Kapitel A über die Spieltheorie). Diese Idee geht auf Cournot zurück. Weiterhin verhalten sich die Konsumenten „walrasianisch", d.h. als Preisnehmer (sie nehmen die Preise als gegeben an). Somit ergibt sich das in folgender Definition vorgestellte Gleichgewichtskonzept.

Definition 14.4 (Cournot-Walras-Gleichgewicht).
Eine Allokation $\left(\tilde{\vec{x}}^1, \ldots, \tilde{\vec{x}}^H, \tilde{m}^1, \ldots, \tilde{m}^H\right)$, $\left(\tilde{\vec{y}}^1, \ldots, \tilde{\vec{y}}^J, \tilde{m}^1, \ldots, \tilde{m}^J\right)$ *und ein*
Preissystem $\tilde{\vec{p}}$ *ist ein* Cournot-Walras-Gleichgewicht *bei unvollkommenem* Wettbewerb, *wenn gilt:*

1. $\left(\tilde{\vec{y}}^j, \tilde{m}^j\right) \in \arg\max_{\vec{y}^j \geqslant \vec{0}, m^j \leqslant 0} \quad P(\vec{y}, \mathbf{y}^{\setminus j})^T \vec{y}^j + m^j \quad s.t.$
   $F^j(\vec{y}^j, m^j) \leqslant 0 \quad \forall j = 1, \ldots, J$.
2. $\left(\tilde{\vec{x}}^h, \tilde{m}^h\right) \in \arg\max_{\vec{x}^h \geqslant \vec{0}, m^h \geqslant 0} \quad u^h(\vec{x}^h) + m^h \quad s.t.$
   $\tilde{\vec{p}}^T \vec{x}^h + m^h \leqslant \tilde{\vec{p}}^T \vec{\omega}^h + M^h + \sum_{j=1}^J \vec{\delta}_j^h(\tilde{\vec{p}}^T \vec{y}^j + \tilde{m}^j) \quad \forall h = 1, \ldots, H$.
3. $\sum_{h=1}^H \tilde{\vec{x}}^h = \sum_{h=1}^H \vec{\omega}^h + \sum_{j=1}^J \tilde{\vec{y}}^j$.
4. $\sum_{h=1}^H \tilde{m}^h = \sum_{h=1}^H M^h + \sum_{j=1}^J \tilde{m}^j$.
5. $\tilde{\vec{p}} = P(\tilde{\vec{y}}^1, \ldots, \tilde{\vec{y}}^J)$.

14.1.2 Charakterisierung von Cournot-Walras-Gleichgewichten durch die Marginalbedingungen

Im Cournot-Walras-Gleichgewicht erhalten wir die folgenden Marginalbedingungen: Aus *2.* der Definition 14.4 erhalten wir mittels Lagrange die (FOC)

$$\partial_{x_i^h} u^h(\tilde{\vec{x}}^h) = \lambda^h \tilde{p}_i$$

und aus *1.* der Definition 14.4 erhalten wir analog die (FOC)

$$\partial_{y_i^j} P_i(\tilde{\vec{y}}^j, \mathbf{y}^{\setminus j}) y_i^j + \tilde{p}_i = \mu^j \partial_{y_i^j} F(\tilde{\vec{y}}_j, \tilde{m}_j)$$
$$1 = \mu^j \partial_{m^j} F(\tilde{\vec{y}}^j, \tilde{m}^j) \quad .$$

Daraus folgt für alle Haushalte h und k sowie für alle Firmen j und f unter der Annahme $\lambda^h \neq 0$ und $\mu^j \neq 0$

$$-\text{GRS}^h_{x_i^h,m^h}(\tilde{\vec{x}}^h,\tilde{m}^h) = \partial_{x_i^h}u^h(\tilde{\vec{x}}^h) = \tilde{p}_i$$

$$= -\text{GRS}^k_{x_i^k,m^k}(\tilde{\vec{x}}^k,\tilde{m}^k)$$

$$-\text{GRT}^j_{y_i^j,m^j}(\tilde{\vec{y}}^j,\tilde{m}^j) = \frac{\partial_{y_i^j}F(\tilde{\vec{y}}^j,\tilde{m}^j)}{\partial_{m^j}F(\tilde{\vec{y}}^j,\tilde{m}^j)} = \tilde{p}_i + \underbrace{\partial_{y_i^j}P_i(\tilde{\vec{y}}^j,\tilde{\mathbf{y}}^{\backslash j})y_i^j}_{\leqslant 0}$$

$$\neq -\text{GRT}^f_{y_i^f,m^f}(\tilde{\vec{y}}^j,\tilde{m}^f) \quad .$$

Das heißt, Cournot-Walras-Gleichgewichte sind im allgemeinen nicht Pareto-effizient! Da $\partial_{y_i^j}P_i(\tilde{\vec{y}}^j,\tilde{\mathbf{y}}^{\backslash j}) \leqslant 0$ ist, wissen wir, daß $-\text{GRT}^j_{y_i^j,m^j}(\tilde{\vec{y}}^j,\tilde{m}^j) < \tilde{p}_i$ ist. Hier ist die optimale Ausbringungsmenge also kleiner als bei vollkommenem Wettbewerb, denn die Produzenten berücksichtigen, daß eine Reduzierung der Ausbringungsmenge eine Erhöhung des Preises erlaubt. Der Effekt, den diese Erhöhung auf den Gewinn hat, wird durch den Term $\partial_{y_i^j}P_i(\tilde{\vec{y}}^j,\tilde{\mathbf{y}}^{\backslash j})y_i^j$ mit einbezogen. Die Produzenten beachten jedoch nicht, daß ihre Produktionsentscheidung auch Einfluß auf den Gewinn der anderen Firmen hat. Die Grenzraten der Transformation sind somit unterschiedlich und die Allokation ist nicht Pareto-effizient.

14.1.3 Vereinfachte Darstellung des Modells

Zur Vereinfachung sei im folgenden $n = 1$, d.h. es gibt nur ein Konsumgut $x^h \in \mathbb{R}_+$ und weiterhin $m^h \in \mathbb{R}_+$, die Ausgaben für alles andere. Jeder Konsument besitzt nun einen gewißen Geldbestand,

$$M^h \in \mathbb{R}_+, \quad \forall h = 1,\ldots,H$$

und eine Erstausstattung bestehend aus

$$\omega^h = 0, \quad \forall h = 1,\ldots,H \quad .$$

Im Falle nur eines Konsumgutes können wir die technologischen Möglichkeiten bequem durch die Kostenfunktion $C^j(\cdot)$ beschreiben, wobei

$$C^j(y^j) := \left\{ \left| \max_{m^j \leqslant 0} m^j \right| \,\middle|\, F^j(y^j,m^j) \leqslant 0 \right\} \quad ,$$

auch äquivalent zu

$$C^j(y^j) := \left\{ \min_{m^j \leqslant 0} |m^j| \,\middle|\, F^j(y^j,m^j) \leqslant 0 \right\} \quad .$$

$C^j(\cdot)$ gibt die minimalen Kosten an, die bei der Produktion von y^j entstehen. Falls die Technologien $\mathbb{Y}^j$ konvex sind, $F^j(\cdot)$ zweimal differenzierbar und konvex, $\nabla F^j(\cdot) \neq \vec{0}$, erfüllt $C^j(\cdot)$ die Standardannahmen $C'(\cdot) > 0$, $C''(\cdot) \geqslant 0$.

Zudem sei angenommen, daß die Produzenten ein homogenes Gut herstellen, d.h. aus Sicht der Konsumenten sind die Güter aller Produzenten identisch.

Zur Berechnung der Auswirkung ihrer Produktionsentscheidung lösen die Produzenten in unserem vereinfachten Modell die Gleichung:

$$\sum_{h=1}^{H} x^h(p) = \sum_{j=1}^{J} y^j$$

und erhalten die Abbildung $P\left(\sum_{j=1}^{J} y^j\right)$, welche jedem Vektor von Produktionsplänen einen Gleichgewichtspreis $\mathring{p}$ zuordnet. In obigem Beispiel mit $U^h(x^h, m^h) = a^h \ln x^h + m^h$ hätten wir dann

$$\sum_{h=1}^{H} x^h(p) = \sum_{h=1}^{H} \frac{a^h}{p} = \sum_{j=1}^{J} y^j$$

und somit

$$P\left(\sum_{j=1}^{J} y^j\right) = \frac{\sum_{h=1}^{H} a^h}{\sum_{j=1}^{J} y^j} \quad .$$

Nun können wir ein Cournot-Walras-Gleichgewicht in vereinfachter Form definieren.

Definition 14.5 (Cournot-Walras-Gleichgewicht).
Eine Allokation $(\tilde{x}, \tilde{y}, \tilde{m}) \in \mathbb{R}^H \times \mathbb{R}^J \times \mathbb{R}^{H+J}$ mit einem Preis $\tilde{p}$ ist ein Cournot-Walras-Gleichgewicht bei unvollkommenem Wettbewerb, wenn gilt:

1. $\tilde{y}^j \in \arg\max_{y^j \geqslant 0} P\left(y^j + \sum_{k \neq j} \tilde{y}^k\right) y^j - C^j(y^j) \quad \forall j = 1, \ldots, J \quad .$
2. $(\tilde{x}^h, \tilde{m}^h) \in \arg\max_{x^h, m^h \geqslant 0} u^h(x^h) + m^h$
   s.t. $\tilde{p} x^h + m^h \leqslant M^h + \sum_{j=1}^{J} \delta_j^h\left(\tilde{p}\tilde{y}^j - C^j(\tilde{y}^j)\right) \quad \forall h = 1, \ldots, H \quad .$
3. $\sum_{h=1}^{H} \tilde{x}^h = \sum_{j=1}^{J} \tilde{y}^j \quad .$
4. $\sum_{h=1}^{H} \tilde{m}^h = \sum_{h=1}^{H} M^h - \sum_{j=1}^{J} C^j(\tilde{y}^j) \quad .$
5. $\tilde{p} = P\left(\sum_{j=1}^{J} \tilde{y}^j\right) \quad .$

Anmerkung 14.6. Falls $J \to \infty$ wird $\tilde{p} \to \mathring{p}$ und $\tilde{x}^h \to \mathring{x}^h$, $\tilde{y}^j \to \mathring{y}$.
Begründung: Der Gleichgewichtspreis hängt von der Summe aller Produktionspläne ab, der einzelne hat für $J \to \infty$ verschwindend geringen Einfluß.

Da die indirekte Nachfrage $P(\sum_{j=1}^{J} y^j)$ schon das Nutzenmaximierungsproblem der Konsumenten berücksichtigt, genügt es, lediglich die Produzenten zu betrachten. Das heißt, die obige Definition kann noch weiter vereinfacht werden.

Definition 14.7 (Cournot-Walras-Gleichgewicht).
Eine Allokation $\tilde{y} \in \mathbb{R}^J$ mit einem Preis $\tilde{p}$ ist ein Cournot-Walras-Gleichgewicht bei unvollkommenem Wettbewerb, wenn gilt:

1. $\tilde{y}^j \in \arg\max_{y^j \geqslant 0} P\left(y^j + \sum_{k \neq j} \tilde{y}^k\right) y^j - C^j(y^j) \quad \forall j = 1, \ldots, J$,

2. $\tilde{p} = P(\sum_{j=1}^{J} \tilde{y}^j)$.

Ausgehend von dieser Definition werden wir in den nächsten Abschnitten folgende Fälle betrachten: Monopol ($J = 1$) und Duopol ($J = 2$), letzteres in den Varianten „Kartellösung" und „Stackelberglösung".

14.1.4 Monopol

Sei nun $J = 1$, dann ist das Cournot-Walras-Gleichgewicht gegeben durch

---

Definition 14.8 (Monopol-Gleichgewicht).
Eine Allokation $\tilde{y}$ mit einem Preis $\tilde{p}$ ist ein Monopol-Gleichgewicht, wenn gilt:

1. $\tilde{y} \in \arg\max_{y \geqslant 0} P(y)\, y - C(y)$.
2. $\tilde{p} = P(\tilde{y})$.

Das Maximierungsproblem des Produzenten lautet

$$\max_{y \geqslant 0} P(y)\, y - C(y)$$

und wir erhalten aus der Bedingung „Grenzerlös = Grenzkosten"

$$\underbrace{P'(\tilde{y})\, \tilde{y}}_{\leqslant 0} + P(\tilde{y}) = C'(\tilde{y}) \quad . \tag{14.1}$$

Im Gegensatz zum Walras-Gleichgewichtskonzept ergibt sich in diesem Modell ein *Effizienzverlust* im Monopol, den man in Abbildung 14.1 sieht. Aufgrund der quasi-linearen Nutzenfunktionen kann die Wohlfahrt als Summe von Konsumentenrente und Produzentenrente gemessen werden.[1] Die Produzentenrente ist die Summe der Gewinne aller Produzenten, d.h. die Summe aller Erlöse abzüglich der Fläche unter der Kostenfunktion. Die Konsumentenrente ist

---

[1]Siehe Abschnitt 14.5, Seite 328.

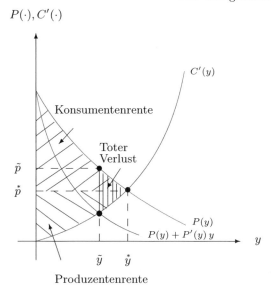

Abb. 14.1. Effizienzverlust vom Monopol.

die Fläche unter der Nachfragekurve abzüglich der Ausgaben. Bei vollkommenem Wettbewerb ist die Grenzerlöskurve mit der objektiven Nachfragekurve identisch.

Bei unvollkommenem Wettbewerb verschiebt sich die Grenznutzenkurve durch den Faktor $P'(\tilde{y})\,\tilde{y}$ nach unten. Der Schnittpunkt der „neuen" Grenzerlöskurve $P(y)+P'(\tilde{y})\,\tilde{y}$ mit der Grenzkostenkurve $C'(y)$ ergibt die Ausbringungsmenge $\tilde{y}$ des Monopolisten. Der Preis im Monopol $\tilde{p}$ zu dieser Ausbringungsmenge wird durch die indirekte Nachfragekurve $P(y)$ bestimmt.
Vergleicht man nun die Wohlfahrt bei unvollkommenem Wettbewerb mit der bei vollkommenem Wettbewerb, so ergibt sich ein Effizienzverlust, genannt „toter Verlust" (Engl. *dead weight loss* oder *excess burden*), welcher gleich der vertikal schraffierten Fläche aus Abbildung 14.1 ist.

Dank dieser Analyse kann man auch das Ausmaß der Preiserhöhung schätzen, die der Monopolist erreichen kann. Gleichung 14.1 können wir folgendermaßen weiterentwickeln

$$P(\tilde{y})\Big(1 + \underbrace{P'(\tilde{y})\,\frac{\tilde{y}}{P(\tilde{y})}}_{\frac{1}{\varepsilon}}\Big) = C'(\tilde{y})$$

$$P(\tilde{y})\Big(1 + \frac{1}{\varepsilon}\Big) = C'(\tilde{y}) \quad .$$

Da bei vollkommenem Wettbewerb der Marktpreis den Grenzkosten $C'(\tilde{y})$ entspricht, kann man den Preisaufschlag des Monopolisten wie folgt definieren und weiterentwickeln

$$\frac{P(\tilde{y}) - C'(\tilde{y})}{P(\tilde{y})} = \frac{P(\tilde{y}) - P(\tilde{y})\left(1 + \frac{1}{\varepsilon}\right)}{P(\tilde{y})}$$

$$= \frac{1 - 1 - \frac{1}{\varepsilon}}{1}$$

$$= -\frac{1}{\varepsilon}$$

$$= \frac{1}{|\varepsilon|} \quad .$$

Dabei stellt ε die *direkte Preiselastizität* dar, die wir schon im Kapitel 2 vorstellten. Die indirekte Preiselastizität $\frac{1}{\varepsilon}$ hat wie die direkte ein negatives Vorzeichen (was dem abnehmenden Graphen der Nachfragekurve entspricht, außer lokalen Giffengutes). Die Kennzahl $\frac{1}{|\varepsilon|}$ wird zur Messung der Monopolmacht verwendet. Sie heißt *Lerner Index*.

Im vollkommenen Wettbewerb gilt $\varepsilon = -\infty$, da die Konsumenten auf Preisänderungen extrem reagieren (sie gehen zur Konkurrenz und kaufen nichts mehr bei der jetzt teurer gewordenen Firma). Der Lernersche Index ist somit $= 0$ im vollkommenen Wettbewerb, was mit der bekannten Beziehung $P(\tilde{y}) = C'(\tilde{y})$ konsistent ist. Im Monopol ist hingegen $|\varepsilon| < \infty$ und somit der Lerner'sche Index > 0.

14.1.5 Duopol – Einführung

Sei $J = 2$. Dann ist das Cournot-Walras-Gleichgewicht gegeben durch ein sogenanntes Duopol-Gleichgewicht.

Definition 14.9 (Duopol-Gleichgewicht).
Eine Allokation $(\tilde{y}^1, \tilde{y}^2)$ mit einem Preis $\tilde{p}$ ist ein Duopol-Gleichgewicht, wenn gilt:

1. $\tilde{y}^1 \in \arg\max_{y^1 \geqslant 0} P(y^1 + \tilde{y}^2)\, y^1 - C^1(y^1)$
   $\tilde{y}^2 \in \arg\max_{y^2 \geqslant 0} P(\tilde{y}^1 + y^2)\, y^2 - C^2(y^2) \quad .$
2. $\tilde{p} = P(\tilde{y}^1 + \tilde{y}^2) \quad .$

Wir erhalten für die erste Firma die Bedingung erster Ordnung

$$P'(\tilde{y}^1 + \tilde{y}^2)\, \tilde{y}^1 + \tilde{p} = C^{1'}(\tilde{y}^1)$$

und für die zweite Firma

$$P'(\tilde{y}^1 + \tilde{y}^2)\,\tilde{y}^2 + \tilde{p} = C^{2\,\prime}(\tilde{y}^2) \quad .$$

Duopol-Gleichgewichte sind somit ineffizient, denn Effizienz erfordert, daß beide Firmen gemäß der Regel „Preis = Grenzkosten" produzieren, die hier nicht erfüllt wird!

In den folgenden Abschnitten betrachten wir drei Arten von Duopol je nach dem, wie die Firmen miteinander interagieren.

14.1.6 Duopol – Die Cournotlösung

Beide Firmen entscheiden gleichzeitig über ihre Produktion, die mit der von ihnen verkauften Menge dann übereinstimmt (keine Lagerbildung). Die Firmen haben komplette Information, d.h. sie kennen die Produktionsfunktionen (oder die Kostenfunktionen in unserem Fall) des anderen Anbieters. Die aggregierte Nachfragefunktion der Konsumenten kennen auch beide. Der Marktpreis ergibt sich aus der indirekten Nachfragefunktion in Abhängigkeit von der Gesamtproduktion, d.h. von $P(\tilde{y}^1 + \tilde{y}^2)$.

Firma 1 löst dabei ihr oben vorgestelltes Maximierungsproblem

$$\max_{y^1 \geqslant 0} P(y^1 + \tilde{y}^2)\,y^1 - C^1(y^1)$$

unter Berücksichtigung von $\tilde{y}^2$, d.h. unter Berücksichtigung der optimalen Wahl der Konkurrenz. Analoges gilt für Firma 2, denn beide entscheiden gleichzeitig. Aus diesem Grund hängt in der Tat die optimale Wahl der zweiten Firma von der optimalen Wahl der ersten Firma ab, d.h. $\tilde{y}^2 = \tilde{y}^2(\tilde{y}^1)$ und genauso umgekehrt $\tilde{y}^1 = \tilde{y}^1(\tilde{y}^2)$. Das Cournot-Walras-Gleichgewicht muß diese wechselseitige Beziehung beachten. Dies möchten wir anhand eines einfachen linearen Beispiels darstellen.

Beispiel 14.10. Seien die Kostenfunktionen beider Firmen linear und identisch, d.h.

$$C^1(y^1) = cy^1$$

und

$$C^2(y^2) = cy^2$$

mit bekanntem und fixem Parameter c und die indirekte Nachfragefunktion sei linear der Art

$$P(y^1 + y^2) = a - b(y^1 + y^2)$$

mit bekannten und fixen Parametern a und b.

Beide Firmen wollen ihre Gewinne maximieren. Ihre Gewinnfunktionen sind gegeben durch

$$\pi^j(y^1 + y^2) = (a - by^1 - by^2)y^j - cy^j \quad .$$

Die optimale Produktionsentscheidung einer Firma hängt von derselben der anderen Firma ab. Für das Nash-Gleichgewicht erhalten wir: Firma 1 maximiert

$$\pi^1(y^1 + y^2) = (a - by^1 - by^2)y^1 - cy^1$$

und ihre (FOC) lautet somit

$$\partial_{y^1}\pi^1(y^1 + y^2) = a - 2by^1 - by^2 - c = 0 \quad .$$

Diese Gleichung kann nach y^1 aufgelöst werden. Wir erhalten

$$\tilde{y}^1(y^2) = \frac{a - c - by^2}{2b} \quad ,$$

was die Abhängigkeit zwischen $\tilde{y}^1$ und y^2 verdeutlicht. Die Funktion $\tilde{y}^1(y^2)$ stellt die beste Antwort von Firma 1 auf eine Produktionsentscheidung y^2 von Firma 2 dar, auch *Reaktionsfunktion* der ersten Firma genannt. Die Reaktionsfunktion von Firma 2 ist analog

$$\tilde{y}^2(y^1) = \frac{a - c - by^1}{2b}$$

wegen der Symmetrie in den Kostenfunktionen.

Um ein Gleichgewicht im Sinne von Nash zu erhalten, muß folgende wechselseitige Beziehung für

$$\tilde{y}^1 = \tilde{y}^1(\tilde{y}^2) \quad \text{und} \quad \tilde{y}^2 = \tilde{y}^2(\tilde{y}^1)$$

gelten. Man kann Firma 1 nehmen und in ihre optimale Wahl $\tilde{y}^1(y^2)$ in die Reaktionsfunktion der anderen Firma einsetzen, um $\tilde{y}^1(\tilde{y}^2(y^1))$ zu bilden:

$$y^1 = \frac{a - c - b\frac{a-c-by^1}{2b}}{2b} = \frac{\frac{a-c}{2} + \frac{by^1}{2}}{2b} = \frac{a-c}{4b} + \frac{y^1}{4} \quad .$$

Den Ausdruck können wir nach y^1 auflösen, um $\tilde{y}^1$ herzuleiten

$$\tilde{y}^1 = \frac{a - c}{3b} \quad .$$

Analog (wegen der Symmetrie dieses Beispiels) erhalten wir

$$\tilde{y}^2 = \frac{a - c}{3b}$$

und damit besteht das Nash-Gleichgewicht in $(\tilde{y}^1, \tilde{y}^2) = (\frac{a-c}{3b}, \frac{a-c}{3b})$.

14.1.7 Duopol – Die Kartellösung

Eine alternative Strategie zum oben vorgestellten gleichzeitigen Mengenwettbewerb ist die Bildung eines Kartells. In einem Kartell stimmen die Produzenten ihre Entscheidungen so aufeinander ab, daß der Gesamtgewinn maximal wird. Ein Kartell handelt wie ein Monopol, obwohl es aus mehreren Parteien besteht.

Definition 14.11 (Kartell-Gleichgewicht).
Eine Allokation $(\tilde{y}^1, \tilde{y}^2)$ mit einem Preis $\tilde{p}$ ist ein Kartell-Gleichgewicht, wenn gilt:

1. $(\tilde{y}^1, \tilde{y}^2) \in \arg\max_{y^1, y^2 \geqslant 0} P(y^1 + y^2)(y^1 + y^2) - C^1(y^1) - C^2(y^2)$.
2. $\tilde{p} = P(\tilde{y}^1 + \tilde{y}^2)$.

Die (FOC) für beide Firmen lauten dann

$$P'(\tilde{y}^1 + \tilde{y}^2)(\tilde{y}^1 + \tilde{y}^2) + \tilde{p} = C^{1'}(\tilde{y}^1)$$
$$P'(\tilde{y}^1 + \tilde{y}^2)(\tilde{y}^1 + \tilde{y}^2) + \tilde{p} = C^{2'}(\tilde{y}^2) \quad .$$

Im Gleichgewicht gilt offensichtlich

$$C^{1'}(\tilde{y}^1) = P'(\tilde{y}^1 + \tilde{y}^2)(\tilde{y}^1 + \tilde{y}^2) + \tilde{p} = C^{2'}(\tilde{y}^2) \quad .$$

Anmerkung 14.12. Falls die Grenzkosten konstant sind, d.h. $C^j(y^j) = c^j y^j$, $j = 1, 2$, so ist die Kartellösung identisch mit der Monopollösung, in welcher derjenige mit den kleinsten Grenzkosten der Monopolist ist.

14.1.8 Duopol – Die Stackelberglösung

In der Stackelberglösung geht man davon aus, daß die beiden Firmen zu unterschiedlichen Zeiten handeln. Eine Firma, die Marktführerin, hat die Möglichkeit früher zu handeln. Die zweite Firma, die Marktfolgerin, muß ihre Produktionsentscheidung nach der Marktführerin treffen. Unter diesen Umständen, antizipiert die Marktführerin die Reaktion der Marktfolgerin und bestimmt ihre Ausbringungsmenge so, daß ihr Gewinn maximal wird. Die Folgerin wird auf die Produktionsentscheidung der Marktführerin reagieren, im Idealfall genau so wie die Marktführerin es vorgesehen hatte, denn dadurch maximiert die Marktfolgerin auch ihren (zwar kleineren) Gewinn.

Anmerkung 14.13. Firma 1 ist die Marktführerin, d.h. sie bestimmt die Konditionen und Firma 2 richtet sich danach.

Um das Stackelberg-Gleichgewicht zu finden, müssen wir die Methode der sogenannten *Rückwärtsinduktion* anwenden: Man löst das (unrestringierte) Optimierungsproblem der Marktfolgerin und setzt ihre Reaktionsfunktion in das (um die Reaktion der Marktfolgerin restringierte) Optimierungsproblem der Marktführerin ein.

Firma 2 löst somit

$$\max_{y^2 \geqslant 0} P(y^1 + y^2)\, y^2 - C^2(y^2) \quad ,$$

woraus sich die Reaktionsfunktion der Firma 2 auf die Entscheidung der Firma 1 ergibt: $\tilde{y}^2(y^1)$.

Firma 1 antizipiert das Verhalten von Firma 2 (d.h. ihre Reaktionsfunktion) und löst das Maximierungsproblem

$$\max_{y^1 \geqslant 0} P\left(y^1 + \tilde{y}^2(y^1)\right) y^1 - C^1(y^1) \quad .$$

Daraus ergibt sich dann ein Stackelberg-Gleichgewicht.

Definition 14.14 (Stackelberg-Gleichgewicht).
Eine Allokation $(\tilde{y}^1, \tilde{y}^2)$ mit einem Preis $\tilde{p}$ ist ein Stackelberg-Gleichgewicht, wenn gilt:

1. $\tilde{y}^1 \in \arg\max_{y^1 \geqslant 0} P\left(y^1 + \tilde{y}^2(y^1)\right) y^1 - C^1(y^1) \quad ,$
   wobei $\tilde{y}^2(y^1) \in \arg\max_{y^2 \geqslant 0} P(\tilde{y}^1 + y^2)\, y^2 - C^2(y^2) \quad .$
2. $\tilde{p} = P(\tilde{y}^1 + \tilde{y}^2) \quad .$

Wie die anderen Lösungskonzepte ist auch die Stackelberglösung im allgemeinen nicht Pareto-effizient. Den Stackelberg-Wettbewerb möchten wir anhand eines vereinfachenden Beispiels darstellen.

Beispiel 14.15. Seien die Kostenfunktionen beider Firmen linear und gleich, d.h.

$$C^1(y^1) = cy^1$$

und

$$C^2(y^2) = cy^2$$

mit bekanntem und fixem Parameter c und die indirekte Nachfragefunktion sei linear der Art

$$P(y^1 + y^2) = a - b(y^1 + y^2)$$

mit bekannten und fixen Parametern a und b. Firma 1 entscheidet über ihre Produktion vor Firma 2. Beide streben eine Gewinnmaximierung an.

Die Reaktionsfunktion der zweiten Firma kennen wir aus dem Beispiel von Abschnitt 14.1.6, nämlich

$$\tilde{y}^2(y^1) = \frac{a - c - by^1}{2b} \quad .$$

Die Gewinnfunktion der ersten Firma läßt sich so anpassen, daß die Reaktion der zweiten Firma berücksichtigt wird.

$$\pi^1(y^1) = \underbrace{\left(a - by^1 - b\frac{a - c - by^1}{2b} \right)}_{P(y^1 + \tilde{y}^2(y^1))} y^1 - cy^1 \quad .$$

Die Maximierung dieser Gewinnfunktion führt automatisch zur Stackelberg-Gleichgewichtsentscheidung der ersten Firma. Zuerst setzen wir den Grenzgewinn gleich 0

$$
\begin{aligned}
\partial_{y^1} \pi^1(y^1) &= \left(a - by^1 - \frac{a - c - by^1}{2} \right) - by^1 + \frac{b}{2}y^1 - c \\
&= a - c - \frac{a - c}{2} - 2by^1 + by^1 \\
&= \frac{a - c}{2} - by^1 \overset{!}{=} 0 \quad ,
\end{aligned}
$$

dann finden wir den optimalen Produktionsplan für Firma 1

$$\tilde{y}^1 = \frac{a - c}{2b} \quad ,$$

wordurch auch die Entscheidung der Folgerin hergeleitet werden kann

$$\tilde{y}^2 = \frac{a - c - b\frac{a-c}{2b}}{2b}$$

$$= \frac{a - c - \frac{a-c}{2}}{2b}$$

$$= \frac{a - c}{4b} \quad .$$

Es ist gut ersichtlich, daß die Marktfolgerin sich für eine geringere Produktion entscheidet.

14.2 Preiswettbewerb

Neben Mengenwettbewerbsmodellen, stellen Preiswettbewerbsmodelle eine Alternative dar. Hier entscheiden die Firmen über die zu verrechnenden Preise und das Marktvolumen folgt aus der direkten Nachfragekurve. In den folgenden Abschnitten stellen wir zuerst das Grundmodell für den Preiswettbewerb vor und präzisieren es für den Fall mit einer oder zwei Firmen.

14.2.1 Das Modell von Bertrand

Im Bertrand-Wettbewerb setzen die Firmen Preise. Das heißt, die strategischen Variablen sind nicht wie beim Cournot-Wettbewerb Mengen sondern Preise!

Wir stellen auch den Bertrand-Wettbewerb in dem obigen, einfachen Modell dar. Da es aus Sicht der Konsumenten egal ist, welcher Produzent das betrachtete Gut produziert hat (es handelt sich ja um ein „homogenes Gut"), ergibt sich die Nachfrage nach y^j in Abhängigkeit von den durch die Firmen gesetzten Preisen, $p^1, \ldots, p^J$, wie folgt

$$y^j(p^j, \vec{p}^{\,\backslash j}) \begin{cases} = X(p^j) & p^j < \min_{j \neq j} p^j \\ \in [0, X(p^j)] & p^j = \min_{j \neq j} p^j \\ = 0 & p^j > \min_{j \neq j} p^j \end{cases} ,$$

wobei

$$X(p) = \sum_{h=1}^{H} \vec{x}^h(p)$$

die Marktnachfrage ist. Die Funktion $y^j(p^j, \vec{p}^{\,\backslash j})$ wird auch *Preis-Absatz-Funktion* genannt, denn sie stellt die Beziehung zwischen angebotenem Preis und verkaufter Menge für die einzelne Firma dar.

Unter diesen Gegebenheiten können wir ein Bertrand-Gleichgewicht wie folgt definieren.

Definition 14.16 (Bertrand-Gleichgewicht).
Eine Allokation $(\tilde{x}, \tilde{y}, \tilde{m})$ mit Preisen $(\tilde{p}^1, \ldots, \tilde{p}^J)$ ist ein Bertrand-Gleichgewicht bei unvollkommenem Wettbewerb, wenn gilt:

1. $\tilde{p}^j \in \arg\max_{p^j \geqslant 0} y^j(p^j, \tilde{\vec{p}}^{\backslash j}) p^j - C^j\left(y^j(p^j, \tilde{\vec{p}}^{\backslash j})\right) \quad \forall j = 1, \ldots, J$.

2. $(\tilde{\vec{x}}^h, \tilde{m}^h) \in \arg\max_{\vec{x}^h, m^h \geqslant 0} u^h(\vec{x}^h) + m^h$

   s.t. $\tilde{p}\vec{x}^h + m^h \leqslant M^h + \sum_{j=1}^J \delta_j^h \left(\tilde{\vec{y}}^j \tilde{p}^j - C^j(\tilde{\vec{y}}^j)\right) \quad \forall h = 1, \ldots, H,$

   wobei $\tilde{p} = \min_{j=1,\ldots,J} \tilde{p}^j$.

3. $\sum_{i=1}^H \tilde{\vec{x}}^h = \sum_{j=1}^J \tilde{\vec{y}}^j$.

4. $\sum_{h=1}^H \tilde{m}^h = \sum_{h=1}^H M^h - \sum_{j=1}^J C^j(\tilde{\vec{y}}^j)$.

5. $\tilde{\vec{y}}^j = y^j(\tilde{p}^1, \ldots, \tilde{p}^J)$.

Obige Definition kann aber noch weiter vereinfacht werden.

Definition 14.17 (Bertrand-Gleichgewicht).
Eine Allokation $\tilde{\vec{y}}$ mit Preisen $(\tilde{p}^1, \ldots, \tilde{p}^J)$ ist ein Bertrand-Gleichgewicht bei unvollkommenem Wettbewerb, wenn gilt:

1. $\tilde{p}^j \in \arg\max_{p^j \geqslant 0} y^j(p^j, \tilde{\vec{p}}^{\backslash j}) p^j - C^j\left(y^j(p^j, \tilde{\vec{p}}^{\backslash j})\right) \quad \forall j = 1, \ldots, J$,

2. $\tilde{\vec{y}}^j = y^j(\tilde{p}^1, \ldots, \tilde{p}^J)$.

Diese Definition wenden wir nun im konkreten Fall eines einzigen Anbieters (Monopols) bzw. zweier Anbieter (Duopols) an.

14.2.2 Monopol

Sei $J = 1$. Dann ist das Bertrand-Gleichgewicht gegeben durch folgende Definition.

Definition 14.18 (Monopol-Gleichgewicht).
Eine Allokation $\tilde{y}$ mit einem Preis $\tilde{p}$ ist ein Monopol-Gleichgewicht, wenn gilt:

1. $\tilde{p} \in \arg\max_{p \geqslant 0} y(p) p - C(y(p))$,

2. $\tilde{y} = y(\tilde{p})$.

Hier lautet die (FOC) des Maximierungsproblems des Produzenten

$$y'(\tilde{p})\,\tilde{p} + y(\tilde{p}) = C'(\tilde{y})\,y'(\tilde{p})$$

äquivalent zu

$$\tilde{p} + y(\tilde{p})\frac{1}{y'(\tilde{p})} = C'(\tilde{y}) \quad.$$

Man sieht, daß die Monopollösung des Bertrand-Wettbewerbs identisch mit der des Cournot-Wettbewerbs ist, denn $y(p)$ stimmt im Monopolfall mit der direkten Nachfrage $X(p)$ überein und ist die Umkehrfunktion zu $P(y)$. Es gilt zudem

$$P'(y) = \frac{1}{y'(p)}$$

aus dem Satz über die Ableitung von Umkehrfunktionen.

Als einziger Anbieter kann der Monopolist den für ihn günstigsten Punkt auf der Nachfragefunktion wählen. Diese stellt eine eindeutige Beziehung zwischen Preis und Menge dar, so daß es für den Monopolisten keinen Unterschied macht, ob er den Preis oder die Absatzmenge bestimmt, denn die andere Variable folgt analog.

14.2.3 Duopol

Sei jetzt $J = 2$. Dann ist das Bertrand-Gleichgewicht gegeben durch die nächste Definition.

Definition 14.19 (Duopol-Gleichgewicht).
Eine Allokation $(\tilde{y}^1, \tilde{y}^2)$ *mit Preisen* $(\tilde{p}^1, \tilde{p}^2)$ *ist ein Duopol-Gleichgewicht, wenn gilt:*

1. $\tilde{p}^1 \in \arg\max_{p^1 \geqslant 0} \; y^1(p^1, \tilde{p}^2)\,p^1 - C^1\left(y^1(p^1, \tilde{p}^2)\right)$
   $\tilde{p}^2 \in \arg\max_{p^2 \geqslant 0} \; y^2(\tilde{p}^1, p^2)\,p^2 - C^2\left(y^2(\tilde{p}^1, p^2)\right) \quad,$
2. $\tilde{y}^1 = y^1(\tilde{p}^1, \tilde{p}^2)$
   $\tilde{y}^2 = y^2(\tilde{p}^1, \tilde{p}^2) \quad.$

Bei gleichen Kostenstrukturen führt ein Preiswettbewerb zwischen zwei Anbietern zum selben Gleichgewicht wie im vollkommenen Wettbewerb.

Anmerkung 14.20 (Ruinöser Preiswettbewerb). Sei $C^1(y^1) = C^2(y^2) = cy^j$, d.h. konstante identische Stückkosten.
Dann gilt im Bertrand-Duopol

$$\tilde{p}^1 = \tilde{p}^2 = \overset{*}{p} \quad ,$$

d.h. man erreicht den Walras-Gleichgewichtspreis.

Die Begründung dieses Spezialfalls könnnen wir foldendermaßen zeigen.

1. *Es entstehen keine predatorischen Preise*, d.h. keine Firma treibt die andere unter ihre Grenzkostenschwelle. Denn sie würde zwar den ganzen Markt gewinnen, aber einen negativen Gewinn erzielen. Ist in der Tat $\tilde{p}^2 < \tilde{p}^1$ und $\tilde{p}^2 < c$, dann ist $\pi^2(\tilde{p}^1, \tilde{p}^2) = (\tilde{p}^2 - c)\, y < 0$. Mit $\tilde{p}^2 = c$ wäre aber $\pi^2(\tilde{p}^1, c) = 0$, also wählt Produzent 2 nicht $\tilde{p}^2 < c$.

2. *Es entstehen keine Preisunterschiede zwischen den beiden Anbietern.* Falls zum Beispiel $\tilde{p}^1 > \tilde{p}^2 > c$, dann ist $\pi^1(\tilde{p}^1, \tilde{p}^2) = 0$, denn auf Produzenten 1 entfällt keine Nachfrage. Produzent 1 könnte somit den Produzenten 2 unterbieten und positive Gewinne machen, formal ist $\pi^1(\tilde{p}^2 - \epsilon, \tilde{p}^2) > 0$ für $\epsilon > 0$ klein genug. Daraus folgt, daß $\tilde{p}^1 = \tilde{p}^2$ sein muß!

3. *Es ist unmöglich, daß beide Firmen denselben Preis unter ihren Grenzkosten anbieten.* Falls $\tilde{p}^1 = \tilde{p}^2 =: \tilde{p} < c$, dann ist für beide Unternehmungen $\pi^j(\tilde{p}^1, \tilde{p}^2) = (\tilde{p} - c)\, y < 0$. Für $j = 1$ wäre es aber zum Beispiel besser, einen höheren Preis $\tilde{p}^1 = c$ zu verrechnen, denn ihr Gewinn wäre nicht mehr negativ $\pi^1(c, \tilde{p}^2) = 0$.

4. *Kollusion wird ausgeschlossen.* Im Gleichgewicht setzen die Firmen niemals denselben Preis, der über den Grenzkosten liegt. Falls $\tilde{p}^1 = \tilde{p}^2 =: \tilde{p} > c$, dann ist für beide Firmen $\pi^j(\tilde{p}^1, \tilde{p}^2) = (\tilde{p} - c)\, y > 0$, aber für $j = 1$ ist zum Beispiel $\pi^1(\tilde{p}^1 - \epsilon, \tilde{p}^2) > \pi^1(\tilde{p}^1, \tilde{p}^2)$ für $\epsilon > 0$ klein genug. Daraus folgt, daß der Bertrand-Wettbewerb mit zwei Firmen dauerhaft nicht über der Grenzkostenschwelle c bleiben kann.

Aus obiger Begründung folgt logischerweise, daß die einzige Gleichgewichtslösung für den Preiswettbewerb zwischen zwei mit gleicher Konstenstruktur anbietenden Firmen $\tilde{p}^1 = \tilde{p}^2 = c = \overset{*}{p}$ ist!

14.3 Cournot oder Bertrand?

Zur Modellierung des unvollkommenen Wettbewerbs haben wir nun zwei verschiedene Konzepte kennengelernt: das Cournot- und das Bertrand-Modell. Vergleichen wir zum Beispiel für den Fall konstanter identischer Grenzkosten die Duopol-Gleichgewichte, so stellen wir fest, daß im Bertrand-Wettbewerb walrasianische Preise resultieren, d.h durch einen harten Preiskampf ergibt sich der gleiche Preis wie in einem vollkommenen Wettbewerb. Im Cournot-Wettbewerb dagegen ergeben sich wesentlich höhere Preise.

Welches ist aber nun das „richtige Konzept"zur Modellierung von Duopolen? Oder anders gefragt:

1. Gibt es eine realistische Situation, in der es möglich ist, die Cournot-Lösung zu erzielen?

2. Gibt es die Möglichkeit eines Preiswettbewerbs im Sinne von Bertrand, so daß sich *nicht* die Lösung des Wettbewerbs bei vollkommener Konkurrenz ergibt?

Diesen beiden Fragen werden wir in den zwei folgenden Abschnitten nachgehen.

14.3.1 Das „Zwei-Stufen-Spiel"

Eine unrealistische Annahme in beiden vorherigen Modellen ist, daß die Firmen nur einmal aufeinandertreffen, denn so muß eine Firma niemals die Reaktion ihrer Konkurrenten auf die von ihr getroffenen Preis- bzw. Mengenentscheidungen in Betracht ziehen. Aus diesem Grund betrachten wir nun ein zweistufiges Spiel, in dem die Firmen in der ersten Stufe die Kapazitäten wählen, die sie in der zweiten Stufe in ihren Entscheidungen beschränken. Obwohl ein solches Modell noch immer sehr vereinfachend ist, führt es eine gewiße Zeitdynamik ein, die interessante Auswirkungen haben kann.

Um den Punkt so einfach wie möglich zu machen, nehmen wir an, Kapazitäten können zu konstanten identischen Grenzkosten c_1 auf der 1. Stufe geschaffen und zu konstanten identischen Grenzkosten c_2 auf der 2. Stufe abgerufen werden.

Sei $J = 2$. Betrachten wir nun folgendes „Zwei-Stufen-Spiel":

$$\begin{array}{cc} \underline{\text{1. Stufe}} & \underline{\text{2. Stufe}} \\ \text{Kapazitätswahl} \longrightarrow & \text{Preiswahl} \\ \bar{y}^1, \bar{y}^2 & p^1, p^2 \end{array}$$

Der neue Aspekt besteht dann darin, daß die Gewinne der Firmen durch ihre Kapazitäten beschränkt sind. Es gilt nämlich

$$\pi^1(\bar{y}^1, \bar{y}^2, p^1, p^2) = p^1 \min\{y^1(p^1, p^2), \bar{y}^1\} - c_1\bar{y}^1 - c_2 \min\{y^1(p^1, p^2), \bar{y}^1\}$$
$$\pi^2(\bar{y}^1, \bar{y}^2, p^1, p^2) = p^2 \min\{y^2(p^1, p^2), \bar{y}^2\} - c_1\bar{y}^2 - c_2 \min\{y^2(p^1, p^2), \bar{y}^2\} \quad .$$

Der Lösungsansatz für dynamische Probleme dieser Art geht auf die Methode der Rückwärtsinduktion zurück, die wir schon im Zusammenhang mit den Duopol-Cournotwettbewerbsmodellen kennen gelernt haben. Zuerst betrachten wir das Verhalten beider Firmen in der 2. Stufe. Gegeben seien die (in der zweiten Stufe) schon gewählten Produktionskapazitäten $\bar{y}^1, \bar{y}^2 > 0$.

- Falls $\tilde{p}^1 > \tilde{p}^2$, dann ist $\pi^1(\bar{y}^1, \bar{y}^2, \tilde{p}^1, \tilde{p}^2) = -c_1\bar{y}_1 < 0$, denn $y^1(\tilde{p}^1, \tilde{p}^2) = 0$. Aber $\pi^1(\bar{y}^1, \bar{y}^2, \tilde{p}^2 - \epsilon, \tilde{p}^2) > -c_1\bar{y}^1$, falls $\bar{y}^1 > 0$. Daraus folgt, daß $\tilde{p}^1 = \tilde{p}^2 = \tilde{p}$ gelten muß.

- Falls beide Firmen denselben Preis verrechnen und ihre Grenzkosten unterbieten, d.h. $\bar{p}^1 = \bar{p}^2 =: \bar{p} < c_2$, dann ist $\pi^i(\bar{y}^1, \bar{y}^2, \bar{p}^1, \bar{p}^2) = (\bar{p} - c_2) \min\{y^2(p^1, p^2), \bar{y}^1\} - c_1\bar{y}^1 < 0$: Beide Firmen gehen Verluste ein! Dieser Fall wird somit ausgeschlossen.

- Falls beide Firmen denselben Preis verrechnen, der über ihren Grenzkosten liegt, d.h. $\bar{p}^1 = \bar{p}^2 =: \bar{p} > c_2$, dann ist $\pi^i(\bar{y}^1, \bar{y}^2, \tilde{p}^1, \tilde{p}^2) = (\bar{p} - c_2) \min\{y^i(p^1, p^2), \bar{y}^i\} - c_1\bar{y}^i > 0$, aber jede Firma hätte den Anreiz, ihren Preis etwas zu senken, denn für $j = 1$ z.B. wäre $\pi^1(\tilde{p}^1 - \epsilon, \tilde{p}^2) > \pi^1(\tilde{p}^1, \tilde{p}^2)$.

Aus diesen Überlegungen folgt, daß in der zweiten Periode

$$\tilde{p}^1 = \tilde{p}^2 = c_2 = \overset{*}{p}$$

gelten muß! Was passiert dann in der ersten Stufe?

- Falls $\bar{y}^1 > \tilde{y}^1(\overset{*}{p}, \overset{*}{p})$, dann entstehen Kosten für nicht genutzte Kapazitäten. Diese Wahl wird vermutlich nicht getroffen.

- Falls $\bar{y}^1 < \tilde{y}^1(\overset{*}{p}, \overset{*}{p})$, dann gibt es für die erste Firma keinen maximalen Profit. Analoges gilt für die andere Firma.

Daraus folgen die Identitäten

$$\bar{y}^1 = \tilde{y}^1 \quad \text{und} \quad \bar{y}^2 = \tilde{y}^2$$

und es ergibt sich die Beziehung

$$\pi^1(\bar{y}^1, \bar{y}^2) = P(\bar{y}^1 + \bar{y}^2)\bar{y}^1 - (c_1 + c_2)\bar{y}^1$$
$$\pi^2(\bar{y}^1, \bar{y}^2) = P(\bar{y}^1 + \bar{y}^2)\bar{y}^2 - (c_1 + c_2)\bar{y}^2 \quad ,$$

was heißt, daß das zweistufige Modell äquivalent zum Cournot-Modell ist. In anderen Worten, wir können vernünftig ein Duopol anhand des Cournot-Modells erklären (Mengenwettbeweerb), wenn die zwei Firmen über einen Zeithorizont von zwei Perioden interagieren.

14.3.2 Modell mit Produktdifferenzierung

Im Bertrand-Modell führt eine noch so geringe Veränderung des Preises dazu, daß jeder Konsument bei der Firma nachfragt, die den niedrigsten Preis setzt. Oftmals ist es jedoch so, daß aus Sicht der Konsumenten Unterschiede zwischen den Produkten zweier Firmen bestehen. Ein Beispiel dafür sind verschiedene Biere, *Guinness* und *Heineken*, oder andere Getränke, *Coca Cola* und *Pepsi Cola*. Durch diese Unterschiede besitzt jede Firma als Resultat der Einzigartigkeit ihres Produktes eine sogenannte „Marktmacht". Bisher haben wir angenommen, daß die Produzenten ein homogenes Gut produzieren, und die Nachfrage war nicht differenzierbar.

Anmerkung 14.21. Bestehen für die Konsumenten Unterschiede zwischen den Produkten, dann können wir annehmen, daß $y^1 = y^1(p^1, p^2)$ differenzierbar ist mit

$$\partial_{p_1} y^1(p^1, p^2) < 0 \quad \text{und}$$
$$\partial_{p_2} y^1(p^1, p^2) > 0 \quad .$$

Analoges gilt für y^2.

Obige Spezifikationen zeigen formal, daß die Nachfrage nach y^1 üblicherweise in ihrem Preis p^1 sinkt. Sie weist jedoch einen gewißen Grad an Substitution mit den anderen Gütern auf (die Nachfrage nach y^1 nimmt in den anderen Preisen zu). Das Bertrand-Modell mit heterogenen Gütern basiert somit auf Nachfragefunktionen, die nicht völlig elastisch sind, z.B.

$$y^j(p^j, \vec{p}^{\setminus j}) = a^j - b^j p^j + \sum_{i \neq j} c^i p^i, \quad \text{wobei} \quad a^j, b^j, c^j > 0, \quad j = 1, \dots, J \quad .$$

Die oben gezeigten Ergebnisse werden dann weniger extrem ausfallen. Ein Aspekt ist die endogene Wahl der Produktdifferenzierung. Wir stellen diese Dynamik anhand eines konkreten Beispiels dar, in dem die Firmen endogen (d.h. *innerhalb des Modellrahmens*) ihre Produkte differenzieren können, um zusätzliche Marktanteile zu gewinnen.

Im folgenden Beispiel unterscheiden sich die Produkte zweier Firmen dadurch, daß den Konsumenten *Transportkosten* entstehen. Das heißt, die Konsumenten ziehen selbst bei gleichen Preisen vor, das Produkt von einer bestimmten

Firma zu beziehen, die „näher" zu ihrem Standort liegt. Denn in diesem Fall ist der von ihnen zu bezahlende Gesamtbetrag (nämlich der Güterpreis und die entstandenen Transportkosten) kleiner.

Beispiel 14.22 (Das Modell nach Hotelling). Zwei Firmen produzieren ein homogenes Gut, das sie an einem von ihnen gewählten Standort auf einem Liniensegment $[a, b]$ verkaufen wollen. Zudem können sie den Preis p^1 und p^2 für ihre Produkte wählen. Die Konsumenten seien gleichmäßig entlang des Liniensegments verteilt. Zusätzlich zum Preis entstehen den Konsumenten Transportkosten in Abhängigkeit von dem von ihnen zurückgelegten Weg.

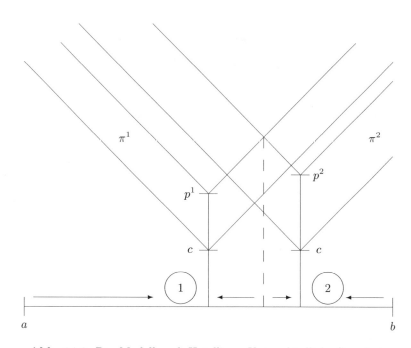

Abb. 14.2. Das Modell nach Hotelling - Unterschiedliche Standorte.

Betrachten wir folgende Situation: In der Halle einer Messe möchten zwei Brauereien ihre Bierstände platzieren. Die Konsumenten seien gleichmäßig entlang der Halle verteilt. Ihnen ist es egal, welches Bier sie trinken. Sie versuchen daher ganz einfach, ihren Gehweg zu minimieren. Die Brauereien wählen nun ihren Standort in der Halle und den Preis, den sie für ihr Bier verlangen. Für jedes Glas Bier entstehen Grenzkosten c. Abbildung 14.2 zeigt eine mögliche Verteilung der Bierstände in der Halle: Je nach Standort müssen die Konsumenten unterschiedliche Preise zahlen, die aus dem Verkaufspreis

p^j und den Transportkosten bestehen. Dieser Preis entspricht je nach Standort der Höhe zur diagonal zu- bzw. abnehmenden Linie, die im Standort der ersten und zweiten Firma ihr Minimum hat. Die senkrechte Linie stellt die Grenze der Marktanteile beider Anbieter dar. Kunden, die sich links dieser Linie befinden, kaufen bei Firma 1, die anderen bei Firma 2, wie die waagerechten Pfeilen zeigen. Wenn wir von einer stetigen Gleichverteilung der Konsumenten entlang der Achse ausgehen können, zeigt Abbildung 14.2 auch die Größe beider Gewinne, nämlich die Fläche zwischen den geneigten Linien.

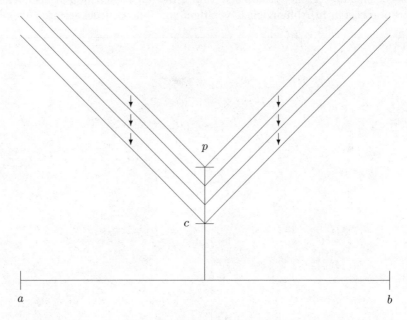

Abb. 14.3. Das Modell nach Hotelling - Vernichtender Preiswettbewerb.

Wie sieht nun das Gleichgewicht bei Interaktionen dieser Art aus? Der Verkäufer am Standort 1 sieht, daß jeder links von ihm sowieso zu ihm kommt. Er kann seinen Gewinn jedoch erhöhen, wenn er noch mehr Kunden zu seiner Rechten gewinnt. Das heißt, er hat einen eindeutigen Anreiz, weiter nach rechts zu ziehen. Der Verkäufer am Standort 2 stellt eine analoge Überlegung an und bewegt sich nach links. Die Standortwahl impliziert somit denselben Standort!

Haben jedoch beide Firmen denselben Standort ausgewählt, konkurrieren sie durch Preiswettbewerb. Die Gleichgewichts-Preiswahl bei gleichem Standort ist daher $p^1 = p^2 = c = \overset{*}{p}$!

Ist einmal derselbe Standort erreicht, ergibt sich die reine Bertrand-Wettbewerbs-Dynamik (siehe Abbildung 14.3). Die Preise fallen bis zur Grenzkostenschwelle c und beide Firmengewinne werden vollkommen vernichtet.

Berücksichtigt man hingegen wieder Abbildung 14.2, stellt man fest, daß beide Firmen durch Abweichen vom Standort einen höheren, positiven Gewinn anstreben können. Abbildung 14.2 kann in der Tat als weitere Stufe angesehen werden, die Firma 2 nach dem ruinösen Preiswettbewerb auswählt, um wieder einen positiven Gewinn zu erreichen.

Die ganze Dynamik impliziert somit einen Kreislauf, der nicht zu einem Gleichgewicht führt. Dieses einfache Modell zeigt, unter welchen Umständen kein Bertrand-Wettbewerb entsteht. Da man davon ausgehen kann, daß beide Firmen eine Standortwahl vorziehen, die positive Gewinne ermöglicht, ist die in Abbildung 14.2 dargestellte räumliche Allokation wahrscheinlicher als die aus Abbildung 14.3, obwohl ein Anreiz besteht, sich von der Situation aus Abbildung 14.2 nach der aus Abbildung 14.3 nochmals zu bewegen.

Anmerkung 14.23. Die Existenz von Gleichgewichten kann zum Beispiel bei quadratischen Transportkosten gezeigt werden.

Das Modell nach Hotelling ist eine sehr nützliche Erweiterung von einfachen mikroökonomischen Modellen, daß viele interessante Anwendungen hat. Dieselbe hier vorgestellte Überlegung wird zum Beispiel in der Industrieökonomik angestellt, um die Produktpositionierung verschiedener Firmen auf einem linearen „Produktraum" (*product space*) zu modellieren. Auf der Achse stehen hier unterschiedliche Konsumenten, geordnet nach ihren Präferenzenarten (z.B. mehr oder weniger ökologisch, oder mehr oder weniger modisch orientiert).

Auch in der ökonomischen Theorie der Demokratie ist eine Variante dieses Modells berühmt, die die Achse mit den politischen Extremen „links" und „rechts" gleichstellt. Zwei politische Parteien müssen hier ihren Standort auf dieser Achse wählen. Da man bei dieser Variante nur von der Standortwahl ausgeht (Preise und Kosten spielen keine Rolle), ist die Vorhersage eindeutig. Tendenziell werden beide Parteien die Mitte anstreben, um ihre Stimmenanzahl zu maximieren, ein Phänomen, das man oft in der Wirklichkeit beobachtet. Besitzt aber die politische Landschaft mehr als zwei Parteien, dann ist das Gleichgewicht nicht mehr eindeutig und es entsteht ein Kreislauf, in dem sich alle Parteien ständig neu positionieren.

14.4 Weg von der Ineffizienz durch Preisdiskriminierung

Die Abweichung von den Annahmen des vollkommenen Wettbewerbs impliziert allgemein ebenfalls eine Abweichung von der Pareto-Effizienz des Marktgleichgewichts. Obwohl im nächsten Kapitel die positiven Auswirkungen der Marktzutrittsdrohung seitens neuer, potentieller Konkurrenten vorgestellt werden, die typischerweise zu einer Ineffizienzreduktion führt, möchten wir in diesem Abschnitt noch eine andere theoretische Möglichkeit zur Effizienzverbesserung behandeln: die Preisdiskriminierung.

Damit der Punkt klar wird, wiederholen wir noch einmal das Konzept der Pareto-Effizienz. Eine *Pareto-effiziente Allokation* ist eine freiwillige Re-Allokation von Ressourcen, die niemanden besser stellt, ohne gleichzeitig einen anderen schlechter zu stellen. Die Nutzenzunahme eines Individuums ist also im Optimum nur zu Ungunsten anderer möglich. Die charakterisierende Bedingung dafür ist typischerweise, daß der Preis der letzten angebotenen Einheit ihren Grenzkosten entspricht.

Im Modell mit vollkommenem Wettbewerb gilt genau diese Bedingung, die leider in den oben vorgestellten oligopolistischen Kapitelabschnitten verletzt wird. Die Ursache des Problems liegt aber auch darin, daß dem Monopolisten per Annahme nicht erlaubt wird, verschiedenen Konsumenten verschiedene Preise zu verrechnen: Er muß einen einheitlichen Preis wählen, der für alle Konsumenten gilt. Wir wissen jedoch aus der Praxis, daß in vielen Bereichen Preispläne existieren, die dazu führen, daß dasselbe Gut je nach Konsumentengruppe anders bepreist werden kann. Konkrete Beispiele dafür sind Mengenrabatte, Stammkundenkarten, Preisabschläge je nach Altersklasse usw. Welche Auswirkungen kann man sich aus diesen Abweichungen vom einheitlichen Preis erwarten? Ist es hinsichtlich der Effizienz – die im eigentlichen Interesse des Ökonomen liegen sollte – ratsam oder nicht?

Abbildung 14.1 auf Seite 309 führte die graphische Darstellung der Ineffizienz ein, die von einem Monopol verursacht wird – den sogenannten Wohlfahrtsverlust. Dabei merkt man aber, daß die Fläche des Wohlfahrtsverlustsdreiecks genau dann verschwinden würde, sobald die restliche Nachfrage irgendwie befriedigt werden könnte, denn sie möchte mit dem Konkurrenzpreis kaufen, nicht aber mit dem Monopolpreis. Obwohl in diesem Bereich die Zahlungsbereitschaft der Kunden über den Grenzkosten liegt, verzichtet der Monopolist bewußt auf diesen Zweig der Nachfragekurve, denn er maximiert den Gesamtgewinn unter der *Annahme eines einheitlichen Preises*. Kann der Markt jedoch *segmentiert* werden, und diese restliche Nachfrage ohne Auswirkungen auf dem Hauptmarkt zu einem tieferen Preis befriedigt werden, hat der Monopolist sogar einen Anreiz, seine Produktion zu erhöhen und sie in diesem zweiten Markt abzusetzen. Es gilt weiterhin, daß die Zahlungsbereitschaft über den Produktionsgrenzkosten liegt.

Im allgemeinen kann man sagen, daß die Möglichkeit, verschiedenen Kunden verschiedene Preise zu bieten, die Effizienz erhöht und die Erreichbarkeit des Pareto-Optimums wieder ermöglicht. Die gemeinten Wohlfahrtsverluste sind somit auch Konsequenz der Annahme einheitlicher Preise. Diese Annahme ist jedoch fragwürdig, denn in der Realität setzt der Monopolist oft unterschiedliche Preise.

Wir können drei Arten von Preisdiskriminierung unterscheiden.

Preisdiskriminierung 1. Grades liegt vor, wenn jede einzelne Gütereinheit separat zu einem unterschiedlichen Preis verkauft wird. Ein Beispiel dafür sind Auktionen, an denen die Güter einzeln verkauft werden. Dieses Verkaufsschema ermöglicht es dem Monopolisten (der Versteigerer), die *gesamte* Konsumentenrente bis zur Pareto-effizienten Konkurrenzallokation abzuschöpfen. Es gibt keinen Wohlfahrtsverlust des Monopols mehr, sondern nur eine Umverteilung der Konsumentenrente zugunsten des Monopolisten.

Preisdiskriminierung 2. Grades wird durch die Möglichkeit beschrieben, jedem Kunden ein unterschiedliches Preisangebot zu machen. Alle einem Kunden verkauften Gütereinheiten werden weiterhin zum selben Preis abgesetzt. Preisdiskriminierung zweiten Grades ist somit eine Diskriminierung nach Person. Das sinnvollste Beispiel dafür ist ein arabischer Bazar, wo der Verkäufer sehr schnell die Zahlungsbereitschaft des Kunden einschätzen kann.

Preisdiskriminierung 3. Grades taucht dann auf, wenn man den Markt so segmentieren kann, daß verschiedenen *Konsumentengruppen* verschiedene Preispläne zugeordnet werden. Obwohl man nicht mehr individuell unterscheiden kann, werden ähnliche Konsumenten gleich behandelt. Beispiele dafür sind Mengenrabatte (große Kunden sind typischerweise preiselastischer als kleine), altersabhängige Preispläne (junge und alte Leute sind typischerweise auch preiselastischer als Erwerbstätige), nichtwechselkurskonforme Preise in verschiedenen Währungen (Touristen sind oft weniger preiselastisch) usw.

Es wird leider schwierig, die Preisdiskriminierung sauber mathematisch zu analysieren, denn es bleibt die offene Frage: Inwiefern kann der Monopolist seinen Markt wirklich segmentieren? Möglicherweise widmen sich daher nur wenige *mainstream* Lehrbücher dieser Thematik. Ökonomen müssen sich aber über die Konsequenzen der Annahme einheitlicher Preise bewußt sein. Zu diesen gehört die vermutete Pareto-Ineffizienz von Monopolen.

14.5 Kapitelvertiefung zum Wohlfahrtsmaß

Aufgrund der quasi-linearen Nutzenfunktionen ist eine Allokation $(\hat{x}, \hat{y}, \hat{m})$ Pareto-effizient, wenn sie die Lösung zu folgendem Optimierungsproblem ist:

$$\max_{x^h, m^h, y^j} \sum_{h=1}^{H} u^h(\vec{x}^h) + \sum_{h=1}^{H} m^h \quad \text{s.t.} \quad \sum_{h=1}^{H} x^h = \sum_{j=1}^{J} y^j$$

$$\sum_{h=1}^{H} m^h = \sum_{h=1}^{H} M^h - \sum_{j=1}^{J} C^j(y^j)$$

äquivalent zu

$$\max_{x^h, y^j} \sum_{h=1}^{H} u^h(\vec{x}^h) + \sum_{h=1}^{H} M^h - \sum_{j=1}^{J} C^j(y^j) \quad \text{s.t.} \quad \sum_{h=1}^{H} x^h = \sum_{j=1}^{J} y^j \quad .$$

Dann erhält man die (FOC)

$$\partial_{\vec{x}^h} u^h(\hat{x}^h) - \gamma = 0$$

$$\partial_{x^h} u^h(\hat{x}^h) = \gamma$$

sowie

$$-\partial_{y^j} C^j(\hat{y}^j) + \gamma = 0$$

$$\partial_{y^j} C^j(\hat{y}^j) = \gamma \quad .$$

Die Allokation ist Pareto-effizient, falls die Bedingung „Grenznutzen = Grenzkosten" gilt, d.h.

$$\partial_{x^h} u^h(\hat{x}^h) = \partial_{y^j} C^j(\hat{y}^j) \quad \forall_{(h,j)} \quad .$$

Befassen wir uns nun mit den Wohlfahrtseigenschaften des Walras-Gleichgewichts. Der Einfachheit halber beginnen wir unsere Analyse, indem wir einen „repräsentativen" Konsumenten und eine „repräsentative" Firma betrachten. Aufgrund der Markträumungsbedingung gilt $x = y$ und das volkswirtschaftliche Maximierungsproblem läßt sich schreiben als

$$\max_{x \geqslant 0} u(x) + m \quad \text{s.t.} \quad \mathring{p}x + m \leqslant M + \mathring{p}x - C(x) \quad ,$$

woraus folgt

$$\max_{x \geqslant 0} u(x) + m \quad \text{s.t.} \quad m \leqslant M - C(x)$$

und in restringierter Form

$$\max_{x \geqslant 0} u(x) + M - C(x) \quad . \tag{14.2}$$

Wir erhalten dann die (FOC)

$$u'(x) = C'(x) \quad .$$

Das Wohlfahrtsmaximierungsproblem besteht nun einfach darin, den gesamten Nutzen zu maximieren, d.h. sowohl den Nutzen des Gutes x als auch den des Gutes m. Da $m = M - C(x)$ ist, erhalten wir die Gleichung (14.2). Zudem ist die Erstausstattung M lediglich eine Konstante, so daß sich das Optimierungsproblem reduzieren läßt auf

$$\max_{x \geqslant 0} u(x) - C(x)$$

und wir erhalten wieder die (FOC)

$$u'(x) = C'(x) \quad .$$

Somit wissen wir, daß die Konsum- bzw. Ausbringungsmenge x im Walras-Gleichgewicht auch die Wohlfahrt maximiert.

Eine anschaulichere Herleitung desselben Resultats ist die folgende: Sei

$$\mathrm{KR} := u(x) - \overset{*}{p}\,x$$

die *Konsumentenrente*, d.h. die Differenz zwischen dem „Nutzen" von Gut x und den Ausgaben für dieses Gut. Analog sei

$$PR = \overset{*}{p}\,x - C(x)$$

die *Produzentenrente*, d.h. die Differenz zwischen dem „Ertrag" aus der Produktion von Gut x und den Kosten. Das Wohlfahrtsmaximierungsproblem setzt sich dann folgendermaßen zusammen:

$$\max_{x \geqslant 0} \mathrm{KR} + \mathrm{PR} = [u(x) - \overset{*}{p}\,x] + [\overset{*}{p}\,x - C(x)]$$

äquivalent zu

$$\max_{x \geqslant 0} u(x) - C(x) \quad .$$

Zur graphischen Darstellung nutzen wir die Integrierbarkeit von $C(x)$ und $u(x)$, denn

$$C(x) - 0 = C(x) - C(0) = \int_0^x C'(t)\,\mathrm{d}t$$

und

$$u(x) - 0 = u(x) - u(0) = \int_0^x u'(t)\,\mathrm{d}t = \int_0^x P(t)\,\mathrm{d}t \quad ,$$

wobei $P(x)$ die inverse Nachfragefunktion ist, gegeben durch $P(x) = u'(x)$. Es gilt somit

$$KR = \int_0^x P(t)\,\mathrm{d}t - p\,x$$

$$PR = p\,x - \int_0^x C'(t)\,\mathrm{d}t \quad ,$$

d.h. die Konsumentenrente entspricht der Fläche unter der Nachfragekurve abzüglich des Ausgabenrechtecks $p\,x$. Die Produzentenrente ist das Einnahmenrechteck $p\,x$ abzüglich der Fläche unter der Grenzkostenkurve. Abbildung 14.4 stellt beide Zusammenhänge graphisch dar.

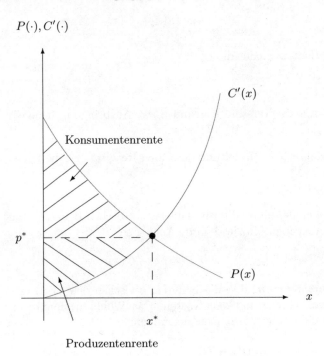

Abb. 14.4. Das Wohlfahrtsmaß.

Betrachten wir nun wieder unser ursprüngliches Modell, in dem es $h = 1,\ldots,H$ Konsumenten mit quasi-linearen Nutzenfunktionen $u^h(\vec{x}^h) + m^h$ und $j = 1,\ldots,J$ Produzenten mit Kostenfunktionen $C^j(y^j)$ gibt.
Eine vernüftige Allokation ist die Maximierung der Summe der Nutzen unter der Bedingung, daß die gesamte produzierte Menge verfügbar ist. Also

$$\max_{x^h,m^h,y^j} \sum_{h=1}^{H} u^h(x^h) + \sum_{h=1}^{H} m^h \quad \text{s.t.} \quad \sum_{h=1}^{H} x^h = \sum_{j=1}^{J} y^j$$

$$\sum_{h=1}^{H} m^h = \sum_{h=1}^{H} M^h - \sum_{j=1}^{J} C^j(y^j)$$

Dieses Optimierungsproblem kennen wir aber schon (siehe Anfang des An-hangs)! Daher wissen wir, daß die Bedingungen, die auch im Walras-Gleich-gewicht gelten, erfüllt sind. Das heißt, Walras-Gleichgewichte sind auch dann wohlfahrtsmaximierend, wenn die Wohlfahrt durch die Summe der Nutzen gemessen wird! Diese ergibt sich als Summe von Konsumentenrente und Pro-duzentenrente, also aus der Differenz der Fläche unter der Nachfragekurve abzüglich der Fläche unter der Kostenkurve. Voraussetzung für diese einfache Darstellung des Wohlfahrtsmaßes ist die Annahme quasi-linearer Nutzenfunk-tionen, welche Kardinalität und interpersonelle Vergleichbarkeit der Nutzen voraussetzt.

14.6 Erweiterungen und Schlußfolgerungen

Was können wir von der Theorie des unvollkommenen Wettbewerbs lernen? Erstens, daß eine Abweichung von der Idee der vollständigen Konkurrenz ver-schiedene Allokationen zur Folge hat, je nach dem wie die Firmen miteinander interagieren. In diesem Kapitel haben wir vier große Modelle kennen gelernt, inklusive der Möglichkeit der *Preisdiskriminierung*. Innerhalb der einheitli-chen Preisregel unterscheiden sich die vier Modelle zwischen Mengen- und Preiswettbewerbsmodellen. Bei den ersten „verhandelt" man über die Produk-tionsmenge und der Preis stammt automatisch aus der Zahlungsbereitschaft der Nachfrageseite, bei den zweiten bestimmt man den Preis und die damit verbundene höchstmögliche Menge wird abgesetzt. Die vier vorgestellten Mo-delle sind das *Monopolmodell*, das *Cournotmodell* (simultanes Mengenwettbe-werb) für Duopole, das *Stackelbergmodell* (sequentielles Mengenwettbewerb) und das *Bertrandmodell*. Es ist wichtig festzuhalten, daß sich im Fall mit sehr wenigen Firmen auch die Konkurrenzlösung ergeben kann, wenn sie sich durch Preiswettbewerb bekämpfen. Die Interaktion über Mengenwettbewerb führt hingegen zu sogenannten Pareto-Verschlechterungen und -Ineffizienzen, denn unbefriedigte Teile der Nachfragekurve mit Zahlungsbereitschaft bleiben höher als die Produktionsgrenzkosten.

Diese Tatsache führt uns zur Kritik des Prinzips einheitlicher Preise: Einerseits sind solche Preise für die meisten vom vollkommenen Wettbewerb verschiede-nen Fälle ineffizient. Andererseits sind sie für den/die Anbieter unattraktiv, denn mit Preisdiskriminierung könnte/en er/sie seinen/ihren Gewinn erhö-hen. Die Preisdiskriminierung ist der logische Ausweg aus der Sackgasse des einheitlichen Preises, sowohl theoretisch als auch praktisch für die Firmen-manager. Es ist in der Tat kein Zufall, daß in der ökonomischen Realität einheitliche Preise kaum zu beobachten sind. Da dies ein einführendes Buch ist, können wir die Preisdiskriminierung nicht ausführlicher vorstellen. Der interessierte Leser sei auf die Forschungsrichtung der industriellen Ökonomie (Engl. *industrial economics*) verwiesen.

Ein weiterer sensibler Punkt unserer Theorie ist die am Anfang des Kapitels getroffene sehr starke Annahme, daß die Produzenten das Nutzenmaximie-rungsproblem der Konsumenten kennen. Dies eröffnet wieder das epistemo-logische Problem der Meßbarkeit vom Nutzen, das schon in Kapitel 13 aus-führlich analysiert wurde. Ohne diese Annahme wäre der Verlauf der Nach-fragekurve unbestimmt und für die Erreichbarkeit der vorgestellten Gleichge-wichte bräuchten wir zusätzliche Bedingungen, die das *Tâtonnement* bis zum Gleichgewicht ermöglichen würden. Noch allgemeiner tritt hier die Frage des Ausmaßes auf, mit dem alle Marktparteien über die anderen informiert sind. Das nächste Kapitel beschäftigt sich teilweise mit dem Verzicht der Annahme vollständiger Information.

Ein möglicher Ausweg aus der Unmöglichkeit, individuelle Nutzenniveaus mit-einander zu vergleichen, besteht darin, quasi-lineare Nutzenfunktionen an-zunehmen. Dadurch wird die interpersonelle Nutzenvergleichbarkeit möglich, denn die Nutzenniveaus sind zu dem individuellen Geldbestand proportio-nal. Diese Annahme ist auch eine Voraussetzung für die vorgestellte, einfache Darstellung des Wohlfahrtsmaßes.

Alles Erwähnte hat konkrete wirtschaftspolitische Konsequenzen, die man auf dem ersten Blick vielleicht nicht wahrnimmt. Heutzutage wird zum Beispiel die Antitrust-Tätigkeit des Staates mit dem Argument gestützt, Monopole seien ineffizient und verursachten gesellschaftliche Kosten. Wir sind solchen Argu-mente in diesem Kapitel schon begegnet. Trotzdem sollte man sich über die Modellgrenzen und die genaue Bedeutung des Modells immer im Klaren sein. Die sehr stark vereinfachenden Annahmen, die uns die Analyse ganz spezifi-scher Nash-Gleichgewichte ermöglicht, legen jedenfalls automatisch auch die Grenzen der Modellanwendbarkeit fest.

Heutzutage versteht man unter einem Monopol oftmals, einen Markt mit nur *einem einzigen Anbieter* und begeht damit den vielleicht größten Fehler. Die-se Idee ist eher jung: Bis zum Ende des XIX. Jh. beschrieb das Wort Monopol eine Firma, die unter staatlichem Schutz alleine anbieten durfte, geschützt durch Erlaß vor Marktzutritt möglicher Konkurrenten. Der Lizenzerlaß gegen Bezahlung bildete in den vergangenen Jahrhunderten eine der Haupteinnah-mequellen der damaligen Staaten. Die Britische Krone war dafür besonders berühmt. Im nächsten Kapitel werden wir aus ökonomischer Sicht zeigen, daß sich der unvollkommene Wettbewerb vom normalen Wettbewerb gerade durch die Rolle des Marktzutritts und dessen Abwesenheit unterscheidet, nicht durch die *Anzahl* der Anbieter.

Marktzutritt und asymmetrische Information

„Ach wie gut, daß niemand weiß, daß ich Rumpelstilzchen heiß'."

Gebrüder Grimm

15.1 Marktzutritt bei vollkommener Information

Bisher haben wir ausschließlich Modelle mit vorgegebener Produzentenanzahl betrachtet. Es galt immer: Je weniger Produzenten, desto weniger Wettbewerb, desto mehr Ineffizienz, solange keine Preisdiskriminierung eingeführt werden kann. In der Realität ist die Anzahl der Firmen jedoch abhängig von der Marktnachfrage und der Art des herrschenden Wettbewerbs. In diesem Zusammenhang sprechen wir auch von „bedrohten Monopolen".

Lange Zeit vertrat man die Ansicht, daß Monopolisten ihren Gewinn abschöpfen können, ohne sich Gedanken über Marktzutrittsdrohungen zu machen, solange die an einem Marktzutritt interessierten Firmen wissen, daß sie im Duopol negativen Gewinn erzielen. Diese Schlußfolgerung zweifelten Baumol, Panzer und Willig erstmals 1982 an. Sie argumentierten, daß eine Marktzutrittsdrohung selbst bei einer einzigen Firma verhindert, daß diese ihre Monopolstellung ausnutzt. Wir werden in diesem Kapitel die übliche Annahme treffen, daß alle benutzten Funktionen ausreichend oft differenzierbar seien.

15.1.1 Das Modell von Baumol - Panzar - Willig

Sei $J = 2$, wobei die Firmen ein homogenes Gut produzieren. Die Firma I (Engl. *incumbent*) ist bereits im Markt etabliert, während die Firma E (Engl.

entrant) Marktzutritt erwägt. Die Kostenfunktion der beiden Firmen sei gleich und gegeben durch

$$C(y) = cy + F = \text{variable Kosten} + \text{Fixkosten}.$$

Die indirekte Nachfrage sei gegeben durch

$$p = P(y^I + y^E)$$

und die direkte Nachfrage durch die Umkehrfunktion

$$y = X(p) \quad .$$

Definition 15.1 (Nachhaltige Marktkonfiguration).
Der Produktionsplan y^I der Firma I und der resultierende Preis p sind eine nachhaltige Marktkonfiguration, *falls*

1. $p = P(y^I)$.
2. $p y^I \geqslant C(y^I)$.
3. $\nexists p^E \leqslant p$ *und* $y^E \leqslant X(p)$, *so daß* $p^E y^E > C(y^E)$.

Wörtlich heißt das: 1. der Preis, den die Firma I setzt, ist der Marktpreis, 2. Firma I macht einen nicht-negativen Gewinn und 3. eine an Marktzutritt interessierte Firma E macht keinen Gewinn, wenn sie den Preis, der von Firma I bestimmt wird, als gegeben annimmt oder sogar unterbietet.

Beispiel 15.2. Gibt es nur eine Firma im Markt, die sowohl den Preis $\tilde{p}$ setzt als auch die Menge $\tilde{y}$ anbietet und die Nachfrage sowie die Kosten verlaufen wie in Abbildung 15.1 gezeigt wird, dann ist $(\tilde{p}, \tilde{y})$ nachhaltig!

Beispiel 15.2 können wir mit Hilfe der Definition 15.1 begründen.

1. Es gilt tatsächlich $\tilde{p} = P(\tilde{y})$.

2. $\tilde{p}\tilde{y}^I = DK(\tilde{y})\,\tilde{y} = C(\tilde{y})$ mit $DK(\tilde{y})$, den Durchschnittskosten.

3. Setzt die Firma einen Preis $p < \tilde{p}$, ist die 2. Bedingung verletzt. Setzt sie $p > \tilde{p}$, ist die 3. Bedingung verletzt.

Dies impliziert jedoch, daß der Monopolist bei einer *sustainable* Marktkonfiguration keinen Gewinn macht!

Die Frage ist nun, ob man die impliziten Verhaltensannahmen der Firmen explizit machen kann, oder genauer: Wie verhalten sich die Unternehmen im Markt? Wie verhält sich der *incumbent* nach Marktzutritt?

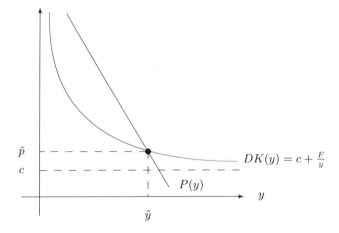

Abb. 15.1. Eine *sustainable* Marktkonfiguration.

Diesen Fragen werden wir auf den folgenden Seiten genauer nachgehen.

15.1.2 Einstufiger Preiswettbewerb nach Bertrand

In diesem ersten Modellansatz wird das Ergebnis des Modells von Baumol, Panzer und Willig bestätigt.

Annahme: Die Fixkosten fallen nur dann an, wenn positive Mengen produziert werden, d.h.

$$C(y) = \begin{cases} F + cy & y > 0 \\ 0 & y = 0 \end{cases} .$$

Die Preis-Absatz-Funktionen beider Firmen sind gegeben durch[1]

$$y^I(p^I, p^E) \begin{cases} = X(p^I) & p^I < p^E \\ \in [0, X(p^I)] & p^I = p^E \\ = 0 & p^I > p^E \end{cases}$$

$$y^E(p^I, p^E) \begin{cases} = X(p^E) & p^E < p^I \\ \in [0, X(p^E)] & p^E = p^I \\ = 0 & p^E > p^I \end{cases} .$$

---

[1]Mit $[0, X(p^j)]$ meinen wir das Intervall aller Mengen zwischen 0 und $X(p^j)$ eingeschlossen.

Sie hängen von trivialen Wettbewerbsdynamiken ab: Die günstigste Firma gewinnt den Markt und jede Firma besitzt bei gleichem Preis einen Marktanteil zwischen 0% und 100%.

Die strategische Entscheidung der zwei Firmen wird als Spiel dargestellt. Jede Firma wählt einen Angebotspreis aus. Unter Berücksichtigung ihrer Preis-Absatz-Funktion ergibt sich dann der jeweilige Gewinn. Dieses Spiel kann folgendermaßen formuliert werden:

$$
\begin{aligned}
&\text{Spieler} &&: \{I, E\} \\
&\text{Strategien} &&: p^I, p^E \in \mathbb{R}_+ \\
&\text{Payoff-Funktionen} &&: \pi^I(p^I, p^E) = p^I y^I(p^I, p^E) - C\left(y^I(p^I, p^E)\right) \\
& &&\ \pi^E(p^I, p^E) = p^E y^E(p^I, p^E) - C\left(y^E(p^I, p^E)\right) \quad .
\end{aligned}
$$

Wie in Baumol, Panzar und Willig ergibt die Lösung des Spiels folgenden Gewinn für die bestehende Firma I

$$
\overset{*}{p}{}^I = \tilde{p} = \min\left\{p \mid p \geqslant c + \frac{F}{X(p)}\right\} \quad ,
$$

$$
\overset{*}{y}{}^I = X(p^I)
$$

und die eintretende Firma E

$$
\overset{*}{p}{}^E = \tilde{p} \quad ,
$$

$$
\overset{*}{y}{}^E = 0 \quad .
$$

Diese Lösung ist ein Nash-Gleichgewicht, denn

$$
\pi^I(\overset{*}{p}{}^I, \overset{*}{p}{}^E) \geqslant \pi^I(p^I, \overset{*}{p}{}^E) \quad \forall p^I \in \mathbb{R}_+
$$

$$
\pi^E(\overset{*}{p}{}^I, \overset{*}{p}{}^E) \geqslant \pi^E(\overset{*}{p}{}^I, p^E) \quad \forall p^E \in \mathbb{R}_+ \quad ,
$$

d.h. keine der beteiligten Firmen kann sich verbessern, wenn sie von ihrer Strategie abweicht! Setzt Firma E tatsächllich einen Preis $p^E < \tilde{p}$, entstehen ihr Verluste, während bei einem Preis $p^E > \tilde{p}$ kein Gewinn erzielt wird, denn es entfällt keine Nachfrage auf E. Setzt Firma I einen Preis $p^I < \tilde{p}$, so entstehen ihr Verluste. Bei einem Preis $p^I > \tilde{p}$ wäre $\pi^I = 0$, da auf I keine Nachfrage entfällt.

Anlaß zur Kritik dieses Modells besteht darin, daß der Unterschied zwischen I und E nicht erkennbar ist, denn sie haben dieselbe Kostenstruktur! Es ist daher sinnvoll, anzunehmen, daß die Fixkosten bereits im Vorfeld anfallen! Dazu betrachten wir nun eine Modellerweiterung mit einem zweistufigen Spiel.

15.1.3 Das „Zwei-Stufen-Spiel"

In diesem zweiten Modellansatz gehen wir davon aus, daß die Fixkosten schon vor Marktzutritt anfallen. Um in den Markt eintreten zu könen, müssen in der

Vorperiode die notwendigen Anlageinvestitionen getätigt und die Fixkosten generiert werden. Wie wir sehen werden führt dies nicht mehr zum Ergebnis des Modells von Baumol, Panzer und Willig! Intuitiv kann man schon vermuten, daß die bestehende Firma einen Gewinn machen wird, der in etwa dem Umfang der fixen Investitionskosten der eintretenden Firma entspricht.

Das Spiel wird wie folgt beschrieben: In der 1. Stufe wählt Firma I ihren Preis p^I bzw. die Angebotsmenge y^I, Firma E beobachtet p^I bzw. y^I und erwägt Marktzutritt. Falls sie sich dafür entscheidet, entstehen ihr Fixkosten aus Anlageinvestitionen in einem Umfang von F, sonst sind ihre Kosten gleich 0. Falls E in den Markt eingetreten ist, ergibt sich in der 2. Stufe die Duopollösung. Falls nicht, hat Fima I weiterhin das Monopol.

Die Lösung finden wir mit der Methode der Rückwärtsinduktion. Sei $\pi^E(D)$ der Duopolgewinn der Firma E, den sie in der 2. Stufe im Falle eines Marktzutritts erzielen würde. In der 1. Stufe spielt Firma I die Monopollösung. Falls $\pi^E(D) > F$, tritt Firma E in den Markt ein. Falls $\pi^E(D) < F$, wird sie sich gegen einen Marktzutritt entscheiden und Firma I bleibt Monopolist.

Anhand zweier Beispiele können wir diese Nashgleichgewichte besser darstellen.

Beispiel 15.3 (Markt mit Bertrand-Wettbewerb). Sei $C(y^I) = C(y^E) = cy$ und $\pi^E(D) = 0$. In diesem Zusammenhang erinnern wir uns an den „ruinösen Peiswettbewerb". Daraus folg, daß keine Firma in den Markt eintritt, denn $F > 0$!

Beispiel 15.4 (Markt mit Cournot-Wettbewerb). Die Produktionskosten seien wiederum

$$C(y^I) = C(y^E) = cy$$

und die indirekte Marktnachfrage

$$P(y) = a - by$$

linear mit $a > c \geqslant 0$, $b > 0$. Somit ist

$$\pi^E(D) = \frac{1}{b}\left(\frac{a-c}{2}\right)^2$$

und es gilt wieder: Falls $\pi^E(D) > F$, so tritt Firma E in den Markt ein, während sie dem Markt fern bleibt, falls $\pi^E(D) < F$. In der ersten Stufe spielt Firma I in beiden Fällen die Monopollösung.

Im Bertrand-Wettbewerb gibt es somit tendenziell weniger Marktzutritte als im Cournot-Wettbewerb! Der ruinöse Preiskampf schützt also das Bertrand-Monopol, in welchem jedoch tendenziell kein Gewinn erzielt wird.

15.1.4 Das „Zwei-Stufen-Spiel" mit mehreren Marktzutretenden

Eine stark vereinfachende Annahme des vorherigen Modells ist die Begrenzung auf die Analyse zweier Firmen. In der Realität wird ein Monopolist jedoch vom Marktzutritt *mehrerer* Firmen bedroht. Daher möchten wir uns in diesem Abschnitt genau diesem Fall widmen.

> **Annahme:** Die Anzahl der Firmen, die einen Marktzutritt erwägen, sei J.

Wie bisher unterscheiden wir zwischen einem Markt mit Preis- und einem Markt mit Mengenwettbewerb.

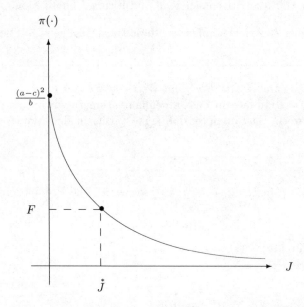

Abb. 15.2. Cournot-Wettbewerb mit Marktzutritt, Gleichgewichtsanzahl von Firmen.

> *Beispiel 15.5 (Markt mit Bertrand-Wettbewerb).* Es resultiert dieselbe Lösung, die auch im Falle eines einzigen *Entrant* gilt.

Beispiel 15.6 (Markt mit Cournot-Wettbewerb). Seien die Produktionskosten wie oben

$$C(y^I) = C(y^E) = cy$$

und die indirekte Marktnachfrage

$$P(y) = a - by$$

linear mit $a > c \geqslant 0$, $b > 0$, so ist

$$\pi^E(D) = \frac{1}{b}\left(\frac{a-c}{J+1}\right)^2 .$$

$F < \pi^E(J)$, solange die endogene Anzahl der Firmen $\tilde{J}$ gleich der größten natürlichen Zahl $< \overset{*}{J}$ ist, wobei aus

$$F = \frac{1}{b}\left(\frac{a-c}{J+1}\right)^2$$

folgt, daß

$$\overset{*}{J} = \frac{a-c}{\sqrt{bF}} - 1 .$$

$\pi^E(D) = \frac{1}{b}\left(\frac{a-c}{J+1}\right)^2$, der Verlauf des Gewinns derjenigen Firmen, die im Markt bereits etabliert sind, wird in Abbildung 15.2 graphisch dargestellt. Solange $\pi^E(D)$ über den Fixkosten F liegt, tritt eine zusätzliche Firma in den Markt ein. Dieser Prozeß hält solange an bis der Marktzutritt einer weiteren Firma dazu führt, daß der Gewinn unter den Fixkosten liegt, denn dadurch würde der Marktzutritt für eine weitere Firma unattraktiv.

15.2 Marktzutritt bei asymmetrischer Information

Oligopolisten werden durch viele Faktoren beeinflußt, die sie nicht beobachten oder schätzen können, d.h. sie sind unvollständig informiert. Um zu veranschaulichen, daß einige Informationen privat sein können, betrachten wir Marktinteraktionen als Spiel mit asymmetrischer Information. Ein Beispiel dafür ist eine Firma, die ihre Kosten kennt, jedoch die Kosten ihrer Konkurrenten schlecht schätzt.

Auf den nächsten Seiten möchten wir Modelle für oligopolistischen Wettbewerb bei asymmetrischer Information vorstellen. Im einfachsten Fall treffen die Oligopolisten nur einmal aufeinander, d.h. wir betrachten zunächst ein statisches Spiel. Obwohl die Informationen einer Firma teilweise durch ihre Aktionen offenbart werden, kann davon kein Gebrauch gemacht werden, da es keine weitere Interaktion gibt. Aus diesem Grund betrachten wir in einem folgenden Abschnitt ein zweistufiges Spiel (dynamisches Spiel), in dem aus den Aktionen der ersten Periode Information für die zweite Periode gewonnen werden kann.

15.2.1 Einstufiges Spiel (Statisches Spiel)

Zur Verdeutlichung betrachten wir zuerst das Beispiel des statischen Marktzutrittsspiels bei asymmetrischer Information.

Es gibt zwei Spieler I und E, wobei I der *incumbent* und E der *entrant* ist. I kann entweder die Monopolstrategie „m" oder die Duopolstrategie „d" verfolgen. Erstere ist diejenige Strategie, welche I, falls er Monopolist ist, den höchsten Gewinn sichert. Letztere ist diejenige Strategie, welche I den höchsten Gewinn im Duopol sichert, falls auch E die Duopollösung spielt. Spieler E kann entweder die Möglichkeit Marktzutritt „z" oder kein Marktzutriit „r" spielen. Dabei nehmen wir an, daß E im Falle des Marktzutritts auch die Duopollösung spielt. Die Auszahlungen der Spieler hängen von der Nachfragefunktion und den beiden Kostenfunktionen ab. Wir stellen uns nun vor, die Nachfrage- und die Kostenfunktion des Spielers E seien festgelegt. Die Kostenfunktion des Spielers I kann jedoch hohe oder niedrige Grenzkosten haben. Für diese beiden Fälle ergeben sich dann folgende Spielsituationen:

Bei hohen Grenzkosten sind die Auszahlungen gegeben durch

$$I = \begin{pmatrix} 1 & 10 \\ 3 & 5 \end{pmatrix} \qquad E = \begin{pmatrix} 5 & 0 \\ 4 & 0 \end{pmatrix}$$

oder zusammengefaßt

I/E	z	r
m	(1, 5)	(10, 0)
d	(3, 4)	(5, 0)

Bei niedrigen Grenzkosten sind die Auszahlungen

$$I = \begin{pmatrix} 4 & 15 \\ 6 & 8 \end{pmatrix} \qquad E = \begin{pmatrix} -1 & 0 \\ -2 & 0 \end{pmatrix}$$

oder zusammengefaßt

I/E	z	r
m	(4, -1)	(15, 0)
d	(6, -2)	(8, 0)

I verfolgt dabei die Monopolstrategie („m") aus Zeile 1 oder die Duopolstrategie („d") aus Zeile 2. E wählt entweder Marktzutritt („z") aus Spalte 1 oder kein Marktzutritt („r") aus Spalte 2.

Das Problem, welches in dieser Situation auftritt, besteht darin, daß Spieler E genau dann in den Markt eintreten sollte, wenn I hohe Kosten hat. Er kennt jedoch diese Kosten nicht, d.h. er weiß nicht, in welchem der beiden Bimatrixspiele er sich befindet.

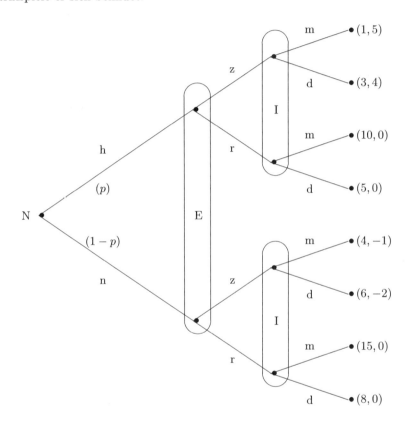

Abb. 15.3. Die Baum-Darstellung des Oligopolspiels.

Derartige Spielsituationen analysiert man folgendermaßen: Wir stellen uns vor, es gibt einen weiteren Spieler, die Natur N, welche zwei Strategien spielen kann, „h" und „n". „h" bedeutet, sie wählt hohe Grenzkosten für I, „n" steht für niedrige Grenzkosten. I beobachtet den Spielzug von N. E kann diesen jedoch nicht beobachten. Formal sagt man auch, daß „h" und „n" in dieselbe Informationsmenge von E führen. Danach spielen E und I simultan, d.h. keiner von beiden kann seinen Spielzug auf den des anderen abstimmen. Während die Strategiemenge des Spielers E somit weiterhin aus der Menge $\{z, r\}$ besteht, kann I seinen Spielzug unter Verwendung seiner privaten Information, dem Spielzug der Natur, wählen. $\{mm, md, dm, dd\}$ ist somit seine Strategienmenge, wobei in jedem dieser Paare der erste (zweite) Buchstabe für den Zug im Spiel mit hohen (niedrigen) Grenzkosten steht. Dieses Spiel mit asymmetrischer Information wird durch den Spielbaum in Abbildung 15.3 veranschaulicht. Die Zahlenpaare an den Baumblättern zeigen die Auszahlungen für I bzw. E, je nach Zweig des Spielbaums.

Zur „Lösung" dieses Spiels müssen wir nun noch die Gesamtauszahlungen der Spieler I und E erklären. Diese hängen offensichtlich vom Spielzug der Natur ab. Da die Natur keine eigenen Interessen verfolgt, nehmen wir an, sie wählt „h" mit Wahrscheinlichkeit p und „n" mit Wahrscheinlichkeit $(1-p)$. Diese Wahrscheinlichkeiten sind E und I bekannt. Außerdem unterstellt man, daß E und I risikoneutral sind und die erwartete Auszahlung

$$U^I[(ij, e)] = p\, u_h^I[(i, e)] + (1-p)\, u_n^I[(j, e)]$$

bzw.

$$U^E[(ij, e)] = p\, u_h^E[(i, e)] + (1-p)\, u_n^E[(j, e)]$$

maximieren, wobei $ij \in \{mm, md, dm, dd\}$, $e \in \{z, r\}$ und $u_h^I[(i, e)]$, $u_n^I[(j, e)]$, $u_h^E[(i, e)]$, $u_n^E[(j, e)]$ den Auszahlungen an den Blättern des Spielbaumes entsprechen. Die Lösung des Spiels muß dann ein Nash-Gleichgewicht sein, d.h. ein Strategienpaar $(\mathring{ij}, \mathring{e})$, so daß

$$U^I[(\mathring{ij}, \mathring{e})] \geqslant U^I[(ij, \mathring{e})] \quad \forall ij \in \{mm, md, dm, dd\}$$
$$U^E[(\mathring{ij}, \mathring{e})] \geqslant U^E[(\mathring{ij}, e)] \quad \forall e \in \{z, r\}.$$

Die folgende Matrix faßt dieses Spiel in der Normalformdarstellung zusammen (dabei folgen wir der schon eingeführten Konvention, daß die erste Zahl der Auszahlung von I, die zweite der von E entspricht):

$I \setminus E$	z	r
mm	$p + (1-p)4, 5p - (1-p)$	$\underline{10p + (1-p)15}, 0$
dm	$3p + (1-p)4, 4p - (1-p)$	$5p + (1-p)15, 0$
md	$p + (1-p)6, 5p - (1-p)2$	$10p + (1-p)8\ \ , 0$
dd	$\underline{3p + (1-p)6}, 4p - (1-p)2$	$5p + (1-p)8\ \ , 0$

In der Matrix haben wir die „beste Antwort" für I bei gegebener Strategie von E bereits unterstrichen, denn diese ist unabhängig vom zugrundeliegenden Preis p. Die „beste Antwort" für E auf die gegebene Strategie von I ist hingegen abhängig von p. Daraus ergeben sich die folgenden Nash-Gleichgewichte:

- Für $p < \frac{1}{6}$ ist (mm, r) ein Nash-Gleichgewicht.

$I \setminus E$	z	r
mm	$p + (1-p)4, 5p - (1-p)$	$10p + (1-p)15, \underline{0}$
dm	$3p + (1-p)4, 4p - (1-p)$	$5p + (1-p)15, \underline{0}$
md	$p + (1-p)6, 5p - (1-p)2$	$10p + (1-p)8 \ , \underline{0}$
dd	$3p + (1-p)6, 4p - (1-p)2$	$5p + (1-p)8 \ , \underline{0}$

- Für $\frac{1}{6} < p < \frac{1}{3}$ gibt es *kein* Nash-Gleichgewicht (in reinen Strategien),

$I \setminus E$	z	r
mm	$p + (1-p)4, 5p - (1-p)$	$10p + (1-p)15, 0$
dm	$3p + (1-p)4, 4p - (1-p)$	$5p + (1-p)15, 0$
md	$p + (1-p)6, 5p - (1-p)2$	$10p + (1-p)8 \ , 0$
dd	$3p + (1-p)6, 4p - (1-p)2$	$5p + (1-p)8 \ , \underline{0}$

wobei hier die beste Antwort von E auf die Strategie (dm) bzw. (md) von der Wahrscheinlichkeit innerhalb des Intervalls abhängt.

- Für $p > \frac{1}{3}$ ist (dd, z) ein Nash-Gleichgewicht.

$I \setminus E$	z	r
mm	$p + (1-p)4, 5p - (1-p)$	$10p + (1-p)15, 0$
dm	$3p + (1-p)4, \underline{4p - (1-p)}$	$5p + (1-p)15, 0$
md	$p + (1-p)6, 5p - (1-p)2$	$10p + (1-p)8 \ , 0$
dd	$\underline{3p + (1-p)6}, \underline{4p - (1-p)2}$	$5p + (1-p)8 \ , 0$

Das Spiel wird noch komplexer, wenn der besser informierte Spieler I durch gewiße Handlungen dem uninformierten Spieler E Informationen zukommen lassen kann. Wäre es in diesem Zusammenhang für I von Vorteil, wenn er E seine Informationen übermittelt? Vergleichen wir zur Untersuchung dieser Frage die für I resultierenden Auszahlungen. Bei wahrheitsgemäßer Auskunft ergibt sich:

$$U^I[(\cdot, \cdot)] = p \, u_h^I[(d, z)] + (1-p) \, u_n^I[(m, r)] = p \, 3 + (1-p) \, 15 \quad,$$

denn die Reaktion von E auf die Auskunft von I ist: $h \mapsto z$ und $n \mapsto r$. Jedoch wäre es dem ersten Anschein nach geschickter, E falsche Informationen zu geben, wenn die Natur N „h" spielt. In diesem Fall ergibt sich

$$U^I[(\cdot, \cdot)] = p \, u_h^I[(m, r)] + (1-p) \, u_n^I[(m, r)] = p \, 10 + (1-p) \, 15 \quad.$$

Das heißt, falls E falsche Informationen I liefert, kann ersterer auch bei hohen Grenzkosten hohe Gewinne erzielen. Nun ist es jedoch so, daß E dies natürlich auch weiß, so daß er I nicht trauen sollte, wenn dieser behauptet, die Kosten seien hoch. Was tut E statt dessen? Da er weiß, daß er mit Wahrscheinlichkeit p falsche Informationen erhält, maximiert er den Erwartungsnutzen wie zuvor. Das heißt also, daß Spieler I Spieler E die Information nicht glaubhaft übermitteln kann und das Ergebnis von zuvor wieder eintrifft.

15.2.2 Zweistufiges Spiel (Dynamisches Spiel)

Ganz anders verhält es sich, wenn I durch eine mit Kosten verbundene Handlung E indirekt etwas über die Situation mitteilen kann. Man sagt, I „signalisiert" E seine Information. Um dies zu verstehen, erweitern wir das bislang statische Beispiel auf ein dynamisches Spiel mit asymmetrischer Information, indem wir zwei Stufen einführen.

In der ersten Stufe ist der *incumbent* allein im Markt und kann entweder seine Monopolstrategie „m" spielen oder sogenanntes *Limit pricing* „l" betreiben. Im letzteren Fall weicht er bewußt von der Monopolstrategie ab, um E mit seiner Handlung eine Information zu signalisieren. E beobachtet in der ersten Stufe das Verhalten von I und erwägt Marktzutritt. Falls er sich dafür entscheidet, entstehen ihm Fixkosten, andernfalls hat er keine Kosten.
In der zweiten Stufe gibt es je nachdem, ob E in den Markt eingetreten ist oder nicht, eine Monopol- oder eine Duopolsituation, wobei wir davon ausgehen, daß I beobachten kann, ob E in den Markt eingetreten ist oder nicht. E und I verhalten sich in dieser Situation wie üblich.

Nach wie vor soll es so sein, daß E nicht über die Kosten von I informiert ist. Somit stellen wir wieder einen Spielzug der Natur voran. Das dynamische Spiel kann dann wie in Abbildung 15.4 dargestellt werden: In dieser Darstellung haben wir nur die Entscheidungssituationen der ersten Stufe dargestellt, da sich auf der zweiten Stufe die wohlbekannte Duopol- bzw. Monopollösung ergibt.

In diesem Spiel haben nun die beiden Spieler E und I jeweils 4 Strategien. Wie zuvor kann I seinen Spielzug von der Natur abhängig machen. E hingegen kann nun mit seinem Spielzug auf den Spielzug von Spieler I reagieren. Die Strategiemenge ist also $\{mm, ml, lm, ll\}$ für I und $\{zz, zr, rz, rr\}$ für E. Hierbei bezeichnet der erste (zweite) Buchstabe die Antwort für I auf „h" („n") bzw. der erste (zweite) Buchstabe für E die Antwort auf „m" („l").

Zur Vereinfachung der Darstellung sei R die Reaktionsfunktion von E, also eine Abbildung $R : \{m, l\} \longrightarrow \{z, r\}$, welche jedem Spielzug von I die beste Antwort von E zuordnet. In diesem Beispiel ist jede Reaktionsfunktion R vollständig beschrieben durch die Angabe von $R(m)$ und $R(l)$. Zum Beispiel ist die Wahl der Strategie (zr) gleichbedeutend mit der Wahl der Reaktionsfunktion, so daß $R(m) = z$ und $R(l) = r$ ist und so weiter.

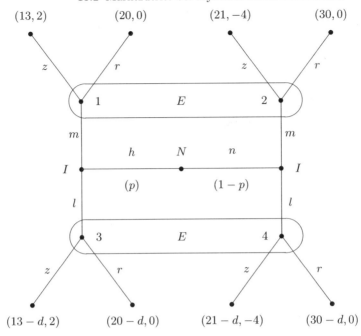

Abb. 15.4. Das (zweistufige) dynamische Spiel mit asymmetrischer Information.

Die Auszahlungen setzen sich wie folgt zusammen: Wie zuvor bekommt der Monopolist mit hohen (niedrigen) Kosten 10 (15) pro Periode und im Duopol sind die Auszahlungen wie zuvor (3,4) bzw. (6,−2) für (I, E). *Limit pricing* kostet $d > 0$ und Marktzutritt kostet 2. Es ist zu beachten, daß die Auszahlungen von E nicht davon abhängen, was I in der ersten Stufe tut.

15.2.3 Die Idee des Bayesianischen Gleichgewichts

Nun ist die Situation noch etwas schwieriger als zuvor. E kennt die Kosten von I nicht, könnte aber aus dessen Verhalten darauf schließen. Das Verhalten von I in der ersten Stufe ist also für E relevant, da er daraus Informationen über den Spielzug von N gewinnen kann. I weiß dies und muß überlegen, welche Rückschlüße er bei E durch sein Verhalten auslöst. Andererseits muß E vermuten, daß I ihn hinters Licht führen möchte. Das hingegen weiß auch I usw.

Um eine Lösung für diese schwierige Situation zu finden, sollten wir einige Experten um Rat bitten. Fragen wir zunächst einen Spieltheoretiker. Er sagt uns: *Nun ja, wenn Ihr mir die Wahrscheinlichkeiten nennen könnt, von denen E ausgeht, dann kann ich Euch genau sagen, was er und damit auch was I* *tut. Sei nämlich μ der* belief *von E, daß er sich auf dem linken Ast des Spielbaums befindet, dann ist ein Nash-Gleichgewicht gegeben durch:* $(\overset{**}{ij}, \overset{*}{R})$, *so daß* $\forall (ij, R)$

$$U^I\left[\left(\overset{**}{ij}, \overset{*}{R}\right)\right] = p\, u_h^I\left[\left(\overset{*}{i}, \overset{*}{R}(\overset{*}{i})\right)\right] + (1-p)\, u_n^I\left[\left(\overset{*}{j}, \overset{*}{R}(\overset{*}{j})\right)\right]$$

$$\geqslant p\, u_h^I\left[\left(i, \overset{*}{R}(i)\right)\right] + (1-p)\, u_n^I\left[\left(j, \overset{*}{R}(j)\right)\right]$$

$$= U^I\left[\left(ij, \overset{*}{R}\right)\right]\quad,$$

$$U^E\left[\left(\overset{**}{ij}, \overset{*}{R}\right)\right] = \mu\, u_h^E\left[\left(\overset{*}{i}, \overset{*}{R}(\overset{*}{i})\right)\right] + (1-\mu)\, u_n^E\left[\left(\overset{*}{j}, \overset{*}{R}(\overset{*}{j})\right)\right]$$

$$\geqslant \mu\, u_h^E[(\overset{*}{i}, R(\overset{*}{i}))] + (1-\mu)\, u_n^E[(\overset{*}{j}, R(\overset{*}{j}))]$$

$$= U^E[(\overset{**}{ij}, R)]\quad.$$

Da I seinen Spielzug abhängig von dem Spielzug von N macht, ist die erste Ungleichung äquivalent zu

$$u_h^I\left[\left(\overset{*}{i}, \overset{*}{R}(\overset{*}{i})\right)\right] \geqslant u_h^I\left[\left(i, \overset{*}{R}(i)\right)\right]\quad \forall i \quad\text{und}$$

$$u_n^I\left[\left(\overset{*}{j}, \overset{*}{R}(\overset{*}{j})\right)\right] \geqslant u_n^I\left[\left(j, \overset{*}{R}(j)\right)\right]\quad \forall j\quad.$$

Fragen wir nun einen Baysianischen Wahrscheinlichkeitstheoretiker, wie wir die Information über die *beliefs* von E finden sollen, so sagt er uns: *Wenn Ihr mir vorgebt, welche Strategien I spielt, so kann ich mit Hilfe der wohlbekannten Regel von Bayes die* beliefs *bestimmen, denn die Regel von Bayes erlaubt es uns, die bedingten Wahrscheinlichkeiten (nehmen wir $q_1, \ldots, q_4$) dafür, daß E sich an den Knoten $1, \ldots, 4$ (siehe Abbildung 15.4) befindet, bedingt auf die Beobachtung des Spielzuges von I zu berechnen. Die* beliefs μ *ergeben sich als Produkt des* priors p *und der bedingten Wahrscheinlichkeit q.*

In unserem Fall ist das ganz einfach, denn wir können die bedingten Wahrscheinlichkeiten folgender Tabelle entnehmen

„Theorie"	bedingte W'keit für			
	q_1	q_2	q_3	q_4
mm	p	$1-p$	a	$1-a$
ml	1	0	0	1
lm	0	1	1	0
ll	b	$1-b$	p	$1-p$

wobei a, b beliebige Zahlen in $[0, 1]$ sind.

Gehen wir zum Beispiel von der Theorie aus, daß I mit hohen Kosten die Monopollösung spielt, während derjenige mit geringen Kosten *Limit pricing* betreibt. Die Beobachtung des Spielzuges „m" oder „l" offenbart uns dann genau, welche Kosten vorliegen. Die Lücken ergeben sich, wenn wir etwas beobachten, was im Widerspruch zu unserer Theorie steht. In einem Fall wie diesem ist jede beliebige Aufteilung der Wahrscheinlichkeit auf 1 und 2 bzw. auf 3 und 4 konsistent mit der Bayes-Regel. Ein *perfektes Bayesianisches Gleichgewicht* ist ein passendes Zusammenspiel dieser zwei Expertenmeinungen, d.h. die Strategien sind optimal gewählt gegeben die *beliefs* und die *beliefs* passen zu den Strategien.

Zur Verdeutlichung ist es sinnvoll, die Zielfunktion von E explizit, d.h. als mit den Wahrscheinlichkeiten gewichtete Summe der Auszahlungen in allen 4 Knoten zu schreiben. Sei dabei

$\text{Prob}(m|ij)$ die Wahrscheinlichkeit, daß E „m" beobachtet, gegeben
die Theorie ist „ij",

$\text{Prob}(l|ij)$ ist analog zu verstehen, und sei

$q(s|ij)$ die Wahrscheinlichkeit, daß E sich am Knoten $s = 1, 2, 3,$
4 befindet, gegeben die Theorie „ij".

Ein *perfektes Bayesianisches Gleichgewicht* ist dann ein Strategienpaar $(\overset{*}{ij}, \overset{*}{R})$ sowie ein System von *beliefs*, so daß

$$p\, u_h^I \left[\left(\overset{*}{i}, \overset{*}{R}(\overset{*}{i}) \right) \right] + (1-p)\, u_n^I \left[\left(\overset{*}{j}, \overset{*}{R}(\overset{*}{j}) \right) \right]$$
$$\geqslant p\, u_h^I \left[\left(i, \overset{*}{R}(i) \right) \right] + (1-p)\, u_n^I \left[\left(j, \overset{*}{R}(j) \right) \right]$$

für alle i, j und

$$\text{Prob}(m|\overset{**}{ij}) \left\{ q(1|\overset{**}{ij})\, u_h^E \left[\left(m, \overset{*}{R}(m) \right) \right] + q(2|\overset{**}{ij})\, u_n^E \left[\left(m, \overset{*}{R}(m) \right) \right] \right\}$$
$$+ \text{Prob}(l|\overset{**}{ij}) \left\{ q(3|\overset{**}{ij})\, u_h^E \left[\left(l, \overset{*}{R}(l) \right) \right] + q(4|\overset{**}{ij})\, u_n^E \left[\left(l, \overset{*}{R}(l) \right) \right] \right\}$$
$$\geqslant \text{Prob}(m|\overset{**}{ij}) \left\{ q(1|\overset{**}{ij})\, u_h^E \left[(m, R(m)) \right] + q(2|\overset{**}{ij})\, u_n^E \left[(m, R(m)) \right] \right\}$$
$$+ \text{Prob}(l|\overset{**}{ij}) \left\{ q(3|\overset{**}{ij})\, u_h^E \left[(l, R(l)) \right] + q(4|\overset{**}{ij})\, u_n^E \left[(l, R(l)) \right] \right\}$$

für alle $s = 1, 2, 3, 4$, $R(m)$, $R(l)$, sowie gemäß Bayes-Regel bestimmte (d.h. aus obiger Tabelle entnommene) $\text{Prob}(m|\overset{**}{ij})$, $\text{Prob}(l|\overset{**}{ij})$ und $q(s|\overset{**}{ij})$.

Da I seinen Spielzug abhängig vom Spielzug von N und E seinen Spielzug abhängig von I machen können, reduziert sich dieses Ungleichungssystem auf

$$u_h^I \left[\left(\overset{*}{i}, \overset{*}{R}(\overset{*}{i}) \right) \right] \geqslant u_h^I [(i, \overset{*}{R}(i))] \quad \forall i \quad ,$$
$$u_n^I \left[\left(\overset{*}{j}, \overset{*}{R}(\overset{*}{j}) \right) \right] \geqslant u_n^I [(j, \overset{*}{R}(j))] \quad \forall j \quad ,$$

sowie auf die Bedingungen

$$
q(1|i\overset{*}{j}) \, u_h^E \left[\left(m, \overset{*}{R}(m)\right) \right] \; + \; q(2|i\overset{*}{j}) \, u_n^E \left[\left(m, \overset{*}{R}(m)\right) \right]
$$
$$
\geqslant \; q(1|i\overset{*}{j}) \, u_h^E \left[(m, R(m)) \right] \; + \; q(2|i\overset{*}{j}) \, u_n^E \left[(m, R(m)) \right] \quad \forall R(m) \quad ,
$$

beziehungsweise

$$
q(3|i\overset{*}{j}) \, u_h^E \left[\left(l, \overset{*}{R}(l)\right) \right] \; + \; q(4|i\overset{*}{j}) \, u_n^E \left[\left(l, \overset{*}{R}(l)\right) \right]
$$
$$
\geqslant \; q(3|i\overset{*}{j}) \, u_h^E \left[(l, R(l)) \right] \; + \; q(4|i\overset{*}{j}) \, u_n^E \left[(l, R(l)) \right] \quad \forall R(l) \quad .
$$

Der Ausdruck $\mu(m) = q(1|i\overset{*}{j})$ ist dann der *belief*, den E hat in Bezug auf die Wahrscheinlichkeit, daß Firma I hohe Kosten hat, falls er beobachtet, daß I m spielt und E davon ausgeht, daß im Gleichgewicht $i\overset{*}{j}$ gespielt wird. Analog ist $\mu(l) = q(3|i\overset{*}{j})$ der *belief*, den E in Bezug auf die Wahrscheinlichkeit, daß I niedrige Kosten hat, falls er beobachtet, daß I l spielt und E davon ausgeht, daß im Gleichgewicht $i\overset{*}{j}$ gespielt wird.

Prinzipiell können sich zwei Typen von Gleichgewichten ergeben. Einerseits kann es sein, daß in der Tat ein Spieler I mit hohen Kosten etwas anderes spielt als einer mit niedrigen Kosten. In diesem Fall spricht man von einem *separating equilibrium*. E wird richtig informiert und trifft die Zutrittsentscheidung wie bei perfekter Information. Andererseits kann es sein, daß I einen Anreiz hat, E im Ungewißen zu lassen und in beiden Fällen dasselbe zu spielen. Man spricht dann von einem *pooling equilibrium*, denn beide Fälle für E werden gleich betrachtet.

15.2.4 Das *Separating Equilibrium*

In unserem Beispiel gibt es für $d = 8$ folgendes *separating equilibrium*:

$$
\left(i\overset{*}{j}, \overset{*}{R}\right) = \left(ml, \; \overset{*}{R}(m) = z, \; \overset{*}{R}(l) = r\right) \quad ,
$$
$$
\overset{*}{\mathrm{Prob}}(m|i\overset{*}{j}) = p \quad ,
$$
$$
\overset{*}{\mathrm{Prob}}(l|i\overset{*}{j}) = 1 - p \quad ,
$$
$$
\overset{*}{q} = (1, 0, 0, 1) \quad ,
$$
$$
\overset{*}{\mu}(m) = 1 \quad \text{und}
$$
$$
\overset{*}{\mu}(l) = 0 \quad .
$$

Die Begründung dafür lautet folgendermaßen: Die *beliefs* wurden aus der Tabelle entnommen, wobei wir wie in der Definition des perfekten Bayesianischen

Gleichgewichts zur Vereinfachung der Schreibweise die Konditionierung von q auf „m" und „l" schon bedacht haben. In anderen Worten

$$q(1|ij) = q(2|ij) = 0, \quad \text{falls } l \text{ beobachtet wird und}$$
$$q(3|ij) = q(4|ij) = 0, \quad \text{falls } m \text{ beobachtet wird.}$$

Außerdem gilt:

$$u_h^I\left[(m,z)\right] = 13 > 12 = u_h^I\left[(l,r)\right] \quad,$$
$$u_n^I\left[(l,r)\right] = 22 > 21 = u_n^I\left[(m,z)\right]$$

sowie

$$u_h^E\left[(m,z)\right] = 2 > 0 = u_h^E\left[(m,r)\right] \quad,$$
$$u_n^E\left[(l,r)\right] = 0 > -4 = u_n^E\left[(l,z)\right] \quad.$$

In diesem Gleichgewicht spielt I im Falle hoher Kosten die Monopolstrategie, da er davon ausgeht, daß E, falls er „m" beobachtet, in den Markt eintritt. Im Falle niedriger Kosten betreibt er *Limit pricing*, denn er geht dann davon aus, daß E, falls er „l" beobachtet, nicht in den Markt eintritt.

Dieses Verhalten können wir folgendermaßen erklären. I weiß, daß E in diesem Gleichgewicht auf „m" mit „z" und auf „l" mit „r" reagiert. Im Falle niedriger Kosten macht es keinen Sinn „m" zu spielen, weil I dadurch Marktzutritt induziert, während er durch „l" Marktzutritt abwehrt und die weniger hohen Gewinne der ersten Stufe als Monopolist mit niedrigen Kosten in der zweiten Stufe mehr als kompensiert.

Im Falle hoher Kosten spielt I „m", da die Gewinne in einer eventuellen Monopolsituation in der zweiten Stufe weniger hoch sind. E weiß all dies und kann nun aus dem Verhalten von I exakt schließen, in welchem Fall er sich befindet. Er tritt folglich bei hohen Kosten in den Markt ein und bleibt bei niedrigen Kosten für I fern.

Wirtschaftspolitisch brisant ist hierbei, daß der Monopolist, I, im Falle niedriger Kosten wegen des drohenden Marktzutritts auf seine Monopollösung in der ersten Stufe verzichtet! Wir haben also ein bedrohtes Monopol.

15.2.5 Das *Pooling Equilibrium*

Für $d = 5$ mit $p < \frac{2}{3}$ und $a \geqslant \frac{2}{3}$ ergibt sich folgendes *pooling equilibrium*:

$$(\overset{*}{ij}, \overset{*}{R}) = \left(ll, \overset{*}{R}(m) = z, \ \overset{*}{R}(l) = r \right) \quad ,$$

$$\overset{*}{\text{Prob}}(m|\overset{*}{ij}) = 0 \quad ,$$

$$\overset{*}{\text{Prob}}(l|\overset{*}{ij}) = 1 \quad ,$$

$$\overset{*}{q} = (a, 1-a, p, 1-p) \quad ,$$

$$\overset{*}{\mu}(m) = a \quad \text{und}$$

$$\overset{*}{\mu}(l) = p \quad .$$

Die *beliefs* sind wieder der Tabelle entnommen, und es gilt:

$$u_h^I[(l,r)] = 15 > 13 = u_h^I[(m,z)] \quad ,$$
$$u_n^I[(l,r)] = 25 > 21 = u_n^I[(m,z)]$$

sowie

$$p\, u_h^E[(l,r)] + (1-p)\, u_n^E[(l,r)] = p\,0 + (1-p)\,0$$
$$\geqslant p\,2 + (1-p)\,(-4) = p\, u_h^E[(l,z)] + (1-p)\, u_n^E[(l,z)]$$

und

$$\overset{*}{\mu}(m)\, u_h^E[(m,z)] + \left(1 - \overset{*}{\mu}(m)\right) u_n^E[(m,z)] = \overset{*}{\mu}(m)\,2 + \left(1 - \overset{*}{\mu}(m)\right)(-4)$$
$$\geqslant \overset{*}{\mu}(m)\,0 + \left(1 - \overset{*}{\mu}(m)\right)0 = \overset{*}{\mu}(m)\, u_h^E[(m,r)] + \left(1 - \overset{*}{\mu}(m)\right) u_n^E[(m,r)]$$

für $\overset{*}{\mu}(m) \geqslant \frac{2}{3}$.

In diesem Gleichgewicht kann E aus seiner Beobachtung nicht schließen, in welchem Fall er sich befindet – d.h. „h" oder „n" – und auf dem Gleichgewichtspfad sieht er von einem Marktzutritt ab.

Ein besonders interessanter Punkt in diesem Gleichgewicht ist, daß wir annehmen, E tritt in den Markt ein, falls er „m" beobachtet. Man sollte dabei beachten, daß E in diesem Fall etwas verwirrt sein wird, denn er beobachtet etwas, was aufgrund der Theorie „ll" nicht sein kann! I weiß all dies und wird beide Male *Limit pricing* „l" spielen, um E davon abzuhalten, in den Markt einzutreten. I gibt im Falle hoher Kosten vor, niedrige Kosten zu haben, d.h. er verhält sich so wie er sich verhalten würde, hätte er niedrige Kosten. Er blufft also!

Wirtschaftspolitisch brisant ist, daß der Monopolist I beide Male in der ersten Stufe von seiner Monopollösung abweicht, jedoch zu wenig Marktzutritte stattfinden, denn E bleibt auch bei hohen Kosten dem Markt fern.

15.3 Erweiterungen und Schlußfolgerungen

Mit diesem Kapitel beenden wir unsere einführende Reise in die analytische Mikroökonomie. Hier haben wir viele vereinfachende Modellannahmen verlassen, um komplizierten Interaktionen näher zu kommen. Daraus resultierte auch die Notwendigkeit komplizierterer Instrumente wie der Spieltheorie. Alle hier vorgestellten Modellvarianten gingen aber immerhin von der Annahme einheitlicher Preise aus, die im letzten Kapitel schon kritisch diskutiert wurde. Modelle mit Marktzutritt und Preisdiskriminierung wären deutlich komplizierter zu analysieren und überschreiten die Ziele dieses Buches.

15.3.1 Was ein Monopol nicht ist

Die Botschaft dieses Kapitels betrifft die Natur des Monopols: Trotz der sprachlichen Herkunft (Monopol bedeutet ja „ein Verkäufer") gibt es aus ökonomischer Sicht in einem Monopol nicht nur einen einzigen Anbieter. Dieses Kapitel hat gezeigt, daß die Anzahl der Anbieter nicht so wichtig ist wie die Feststellung, ob in einem Markt freier Zutritt herrscht oder nicht.

Wer glaubt, daß Monopolmodelle sich auf Märkte mit einem einzigen Anbieter beziehen, begibt sich schnell auf Glatteis, denn die Anzahl der Anbieter hängt davon ab, wie wir den jeweiligen Markt definieren. *Microsoft* beispielsweise ist sicher Monopolist im Markt seines Textverarbeitungsprogramms *Word*. Betrachten wir hingegen den Markt *aller* Textverarbeitungsprogramme, dann haben wir eine oligopolistische Situation. Erweitern wir noch den Bezugsmarkt für unsere Analyse im Sinne aller Technologien, mit denen man einen Brief schreiben kann, dann stehen wir vor einer Vielzahl von Technologien, sowohl elektronischer als auch mechanischer Art. Es ist klar, daß eine robuste Theorie nicht davon abhängen darf, wie wir den Markt willkürlich definieren.

Diese erste Falle bezüglich der Bedeutung des Monopols kann man somit sehr gut mit obiger Überlegung vermeiden. Manche Ökonomen meinen jedoch, daß der tatsächliche Unterschied zwischen vollkommenem Wettbewerb und Monopol in der feinen Unterscheidung zwischen Preisnehmern (Engl. *price takers*) und Preissuchern (Engl. *price searcher*) liegt, nicht in der zwischen geschlossenen und offenen Märkten (bzgl. Marktzutritt). Diesen verfeinerten Denkansatz (der Unterschied Preisnehmer/-sucher als charakterisierende Eigenschaft eines Monopols), der leider ebenso falsch ist wie die Definition „Monopol als einziger Anbieter", können wir auch verwerfen. Es genügt nur eine zweite kurze Überlegung, um zu zeigen, daß es methodologisch keinen Unterschied zwischen einem monopolistischen Unternehmer und einem im Wettbewerb gibt. Aus Sicht der Firma kann man in Wahrheit nicht zwischen Preisnahme und Preissuche differenzieren. Sowohl ein Monopolist als auch ein Konkurrenzanbieter lösen genau dasselbe Maximierungsproblem: Sie versuchen, ihren Gewinn zu maximieren. Beide Unternehmer ändern progressiv ihre Produktionspläne, um zu entdecken, wie sich Kosten und Erträge verhalten. Die ersten sind vielleicht besser vorhersehbar als die zweiten. Dieser Ansatz entspricht dem Grundprinzip der marginalistischen Analyse. Die Frage „Preisnehmer oder Preissucher" reduziert sich somit auf die Frage, ob und wie steil die Nachfragekurve überhaupt ist. Es geht grundsätzlich um die Frage der Nachfrageelastizität, die im vorgestellten Lerner'schen Monopolgrad auf Seite 309 auftaucht:

$$\frac{P(\tilde{y}) - C'(\tilde{y})}{P(\tilde{y})} = \frac{1}{|\varepsilon|} \ .$$

Es ist ebenfalls klar, daß auch im Konkurrenzfall keine Person oder kein Wesen existiert, das den Preis exogen „setzt". Verkäufer müssen sich bemühen, konkrete und korrekte Preisangebote zu machen. Eine kleine weitere Überlegung zur tatsächlichen Welt zeigt, daß kein Anbieter die gesamte Kundschaft verliert, wenn er seinen Preis um einen Cent erhöht. Folglich sind sogar Verkäufer im vollkommenen Wettbewerb keine *Preisnehmer* im strikten Sinne. Da sie Preisangebote formulieren müssen, unabhängig davon, ob sie monopolistische oder atomistische Firmen besitzen, sind *alle Verkäufer Preissucher*. Alle Verkäufer haben lediglich die Möglichkeit, unterschiedliche Preispläne vorzuschlagen, auf welche die Nachfrage je nach Preiselastizität mehr oder weniger reagieren wird.

15.3.2 Monopol als Absenz von Marktzutritt

Ein Monopol ist somit eine besondere Situation, in der kein Marktzutritt seitens neuer Anbieter möglich ist. Irrelevant und falsch wäre die Anzahl der gegenwärtigen Anbieter zu betrachten oder sich zu fragen, ob sie den Marktpreis als gegeben nehmen oder nach dem besten Preis suchen.

Historisch gesehen ist der Monopolstatus ein vom Staat erlassenes Privileg, welches die privilegierte Firma vor der Konkurrenz schützt. Von zentraler Bedeutung wird somit die Offenheit bzw. Geschlossenheit eines Marktes. Man sollte bemerken, daß geschlossene Märkte sowohl nur einen Anbieter haben können – wie die ehemaligen nationalen Telephongesellschaften oder die Post – und somit einem Monopol im falschen Sinne (Monopol = 1 Anbieter) sehr ähnlich werden, als auch aus mehreren Anbietern bestehen können, die auch dann einen Monopolstatus genießen – wie etwa Taxilizenzen. Ein Markt für Taxis, die mit staatlicher Bewilligung fahren, ist für die ökonomische Theorie in Tat auch ein monopolistischer Markt und weist alle typischen Nachteile davon auf. Sind Märkte hingegen offen, können die Kunden von den tieferen Preisen oder besserer Qualität der Marktzutretenden profitieren. In dieser Hinsicht, ist die staatliche Tätigkeit die Ursache von Monopolen und eine

Laissez-Faire-Politik wäre die konsequente wirtschaftspolitische Empfehlung, denn geschlossene Märkte reduzieren die Wahlmöglichkeiten der Konsumenten während offene Märkte Innovationen ermöglichen, die die Preise sinken lassen, die Qualität erhöhen und neue Produkte einführen.

15.3.3 Ein historisches Beispiel

Die wirtschaftspolitische Betrachtung des Monopols wird somit deutlich komplizierter, als man erwarten konnte. Aus Rand [1999], zitiert nach Tettamanti [2003], entnehmen wir einige Passagen vom ehemaligen FED-Gouverneur Alan Greenspan, die die Entwicklung des Bahnmonopols in den Staaten gut erklärt: *Die Eisenbahnen entstanden an der Ostküste vor dem Bürgerkrieg, in einem Klima starker Konkurrenz mit anderen Transportmitteln wie Wagen oder Flußschiffen. Um 1860 gab es Anstöße, die Nation zu vereinigen, die verbunden waren mit Forderungen, Eisenbahnstraßen bis nach Kalifornien zu bauen, und dies auf Strecken, die absolut nicht rentabel und auch nicht in der Lage waren, die eigenen Kosten zu decken. So beschloß man im Interesse der öffentlichen Politik, den Bau zu subventionieren. Zwischen 1863 bis 1867 wurden tatsächlich beinahe hundert Millionen Morgen öffentlichen Grundes den Eisenbahnunternehmungen übergeben. Da jede Zuteilung jeweils für eine Firma vorgesehen war, konnte keine Rivalin den Anspruch erheben, auf dem gleichen Gebiet als Konkurrentin aufzutreten. Auch die anderen erwähnten Transportarten konnten mit den neuen Eisenbahnen im Westen nicht konkurrieren. Auf diese Weise konnte sich, dank der Hilfe der Bundesregierung, ein Segment der Eisenbahnindustrie von den Wettbewerbseinschränkungen loslösen, die im Osten die Szene beherrscht hatten. Wie es vorauszusehen war, zogen die Beihilfen auch nicht allzu edel gesinnte Investoren an, und viele Strecken des Westens wurden daher schlecht gebaut. Im Grunde sollten sie nicht den Verkehr fördern, sondern vielmehr dazu dienen, die Subventionen herbeizuholen. Die Eisenbahnen des Westens waren monopolistisch, genau im Sinne der akademischen Lehrbücher. All dies wurde jedoch nur über die Subventionen der Zentralregierung möglich, im Namen des nationalen Interesses. Kaum hatte die Notwendigkeit von Transporten nach Westen zugenommen, scheiterten diese Gesellschaften auf ganzer Linie. Diese Episode jedoch als Beleg für Marktversagen darzustellen, wäre ein gewaltiger Fehler.*

15.3.4 Weitere Aspekte zur Monopolfrage und Fazit

Ein weiteres wichtiges Argument in der Monopolfrage, welches leider auch über die in diesem Buchkapitel vorgestellten Zusammenhänge und Methoden hinausgeht, ist die Rolle der Technologie. Trotz gewißer technischer Vorteile oder staatlicher Vorschriften ist auch ein Monopolist immer durch eine neue Technologie bedroht, die seinen Markt sehr schnell verschwinden läßt. Die Mobiltelephonie hat z.B. sehr schnell eine Revolution bei der Preispolitik für Festnetztelephonie induziert. Ein anderes Beispiel wäre IBM. Der größte Produzent zur Zeit der Einführung des PC besitzt jetzt nur noch einen bescheidenen Marktanteil.

Diesen letzten Abschnitt könnten wir noch beliebig ausdehnen, wenn wir uns z.B. weitere Gedanken über predatorische Preise machen würden. Wir ziehen es jedoch vor, das Kapitel hier zu beenden und die interessierten Leser auf die weitere Literatur der Mikroökonomie, insbesondere die industrielle Ökonomie zu verweisen. In diesem letzten Kapitel sollte aber klar geworden sein, daß der Marktzutritt einerseits die Frage des Monopols besser eingrenzt, andererseits radikal neue Argumente hinzufügt. Dieses Kapitel zeigt nochmals, was wir von unseren Modellen fordern können, und wozu sie nicht fähig sind, denn sie wurden in Bezug auf die Wirklichkeit radikal vereinfacht. Das Fazit soll jedoch nicht sein, daß die in diesem Buch vorgestellten Modelle sinnlos und unbrauchbar sind. Ökonomen sollten sich bewußt sein, was sie mit ihren Instrumenten erklären können und wo die Grenzen dieser Instrumente liegen. Nur so kann man große fahrlässige Fehler vermeiden.

Übungen Teil III

16.1 Schwierigkeitsniveau 1

16.1.1 Aufgabe

Betrachten Sie folgendes Bertrand-Modell mit differenzierten Produkten. Es gibt zwei (differenzierte) Güter. Die Marknachfrage nach Gut 1, y^1, in Abhängigkeit des eigenen Preises p^1 und des Preises von Gut 2 sei

$$y^1(p^1, p^2) = a^1 - b^1 p^1 , \quad a^1, b^1 > 0$$

analog sei

$$y^2(p^1, p^2) = a^2 + b^2 p^1 - d^2 p^2 , \quad a^2, b^2, d^2 > 0$$

die Marktnachfrage nach Gut 2, y^2, in Abhängigkeit beider Güterpreise. Es gibt zwei Firmen

Firma 1 produziert Gut 1 mit konstanten Grenzkosten $c^1 > 0$

Firma 2 produziert Gut 2 mit konstanten Grenzkosten $c^2 = 0$

Aufgaben:

1. Berechnen Sie das Bertrand-Gleichgewicht

2. Stellen Sie sich vor, die beiden Firmen bilden ein Kartell und bestimmen ihre Preise so, daß der gemeinsame Gewinn maximiert wird. Berechnen Sie diese Kartellpreise.

3. In welchem der Fälle 1.) oder 2.) sind die Preise höher?

16.1.2 Aufgabe

Betrachten Sie einen Markt, auf dem 2 Firmen ein homogenes Gut y anbieten: Seien $C^k(y^k)$ die Kosten, welche der Firma $k = 1, 2$ bei der Produktion ihres Angebots $y^k \geq 0$ an Gut y anfallen. Nehmen Sie an, alle Firmen produzieren unter identischen, konstanten Grenzkosten $c > 0$. Die Marktnachfrage nach Gut y ist durch folgende lineare Funktion gegeben:

$$P(y^1 + y^2) = a - b(y^1 + y^2), a > c, b > 0.$$

$p^* = P(y^1 + y^2)$ ist also der Gleichgewichtspreis, welcher sich auf dem Markt einstellt, falls die Produzenten y^1, y^2 anbieten.

Aufgaben:

1. Berechnen Sie das Walras-Gleichgewicht bei vollkommener Konkurrenz.

2. Berechnen Sie das Cournot-Duopolgleichgewicht.

3. Berechnen Sie die Monopollösung.

4. Gemäß der oben angegebenen Funktion $P(y^1+y^2)$ ist $X(p) = \frac{a-p}{b}$ die zum Preis p resultierende Marktnachfrage. Berechnen Sie hiermit das Bertrand-Duopolgleichgewicht.

5. Vergleichen Sie z.B. anhand einer Zeichnung die Wohlfahrt (Konsumenten- und Produzentenrente) in den unter Teilaufgabe 1.) - 4.) berechneten Gleichgewichten.

16.1.3 Aufgabe

Betrachten Sie einen Markt, auf dem K Firmen ein homogenes Gut y anbieten: Seien $C^k(y^k)$ die Kosten, welche der Firma k bei der Produktion ihres Angebots $y^k \geq 0$ an Gut y anfallen. Nehmen Sie an, alle Firmen produzieren unter konstanten Grenzkosten, d.h. $C^k(y^k) = c^k y^k$, wobei $c^k > 0$ und o.B.d.A. $c^1 \leq c^2 \leq \ldots \leq c^K$ ist. Die Marktnachfrage nach Gut y ist durch folgende lineare Funktion gegeben:

$$P\left(\sum_{k=1}^{K} y^k\right) = \max\left\{a - b\sum_{k=1}^{K} y^k \; ; 0\right\}, \; a > c^1, b > 0$$

$\overset{*}{p} = P(\sum_{k=1}^{K} y^k)$ ist also der Gleichgewichtspreis, welcher sich auf dem Markt einstellt, falls die Produzenten $y^1, \ldots, y^K$ anbieten.

1. Berechnen Sie das Walras-Gleichgewicht bei vollkommener Konkurrenz.

2. Berechnen Sie für $K = 1$ die Monopollösung.

3. Berechnen Sie für $K = 2$ die Cournot-Duopollösung.

4. Berechnen Sie für den Fall, daß $c^1 = c^2 = \ldots = c^K$, die allgemeine Cournot-Oligopollösung.

5. Zeigen Sie, daß für $K \to \infty$ der Gleichgewichtspreis aus Teilaufgabe 4.) zum Walras-Gleichgewichtspreis konvergiert.

6. Berechnen Sie für $K = 2$ die Kartellösung.

7. Berechnen Sie für $K = 2$ die Stackelberg-Lösung, wobei die Firma mit geringeren Grenzkosten die Stackelberg-Füherin ist.

8. Zeigen Sie, daß im Walras-Gleichgewicht die Wohlfahrt (Konsumenten- und Produzentenrente) am größten ist, und zeigen Sie graphisch, welche Wohlfahrtsverluste in den Fällen 2.), 3.), 6.), 7.) auftreten.

16.1.4 Aufgabe

Sei $X = \{a, b, c\}$ eine Menge von drei sozialen Alternativen, welche drei Individuen $i = 1, 2, 3$ unterschiedlich bewerten. Sei $\succ^i$ die strikte Präferenzrelation von i, d.h. z.B. $a \succ^i b$ bedeutet "Individuum i zieht a der Alternative b vor".

Aufgaben:

1. Definieren Sie die Aggregationsregel "Mehrheitswahl".

2. Stellen Sie alle individuellen Präferenzen dar, gemäß derer die Alternative b nicht die schlechteste Alternative ist.

3. Wählen Sie drei verschiedene Präferenzen aus Teilaufgabe 2.) aus, und zeigen Sie, daß die Mehrheitswahl transitiv ist.

4. Man kann zeigen, daß das Ergebnis von Teilaufgabe 3.) unabhängig von der Anzahl der Alternativen und der Anzahl der Individuen gilt. Warum widerspricht dieses Ergebnis nicht dem Unmöglichkeitstheorem von Arrow?

16.1.5 Aufgabe

Kreuzen Sie die jeweils richtige Alternative an:

1. Das Unmöglichkeitstheorem von Arrow besagt, daß es keine Aggregationsregel gibt, die jedes Profil individueller Präferenzen zu einer sozialen Präferenz zusammenfaßt, wenn die Aggregationsregel unbeschränkten Definitionsbereich, Einstimmigkeitsprinzip, nicht diktatorisch und

   Q) die Transitivität der Präferenzen.

   R) die Unabhängigkeit von irrelevanten Alternativen.

   S) Unabhängigkeit von irrelevanten Präferenzen.

   erfüllen soll.

2. Die Mehrheitswahl ist keine Aggregationsregel, welche alle Anforderungen des Unmöglichkeitstheorems von Arrow erfüllt, weil die Mehrheitswahl nicht

   M) unabhängig von irrelevanten Alternativen ist.

   N) dem Einstimmigkeitsprinzip genügt.

   O) transitiv ist.

3. Ein externer Effekt ist

   T) eine direkte Interaktion von Entscheidungsträgern.

   U) eine Auswirkung exogener Größen auf das Marktgleichgewicht.

   V) ein Grund für Eindeutigkeit von Walrasgleichgewichten.

4. Eine Pigou-Steuer

   F) verzerrt den Preismechanismus und führt deshalb zu Pareto - Ineffizienz.

   G) ist die einzige Methode in Ökonomien mit externen Effekten Pareto - Effizienz zu sichern.

   H) kann in Ökonomien mit externen Effekten Pareto-Effizienz herbeiführen.

5. Öffentliche Güter

   D) sind Güter, die nichts kosten.

   E) sind Güter bei denen der Konsum eines Konsumenten den des anderen Konsumenten nicht ausschließt.

   F) sind Güter, deren Bereitstellung nicht privaten Firmen überlassen werden kann, weil sonst Pareto-Effizienz nicht gesichert ist.

6. In einem Lindahl-Gleichgewicht

   M) bezahlt jeder Konsument für jedes Gut denselben Preis.

   N) werden verzerrende Steuern erhoben.

   O) sind die Allokationen Pareto-effizient.

7. Die Ausübung von Marktmacht

   R) führt zu Pareto-Ineffizienz.

   S) erhöht die Gewinne der Firmen, sodaß die Konsumenteneinkommen steigen und im Vergleich zur vollkommenen Konkurrenz sich jeder Konsument verbessert.

   T) kann nicht in einem allgemeinen Gleichgewichtsmodell analysiert werden.

8. Die Cournot- und Bertrandlösung einer strategischen Situation von Firmen mit Marktmacht

   G) führen immer zu unterschiedlichen Allokationen.

   H) sind nicht als Nash-Gleichgewicht auffaßbar.

   I) stimmen für den Fall eines Monopolisten überein.

9. Eine Firma, die droht dem Markt zuzutreten,

   E) veringert im Cournot-Modell die Marktmacht der bedrohten Firmen.

   F) erbringt Pareto-Effizienz.

   G) kann bei vollständiger Information nicht glaubhaft abgeschreckt werden.

16.1.6 Aufgabe

Betrachten Sie ein einfaches Modell mit wechselseitiger negativer Konsumexternalität, in welchem es zwei Güter x, m und zwei Konsumenten gibt. Die Nutzenfunktion des ersten Konsumenten laute

$$U_1 = 2\ln x_1 - \ln x_2 + m_1$$

nach seinem Konsum x_1 am Gut mit Externalität (nämlich x) und m_1 am Restgut. Analog sei die Nutzenfunktion des anderen Konsumenten

$$U_2 = 2\ln x_2 - \ln x_1 + m_2 \quad .$$

Das Gut x kann aus dem Gut m mittels der Technologie $y + m = 0$ produziert werden.

1. Definieren Sie ein Walras-Gleichgewicht für diese Ökonomie.

2. Berechnen Sie das Walras-Gleichgewicht.

3. Berechnen Sie die Pareto-effiziente Lösung.

4. Geben sie Obergrenzen am Konsum x für beide Konsumenten an, sodaß das Walras-Gleichgewicht Pareto-effizient ist.

5. Bestimmen sie eine Pigou-Steuer, sodaß das Walras-Gleichgewicht mit Pigout-Steuer Pareto-effizient ist.

16.2 Schwierigkeitsniveau 2

16.2.1 Aufgabe

Bestimmen Sie für das dynamische Marktzutrittsspiel mit asymmetrischer Information, wie es im Skript auf Seite 136 f. beschrieben ist, für die Werte von $d = 10$ und $p = \frac{4}{5}$ ein perfektes Bayesianisches Gleichgewicht, $(i^*,\ j^*,\ R^*)$, $Wk^*(m \mid i^*j^*)$, $Wk^*(l \mid i^*j^*)$, q^*.

16.2.2 Aufgabe

Betrachten Sie einen Markt, auf dem zwei Firmen ein homogenes Gut y anbieten. Die Firmen seien mit I und E bezeichnet. Seien $C^I(y^I) = 2y^I$ die Kosten der Firma I und $C^E(y^E) = y^E$ die Kosten der Firma E. Die Marktnachfrage sei $P(y^I + y^E) = 10 - 2(y^I + y^E)$.

1. Berechnen Sie das Walras–Gleichgewicht bei vollkommenem Wettbewerb, $(\overset{\star}{y}^I, \overset{\star}{y}^E), (\overset{\star}{p})$.

2. Berechnen Sie das Cournot–Gleichgewicht, $(\tilde{y}^I, \tilde{y}^E), (\tilde{p})$.

3. Berechnen Sie das Bertrand–Gleichgewicht $(\hat{p}^I, \hat{p}^E), (\hat{y}^I, \hat{y}^E)$.
   (Nehmen Sie hierbei an, daß auf Firma E die gesamte Nachfrage entfällt, falls beide Firmen denselben Preis wählen.)

Betrachten Sie nun folgendes zweistufige Marktzutrittsspiel bei symmetrischer Information, d.h. C^I, C^E und P sind allgemein bekannt. In der ersten Stufe ist die Firma I bereits am Markt etabliert ('incumbent') und Firma E ('entrant') entscheidet, ob sie zum Markt hinzutreten soll. Falls E zutritt, fallen Fixkosten in der Höhe $F = 3$ an. In der zweiten Stufe ist I weiterhin allein am Markt, falls E nicht zutritt, und kann weiterhin zu C^I produzieren. Sonst sind I und E am Markt und können gemäß der Kostenfunktion C^I bzw. C^E produzieren. (Vgl. Ablauf des Spiels im Skript auf S. 338.)

4. Bestimmen Sie zu jeder der in den Teilaufgaben 1. – 3. berechneten Ergebnisse für den Fall des Marktzutritts das Nash–Gleichgewicht des Marktzutrittspiels:

$$\left(\overline{y}^I(1), \overline{p}^I(1), m^E(1)\right), \left(\overline{y}^I(2), \overline{y}^E(2), \overline{p}^I(2), \overline{p}^E(2)\right),$$

   wobei (1) bzw. (2) die Entscheidungen in der ersten bzw. der zweiten Stufe spezifiziert und $m^E(1) \in \{$ zutritt, rausbleiben $\}$ ist.

5. Bestimmen Sie die wohlfahrtsmaximalen Entscheidungen eines zentralen Planers

$$\left(y^I(1), p^I(1), m^E(1)\right), \left(y^I(2), y^E(2), p^I(2), p^E(2)\right).$$

16.2.3 Aufgabe

Betrachten Sie das im Abschnitt 8.1.1 des Skripts beschriebene allgemeine Gleichgewichtsmodell

$$GE = \left[\mathbb{R}^{n+1}, \left(\mathbb{R}^n_+, V^i, \omega^i, \delta^i\right)_{i=1,\dots,I}, Y^k_{k=1,\dots,k}\right]$$

im folgenden einfachen Spezialfall:

$$I = 1, K = 2 \text{ und}$$

$$V(x,m) = x - \frac{x^2}{20} + m, \omega = 0, M = 10$$

$$F^1(y^1, m^1) = \frac{3}{5}y^1 + m^1$$

$$F^2(y^2, m^2) = \frac{1}{2}y^2 + m^2.$$

1. Berechnen Sie die auf Seite 303 des Skripts beschriebene objektive Nachfragefunktion $P(y^1, y^2)$.

2. Berechnen Sie die auf Seite 306 des Skripts beschriebenenKostenfunktionen $C^k(y^k), k = 1, 2$.

3. Zeigen Sie, daß $(\overset{*}{x}, \overset{*}{y}, \overset{*}{m}), (\overset{*}{p})$ mit $\overset{*}{x} = 5, \overset{*}{y}^1 = 0, \overset{*}{y}^2 = 5, \overset{*}{m} = 7.5, \overset{*}{m}^1 = 0, \overset{*}{m}^2 = -2.5, \overset{*}{p} = \frac{1}{2}$ ein Walras-Gleichgewicht bei vollkommenem Wettbewerb ist.

4. Zeigen Sie, daß $(\tilde{x}, \tilde{y}, \tilde{m}), (\tilde{p})$ mit $\tilde{x} = 3, \tilde{y}^1 = 1, \tilde{y}^2 = 2, \tilde{m} = 8.4, \tilde{m}^1 = -0.6, \tilde{m}^2 = -1, \tilde{p} = \frac{7}{10}$ ein Cournot–Walrasgleichgewicht ist.

5. Zeigen Sie, daß im Cournot-Walras-Gleichgewicht der Nutzen der Konsumenten geringer ist als im Walras-Gleichgewicht bei vollkommenem Wettbewerb.

16.2.4 Aufgabe

Betrachten Sie ein allgemeines Gleichgewichtsmodell mit einem privaten Gut, m, und einem öffentlichen Gut, y. Das öffentliche Gut y kann aus dem privaten Gut m gemäß der Technologie

$$Y = \{(y,m)|y \geq 0, \ m \leq 0 \text{ und } (y)^2 + m \leq 0\}$$

produziert werden. Es gibt zwei Konsumenten mit Nutzenfunktionen

$$U^1(y, m^1) = \alpha \ln y + m^1$$

und

$$U^2(y, m^2) = \beta \ln y + m^2$$

wobei $\alpha, \beta > 0$ und $\alpha \neq \beta$ gelten soll. Die Erstausstattungen am privaten Gut seien mit $M^1 \geq 0$ bzw. $M^2 \geq 0$ bezeichnet. $\delta^1 \geq 0$ bzw. $\delta^2 \geq 0$ bezeichnen die Anteile am Gewinn des öffentlichen Sektors.

Aufgaben:

1. Berechnen Sie die Menge der Pareto-effizienten Allokationen.

2. Zeigen Sie, daß es kein Walras-Gleichgewicht geben kann.

3. Berechnen Sie ein Lindahl-Gleichgewicht.

4. Ist das unter 3. berechnete Gleichgewicht Pareto-effizient ?

16.2.5 Aufgabe

Rosa und Belinda sind dolle Busenfreundinnen. Eigentlich teilen sie alles, jedes Geheimnis. Nur beide sind total in den hübschen, so netten Julian verknallt. Julian mag beide und wartet erstmal ab, welche ihn zuerst anbaggert.

Heute, am Samstag Abend, haben sich die Freundinnen im Apollo Club verabredet. Julian geht aber ins Neuschwanstein, was beide Verliebten natürlich wissen.

Nun heckt Rosa - Liebe macht bekanntlich etwas rücksichtslos - einen Plan aus: Wenn sie Belinda versetzt und stattdessen ins Neuschwanstein geht, hat sie Julian sicher. Sie würde mit ihm 5 Wochen auf Wolke 7 schweben, wohl oder übel wäre Belinda bestimmt 8 Wochen beleidigt, wenn sie allein ins Apollo gehen müßte und von Rosas Erfolg erführe. Geht Rosa aber ins Apollo und trifft Belinda, so würden sie einen netten Abend ohne Konsequenzen für die nächsten Wochen verbringen. Aber Rosa weiß auch, daß Belinda genauso durchtrieben ist wie sie selbst. Und Belinda hat wirklich die gleichen Gedanken. Führt also Belinda Rosa an der Nase herum, so würde Rosa dasselbe üble Schicksal und Belinda dasselbe Glück zuteil, als wenn es andersherum geschähe. Träfen sich aber beide im Neuschwanstein, gäbe es eine Szene und beide versuchten, die andere bei Julian zu vergrätzen, was ihnen auch gelänge. Dann wären beide wohl 3 Wochen lang beleidigt.

1. Zeigen Sie, welches Treffen Nash mit welchen Wahrscheinlichkeiten prognostizieren würde, wobei 1 Woche beleidigt / glücklich zu sein jeweils einer negativen / positiven Einheit entspricht!

   (Daran erkennen Sie, daß wir so viele Alltagssituationen mit der Spieltheorie lösen könnten!)

2. Beschreiben Sie das Spiel unter Abschnitt A.2.1 des Skripts als ein Spiel in Normalform bei gleichzeitigem Ziehen. Welche Nash-Gleichgewichte gibt es?

3. Berechenen Sie die Nash-Gleichgewichte der folgenden Bimatrix-Spiele:

$$\begin{bmatrix} (4;3) & (0;2) \\ (3;2) & (10;10) \end{bmatrix}, \qquad \begin{bmatrix} (4;5) & (8;4) \\ (6;6) & (7;8) \end{bmatrix}.$$

4. Versuchen Sie das Konzept des Nash-Gleichgewichts in reinen Strategien auf folgendes Spiel zu übertragen, obwohl es kein Bimatrix-Spiel ist!

   Es gibt zwei Spieler, $\{A, B\}$, deren Strategiemenge ist, unabhängig voneinander eine reelle Zahl, $(a; b) \in \mathbb{R}^2$, zu nennen. Ihre Auszahlungsfunktionen sind: $U^A(a, b) = a(b + 1) - a^2$ bzw. $U^B(a, b) = 2(a + 2)b - b^2$.

5. Betrachten Sie unten stehendes Baumspiel (A) mit zwei Spielern, $\{A, B\}$, und zwei Spielstufen. Wie sieht ein typisches Strategienpaar aus? Welches Nash-Gleichgewicht würde sich B wünschen? Nennen sie zwei mögliche! Auf welches davon sollte er sich nicht einlassen? Welches Nash-Gleichgewicht ist teilspielperfekt?

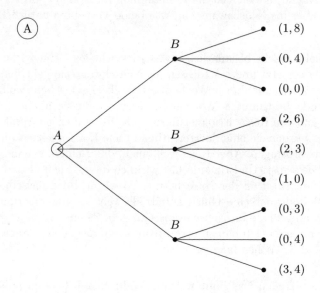

6. Geben Sie zu dem folgendem Baumspiel (B) alle Strategien-Tupel, das teilspielperfekte Nash-Gleichgewicht und ein anderes Nash-Gleichgewicht an.

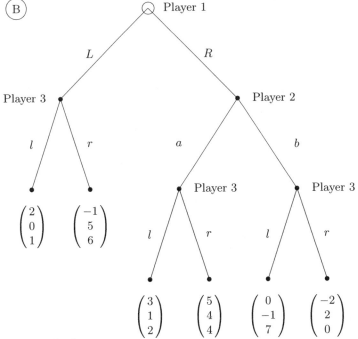

16.2.6 Aufgabe

Betrachten Sie ein allgemeines Gleichgewichtsmodell mit 3 Gütern, 2 Firmen und einem Konsumenten. Die Güter 1 und 2 sind Konsumgüter; das Gut 3 ist der einzige Produktionsfaktor.

Firma 2 stellt aus Einsatz von Gut 3 gemäß der Technologie Y^2 das Gut 2 her, wobei

$$Y^2 = \left\{ y^2 \in \mathbb{R}^3 \mid y_1^2 \leq 0, y_2^2 \geq 0, y_3^2 \leq 0, 2y_2^2 + 5y_3^2 \leq 0 \right\}$$

Der Output der Firma 2 verursacht in der Produktion der Firma 1, welche Gut 1 aus Gut 3 produziert, einen negativen externen Effekt, denn

$$Y^1 = \left\{ y^1 \in \mathbb{R}^3 \mid y_1^1 \geq 0, y_2^1 \leq 0, y_3^1 \leq 0, 2y_1^1 + (100 - 5y_2^2)y_3^1 \leq 0 \right\}$$

ist die Technologie der 1. Firma.

Der Konsument besitzt beide Firmen sowie 8 Einheiten des Produktionsfaktors:

$$\omega = (0, 0, 8), \ \delta = (1, 1)$$

Er bewertet Konsum gemäß der Nutzenfunktion:

$$U(x_1, x_2, x_3) = ln\ x_1 + 2ln\ x_2$$

Aufgaben:

1. Zeigen Sie, daß die Angebotsmenge an Konsumgütern

$$Y = \left\{(y_1, y_2) \in \mathbb{R}_+^2 \mid y_1 \leq y_1^1 + y_1^2, y_2 \leq y_2^1 + y_2^2,\right.$$
$$\left. 0 \leq y_3^1 + y_3^2 + \omega_3,\ y^1 \in Y^1, y^2 \in Y^2\right\}$$

durch folgende Transformationskurve gegeben ist:

$$Y = \left\{(y_1, y_2) \in \mathbb{R}_+^2 \mid y_1 \leq 400 - 40y_2 + (y_2)^2\right\}$$

2. Zeigen Sie, daß die Allokation $(\overset{*}{x}, \overset{*}{y}) = (100, 10, 0, 100, 0, -4, 0, 10, -4)$ Pareto-effizient ist. (Hinweis: Teil 1.) benutzen!)

3. Zeigen Sie, daß $(\overset{*}{x}, \overset{*}{y})$ keine Walras-Gleichgewichtsallokation sein kann.

4. Bestimmen Sie Preise, sowie eine Obergrenze der Produktion von Gut 2, $\bar{y}_2^2$, so daß $(\overset{*}{x}, \overset{*}{y})$ ein Walras-Gleichgewicht mit Schadensobergrenze $\bar{y}_2^2$ ist.

5. Bestimmen Sie Preise sowie eine Pigou-Steuer auf Gut 2, so daß $(\overset{*}{x}, \overset{*}{y})$ ein Walras-Gleichgewicht mit Pigou-Steuer ist.

6. Führen Sie ein 4. Gut ein, welches die Interpretation

   $y_4^2 < 0$ Produzent 2 kauft das Recht, die negative Externalität auf dem Niveau y_4^2 auszuüben.

   $y_4^1 > 0$ Produzent 1 verkauft das Recht, die negative Externalität auf dem Niveau y_4^1 auszuüben.

   Definieren Sie die um Gut 4 erweiterte Technologie wie folgt:

$$Y^1 = \left\{y^1 \in \mathbb{R}^4 \mid y_1^1 \geq 0, y_2^1 \leq 0, y_3^1 \leq 0, y_4^1 \geq 0,\right.$$
$$\left. 2y_1^1 + (100 - 5y_2^2)y_3^1 \leq 0 \text{ und } y_4^1 \leq y_2^2\right\}$$

$$Y^2 = \left\{y^2 \in \mathbb{R}^4 \mid y_1^2 \leq 0, y_2^2 \geq 0, y_3^2 \leq 0, y_4^2 \leq 0,\right.$$
$$\left. 2y_2^2 + 5y_3^2 \leq 0 \text{ und } y_2^2 \leq -y_4^2\right\}$$

Bestimmen Sie ein Preissystem $\tilde{p} \in \mathbb{R}^4$, so daß $(\tilde{x}, \tilde{y}, \tilde{p})$ ein Walras-Gleichgewicht ist, wobei

$$\tilde{x} = (100, 10, 0, 0),\ \tilde{y}^1 = (100, 0, -4, 10),\ \tilde{y}^2 = (0, 10, -4, -10).$$

Teil IV

Anhang

A

Spieltheorie

A.1 Einführung

Hinter der Bezeichnung *Spieltheorie* verbirgt sich eine multipersonelle Entscheidungstheorie. Die Grundannahme dieser Theorie ist, daß alle beteiligten Spieler *rational* handeln, wobei sie ihre Kenntnisse und Erwartungen über das Verhalten der anderen berücksichtigen.

Die Spieltheorie ist in zwei große Gebiete unterteilt: die kooperative Spieltheorie und die nicht-kooperative Spieltheorie. Die kooperative Spieltheorie betrachtet die Bildung von Koalitionen und Subkoalitionen unter dem Aspekt, daß die Spieler ihre Auszahlungen durch *Kooperieren* erzielen. Verträge, die durch Kooperation zustande gekommen sind, sind dabei einklagbar. Das heißt, es gibt eine unabhängige Instanz, die darüber wacht, daß die Spieler sich an ihre Verträge halten. In der nicht-kooperativen Spieltheorie hingegen gibt es keine bindenden Kontrakte. Stattdessen handelt jeder nach seinen eigenen Interessen innerhalb eines fest abgesteckten *Rahmens*.

Dieser Rahmen wird in sogenannten *Spielen in Normalform* und *Spielen in extensiver Form* präzisiert. Spiele in Normalform beschreiben Situationen, in denen die Spieler simultan und unabhängig voneinander handeln. In Spielen in extensiver Form agieren die Spieler nacheinander und treffen ihre Entscheidungen unter Kenntnis aller möglichen Handlungen der anderen Spieler. Bei Spielen in extensiver Form mit unvollständiger Information sind darüber hinaus nicht alle *realisierten* Handlungen der anderen Parteien sofort beobachtbar. Im folgenden werden nicht-kooperative Spiele betrachtet, die zu einem der beiden Typen – Normalform und extensiver Form – gehören.

A.2 Spiele in Normalform – Reine Strategien

A.2.1 Grundbegriffe

Spiele in Normalform bestehen aus einer endlichen Menge von Spielern, deren Handlungsalternativen sowie deren Auszahlungsfunktionen, die den Nutzen der Spieler beschreiben. Der einfachste Fall von Spielen in Normalform sind *Bimatrixspiele*. Hier besteht die Menge von Spielern nur aus zwei Personen, genannt A und B, die je zwei Handlungsalternativen, a_1, a_2 bzw. b_1, b_2 zur Auswahl haben. Diese Handlungsalternativen werden als *Strategien* bezeichnet.

Ein Spiel, in dem jeder Spieler zwischen zwei möglichen Strategien wählen kann, läßt sich in einer 2×2 Matrix darstellen: Spieler A kann entweder die Strategie *1. Zeile* oder *2. Zeile* spielen. Spieler B kann zwischen der Strategie *1. Spalte* oder *2. Spalte* wählen. Zu jeder Kombination der Strategien Zeile und Spalte wird die Auszahlung an entsprechender Stelle der Matrix eingetragen. In den folgenden Abschnitten werden dafür Beispiele gezeigt.

Definition A.1 (2-Spieler - 2-Reine-Strategien - Spiel).
$\{A, B\}$ *sei die Spielermenge.*

$\mathcal{A} = \{a_1, a_2\}$ *sei die Menge der reinen Strategien von Spieler A.*
$\mathcal{B} = \{b_1, b_2\}$ *sei die Menge der reinen Strategien von Spieler B.*

Die Auszahlungsfunktion von Spieler A sei definiert als
$U^A : \{a_1, a_2\} \times \{b_1, b_2\} \longrightarrow \mathbb{R}$ *mit*
$U^A : (a, b) \longmapsto U^A[(a, b)]$ $\quad \forall a \in \mathcal{A} = \{a_1, a_2\}, b \in \mathcal{B} = \{b_1, b_2\}$.

Die Auszahlungsfunktion von Spieler B sei definiert als
$U^B : \{a_1, a_2\} \times \{b_1, b_2\} \longrightarrow \mathbb{R}$ *mit*
$U^B : (a, b) \longmapsto U^B[(a, b)]$ $\quad \forall a \in \mathcal{A} = \{a_1, a_2\}, b \in \mathcal{B}\{b_1, b_2\}$.

A.2.2 Lösung des Spiels durch dominante Strategien

Wir brauchen nun eine Theorie, welche diejenigen Strategien auswählt, die von den Spielern „sinnvollerweise" gewählt werden sollten. Dabei nehmen wir gemäß der Rationalitätsannahme die individuelle Nutzenmaximierung als maßgebendes Prinzip an. Eine erste Lösungsmöglichkeit für ein gemäß Definition A.1 definiertes Spiel könnte eine Lösung durch sogenannte *dominante Strategien* sein.

Definition A.2 (Dominante Strategie).
Eine dominante Strategie *für Spieler A ist eine Strategie* $a_i \in \mathcal{A} = \{a_1, a_2\}$, *die* $U^A[(a,b)]$ *für alle* $b \in \mathcal{B} = \{b_1, b_2\}$ *maximiert.*

Definition A.3 (Lösung durch dominante Strategien).
Ein wie in Definition A.1 definiertes Spiel ist durch dominante Strategien gelöst, *wenn* $\overset{*}{a} \in \mathcal{A}$ *für Spieler A eine dominante Strategie ist und* $\overset{*}{b} \in \mathcal{B}$ *eine dominante Strategie für Spieler B ist. Das Gleichgewicht entspricht somit der Wahl* $(\overset{*}{a}, \overset{*}{b})$ *und die individuellen Auszahlungen* $U^A[(\overset{*}{a}, \overset{*}{b})]$ *und* $U^B[(\overset{*}{a}, \overset{*}{b})]$.

A.2.3 Beispiel: Das Gefangenen-Dilemma

Ein in der Literatur beliebtes Beispiel eines Spiels, das durch dominante Strategien gelöst werden kann, ist das sogenannte Gefangenen-Dilemma:

Seit geraumer Zeit ist die Polizei auf der Suche nach zwei bekannten Kriminellen, die mehrere Banken ausgeraubt haben. Nachdem eine Polizeistreife sie zufällig anhält und Waffen in ihrem Wagen entdeckt, werden sie zur Polizeizentrale gebracht. Da es weder Beweise noch Zeugen gibt, benötigt die Polizei ein Geständnis von mindestens einem der beiden Kriminellen. Aus diesem Grund werden die Bankräuber in zwei separaten Räumen verhört. Wegen unerlaubtem Waffenbesitzes werden beide zu einer Freiheitsstrafe von einem Jahr verurteilt. Gesteht nun aber einer der Beiden die Banküberfälle und der Andere schweigt, so ist derjenige, der gestanden hat, frei und der Andere wird zu neun Jahren Haft verurteilt. Gestehen beide, reduziert sich die Strafe für jeden von neun auf sechs Jahre Haft."

Was sollte nun jeder rationale Kriminelle in dieser Situation? Für die Freundschaft würde die Option „schweige-schweige" sprechen, denn sie minimiert auch die Gesamtstrafe (insgesamt 2 Jahre Gefängnis gegenüber 9 oder sogar 12). Versuchen wir jedoch das Spiel mit unserem Instrumentarium zu analysieren und lassen wir uns von den Schlußfolgerungen überraschen:

- $\{A, B\}$ sei die Menge der Spieler, also $A = $ *Erster Krimineller* und $B = $ *Zweiter Krimineller.*

- Die Strategien beider Spieler seien:

  1. $\mathcal{A} = \{G, S\}$: Der erste Kriminelle kann „gestehen" oder „schweigen".
  2. $\mathcal{B} = \{G, S\}$: Der zweite Kriminelle hat ebenfalls die Optionen „gestehen" oder „schweigen".

- Die Auszahlungen können wir formal darstellen:

1. *Erster Krimineller*: Falls A gesteht und B schweigt, wäre sein Nutzen am größten: $U^A[(G,S)] = 0$. Möchte B jedoch auf keinen Fall eine lange Zeit im Gefängnis verbringen und gesteht somit auch, dann würde sich der Nutzen von A reduzieren auf $U^A[(G,G)] = -6$. Schweigt A, während B gesteht, dann wird der Nutzen von $U^A[(S,G)] = -9$ für ihn noch schlechter. Schweigen hingegen beide, geht A für ein Jahr ins Gefängnis, d.h. $U^A[(S,S)] = -1$.

2. *Zweiter Krimineller*: B steht genau vor derselben Auszahlungsstruktur wie A. „Schweige-schweige" zahlt $U^B[(S,S)] = -1$ aus, „gestehe-gestehe" hingegen $U^B[(G,G)] = -6$. Gesteht B und schweigt A, ergibt sich für B ein Nutzen von $U^B[(S,G)] = 0$, d.h. seine beste Alternative. Analog wird B bestraft, wenn er schweigt und A gesteht, d.h. $U^B[(G,S)] = -9$.

Wir können uns somit Auszahlungsmatrizen für A und B vorstellen, die die Nutzenauszahlungen je nach Endzustand des Spiels wiedergeben. Die Auszahlungsmatrizen sehen dann folgendermaßen aus:

$$A = \begin{pmatrix} U^A[(G,G)] & U^A[(G,S)] \\ U^A[(S,G)] & U^A[(S,S)] \end{pmatrix} = \begin{pmatrix} -6 & 0 \\ -9 & -1 \end{pmatrix} \quad ,$$

$$B = \begin{pmatrix} U^B[(G,G)] & U^B[(G,S)] \\ U^B[(S,G)] & U^B[(S,S)] \end{pmatrix} = \begin{pmatrix} -6 & -9 \\ 0 & -1 \end{pmatrix}$$

oder zusammengefaßt

$$(A,B) = \begin{pmatrix} (-6,-6) & (0,-9) \\ (-9,0) & (-1,-1) \end{pmatrix} \quad ,$$

wobei der *erste Kriminelle* 1. Zeile (gestehen) oder 2. Zeile (schweigen) spielt und der *zweite Kriminelle* 1. Spalte (gestehen) oder 2. Spalte (schweigen) spielt.

Es wird schnell klar, daß A mit „gestehen" immer besser gestellt ist: Geht er davon aus, daß B schweigt, dann ist ein Geständnis für ihn vorteilhaft, denn dadurch vermeidet er eine Haftstrafe. Nimmt A an, daß B gestehen wird, dann lohnt sich für A ein Geständnis, da er dadurch die Strafe von 9 auf 6 Jahre reduziert. „Gestehen" ist somit für A eine *dominante Strategie*, denn sie bleibt optimal, egal was B spielt. Aufgrund der Symmetrie der Auszahlungsstruktur gilt dieselbe Überlegung auch für B und das einzige Gleichgewicht mit dominanten Strategien ist „gestehen-gestehen"!

A.2.4 Die Idee des Nash-Gleichgewichts

Nicht jedes Spiel besitzt Lösungen durch dominante Strategien. Ein allgemeineres Lösungskonzept für die Suche nach „sinnvollen" Strategien ist das sogenannte *Nash-Gleichgewicht*. Ein Nash-Gleichgewicht, benannt nach seinem Begründer John Nash, ist dadurch beschrieben, daß keiner der beiden Spieler seinen Nutzen durch Abweichen von seiner Strategie verbessern kann, wenn der andere Spieler an seiner Strategie festhält.

Definition A.4 (Nash-Gleichgewicht in reinen Strategien).
Gegeben sei ein 2-Personen-Spiel mit Strategiemengen $\mathcal{A}$, $\mathcal{B}$ und Auszahlungsfunktionen $U^A[(\cdot,\cdot)]$, $U^B[(\cdot,\cdot)]$. Dann heißt $(\overset{*}{a},\overset{*}{b}) \in \mathcal{A} \times \mathcal{B}$ Nash-Gleichgewicht in reinen Strategien, falls gilt:

$$U^A[(\overset{*}{a},\overset{*}{b})] \geqslant U^A[(a,\overset{*}{b})] \quad \forall a \in \mathcal{A} \quad ,$$

$$U^B[(\overset{*}{a},\overset{*}{b})] \geqslant U^B[(\overset{*}{a},b)] \quad \forall b \in \mathcal{B} \quad .$$

Wir möchten diese Idee am Beispiel einiger der bekanntesten Bimatrixspiele vorstellen.

A.2.5 Beispiel: *Battle of Sexes*

Die Geschichte: *Es ist ein Samstagmorgen und ein Pärchen sitzt gemeinsam am Frühstückstisch. Mit einem Blick in die Zeitung überlegen sie, wie sie den Tag verbringen möchten. Er würde gerne zu einem Fußballbundesligaspiel gehen, während Sie Interesse an einer Opernaufführung hätte. Beide sind sich jedoch einig, auf jeden Fall etwas gemeinsam zu unternehmen, da keiner von beiden ohne den anderen Freude an einer der Veranstaltungen hätte.*

Diesen Fall modellieren wir formal folgendermaßen:

- $\{A, B\}$ sei die Menge der Spieler mit $A = Sie$ und $B = Er$.

- Die Strategien der beiden einzelnen Spieler seien:

  1. $\mathcal{A} = \{O, F\}$: *Sie* kann entweder die Strategie „Oper" oder die Strategie „Fußball" spielen.
  2. $\mathcal{B} = \{O, F\}$: Ebenso hat *Er* die Wahl zwischen „Oper" und „Fußball".

- Die Auszahlungen können wir auch formal darstellen:

  1. *Sie*: Falls *Er* nachgibt und mit ihr die Oper besucht, wäre ihr Nutzen am größten: $U^A[(O,O)] = 2$. Möchte *Er* jedoch auf keinen Fall in die

Oper und *Sie* geht statt dessen zum Fußball, um mit ihm gemeinsam den Tag zu verbringen, wäre ihr Nutzen: $U^A[(F,F)] = 1$. Sollte jedoch keiner von beiden nachgeben, und sie gehen getrennt, dann wäre ihr Nutzen: $U^A[(O,F)] = U^A[(F,O)] = 0$.

2. *Er*: Falls *Sie* nachgibt und mit ihm zum Fußball geht, wäre sein Nutzen am größten: $U^B[(F,F)] = 2$. Möchte *Sie* jedoch auf keinen Fall zum Fußball und *Er* besucht stattdessen die Oper, um mit ihr gemeinsam den Tag zu verbringen, wäre sein Nutzen: $U^B[(O,O)] = 1$. Sollte jedoch keiner von beiden nachgeben, und sie gehen getrennt, dann wäre sein Nutzen: $U^B[(O,F)] = U^B[(F,O)] = 0$.

Wir können somit Auszahlungsmatrizen für A und B erstellen, die die Nutzenauszahlungen je nach Endzustand des Spiels wiedergeben. Die Auszahlungsmatrizen sehen dann folgendermaßen aus:

$$A = \begin{pmatrix} U^A[(O,O)] & U^A[(O,F)] \\ U^A[(F,O)] & U^A[(F,F)] \end{pmatrix} = \begin{pmatrix} 2 & 0 \\ 0 & 1 \end{pmatrix} \quad,$$

$$B = \begin{pmatrix} U^B[(O,O)] & U^B[(O,F)] \\ U^B[(F,O)] & U^B[(F,F)] \end{pmatrix} = \begin{pmatrix} 1 & 0 \\ 0 & 2 \end{pmatrix} \quad,$$

oder zusammengefaßt

$$(A,B) = \begin{pmatrix} (2,1) & (0,0) \\ (0,0) & (1,2) \end{pmatrix} \quad,$$

wobei *Sie* 1. Zeile (Oper) oder 2. Zeile (Fußball) spielt und *Er* 1. Spalte (Oper) oder 2. Spalte (Fußball) spielt.

In diesem Spiel gibt es nach Definition A.4 zwei Nash-Gleichgewichte in reinen Strategien, nämlich

1. (O,O), da

$$2 = U^A[(O,O)] \geqslant U^A[(F,O)] = 0 \quad,$$
$$1 = U^B[(O,O)] \geqslant U^B[(O,F)] = 0 \quad,$$

2. (F,F), da

$$1 = U^A[(F,F)] \geqslant U^A[(O,F)] = 0 \quad,$$
$$2 = U^B[(F,F)] \geqslant U^B[(F,O)] = 0 \quad.$$

Im Beispiel *Battle of Sexes* wird das Paar bestimmt den freien Tag zusammen verbringen. Spieltheoretisch kann man jedoch nicht vorhersagen, ob es in die Oper oder zum Fußball gehen wird.

Dieses Spiel kann auch wirtschaftspolitisch interpretiert werden und erhält somit eine wichtige Bedeutung, denn es schließt die Nicht-Handlung aufgrund von Indifferenz aus. Man könnte in der Tat naiv behaupten, daß zum Beispiel ein Individuum, das zwischen Pizza und Spaghetti absolut indifferent ist, gar nichts essen würde. Die Überlegung ist trotzdem falsch, denn es gibt nicht nur „Pizza" und „Spaghetti", sondern auch „Essen" und „Nichts Essen". Die Präferenz zwischen beiden Alternativen sollte eindeutig sein, so daß das Individuum bestimmt etwas essen wird. In *Battle of Sexes* passiert genau dasselbe, nur im Rahmen einer strategischen Handlung zwischen mehreren Individuen: Es könnte nämlich das Risiko bestehen, daß gar nichts unternommen wird, aber diese Möglichkeit wird sowohl intuitiv (keiner der beiden möchte ja den Tag alleine verbringen) als auch formal widerlegt.

A.2.6 Beispiel: *Matching Pennies*

Wir betrachten nun ein weiteres Beispiel zur Darstellung des Nash-Gleichgewichts.

Zwei Freunde, Albert *und* Bertram, *halten je eine Münze in der Hand. Beide müssen sich dann gleichzeitig entscheiden, ob sie Kopf oder Zahl sichtbar auf den Tisch legen. Falls beide die gleichen Symbole gelegt haben, gewinnt* Albert, *bei verschiedenen Symbolen gewinnt* Bertram.[1]

Die formale Darstellung des Spiels ist:

- $\{A, B\}$ sei die Menge der Spieler mit $A = Albert$ und $B = Bertram$.

- Die Strategien der beiden einzelnen Spieler seien:

  1. $\mathcal{A} = \{K, Z\}$: *Albert* kann entweder die Strategie „Kopf" oder die Strategie „Zahl" spielen.
  2. $\mathcal{B} = \{K, Z\}$: Ebenso hat *Bertram* die Wahl zwischen „Kopf" oder „Zahl".

- Die Auszahlungen ergeben sich wie folgt:

  1. *Albert*: Falls *Albert* und *Bertram* beide Kopf oder beide Zahl gelegt haben, dann gewinnt *Albert* eine Geldeinheit:

  $$U^A[(K, K)] = U^A[(Z, Z)] = 1 \quad .$$

---

[1]Für die Fußballinteressierten sei angemerkt, daß ein Elfmeter der Struktur des Spiels *Matching Pennies* folgt. Dabei sind die zwei Spieler der Schütze und der Torwart, die Strategien „nach links schießen" und „nach rechts schießen" für den ersten beziehungsweise „sich nach links werfen" und „sich nach rechts werfen" für den zweiten. Elf Meter sind so kurz, daß der Torwart seine Entscheidung gleichzeitig mit dem Schützen treffen muß.

Bei verschiedenen Symbolen muß *Albert* eine Geldeinheit an *Bertram* zahlen:

$$U^A[(K, Z)] = U^A[(K, Z)] = -1 \quad .$$

2. *Bertram*: Falls *Albert* und *Bertram* verschiedene Symbole gelegt haben, dann gewinnt *Bertram* eine Geldeinheit:

$$U^B[(K, Z)] = U^B[(K, Z)] = 1 \quad .$$

Bei gleichen Symbolen muß *Bertram* eine Geldeinheit an *Albert* zahlen:

$$U^A[(K, K)] = U^A[(Z, Z)] = -1 \quad .$$

Die Auszahlungsmatrizen von A und B sehen dann folgendermaßen aus:

$$A = \begin{pmatrix} U^A[(K, K)] & U^A[(K, Z)] \\ U^A[(Z, K)] & U^A[(Z, Z)] \end{pmatrix} = \begin{pmatrix} 1 & -1 \\ -1 & 1 \end{pmatrix} \quad ,$$

$$B = \begin{pmatrix} U^B[(K, K)] & U^B[(K, Z)] \\ U^B[(Z, K)] & U^B[(Z, Z)] \end{pmatrix} = \begin{pmatrix} -1 & 1 \\ 1 & -1 \end{pmatrix}$$

oder zusammengefaßt

$$(A, B) = \begin{pmatrix} (1, -1) & (-1, 1) \\ (-1, 1) & (1, -1) \end{pmatrix} \quad ,$$

wobei *Albert* 1. Zeile (Kopf) oder 2. Zeile (Zahl) spielt und *Bertram* 1. Spalte (Kopf) oder 2. Spalte (Zahl) spielt.

Das Besondere in diesem Spiel ist, daß es *kein* Nash-Gleichgewicht in reinen Strategien gibt!

1. (K, K) ist kein Nash-Gleichgewicht, da

$$\begin{aligned} 1 = U^A[(K, K)] &\geqslant U^A[(Z, K)] = -1 \quad , \\ -1 = U^B[(K, K)] &\ngeqslant U^B[(K, Z)] = 1 \quad . \end{aligned}$$

2. (K, Z) ist kein Nash-Gleichgewicht, da

$$\begin{aligned} 1 = U^B[(K, Z)] &\geqslant U^B[(K, K)] = -1 \quad , \\ -1 = U^A[(K, Z)] &\ngeqslant U^A[(Z, Z)] = 1 \quad . \end{aligned}$$

3. (Z, K) ist kein Nash-Gleichgewicht, da

$$\begin{aligned} 1 = U^B[(Z, K)] &\geqslant U^B[(Z, Z)] = -1 \quad , \\ -1 = U^A[(Z, K)] &\ngeqslant U^A[(K, K)] = 1 \quad . \end{aligned}$$

4. (Z, Z) ist kein Nash-Gleichgewicht, da

$$\begin{aligned} 1 = U^A[(Z,Z)] &\geqslant U^A[(K,Z)] = -1 \quad , \\ -1 = U^B[(Z,Z)] &\ngeqslant U^B[(Z,K)] = 1 \quad . \end{aligned}$$

Diese Einsicht zeigt, daß nicht alle Spiele in Normalform mit Nash-Gleichge-wichten in reiner Form gelöst werden können. Eine Lösung für dieses Problem werden wir in Abschnitt A.3 finden. Wir möchten zuerst noch eine Methode zeigen, die das schnelle Errechnen von Nash-Gleichgewichten in reinen Stra-tegien ermöglicht.

A.2.7 Eine Methode zur Bestimmung von Nash-Gleichgewichten in reinen Strategien

Wir unterstreichen in jeder Spalte die höchste Auszahlung des Spielers A und in jeder Zeile die höchste Auszahlung des Spielers B. Ein Paar von Zahlen, welche beide unterstrichen wurden, ist dann ein Nash-Gleichgewicht. Wir er-innern uns dabei, daß in allen Zahlenpaaren die erste Zahl der Auszahlung von A, die zweite der Auszahlung von B entspricht.

Anhand dieser Faustregel suchen wir nach den Nash-Gleichgewichten der Bei-spiele *Battle of Sexes* und *Matching Pennies*.

- *Battle of Sexes:*

$$(A, B) = \begin{pmatrix} (2, \underline{1}) & (0, 0) \\ (0, 0) & (\underline{1}, \underline{2}) \end{pmatrix}$$

- *Matching Pennies:*

$$(A, B) = \begin{pmatrix} (\underline{1}, -1) & (-1, \underline{1}) \\ (-1, \underline{1}) & (\underline{1}, -1) \end{pmatrix}$$

Es wird somit sehr schnell ersichtlich, daß das Spiel *Battle of Sexes* zwei Nash-Gleichgewichte besitzt, während das Spiel *Matching Pennies* unlösbar bleibt. Auch das Gefangenen-Dilemma läßt sich auf diesem Weg lösen, denn Gleichgewichte mit dominanten Strategien sind ein besonderer Fall von Nash-Gleichgewichten:

- *Gefangenen-Dilemma*

$$(A, B) = \begin{pmatrix} (\underline{-6}, \underline{-6}) & (\underline{0}, -9) \\ (-9, \underline{0}) & (-1, -1) \end{pmatrix} \quad .$$

A.3 Spiele in Normalform – Gemischte Strategien

A.3.1 Gemischte Strategien und Nash-Gleichgewicht

Bisher haben wir nur sogenannte „reine" Strategien betrachtet. Aus diesen reinen Strategien werden durch Mischen „gemischte" Strategien. Mischen heißt hier, daß jeder Spieler eine Wahrscheinlichkeitsverteilung über seine Menge von Strategien wählt, und die Spieler per Zufall entscheiden, welche Strategie sie spielen.

Es erscheint zunächst seltsam, daß die Möglichkeit von *zufälligem* Spiel für rationale Spieler eine Rolle spielen sollte. Wir werden jedoch sehen, daß ein zufälliges Spiel dieser Art oft optimal ist, nämlich dann, wenn die Wahl einer reinen Strategie vom Gegner ausgenutzt werden kann, wie zum Beispiel bei *Matching Pennies*.

Unsere Definitionen eines 2-Personen-Spiels und eines Nash-Gleichgewichts lassen sich nun folgendermaßen umschreiben:

Definition A.5 (Spiel mit 2 Spielern und 2 gemischten Strategien).
Ein Spiel mit 2 Spielern und 2 gemischten Strategien läßt sich folgendermaßen charakterisieren:

1. *$\{A, B\}$ sei die Spielermenge.*

2. *$\mathbb{X} = \{\vec{x} = (x_1, x_2) \in \mathbb{R}^2 \mid \vec{x} \geqslant \vec{0},\ x_1 + x_2 = 1\}$ sei die Menge der gemischten Strategien von Spieler A, wobei x_i die Wahrscheinlichkeit ist, mit der Spieler A die reine Strategie a_i wählt, $i = 1, 2$.*

3. *$\mathbb{Y} = \{\vec{y} = (y_1, y_2) \in \mathbb{R}^2 \mid \vec{y} \geqslant \vec{0},\ y_1 + y_2 = 1\}$ sei die Menge der gemischten Strategien von Spieler B, wobei y_i die Wahrscheinlichkeit ist, mit der Spieler B die reine Strategie b_i wählt, $i = 1, 2$.*

4. *Als Auszahlung eines Spielers bei gemischten Strategien definiert man die gemäß den Wahrscheinlichkeiten erwartete Auszahlung dieses Spielers.*
   i) Die Auszahlungsfunktion von Spieler A sei
   $$A : \mathbb{X} \times \mathbb{Y} \longrightarrow \mathbb{R} \quad mit \quad A(\vec{x}, \vec{y}) = \vec{x}^T A \vec{y}.$$
   ii) Die Auszahlungsfunktion von Spieler B sei
   $$B : \mathbb{X} \times \mathbb{Y} \longrightarrow \mathbb{R} \quad mit \quad B(\vec{x}, \vec{y}) = \vec{x}^T B \vec{y}.$$

Anmerkung A.6. Jede reine Strategie ist als gemischte Strategie darstellbar!
Spieler A wählt

$$1. \text{ Zeile: } \vec{x}^{\mathsf{T}} = (x_1, x_2) = (1, 0)$$
$$2. \text{ Zeile: } \vec{x}^{\mathsf{T}} = (x_1, x_2) = (0, 1) \quad .$$

Spieler B wählt

$$1. \text{ Spalte: } \vec{y} = (y_1, y_2)^{\mathsf{T}} = (1, 0)^{\mathsf{T}}$$
$$2. \text{ Spalte: } \vec{y} = (y_1, y_2)^{\mathsf{T}} = (0, 1)^{\mathsf{T}} \quad .$$

Wer dies noch nicht glaubt, kann sich von der Richtigkeit der Aussage durch
Multiplizieren der Vektoren mit den Matrizen (wie zuvor definiert) überzeugen. Auf diese Weise erhält man nämlich die entsprechenden Einträge in den
Auszahlungsmatrizen.

Ein Nash-Gleichgewicht in gemischten Strategien ist dann folgendermaßen
definiert:

Definition A.7 (Nash-Gleichgewicht in gemischten Strategien).
Gegeben sei ein 2-Personen-Spiel mit den Strategienmengen $\mathbb{X}$, $\mathbb{Y}$ *und den
Auszahlungsfunktionen* $A(\cdot, \cdot)$, $B(\cdot, \cdot)$.
Dann heißt $\left(\overset{*}{\vec{x}}, \overset{*}{\vec{y}} \right) \in \mathbb{X} \times \mathbb{Y}$ *Nash-Gleichgewicht in gemischten Strategien, falls
gilt:*

$$\overset{*}{\vec{x}}{}^{T} A \overset{*}{\vec{y}} \geqslant \vec{x}^{T} A \overset{*}{\vec{y}} \quad \forall \vec{x} \in \mathbb{X}$$
$$\overset{*}{\vec{x}}{}^{T} B \overset{*}{\vec{y}} \geqslant \overset{*}{\vec{x}}{}^{T} B \vec{y} \quad \forall \vec{y} \in \mathbb{Y} \quad .$$

Es wurde früher gezeigt, daß das Spiel *Matching Pennies* keine Lösung durch
ein Nash-Gleichgewicht in reinen Strategien besitzt. In folgendem Abschnitt
zeigen wir die Existenz eines Nash-Gleichgewichts mit gemischten Strategien.

A.3.2 Beispiel: Matching Pennies

Im Spiel *Matching Pennies* ist

$$(\overset{*}{\vec{x}}, \overset{*}{\vec{y}}) = \left(\left(\tfrac{1}{2}, \tfrac{1}{2} \right), \left(\tfrac{1}{2}, \tfrac{1}{2} \right) \right)$$

ein Nash-Gleichgewicht in gemischten Strategien, denn

$$0 = \left(\tfrac{1}{2}, \tfrac{1}{2}\right) A \left(\tfrac{1}{2}, \tfrac{1}{2}\right)^{\mathsf{T}} \geqslant (x_1, x_2) A \left(\tfrac{1}{2}, \tfrac{1}{2}\right)^{\mathsf{T}} = (x_1, x_2)(0,0)^{\mathsf{T}} = 0$$

für alle $\vec{x} \in \mathbb{X}$ und

$$0 = \left(\tfrac{1}{2}, \tfrac{1}{2}\right) B \left(\tfrac{1}{2}, \tfrac{1}{2}\right)^{\mathsf{T}} \geqslant \left(\tfrac{1}{2}, \tfrac{1}{2}\right) B (y_1, y_2)^{\mathsf{T}} = (0,0)(y_1, y_2)^{\mathsf{T}} = 0$$

für alle $\vec{y} \in \mathbb{Y}$.

Satz 26 (Satz von Nash) *Jedes Spiel in Normalform besitzt ein Nash-Gleichgewicht!*

Obiger Satz ist sehr wichtig in der Spieltheorie, denn er gewährleistet die Lösbarkeit jedes Spiels. Insbesondere gilt:

Anmerkung A.8. Besitzt ein Spiel in Normalform kein Nash-Gleichgewicht in reinen Strategien, so besitzt es zumindest eines in gemischten Strategien!

Diese Anmerkung ist eine direkte Folgerung aus Anmerkung A.6, in welcher die Verwandtschaft von reinen und gemischten Strategien gezeigt wurde.

Zusammenfassend halten wir fest, daß Nash-Gleichgewichte in reinen Strategien eine Untermenge von Nash-Gleichgewichten in gemischten Strategien sind, und daß Gleichgewichte mit dominanten Strategien eine Untermenge von Nash-Gleichgewichten in reinen Strategien sind. Entscheidend ist nur, daß eine strategische Interaktion eine Darstellung in Normalform hat. Das ist immer der Fall, wie wir später sehen werden. Jedoch beinhaltet die Normalform nicht die sequentielle Struktur eines Spiels.

A.3.3 Eine Methode zur Bestimmung von Nash-Gleichgewichten in gemischten Strategien

Es gibt ein Pendant zu der Methode von Abschnitt A.2.7 auch für gemischte Strategien. Dies ermöglicht es uns, sehr schnell diese erweiterte Art von Nash-Gleichgewicht zu ermitteln:

Zeichne ein Quadrat mit Seitenlänge 1, in welchem auf der unteren horizontalen Achse die gemischte Strategie des Spielers A und auf der linken vertikalen Achse die gemischte Strategie des Spielers B abgetragen werden. Zu jedem $\hat{\vec{x}} \in [0,1]$ überlegen wir uns nun die *beste Antwort*

$$\hat{\vec{y}} \in \beta(\hat{\vec{x}}) = \left\{ \hat{\vec{y}} \in \mathbb{Y} \,\middle|\, B(\hat{\vec{x}}, \hat{\vec{y}}) \geqslant B(\hat{\vec{x}}, \vec{y}) \quad \forall \vec{y} \in \mathbb{Y} \right\}$$

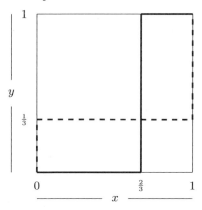

Abb. A.1. Battle of Sexes.

und zeichnen diese *Reaktionskurve* in das Quadrat ein. Analog suchen wir zu jedem $\hat{\hat{y}}$ die besten Antworten $\hat{\hat{x}}$, d.h.

$$\hat{\hat{x}} \in \alpha(\hat{\hat{y}}) = \left\{ \hat{\hat{x}} \in \mathbb{X} \,|\, A(\hat{\hat{x}}, \hat{\hat{y}}) \geqslant A(\vec{x}, \hat{\hat{y}}) \quad \forall \vec{x} \in \mathbb{X} \right\}$$

und zeichnen auch diese *Reaktionskurven* ein. Die Schnittpunkte der Reaktionskurven sind dann Nash-Gleichgewichte.

Im Falle des Spiels *Battle of Sexes* würde diese Methode als Ergebnis die Abbildung A.1 liefern. Dabei sieht man drei Schnittpunkte zwischen beiden Reaktionskurven: Das Spiel *Battle of Sexes* hat somit drei Gleichgewichte in gemischter Form. Der Schnittpunkt oben rechts und derjenige unten links entsprechen den uns schon bekannten Nash-Gleichgewichten in reinen Strategien. Neu ist aber ein dritter Schnittpunkt in der Mitte des Diagramms. Dies ist ein zusätzliches Gleichgewicht, das nur mit gemischten Strategien (d.h. mit zufälligem Verhalten) möglich ist. Man bemerke dabei, daß die asymmetrischen Spielauszahlungen dazu führen, daß beide Partner nicht mit Wahrscheinlichkeit 50% *Fußball* oder *Oper* spielen. Der Mann wird eher zum *Fußball* tendieren, die Frau eher zur *Oper*.

In diesem Beispiel sollte man erkennen, daß noch zusätzliche Gleichgewichte in gemischten Strategien auftauchen können. Den Kreuzpunkt können wir analytisch wie folgt ermitteln. Um die Notation zu vereinfachen, bezeichnen wir mit x die Wahrscheinlichkeit, daß *sie Oper* wählt und mit y die Wahrscheinlichkeit, daß *er Oper* wählt. Mit anderen Worten,

$$\vec{x}^{\mathsf{T}} = (x_1, x_2) = (x, 1 - x)$$
$$\vec{y}^{\mathsf{T}} = (y_1, y_2) = (y, 1 - y) \quad .$$

Wir berechnen nun die erwartete Auszahlung für *sie*[2]

$$\vec{x}^{\mathsf{T}} A \vec{y} = 2xy + 1(1-x)(1-y)$$
$$= 2xy + 1 - y - x + xy$$
$$= 3xy - x - y + 1$$

und versuchen, sie nach x zu maximieren

$$\partial_x(\vec{x}^{\mathsf{T}} A \vec{y}) = 3y - 1 = 0$$
$$y = 1/3 \quad,$$

was auf deutsch heißt, daß bei der Schwelle $y = 1/3$ die Frau ihre Strategie wechseln sollte. Wir können analog die erwartete Auszahlung des Mannes $\vec{x}^{\mathsf{T}} B \vec{y} = xy + 2(1-x)(1-y) = 3xy - 2x - 2y + 2$ nach y maximieren, um die Schwelle $x = 2/3$ zu ermitteln. Die Kreuzung beider Schwellen stellt das gemeinte Nash-Gleichgewicht mit gemischten Strategien dar.

Für das Spiel *Matching Pennies* würden wir mit Hilfe derselben Methode Abbildung A.2 erhalten, welche die Abwesenheit von Gleichgewichten in rei-

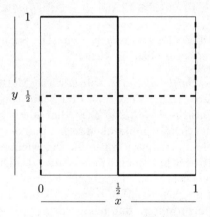

Abb. A.2. Matching Pennies.

nen Strategien illustriert, denn beide Reaktionskurven kreuzen sich in keiner Diagrammecke. Gemäß dem Satz von Nash müssen sich die Reaktionskurven beider Spieler aber zumindest in einem Punkt kreuzen, denn ein Gleichgewicht in gemischten Strategien existiert immer. Wie man sieht, ist das genau in der Mitte des Diagramms der Fall, d.h. die Gleichgewichtslösung entspricht für beide Spieler der zufälligen Wahl mit 50% Wahrscheinlichkeit, Kopf oder Zahl zu spielen.

---

[2]Die Auszahlungsmatrix ist auf Seite 379 zu finden.

A.4 Spiele in extensiver Form – Vollständige Information

A.4.1 Baumspiele

Nachdem wir einige Bimatrixspiele betrachtet haben, in denen die Spieler simultan agieren, kommen wir nun zu Spielen in extensiver Form. Zunächst betrachten wir Spiele mit *vollständiger Information*. In diesen Spielen sind die Spieler nacheinander am Zug und besitzen die komplette Information über die aktuelle Spielsituation, die Handlungen und die Auszahlungen der anderen Spieler.

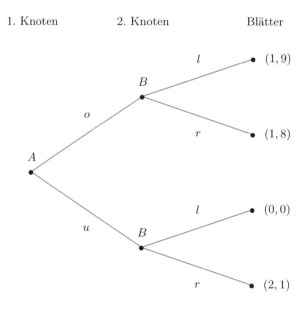

Abb. A.3. Baumdarstellung eines Spiels in extensiver Form.

Wir beginnen mit folgendem Beispiel: Zuerst kann Spieler A seine Entscheidung treffen (1. Entscheidungsknoten). Er hat die Wahl zwischen der Strategie „o" oder „u" (d.h. „oben" oder „unten"). Spieler B beobachtet die Aktion des Spielers A und wählt dann seine Strategie, d.h. er wählt entweder „l" oder „r" („*links*" oder „*rechts*"). Die Auszahlungen der Spieler (Blätter) erscheinen am Ende des Baumes, wobei die erste Zahl die Auszahlung des Spielers A, die zweite die des Spielers B angibt. Abbildung A.3 gibt eine Baumdarstellung eines Spiels in extensiver Form an.

Die Strategie eines Spielers in einem Spiel in extensiver Form besteht in der Bestimmung seines Spielzuges für jeden seiner Entscheidungsknoten. In unserem Beispiel hat der Spieler A also die Strategien $\mathcal{A} = \{o, u\}$, während der Spieler B an zwei Entscheidungsknoten zum Zuge kommt und somit die Strategien $\mathcal{B} = \{(ll), (lr), (rr), (rl)\}$ hat. In jeder Strategie $b \in \mathcal{B}$ bezeichnet der erste Eintrag den Zug am oberen und der zweite Eintrag den Zug am unteren Entscheidungsknoten. Zum Beispiel bedeutet $b = (lr)$, daß Spieler B nach links geht, falls vorher Spieler A nach oben gegangen ist und daß er rechts wählt, falls vorher Spieler A unten entschieden hat. Da Spieler B den Spielzug des ersten beobachten kann, kann er also seinen eigenen Spielzug von dem des Spielers A abhängig machen.

A.4.2 Normalformdarstellung und Nash-Gleichgewicht

Ein Baumspiel mit vollständiger Information läßt sich auch in Normalform (d.h. in Bimatrix-Form) darstellen. Der zweite Spieler (B) weiß jedoch, was der erste Spieler (A) gespielt hat und kann darauf reagieren.

Für die Darstellung in Normalform des Baumspiels aus Abbildung A.3 ergeben sich folgende Auszahlungsmatrizen von A

$$A = \begin{pmatrix} 1 & 1 & 1 & 1 \\ 0 & 2 & 2 & 0 \end{pmatrix}$$

und B

$$B = \begin{pmatrix} 9 & 9 & 8 & 8 \\ 0 & 1 & 1 & 0 \end{pmatrix},$$

oder zusammengefaßt

$$\begin{pmatrix} (\underline{1}, \underline{9}) & (1, \underline{9}) & (1, 8) & (\underline{1}, 8) \\ (0, 0) & (\underline{2}, \underline{1}) & (\underline{2}, \underline{1}) & (0, 0) \end{pmatrix},$$

wobei Spieler A 1. Zeile („o") oder 2. Zeile („u") spielt und Spieler B 1. Spalte („ll"), 2. Spalte („lr"), 3. Spalte („rr") oder 4. Spalte („rl") spielt. In diesem Spiel gibt es drei Nash-Gleichgewichte in reinen Strategien:

1. $(o, (ll))$, da

$$1 = U^A\big[(o, (ll))\big] \geqslant U^A\big[(u, (ll))\big] = 0 \quad ,$$
$$9 = U^B\big[(o, (ll))\big] \geqslant U^B\big[(o, (lr))\big] = 9 \quad ,$$
$$9 = U^B\big[(o, (ll))\big] \geqslant U^B\big[(o, (rr))\big] = 8 \quad ,$$
$$9 = U^B\big[(o, (ll))\big] \geqslant U^B\big[(o, (rl))\big] = 8 \quad .$$

2. $\big(u,(lr)\big)$, da

$$2 = U^A\big[(u,(lr))\big] \geqslant U^A\big[(o,(lr))\big] = 1 \quad,$$
$$1 = U^B\big[(u,(lr))\big] \geqslant U^B\big[(u,(rr))\big] = 1 \quad,$$
$$1 = U^B\big[(u,(lr))\big] \geqslant U^B\big[(u,(ll))\big] = 0 \quad,$$
$$1 = U^B\big[(u,(or))\big] \geqslant U^B\big[(u,(rl))\big] = 0 \quad.$$

3. $\big(u,(rr)\big)$, da

$$2 = U^A\big[(u,(rr))\big] \geqslant U^A\big[(o,(rr))\big] = 1 \quad,$$
$$1 = U^B\big[(u,(rr))\big] \geqslant U^B\big[(u,(rl))\big] = 0 \quad,$$
$$1 = U^B\big[(u,(rr))\big] \geqslant U^B\big[(u,(ll))\big] = 0 \quad,$$
$$1 = U^B\big[(u,(rr))\big] \geqslant U^B\big[(u,(lr))\big] = 1 \quad.$$

Was geschieht in diesen drei Nash-Gleichgewichten? Im zweiten Gleichgewicht zieht Spieler B nach links, falls Spieler A nach oben geht, und Spieler B geht nach rechts, falls Spieler A nach unten geht. In beiden Fällen entscheidet sich Spieler B somit an jedem Entscheidungsknoten für die für ihn höhere Auszahlung. Geht Spieler A von diesem Verhalten des Spielers B aus, hat er die Wahl zwischen „o",der Auszahlung 1 oder „u",der Auszahlung 2. Er wählt also die Strategie „u" als seine beste Antwort. Man beachte, daß in diesem Gleichgewicht der Spieler B an jedem Entscheidungsknoten unabhängig davon, ob dieser im Gleichgewicht tatsächlich erreicht wird, optimiert. Im zweiten und dritten Gleichgewicht geht Spieler B jedoch davon aus, daß Spieler A nach unten zieht. Seine Auszahlung hängt also nicht davon ab, was er am oberen Entscheidungsknoten wählt. Deshalb ist auch $(u,(rr))$ ein Nash-Gleichgewicht. Analog sieht man, daß $(o,(ll))$ ein Nash-Gleichgewicht ist. Hier hängt die Gleichgewichtsauszahlung des Spielers B nicht davon ab, welche Strategie er am unteren Knoten wählt.

Nun haben wir bereits sehr viele Nash-Gleichgewichte erhalten und fragen uns, ob es weitere Kriterien gibt, um aus diesen Gleichgewichten besonders „sinnvolle" auszuwählen. So könnte Spieler A zum Beispiel einwenden, daß das Gleichgewicht $(o,(ll))$ nicht sehr sinnvoll ist. Hier würde Spieler A nach oben ziehen, denn er glaubt Spieler B, daß dieser tatsächlich im unteren Entscheidungsknoten nach links ziehen würde. Wenn Spieler A Spieler B jedoch vor vollendete Tatsachen stellt und nach unten zieht, dann ist es wohl nicht glaubhaft, daß Spieler B tatsächlich nach links zieht. Analog argumentiert man im dritten Gleichgewicht. Die Einführung eines solchen „Glaubhaftigkeitskriteriums" führt also zum zweiten Gleichgewicht als einzige Lösung. Um den etwas vagen Begriff der Glaubwürdigkeit von Gleichgewichten zu präzisieren, führen wir den Begriff des Teilspiels ein.

A.4.3 Teilspielperfektheit

Ein Teilspiel ist im Kontext von vollständiger Information folgendermaßen definiert:

Definition A.9 (Teilspiel bei vollständiger Information).
In einem Spiel in extensiver Form mit vollständiger Information ist jeder Entscheidungsknoten mit allen folgenden Entscheidungsknoten (falls vorhanden) und zugehörigen Auszahlungen ein Teilspiel.

In unserem Beispiel gibt es drei Teilspiele, die in den Abbildungen A.4 und A.5 dargestellt sind. Die zwei Teilspiele aus Abbildung A.4 betreffen Spieler

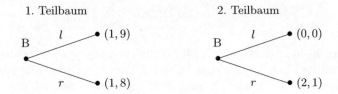

Abb. A.4. Die zwei von Spieler B gespielten Teilspiele.

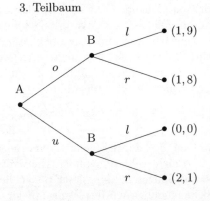

Abb. A.5. Das von Spieler A und B gespielte Teilspiel.

B, denn er muß beim Entscheidungsknoten eine Wahl treffen. Das Teilspiel aus Abbildung A.5 wird hingegen zuerst von Spieler A und dann von Spieler B

gespielt. Die Endauszahlung hängt somit von beiden Entscheidungen ab. Die zweite Spielhälfte besteht aus den in Abbildung A.4 dargestellten Teilspielen.

Nachdem die Idee eines Teilspiels nun klar ist, können wir ein teilspielperfektes Nash-Gleichgewicht definieren, das wir später bei Spielen in extensiver Form benötigen

---

Definition A.10 (Teilspielperfektes Nash-Gleichgewicht).
Eine reine Strategie $(a, b) \in \mathcal{A} \times \mathcal{B}$ in einem 2-Personen-Spiel in extensiver Form heißt teilspielperfektes Nash-Gleichgewicht, *wenn sie ein Nash-Gleichgewicht in jedem Teilspiel ist.*

A.4.4 Rückwärtsinduktion

Eine einfache Regel zur Bestimmung von teilspielperfekten Gleichgewichten ist die Methode der *Rückwärtsinduktion*.

Formal sieht das Vorgehen folgendermaßen aus: In einem Spiel in extensiver Form erhält man ein teilspielperfektes Nash-Gleichgewicht dadurch, daß bei den Auszahlungen beinnt und den Baum *rückwärts* durchläuft, d.h. man streicht in jedem Entscheidungsknoten die nicht optimale Strategie des Spielers, der am Zug ist. Auf diese Weise erhält man in einem Baumspiel mit vollständiger Information *mindestens einen* durchgehenden „Pfad", d.h. einen Weg beginnend am Startknoten bis zu einer Auszahlung.

3. Teilbaum

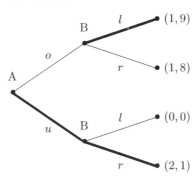

Abb. A.6. Teilspielperfektes Nash-Gleichgewicht durch Rückwärtsinduktion.

Satz 27 (Zermelos Theorem) *Jedes endliche Spiel in extensiver Form mit vollständiger Information besitzt ein teilspielperfektes Nash-Gleichgewicht in reinen Strategien, das durch Rückwärtsinduktion erreicht werden kann. Wenn jeder Spieler in jedem Auszahlungsknoten verschiedene Auszahlungen hat, existiert genau ein teilspielperfektes Nash-Gleichgewicht, das durch Rückwärtsinduktion erreicht werden kann.*

In unserem Beispiel ist also nur das Gleichgewicht $(u, (lr))$ teilspielperfekt, wie in Abbildung A.6 dargestellt. Im ersten Schritt streichen wir im oberen Ast den unteren Zweig und im unteren Ast den oberen Zweig heraus. Durch diese Vereinfachung reduziert sich das Spiel des Spielers A auf die Wahl zwischen der Auszahlung $(1, 9)$ – wobei er 1 verdienen würde – und $(2, 1)$. Im zweiten Schritt streichen wir somit den oberen Ast heraus, und es bleibt (u, r) als Pfad.

A.5 Spiele in extensiver Form – Unvollständige Information

A.5.1 Die Informationsmenge

In einem Spiel in extensiver Form existiert unvollständige Information, wenn einer der Spieler nicht genau weiß, in welchem Entscheidungsknoten er sich befindet. Diese Situation wird durch eine Informationsmenge beschrieben.

Definition A.11 (Informationsmenge).
Die Informationsmenge eines Spielers besteht aus allen Entscheidungsknoten eines Baumes, zwischen denen der Spieler nicht unterscheiden kann.

Aus obiger Definition folgt, daß die Entscheidungsknoten einer Informationsmenge die gleiche Anzahl von Nachfolgern besitzen, da der Spieler in jedem Knoten seiner Informationsmenge dieselben Zugmöglichkeiten hat. Eine Strategie in einem Spiel mit unvollständiger Information besteht somit in der Festlegung eines Zuges in jeder Informationsmenge. Von besonderem Reiz sind Spiele mit unvollständiger Information, in denen die Spieler unterschiedlich gut informiert sind. Man nennt diese Spiele *Spiele mit asymmetrischer Information.*

Wir können beispielsweise Spiele mit „privater Information" betrachten, in denen die Spieler asymmetrisch über die Eigenschaften der einzelnen Spieler

(Kostenfunktionen) informiert sind. Ein beliebter, auf Harsanyi zurückgehender Trick ist, diese private Information durch asymmetrische Information über den vorausgestellten Zug eines externen Spielers – genannt „Natur" – zu modellieren.

A.5.2 Ein einfaches Beispiel

Wir beginnen mit folgendem Beispiel: Es gibt zwei Spieler, A und B. A beginnt das Spiel und kann es entweder durch den Zug *raus* „r" sofort beenden oder die Strategie „m" oder „l" spielen und damit den Spieler B zum Zug kommen laßen. Wenn B am Zug ist, weiß er allerdings nicht, ob Spieler A die Strategie „m" oder „l" gespielt hat. B muß sich dann für die Strategie „o" oder „u" entscheiden, ohne genau zu wissen, in welchem Knoten er sich tatsächlich befindet. Der Spielbaum mit den Auszahlungen wird in Abbildung A.7 dargestellt. Dieses Spiel hat 3 Entscheidungsknoten: 0, 1, 2. Die beiden

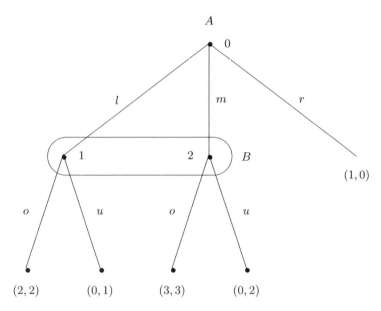

Abb. A.7. Ein Spiel in extensiver Form mit unvollständiger Information.

Knoten 1 und 2 bilden die Informationsmenge von B. Die reine Strategienmenge von A ist $\{l, m, r\}$ während die von B $\{o, u\}$ ist. B muß also an beiden Knoten 1 und 2 denselben Zug aus $\{o, u\}$ wählen, da er ja nicht weiß, in welchem der beiden Knoten seiner Informationsmenge er sich befindet. Wir wollen den Fall betrachten, daß A eine gemischte Strategie wählt, während

B eine reine Strategie $e \in \{o, u\}$ wählt. Sei $\alpha(l) \geqslant 0$, $\alpha(m) \geqslant 0$, $\alpha(r) \geqslant 0$ die Wahrscheinlichkeit, mit der Spieler A jeweils l, m bzw. r spielt, wobei $\alpha(l) + \alpha(m) + \alpha(r) = 1$. Schließlich sei $\mathcal{A}$ die Menge der gemischten Strategien von A. Dann ergeben sich folgende erwartete Auszahlungen in diesem Spiel:

$$U^A(\alpha, e) = \alpha(l) \, u^A(l, e) + \alpha(m) \, u^A(m, e) + \alpha(r) \, u^A(r, e)$$
$$U^B(\alpha, e) = \alpha(l) \, u^B(l, e) + \alpha(m) \, u^B(m, e) + \alpha(r) \, u^B(r, e) \quad .$$

Ein Nash-Gleichgewicht dieses Spiels mit unvollständiger Information ist ein Strategienpaar $(\overset{*}{\alpha}, \overset{*}{e})$, so daß

$$U^A(\overset{*}{\alpha}, \overset{*}{e}) \geqslant U^A(\alpha, \overset{*}{e}) \quad \forall \alpha \in \mathcal{A} \quad ,$$
$$U^B(\overset{*}{\alpha}, \overset{*}{e}) \geqslant U^B(\overset{*}{\alpha}, e) \quad \forall e \in \{o, u\} \quad .$$

In unserem Beispiel ist ein Nash-Gleichgewicht gegeben durch:

$$\overset{*}{\alpha}(l) = \overset{*}{\alpha}(m) = 0, \quad \overset{*}{\alpha}(r) = 1; \quad \overset{*}{e} = u \quad .$$

In diesem Nash-Gleichgewicht beendet A das Spiel sofort, weil er davon ausgeht, daß B „u" spielt. B kann sich durch Abweichen von „u" nicht verbessern, da die Auszahlungen nur durch den „raus-Ast" bestimmt werden.

Das Heikle dieses Gleichgewichts ist, daß B eine Strategie wählt, falls er wider Erwarten doch am Zug wäre, welche dominiert wird. Das heißt, das oben beschriebene Nash-Gleichgewicht ist nicht *teilspielperfekt*. Zur Bestimmung von Teilspielen in Spielen mit unvollständiger Information muß man alle Knoten einer Informationsmenge als einen unzertrennlichen „Megaknoten" des Baums ansehen.

Mit Hilfe der Methode der Rückwärtsinduktion erhalten wir folgendes teilspielperfektes Nash-Gleichgewicht:

$$\overset{*}{\alpha}(l) = \overset{*}{\alpha}(r) = 0, \quad \overset{*}{\alpha}(m) = 1; \quad \overset{*}{e} = o \quad .$$

Das bisher betrachtete Spiel mit unvollständiger Information war relativ einfach zu analysieren, denn es war für den uninformierten Spieler B unwesentlich, ob er im 1. oder 2. Knoten ist. B hat nämlich eine dominante Strategie: *Spiele „o", egal, wo Du bist.*

A.5.3 Ein schwierigeres Beispiel

Spannender wird die in Abbildung A.8 vorgestellte Situation. Nun hängt der beste Zug von B davon ab, ob er glaubt, im 1. oder im 2. Knoten zu sein. Sei $0 \leqslant \mu \leqslant 1$ der *belief* von B, im 1. Knoten zu sein. Falls $\mu \leqslant \frac{1}{2}$, ist

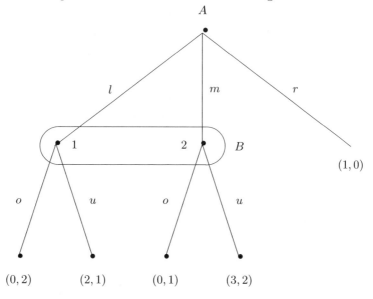

Abb. A.8. Ein Spiel in extensiver Form mit unvollständiger Information und ohne dominante Strategie von B.

$$\mathring{\alpha}(l) = \mathring{\alpha}(r) = 0, \quad \mathring{\alpha}(m) = 1; \quad \mathring{e} = u$$

ein teilspielperfektes Nash-Gleichgewicht und falls $\mu \geqslant \frac{1}{2}$, ist

$$\mathring{\alpha}(l) = \mathring{\alpha}(m) = 0, \quad \mathring{\alpha}(r) = 1; \quad \mathring{e} = o$$

ein teilspielperfektes Nash-Gleichgewicht.

Um die Willkür des exogenen *beliefs* von B auszuschließen, fordert man in Nash-Gleichgewichten für Spiele mit unvollständiger Information, daß die *beliefs* von B aus der Strategie von A gemäß der Regel der bedingten Wahrscheinlichkeit nach Bayes gebildet werden. Sei also $\alpha(l), \alpha(m), \alpha(r)$ die Strategie von A, dann soll

$$\mu = \frac{\alpha(l)}{\alpha(l) + \alpha(m)}$$

sein. Teilspielperfekte Nash-Gleichgewichte, die diese Konsistenz-Bedingung erfüllen, heißen *perfekte Bayesianische Gleichgewichte*.

A.5.4 Perfektes Bayesianisches Gleichgewicht

Wir sind jetzt in der Lage, *perfekte Bayesianische Gleichgewichte* genau zu definieren.

Definition A.12. *Ein* perfektes Bayesianisches Gleichgewicht *besteht aus einer Kombination von Strategien* $(\mathring{\alpha}, \mathring{e})$ *sowie eines* beliefs μ, *so daß*

1. *Nash-Konsistenz gegeben den* belief *vorliegt, d.h.*

$$\mathring{\alpha}(l)\, u^A(l, \mathring{e}) + \mathring{\alpha}(m)\, u^A(m, \mathring{e}) + \mathring{\alpha}(r)\, u^A(r, \mathring{e})$$

$$\geqslant \alpha(l)\, u^A(l, \mathring{e}) + \alpha(m)\, u^A(m, \mathring{e}) + \alpha(r)\, u^A(r, \mathring{e}) \quad \forall \alpha \in \mathcal{A}$$

$$\mathring{\mu}\, u^B(l, \mathring{e}) + (1 - \mathring{\mu})\, u^B(m, \mathring{e})$$

$$\geqslant \mathring{\mu}\, u^B(l, e) + (1 - \mathring{\mu})\, u^B(m, e) \quad \forall e \in \{o, u\} \quad und$$

2. Belief-*Konsistenz gegeben die Strategien vorliegt, d.h.*

$$\mathring{\mu} = \frac{\mathring{\alpha}(l)}{\mathring{\alpha}(l) + \mathring{\alpha}(m)}, \quad falls \quad \mathring{\alpha}(l) + \mathring{\alpha}(m) > 0 \quad.$$

In unserem Beispiel ist also

$$\mathring{\alpha}(l) = \mathring{\alpha}(r) = 0, \quad \mathring{\alpha}(m) = 1; \quad \mathring{e} = u \quad \text{mit} \quad \mathring{\mu} = 0$$

ein *perfektes Bayesianisches Gleichgewicht.*

Ein Problem dieses Gleichgewichtskonzepts ist jedoch, daß die Regel von Bayes nicht anwendbar ist, falls $\alpha(l) + \alpha(m) = 0$ ist, denn dann ist

$$\mu = \frac{0}{0}$$

nicht definiert. Gemäß der obigen Definition können wir dann *jeden belief* $\mu \in [0, 1]$ wählen, da die zweite Anforderung nicht greift. Das heißt, für jedes $\beta \geqslant \frac{1}{2}$ ist

$$\mathring{\alpha}(l) = \mathring{\alpha}(m) = 0, \quad \mathring{\alpha}(r) = 1; \quad \mathring{e} = o \quad \text{und} \quad \mathring{\mu} = \beta$$

auch ein *perfektes Bayesianisches Gleichgewicht.* Um diese Nicht-Eindeutigkeit zu vermeiden, wurden viele weitere Kriterien vorgeschlagen.

A.5.5 Signalisierung und Offenbarung von Information

Abschließend wollen wir Spiele mit unvollständiger Information betrachten, in denen zwei Spieler unterschiedlich gut über den Zug eines dritten Spielers informiert sind. Falls die beiden erstgenannten Spieler nacheinander ziehen, kann der Zug des ersten Spielers unter Umständen dem zweiten Spieler Informationen über den ihm unbekannten Zug des dritten Spielers offenbaren. Man sagt dann, der erste Spieler *signalisiert* dem zweiten Spieler die Information.

Wir wandeln das oben beschriebene Spiel mit unvollständiger Information ab, indem wir einen Zufallszug der Natur voranstellen. Mit Wahrscheinlichkeit p wird ein Spieler A, welcher $\{r, l\}$ als reine Strategienmenge hat, ausgewürfelt. $1 - p$ ist dementsprechend die Wahrscheinlichkeit, daß die Natur einen Spieler A mit reiner Strategienmenge $\{r, m\}$ auswürfelt. Der Spieler A weiß, wer er ist, B weiß dies hingegen nicht. Somit ergibt sich der in Abbildung A.9 dargestellte Spielbaum.

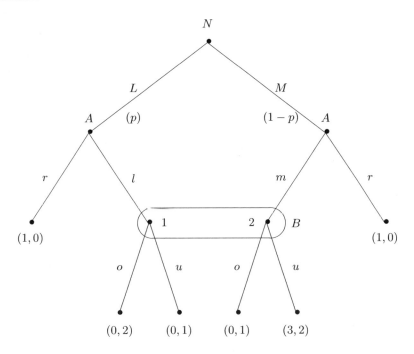

Abb. A.9. Ein Spiel mit asymmetrischer Information.

Ein perfektes Bayesianisches Gleichgewicht dieses Spiels mit asymmetrischer Information ist wiederum ein Strategienpaar, welches bezüglich der *beliefs* optimal ist mit einem *belief*, der aus den gespielten Strategien bestimmt wird. Zur Vereinfachung erlauben wir nun beiden Spielern A und B lediglich *reine* Strategien. Die Strategienmenge von B ist also weiterhin $\{o, u\}$, während A seine Strategie auf den Zug von N bedingen kann und somit $\{r, l\} \times \{r, m\}$ als Strategienmenge hat. Sei (i, j) ein typischer Zug von A, dann bezeichnet $i \in \{r, l\}$ den Zug von A, nachdem N „L" gezogen hat bzw. $j \in \{r, m\}$ denjenigen von A, nachdem N „M" gezogen hat. Ein Strategienpaar $(\overset{*}{i}\overset{*}{j}, \overset{*}{e})$ ist *Nash-konsistent* bezüglich der *beliefs* μ, falls A in jedem seiner Entscheidungsknoten und B mit seiner Informationsmenge optimal entschieden hat, also falls die Bedingungen

$$U_L^A(\mathring{\imath}, \mathring{e}) \geqslant U_L^A(i, \mathring{e}) \quad \forall i \in \{r, l\} \quad ,$$
$$U_M^A(\mathring{\jmath}, \mathring{e}) \geqslant U_M^A(j, \mathring{e}) \quad \forall j \in \{r, m\}$$

und

$$\mu\, U_L^B(l, \mathring{e}) + (1 - \mu)\, U_M^B(m, \mathring{e})$$
$$\geqslant \mu\, U_L^B(l, e) + (1 - \mu)\, U_M^B(m, e) \quad \forall e \in \{o, u\}$$

gelten. Hierbei gibt der untere Index „L" bzw. „M" an, ob die Natur Strategienmenge $\{r, l\}$ oder Strategienmenge $\{r, m\}$ für A bestimmt hat.

Wie bestimmt B nun seinen *belief* μ? Zur Beantwortung dieser Frage gehen wir davon aus, daß B die Wahrscheinlichkeit p der Natur sowie die optimale Strategie von A kennt. Man sagt, B bestimmt seinen *belief* aus der *a priori Wahrscheinlichkeit* p unter Kenntnis der *Theorie, das Spiel zu spielen*.

Für diesen Zweck ist es sehr wichtig, ob gemäß der *Theorie, das Spiel zu spielen* A unabhängig vom Zug der Natur N in der Wahl zwischen „r" und der anderen Alternative dieselbe Auswahl trifft, oder ob er hier verschieden spielt. Gilt im letzten Fall z.B. $(\mathring{\imath}\,\mathring{\jmath}) = (l, r)$, dann weiß B, falls er zum Zug kommt, daß die Natur zuvor „L" gezogen hat. Gegeben die Theorie $(\mathring{\imath}\,\mathring{\jmath}) = (l, r)$ ist der a posteriori *belief* von B also $\mathring{\mu} = 1$.
Analog weiß B bei $(\mathring{\imath}\,\mathring{\jmath}) = (r, m)$, daß die Natur zuvor „$M$" gezogen hat. Also ist $\mathring{\mu} = 0$, falls B überhaupt zum Zug kommt.

Ist jedoch, wie im ersten Fall beschrieben, $(\mathring{\imath}\,\mathring{\jmath}) = (r, r)$ oder $(\mathring{\imath}\,\mathring{\jmath}) = (l, m)$, weiß B nicht, was N zuvor gezogen hat. Falls $(\mathring{\imath}\,\mathring{\jmath}) = (l, m)$, dann hilft ihm die Theorie $(\mathring{\imath}\,\mathring{\jmath})$ nicht dabei, bessere Informationen als p bzw. $(1 - p)$ über den Zug von N zu erhalten. Der a posteriori *belief* ist somit $\mathring{\mu} = p$. Falls $\mathring{\imath}\,\mathring{\jmath} = (r, r)$, ist der Fall noch etwas heikler, da B eigentlich gemäß dieser Theorie gar nicht zum Zug kommt. Die Bestimmung des a posteriori *belief* ist dann wieder beliebig.

Zusammenfassend ergibt sich folgende Tabelle zur Bestimmung der *beliefs* in Abhängigkeit der a priori Wahrscheinlichkeit p und der *Theorie $(\mathring{\imath}\,\mathring{\jmath})$, das Spiel zu spielen*:

Theorie $(\mathring{\imath}\,\mathring{\jmath})$	belief μ
(l, m)	p
(r, m)	0
(l, r)	1
(r, r)	a

wobei a eine beliebige Zahl in $[0, 1]$ ist.

Aus obigen Argumenten können wir die Definition eines perfekten Bayesianischen Gleichgewichts verfeinern.

Definition A.13. *Ein* perfektes Bayesianisches Gleichgewicht *ist eine Kombination von Strategien* $(\overset{*}{i}\overset{*}{j}, \overset{*}{e})$ *und* beliefs $\overset{*}{\mu}$, *so daß*

1. *Nash-Konsistenz bezüglich der* beliefs *vorliegt, d.h.*
   1a. $U_L^A(\overset{*}{i}, \overset{*}{e}) \geqslant U_L^A(i, \overset{*}{e}) \quad \forall i \in \{r, l\}$
   $ U_M^A(\overset{*}{j}, \overset{*}{e}) \geqslant U_M^A(j, \overset{*}{e}) \quad \forall j \in \{r, m\}$
   1b. $\overset{*}{\mu} U_L^B(l, \overset{*}{e}) + (1 - \overset{*}{\mu}) U_M^B(m, \overset{*}{e})$
   $$\geqslant \overset{*}{\mu} U_L^B(l, e) + (1 - \overset{*}{\mu}) U_M^B(m, e) \quad \forall e \in \{o, u\}$$
2. Belief-*Konsistenz gegeben der prior* p *und die Theorie* $(\overset{*}{i}\overset{*}{j})$ *vorliegt, d.h.* $\overset{*}{\mu}$ *ist aus der obigen Tabelle entnommen.*

Es gibt nun zwei Typen von perfekten Bayesianischen Gleichgewichten. Im ersten Typ offenbart die Theorie $(\overset{*}{i}\overset{*}{j})$ dem Spieler B den Zug von N, d.h., er kann zwischen „L" und „M" unterscheiden. Diese Gleichgewichte heißen *separating equilibria*. Im zweiten Typ offenbart die Theorie die Information nicht und „L" und „M" fallen in einen „Topf". Diese Gleichgewichte heißen *pooling equilibria*.

Beispiel A.14. In unserem Beispiel ist

$$(\overset{*}{i}\overset{*}{j}) = (r, m), \quad \overset{*}{e} = u, \quad \overset{*}{\mu} = 0$$

ein *separating equilibrium*, denn

1a. $U_L^A(r, u) = 1 \geqslant 0 = U_L^A(l, u)$ und $U_M^A(m, u) = 3 \geqslant 1 = U_L^A(l, u)$.
1b. $\overset{*}{\mu} U_L^B(l, u) + (1 - \overset{*}{\mu}) U_M^B(m, u) = 0 \cdot 1 + 1 \cdot 2$

$$\geqslant 0 \cdot 2 + 1 \cdot 1 = \overset{*}{\mu} U_L^B(l, o) + (1 - \overset{*}{\mu}) U_M^B(m, o) \quad .$$

2. $\overset{*}{\mu}$ ist aus der Tabelle entnommen.

Somit kann B in diesem Fall zwischen „L" und „M" unterscheiden. Zudem ergibt sich ein *pooling equilibrium*.

Beispiel A.15. Für alle $\beta \geqslant \frac{1}{2}$ ist

$$(\overset{*}{i}\overset{*}{j}) = (r,r), \quad \overset{*}{e} = o, \quad \overset{*}{\mu} = \beta$$

ein *pooling equilibrium*, denn

1a. $U_L^A(r,o) = 1 \geqslant 0 = U_L^A(l,o)$ und $U_M^A(r,o) = 1 \geqslant 0 = U_M^A(m,o)$.

1b. $\overset{*}{\mu} U_L^B(l,o) + (1 - \overset{*}{\mu}) U_M^B(m,o) = \overset{*}{\mu} 2 + (1 - \overset{*}{\mu}) 1$

$$\geqslant \overset{*}{\mu} 1 + (1 - \overset{*}{\mu}) 1 = \overset{*}{\mu} U_L^B(l,u) + (1 - \overset{*}{\mu}) U_M^B(m,u)   .$$

2. $\overset{*}{\mu}$ ist aus der Tabelle entnommen.

Hier kann B zwischen „L" und „M" nicht unterscheiden. Es wird somit keine Information durch die Handlung von A offenbart.

B

Mathematische Begriffe

B.1 Definitionen

B.1.1 Notation

In diesem Buch benutzen wird die konventionelle mathematische Notation, deren wichtigste Symbole wir kurz wiederholen möchten.

1. $\exists x$ bedeutet „es existiert mindestens ein Element x".

2. $\forall x$ bedeutet „für alle x".

3. $x \in A$ bedeutet „das Element x gehört zur Menge A".

4. $\vee$ bedeutet „oder", $\wedge$ bedeutet „und".

5. $A \subset B$ bedeutet „A ist Untermenge von B".

6. $x \in (A \cap B)$ bedeutet „$x \in A \quad \wedge \quad x \in B$".

7. $x \in (A \cup B)$ bedeutet „$x \in A \quad \vee \quad x \in B$".

8. $x \in (B \setminus A)$ bedeutet „$x \in B \quad \wedge \quad x \notin A$".

Es seien $\vec{x}, \vec{y} \in \mathbb{R}^n$, dann gilt:

- $\vec{x} \geqslant \vec{y} \Leftrightarrow x_l \geqslant y_l \qquad \forall l = 1, \ldots, n$

- $\vec{x} > \vec{y} \Leftrightarrow \vec{x} \geqslant \vec{y} \wedge \vec{x} \neq \vec{y}$

- $\vec{x} \gg \vec{y} \Leftrightarrow x_l > y_l \qquad \forall l = 1, \ldots, n$

- $\|\vec{x}\| = \left(\sum_{l=1}^{n} x_l^2 \right)^{\frac{1}{2}}$

B.1.2 Mengen

Definition B.1 (Offene Menge).
Sei $\mathbb{X} \subset \mathbb{R}^n$. *Eine Menge* $A \subset \mathbb{X}$ *heißt* offen *in* $\mathbb{X}$, *falls für jedes* $\vec{x} \in A$ *ein* $\epsilon > 0$ *existiert, so daß aus* $\|\hat{\vec{x}} - \vec{x}\| < \epsilon$ *und* $\hat{\vec{x}} \in \mathbb{X}$ *folgt, daß* $\hat{\vec{x}} \in A$.

Definition B.2 (Abgeschlossene Menge).
Sei $\mathbb{X} \subset \mathbb{R}^n$. *Eine Menge* $A \subset \mathbb{X}$ *heißt* abgeschlossen *in* $\mathbb{X}$, *falls ihr Komplement* $\mathbb{X} \backslash A$ *offen in* $\mathbb{X}$ *ist.*

Definition B.3 (Beschränkte Menge).
Eine Menge $A \subset \mathbb{R}^n$ *ist* nach unten (oben) beschränkt, *wenn es ein* $\vec{y} \in \mathbb{R}^n$ *gibt, so daß für alle* $\vec{x} \in A$ *gilt:* $\vec{x} \geq (\leq)\vec{y}$. *Dieses* $\vec{y}$ *heißt* untere (obere) Schranke. *Existiert sowohl eine untere als auch eine obere Schranke, so ist die Menge* beschränkt.

Definition B.4 (Das relative Innere einer Menge).
Sei $\mathbb{X} \subset \mathbb{R}^n$. Das relative Innere von $A \subset \mathbb{X}$ *bezüglich* $\mathbb{X}$ *ist die Menge*

$$\overset{\circ}{A} = \left\{ \vec{x} \in A \, | \, \exists \epsilon > 0, \text{ so daß aus } \|\hat{\vec{x}} - \vec{x}\| < \epsilon \text{ und } \hat{\vec{x}} \in \mathbb{X} \text{ folgt, daß } \hat{\vec{x}} \in A \right\} \quad .$$

Definition B.5 (Konvex, strikt konvexe Menge).

1. *Eine Menge* $A \subset \mathbb{X}$ *heißt* konvex, *falls* $\left(\lambda \vec{x} + (1 - \lambda)\hat{\vec{x}} \right) \in A \; \forall \vec{x}, \hat{\vec{x}} \in A, \forall \lambda \in [0, 1]$.
2. *Eine Menge* $A \subset \mathbb{X}$ *heißt* strikt konvex, *falls* $\left(\lambda \vec{x} + (1 - \lambda)\hat{\vec{x}} \right) \in \overset{\circ}{A} \; \forall \vec{x}, \hat{\vec{x}} \in A, \forall \lambda \in (0, 1)$.

Definition B.6 (Kompakte Menge).
Eine Menge $A \subset \mathbb{R}^n$ heißt kompakt, *falls sie abgeschlossen und beschränkt ist.*

B.1.3 Funktionen und Matrizen

Definition B.7 (Stetig, stetig differenzierbare Funktion).
1. *Sei $\mathbb{X} \subset \mathbb{R}^n$. Eine Funktion $f : \mathbb{X} \longrightarrow \mathbb{R}$ heißt* stetig, *falls für alle $\vec{x} \in \mathbb{X}$ und jede Folge $\vec{x}^m$ in $\mathbb{X}$ mit $\vec{x}^m \to \vec{x}$ gilt $f(\vec{x}^m) \to f(\vec{x})$.*
2. *Die Funktion $f : \mathbb{X} \longrightarrow \mathbb{R}$ heißt* k-mal stetig differenzierbar, *falls f in jedem $\vec{x} \in \mathbb{X}$ k-mal partiell differenzierbar ist und überdies die k-te Ableitung stetig ist.*

Definition B.8 (Gradient).
Sei $\mathbb{X} \subset \mathbb{R}^n$ eine offene Teilmenge und $f : \mathbb{X} \longrightarrow \mathbb{R}$ partiell differenzierbar. Dann heißt der Vektor

$$\nabla f(\vec{x}) := \left(\frac{\partial}{\partial x_1} f(\vec{x}), \dots, \frac{\partial}{\partial x_n} f(\vec{x}) \right)$$

der Gradient von f im Punkt $\vec{x} \in \mathbb{X}$.

Definition B.9 (Hesse-Matrix).
Sei $\mathbb{X} \subset \mathbb{R}^n$ eine offene Teilmenge und $f : \mathbb{X} \longrightarrow \mathbb{R}$ eine zweimal stetig differenzierbare Funktion. Unter der Hesse-Matrix *von f im Punkt $\vec{x} \in \mathbb{X}$ versteht man die $n \times n$-Matrix*

$$D^2 f(\vec{x}) := \begin{pmatrix} \frac{\partial^2}{\partial x_1^2} f(\vec{x}) & \frac{\partial^2}{\partial x_2 \partial x_1} f(\vec{x}) & \cdots & \frac{\partial^2}{\partial x^n \partial x_1} f(\vec{x}) \\ \frac{\partial^2}{\partial x_1 \partial x_2} f(\vec{x}) & \frac{\partial^2}{\partial x_2^2} f(\vec{x}) & \cdots & \frac{\partial^2}{\partial x_n \partial x_2} f(\vec{x}) \\ \vdots & \vdots & \ddots & \vdots \\ \frac{\partial^2}{\partial x_1 \partial x_n} f(\vec{x}) & \frac{\partial^2}{\partial x_2 \partial x_n} f(\vec{x}) & \cdots & \frac{\partial^2}{\partial x_n^2} f(\vec{x}) \end{pmatrix}$$

Die Hesse-Matrix ist symmetrisch.

Definition B.10 (Definitheit).
Sei B eine symmetrische $n \times n$-Matrix. Die Matrix B heißt

1. positiv definit, *falls*

$$\vec{h}^T B \vec{h} > \vec{0} \quad \forall \vec{h} \in \mathbb{R}^n \setminus \{\vec{0}\}$$

   bzw. positiv semidefinit, *falls*

$$\vec{h}^T B \vec{h} \geqslant \vec{0} \quad \forall \vec{h} \in \mathbb{R}^n \quad.$$

2. negativ definit, *falls*

$$\vec{h}^T B \vec{h} < \vec{0} \quad \forall \vec{h} \in \mathbb{R}^n \setminus \{\vec{0}\}$$

   bzw. negativ semidefinit, *falls*

$$\vec{h}^T B \vec{h} \leqslant \vec{0} \quad \forall \vec{h} \in \mathbb{R}^n \quad.$$

Definition B.11 (Lokal nicht gesättigte Funktion).
Sei $\mathbb{X} \subset \mathbb{R}^n$. Eine Funktion $f : \mathbb{X} \longrightarrow \mathbb{R}$ heißt lokal nicht gesättigt, *falls sie kein lokales Maximum hat, d.h.*
$\forall \vec{x} \in \mathbb{X}, \quad \forall \epsilon > 0 : \exists \hat{\vec{x}} \in \mathbb{X} \text{ mit } \|\hat{\vec{x}} - \vec{x}\| < \epsilon, \text{ so daß } f(\hat{\vec{x}}) > f(\vec{x}).$

Definition B.12 (Strikt monotone Funktion).
Sei $\mathbb{X} \subset \mathbb{R}^n$. Eine Funktion $f : \mathbb{X} \longrightarrow \mathbb{R}$ heißt strikt monoton (steigend), *d.h.*
$\forall \vec{x}, \bar{\vec{x}} \in \mathbb{X} :$

$$\bar{\vec{x}} > \vec{x} \Rightarrow f(\bar{\vec{x}}) > f(\vec{x}) \quad.$$

Im differenzierbaren Fall also, falls

$$\nabla f(\vec{x}) \gg \vec{0} \quad.$$

Definition B.13 (Konvexe Funktion).
Eine Funktion $f : \mathbb{X} \longrightarrow \mathbb{R}$, definiert auf einer offenen konvexen Menge $\mathbb{X}$, heißt konvex, falls

$$f\left(\lambda\hat{\hat{x}} + (1-\lambda)\vec{x}\right) \leqslant \lambda f(\hat{\hat{x}}) + (1-\lambda)f(\vec{x})$$

$\forall \vec{x}, \hat{\hat{x}} \in \mathbb{X}, \lambda \in [0,1]$. *Falls f zweimal stetig differenzierbar ist, ist f genau dann konvex , wenn $\forall \vec{x} \in \mathbb{X}$ die Hesse–Matrix $D^2 f(\vec{x})$ positiv semidefinit ist.*

Definition B.14 (Strikt konvexe Funktion).
Eine Funktion $f : \mathbb{X} \longrightarrow \mathbb{R}$, definiert auf einer offenen konvexen Menge $\mathbb{X}$, heißt strikt konvex, falls

$$f\left(\lambda\hat{\vec{x}} + (1-\lambda)\vec{x}\right) < \lambda f(\hat{\vec{x}}) + (1-\lambda)f(\vec{x})$$

$\forall \vec{x}, \hat{\vec{x}} \in \mathbb{X}$ *mit* $\vec{x} \neq \hat{\vec{x}}$ *und* $\lambda \in (0,1)$. *Falls f zweimal stetig differenzierbar ist, ist f genau dann strikt konvex, wenn $\forall \vec{x} \in \mathbb{X}$ die Hesse–Matrix $D^2 f(\vec{x})$ positiv definit ist.*

Definition B.15 (Konkave Funktion).
Eine Funktion $f : \mathbb{X} \longrightarrow \mathbb{R}$, definiert auf einer offenen konvexen Menge $\mathbb{X}$, heißt konkav, falls

$$f\left(\lambda\hat{\hat{x}} + (1-\lambda)\vec{x}\right) \geqslant \lambda f(\hat{\hat{x}}) + (1-\lambda)f(\vec{x})$$

$\forall \vec{x}, \hat{\hat{x}} \in \mathbb{X}, \lambda \in [0,1]$. *Falls f zweimal stetig differenzierbar ist, ist f genau dann konkav, wenn $\forall \vec{x} \in \mathbb{X}$ die Hesse–Matrix $D^2 f(\vec{x})$ negativ semidefinit ist.*

Definition B.16 (Strikt konkave Funktion).
Eine Funktion $f : \mathbb{X} \longrightarrow \mathbb{R}$, definiert auf einer offenen konvexen Menge $\mathbb{X}$, heißt strikt konkav, falls

$$f\left(\lambda\hat{\vec{x}} + (1-\lambda)\vec{x}\right) > \lambda f(\hat{\vec{x}}) + (1-\lambda)f(\vec{x})$$

$\forall \vec{x}, \hat{\vec{x}} \in \mathbb{X}$ *mit* $\vec{x} \neq \hat{\vec{x}}$ *und* $\lambda \in (0,1)$. *Falls f zweimal stetig differenzierbar ist, ist f genau dann strikt konkav, wenn $\forall \vec{x} \in \mathbb{X}$ die Hesse–Matrix $D^2 f(\vec{x})$ negativ definit ist.*

Definition B.17 (Quasi-konkave Funktion).

Sei $\mathbb{X} \subset \mathbb{R}^n$, $\mathbb{X}$ *konvex. Eine hinreichende Bedingung dafür, daß eine Funktion* $f : \mathbb{X} \longrightarrow \mathbb{R}$ *quasi-konkav heißt, ist*

$$\vec{h}^T \cdot D^2 f(\vec{x}) \cdot \vec{h} \leqslant 0$$

mit $\forall \vec{x} \in \mathbb{X}$, $\mathbb{X}$ *offen,* $\forall \vec{h} \in \mathbb{R}^n$ *mit* $\nabla f(\vec{x})^T \cdot \vec{h} = 0$ *und* $f(\cdot)$ *zweimal stetig differenzierbar. Bei Quasi-Konkavität von* $f(\cdot)$ *sind alle „Bessermengen" konvex, d.h.*

$$\mathcal{B}(\vec{x}) = \left\{ \hat{\vec{x}} \mid f(\hat{\vec{x}}) \geqslant f(\vec{x}) \right\}$$

ist konvex. Umgekehrt (d.h. ausgehend von der Konvexität von $\mathcal{B}(\vec{x})$*) gilt die Beziehung nur unter zusätzlichen Regularitätsbedingungen, z.B.* $\nabla f(\vec{x}) \neq \vec{0}$ $\forall \vec{x} \in \mathbb{X}$.

Definition B.18 (Strikt quasi-konkave Funktion).

Sei $\mathbb{X} \subset \mathbb{R}^n$, $\mathbb{X}$ *konvex. Eine Funktion* $f : \mathbb{X} \longrightarrow \mathbb{R}$, *heißt strikt quasi-konkav, falls*

$$f(\lambda \hat{\vec{x}} + (1 - \lambda)\tilde{\vec{x}}) > \min\{ f(\hat{\vec{x}}), f(\tilde{\vec{x}}) \}$$

$\forall \hat{\vec{x}}, \tilde{\vec{x}} \in \mathbb{X}$, $\hat{\vec{x}} \neq \tilde{\vec{x}}$, $\forall 0 \leqslant \lambda \leqslant 1$. *Wenn*

$$\vec{h}^T \cdot D^2 f(\vec{x}) \cdot \vec{h} < 0$$

$\forall \vec{x} \in \mathbb{X}$, $\mathbb{X}$ *offen,* $\forall \vec{h} \in \mathbb{R}^n \setminus \{\vec{0}\}$ *mit* $\nabla f(\vec{x})^T \cdot \vec{h} = 0$ *und* $f(\cdot)$ *zweimal stetig differenzierbar ist, dann haben wir eine notwendige und hinreichende Bedingung für die Pseudokonkavität von* $f(\cdot)$*, was eine noch stärkere Eigenschaft als die strikte Quasi-Konkavität ist und diese letzte impliziert.*

Falls $f(\cdot)$ *strikt quasi-konkav ist, dann sind alle „Bessermengen" strikt konvex, d.h.*

$$\mathcal{B}(\vec{x}) = \left\{ \hat{\vec{x}} \mid f(\hat{\vec{x}}) \geqslant f(\vec{x}) \right\}$$

ist strikt konvex. Umgekehrt gilt die Beziehung nicht.

In Abschnitt B.3 werden wir auf einige der obigen Definitionen näher eingehen und diese motivieren.

B.1.4 Präferenzen

Definition B.19 (Binäre Relation).
Sei $\mathbb{X}$ *eine Menge. Dann heißt* $R \subset \mathbb{X} \times \mathbb{X}$ binäre Relation auf $\mathbb{X}$ *und weist folgende Eigenschaften auf:*

R *ist reflexiv* $\Leftrightarrow \forall \vec{x} \in \mathbb{X} : \; \vec{x} R \vec{x}.$

R *ist irreflexiv* $\Leftrightarrow \forall \vec{x} \in \mathbb{X}:$ *gilt nicht* $\vec{x} R \vec{x}.$

R *ist vollständig* $\Leftrightarrow \forall \vec{x}, \hat{x} \in \mathbb{X} : \; \vec{x} R \hat{x} \vee \hat{x} R \vec{x}.$

R *ist transitiv* $\Leftrightarrow \forall \vec{x}, \hat{x}, \tilde{x} \in \mathbb{X} : \; \vec{x} R \hat{x}, \hat{x} R \tilde{x} \; \Rightarrow \; \vec{x} R \tilde{x}.$

R *ist negativ transitiv* $\Leftrightarrow \forall \vec{x}, \hat{x}, \tilde{x} \in \mathbb{X}:$ *gilt nicht* $\vec{x} R \hat{x}$ *und*

$\qquad\qquad\qquad\qquad$ *gilt nicht* $\hat{x} R \tilde{x} \Rightarrow \vec{x} R \tilde{x}$ *gilt nicht.*

R *ist asymmetrisch* $\Leftrightarrow \forall \vec{x}, \hat{x} \in \mathbb{X} : \; \vec{x} R \hat{x} \Rightarrow \hat{x} R \vec{x}$ *gilt nicht.*

R *ist symmetrisch* $\Leftrightarrow \forall \vec{x}, \hat{x} \in \mathbb{X} : \; \vec{x} R \hat{x} \; \Rightarrow \; \hat{x} R \vec{x}.$

R *ist azyklisch* $\Leftrightarrow \forall n \in \mathbb{N} : \; \vec{x}_1 R \vec{x}_2 R \ldots R \vec{x}_n \; \Rightarrow \; \vec{x}_1 \neq \vec{x}_n.$

Definition B.20 (Spezialfall: Präferenzrelation).
Sei $\mathbb{X}$ *eine Menge von Alternativen,* $R \subset \mathbb{X} \times \mathbb{X}$ *eine binäre Relation. Dann heißt* R

1. *schwache Präferenzrelation* $\succeq$, *falls* R
   - *reflexiv,*
   - *vollständig,*
   - *transitiv.*
2. *strikte Präferenzrelation* $\succ$, *falls* R
   - *negativ transitiv,*
   - *antisymmetrisch.*
3. *Indifferenzrelation* $\sim$, *falls* R
   - *transitiv,*
   - *symmetrisch,*
   - *reflexiv.*

B.2 Maximierung nach Lagrange

Betrachten wir folgendes Maximierungsproblem:

$$\max_{x_1, x_2} f(x_1, x_2) \quad \text{so daß} \quad g(x_1, x_2) = 0 \quad .$$

Um die Bedingungen erster und zweiter Ordnung dieses Problems zu bestimmen, betrachten wir die *Lagrange-Funktion*:

$$L(x_1, x_2, \lambda) = f(x_1, x_2) - \lambda g(x_1, x_2) \quad .$$

Die neue Variable λ wird *Lagrange-Multiplikator* genannt. Nach dem Theorem von Lagrange muß ein Optimum $(\overset{*}{x}_1, \overset{*}{x}_2)$ die drei Bedingungen erster Ordnung (FOC)

$$\frac{\partial L(\cdot)}{\partial x_1} = \frac{\partial f(\overset{*}{x}_1, \overset{*}{x}_2)}{\partial x_1} - \lambda \frac{\partial g(\overset{*}{x}_1, \overset{*}{x}_2)}{\partial x_1} = 0 \quad ,$$

$$\frac{\partial L(\cdot)}{\partial x_2} = \frac{\partial f(\overset{*}{x}_1, \overset{*}{x}_2)}{\partial x_2} - \lambda \frac{\partial g(\overset{*}{x}_1, \overset{*}{x}_2)}{\partial x_2} = 0 \quad ,$$

$$\frac{\partial L(\cdot)}{\partial \lambda} = -g(\overset{*}{x}_1, \overset{*}{x}_2) = 0$$

erfüllen.[1] Wir haben nun 3 Unbekannte – x_1, x_2, λ – und 3 Gleichungen, daher wird es oft möglich sein, dieses System von Gleichungen zu lösen.

Das n-dimensionale Maximierungsproblem, d.h. $\vec{x} = (x_1, \dots, x_n) \in \mathbb{R}^n$, hat die gleiche allgemeine Struktur. Es lautet

$$\max_{\vec{x}} f(\vec{x}) \quad \text{so daß} \quad g(\vec{x}) = 0 \quad ,$$

was zur Lagrange-Funktion

$$L = f(\vec{x}) - \lambda g(\vec{x})$$

führt. Die $n + 1$ Bedingungen erster Ordnung (FOC) haben die Form

$$\frac{\partial L(\cdot)}{\partial x_l} = \frac{\partial f(\overset{*}{\vec{x}})}{\partial x_l} - \lambda \frac{\partial g(\overset{*}{\vec{x}})}{\partial x_l} = 0, \quad l = 1, \dots, n$$

$$\frac{\partial L(\cdot)}{\partial \lambda} = -g(\overset{*}{\vec{x}}) = 0 \quad .$$

Die Bedingungen zweiter Ordnung benutzen die Hesse-Matrix der Lagrange-Funktion. Im zweidimensionalen Maximierungsproblem sieht diese folgendermaßen aus:

$$D^2 L(\cdot) = \begin{pmatrix} \frac{\partial^2 L(\cdot)}{\partial x_1^2} & \frac{\partial^2 L(\cdot)}{\partial x_1 \partial x_2} \\ \frac{\partial^2 L(\cdot)}{\partial x_2 \partial x_1} & \frac{\partial^2 L(\cdot)}{\partial x_2^2} \end{pmatrix}$$

$$= \begin{pmatrix} \frac{\partial^2 f(\cdot)}{\partial x_1^2} - \lambda \frac{\partial^2 g(\cdot)}{\partial x_1^2} & \frac{\partial^2 f(\cdot)}{\partial x_1 \partial x_2} - \lambda \frac{\partial^2 g(\cdot)}{\partial x_1 \partial x_2} \\ \frac{\partial^2 f(\cdot)}{\partial x_2 \partial x_1} - \lambda \frac{\partial^2 g(\cdot)}{\partial x_2 \partial x_1} & \frac{\partial^2 f(\cdot)}{\partial x_2^2} - \lambda \frac{\partial^2 g(\cdot)}{\partial x_2^2} \end{pmatrix} \quad .$$

---

[1] Dies gilt nur unter Regularitätsbedingungen, z.B. $\nabla g(\overset{*}{x}_1, \overset{*}{x}_2) \neq 0$. Beispiele dafür sind $\max x$ s.t. $x^2 = 0$, oder $\max x$ s.t. $y - x^2 = 0 \wedge y + x^2 = 0$, oder $\min x_2$ s.t. $x_2^2 - (x_1^2 + x_1^4) x_2 + x_1^6 = 0$.

Für die Bedingung zweiter Ordnung muß gelten, daß

$$\vec{h}^{\mathsf{T}} \cdot D^2 L(\overset{*}{\vec{x}}) \cdot \vec{h} \leqslant 0 \quad \forall \vec{h} \text{ mit } \nabla g(\overset{*}{\vec{x}})^{\mathsf{T}} \cdot \vec{h} = 0 \quad .$$

Gilt

$$\vec{h}^{\mathsf{T}} \cdot D^2 L(\overset{*}{\vec{x}}) \cdot \vec{h} < 0 \quad \forall \vec{h} \neq \vec{0} \text{ mit } \nabla g(\overset{*}{\vec{x}})^{\mathsf{T}} \cdot \vec{h} = 0 \quad ,$$

dann spricht man von einem *regulärem Maximum*. Ein reguläres Maximum ist ein strikt lokales Maximum, aber die Umkehrung ist nicht notwendig richtig. Diese Bedingung ist bei strikt quasi-konkaver Zielfunktion und konvexer Nebenbedingung erfüllt.

Besitzt man nicht nur eine, sondern m Nebenbedingungen, dann hat das Maximierungsproblem die Form

$$\max_{\vec{x}} f(\vec{x}) \quad \text{so daß} \quad g^j(\vec{x}) = 0, \quad \forall j = 1, \ldots, m \quad ,$$

so daß man die Lagrange-Funktion

$$L(\vec{x}, \lambda^1, \ldots, \lambda^m) = f(\vec{x}) - \lambda^1 g^1(\vec{x}) - \ldots - \lambda^m g^m(\vec{x}),$$

erhält und die $n + m$ Bedingungen erster Ordnung (FOC) haben dann die Form

$$\frac{\partial L(\cdot)}{\partial x_l} = \frac{\partial f(\overset{*}{\vec{x}})}{\partial x_l} - \lambda \frac{\partial g(\overset{*}{\vec{x}})}{\partial x_l} = 0, \quad l = 1, \ldots, n \quad ,$$

$$\frac{\partial L(\cdot)}{\partial \lambda^j} = -g^j(\overset{*}{\vec{x}}) = 0, \quad j = 1, \ldots, m \quad .$$

B.3 Konvexität, Konkavität und Quasi-Konkavität

Auf den folgenden Seiten möchten wir das wichtige Thema der Konvexität, Konkavität und Quasi-Konkavität von Funktionen vertiefen. Diese Konzepte spielen für die allgemeine Gleichgewichtstheorie eine ganz besondere Rolle.

B.3.1 Wozu Konkavität und Quasi-Konkavität?

Die Mikroökonomik basiert auf dem Rationalitätsprinzip, d.h. die Entscheidungsträger versuchen, gegeben gewiße Restriktionen, ihre individuellen Ziele möglichst gut zu realisieren. Mathematisch beschreibt man solch ein Verhalten durch Maximierungsprobleme unter Nebenbedingungen.

Beispiel B.21 (Produzentenverhalten).

$$\max_{y,l^d \geqslant 0} p\, y - wl^d \quad \text{so daß} \quad y = T(l^d)$$

Beispiel B.22 (Konsumentenverhalten).

$$\max_{\substack{0 \leqslant \underline{x} \leqslant x \\ 0 \leqslant f \leqslant \bar{f}}} U(x, f) \quad \text{so daß} \quad px + wf = b$$

Zur Berechnung der Lösungen dieser Maximierungsprobleme ist es von Vorteil, wenn man sich auf die Lösung eines Gleichungssystems beziehen kann. Die Gleichungssysteme sind die Bedingungen 1. Ordnung, welche man z.B. als partielle Ableitungen einer Lagrangefunktion erhält, die wir in B.2 kennengelernt haben. In den obigen Beispielen lauten die Bedingungen 1. Ordnung:

$$p\, T'(l^d) = w \quad,$$
$$y = T(l^d) \quad,$$

bzw.

$$\frac{\partial_x U(x, f)}{\partial_f U(x, f)} = \frac{p}{w} \quad,$$
$$px + wf = b \quad.$$

Das Problem ist nur, *wann* kann man tatsächlich auf diese Weise vorgehen. Die häufigsten Fehler bei der Lösung der Maximierungsprobleme entstehen nicht etwa dadurch, daß man diese Gleichungssysteme nicht korrekt löst, sondern, daß man sie löst, obwohl man dies besser *nicht* tun sollte. Durch die Gleichungssysteme kann eben doch nicht jedes Maximierungsproblem gelöst werden. Folgende Fallen gilt es dabei zu vermeiden:

1. Problem: *Randlösungen*
Die mathematische Lösung obiger Gleichungssysteme erfüllt nicht die Randbedingungen $y \geqslant 0, l^d \geqslant 0$ bzw. $0 \leq \underline{x} \leqslant x$, $0 \leqslant f \leqslant \bar{f}$. In diesem Fall ist äußerste Vorsicht geboten. Sehen wir uns die richtige Lösung am besten anhand einer Skizze an.

Beispiel B.23 (Cobb-Douglas).

$$\max_{\substack{0 \leq \underline{x} \leqslant x \\ 0 \leqslant f \leqslant \bar{f}}} \alpha \ln x + (1 - \alpha) \ln f \quad \text{s.t.} \quad px + wf = b$$

Die Bedingungen 1. Ordnung sind:

$$\frac{\alpha f}{(1-\alpha)x} = \frac{p}{w} \quad,$$

$$p\,x + w f = b \quad.$$

Die mathematische Lösung ist $x = \frac{\alpha b}{p}$, $f = \frac{(1-\alpha)b}{w}$. Doch, was ist, wenn $\frac{\alpha b}{p} \leqslant \underline{x}$ oder $\frac{(1-\alpha)b}{w} > \bar{f}$ ist? Diese Fälle verdeutlichen die Skizzen von Abbildung B.1. Im ersten Fall liegt die Lösung (x^0, f^0) in dem Schnittpunkt der Budgetgera-

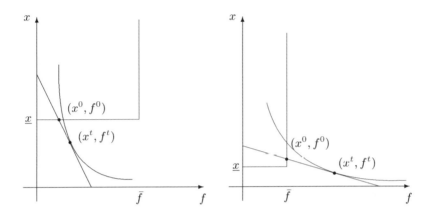

Abb. B.1. Randlösungen.

den und dem durch $x = \underline{x}$ beschriebenen Rand der Konsummenge, im zweiten Fall in dem Schnittpunkt der Budgetgeraden und dem durch $f = \bar{f}$ beschriebenen Rand. In beiden Fällen ist die Lösung jedoch verschieden von den durch die Bedingung erster Ordnung beschriebenen Tangentialpunkten (x^t, f^t).

2. Problem: *Falsches Krümmungsverhalten der Funktionen*.
Die Gleichungssysteme aus den Bedingungen erster Ordnung beschreiben nicht etwa das Gewinn- bzw. das Nutzenmaximum, sondern das *Minimum!*

Beispiel B.24 (Klassische Produktionsfunktion). Angenommen, die Produktionsfunktion ist $T(y)$ s-förmig wie in Abbildung B.2 dargestellt.

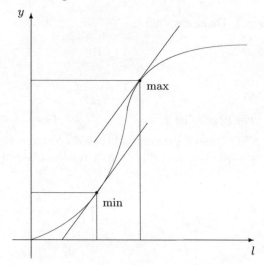

Abb. B.2. S-förmige klassische Produktionsfunktion.

Beispiel B.25 (Nicht konkave Nutzenfunktion). Angenommen, die Nutzenfunktion hat die Form

$$U(x, f) = x^2 + f^2$$

mit ($\underline{x} = 0, \bar{f} = \infty$) und Indifferenzkurven wie in Abbildung B.3 dargestellt.

Um dieses Problem auszuschließen, sollte man vor Anwendung der Lagrangemethode – d.h. bevor man das Gleichungssystem aus den FOC (Bedingungen erster Ordnung) aufstellt – überlgen, ob die Produktionsfunktion $T(\cdot)$ *konkav*, bzw. die Nutzenfunktion $U(\cdot)$ *quasi-konkav* ist. Dieses Krümmungsverhalten ist hinreichend dafür, daß die inneren Lösungen der FOC-Gleichungssysteme auch tatsächlich die Maximierungsprobleme lösen.[2] Was man mathematisch unter Krümmungsverhalten versteht, wird im nächsten Teil dieses Abschnitts erklärt.

B.3.2 Eindimensionale Funktionen

Sei $f : \mathbb{R} \to \mathbb{R}$ eine reellwertige Funktion einer Variable, zum Beispiel

$$y = f(x) \quad .$$

---

[2]Dies gilt nur unter weiteren Bedingungen, die in der Mikroökonomie erfüllt sind, z.B. $\nabla U(\cdot) \neq \vec{0}$ im zulässigen Bereich.

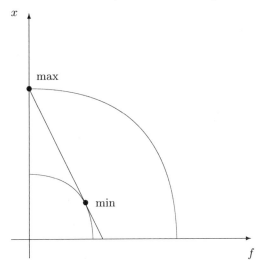

Abb. B.3. Nicht konkave Nutzenfunktion.

$f(\cdot)$ heißt *konkav* (konvex), falls die Sekante zu je zwei beliebigen Punkten (x^1, y^1), (x^2, y^2) nicht oberhalb (nicht unterhalb) des Graphen der Funktion $f(\cdot)$ liegt. Abbildung B.4 stellt diesen Zusammenhang graphisch dar. Algebraisch gilt

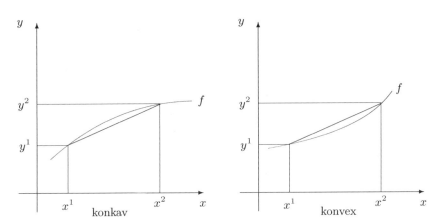

Abb. B.4. Konvexe und konkave Funktionen.

$$f \text{ konkav} \Leftrightarrow \forall_{x^1, x^2} \; ist \quad f(\lambda\, x^1 + (1 - \lambda)\, x^2) \geqslant \lambda\, f(x^1) + (1 - \lambda)\, f(x^2)$$
$$f \text{ konvex} \Leftrightarrow \forall_{x^1, x^2} \; ist \quad f(\lambda\, x^1 + (1 - \lambda)\, x^2) \leqslant \lambda\, f(x^1) + (1 - \lambda)\, f(x^2)$$

für alle $\lambda \in [0,1]$. Man beachte: Ist $f(x)$ konvex, so ist $-f(x)$ konkav. Ist z.B. $f(x) = x^2$ konvex, so ist $f(x) = -x^2$ konkav. $f(x)$ heißt *strikt konkav* (*strikt konvex*), falls die Sekante immer unterhalb (oberhalb) von $f(x)$ liegt, d.h. die obigen Ungleichungen gelten strikt für $0 < \lambda < 1$.

Beispiel B.26 (Konkave Funktion). Für $x > 0$ ist $f(x) = \ln x$ strikt konkav.

Beispiel B.27 (Strikt konkave und konvexe Funktionen).

$$f(x) = x^\rho \text{ ist für } \begin{cases} \rho < 0 \text{ strikt konvex} \\ 0 < \rho < 1 \text{ strikt konkav} \\ \rho > 1 \text{ strikt konvex} \end{cases}$$

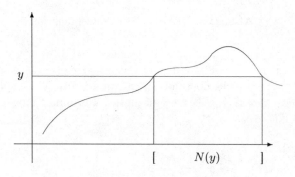

Abb. B.5. Eine quasi-konkave Funktion.

Für alle $y \in \mathbb{R}$ implizieren die konvexen Niveaumengen $N(y) = \{x \in \mathbb{R} \mid f(x) \geqslant y\}$, daß $f(x)$ quasi-konkav ist. Analog dazu, implizieren echte konvexe Nieveaumengen die strikte Quasi-Konkavität von $f(x)$, d.h. graphisch wie in Abbildung B.5.

Algebraisch gilt: Sei x^1, x^2, so daß $f(x^1) \leqslant f(x^2)$, dann ist

$$f(\lambda x^1 + (1 - \lambda) x^2) \geqslant f(x^1) \quad .$$

Aus dieser algebraischen Definition wird klar, daß jede konkave Funktion auch quasi-konkav ist, denn für x^1 und x^2, wo $f(x^1) \leqslant f(x^2)$ ist, gilt natürlich $f(x^1) \leqslant \lambda f(x^1) + (1 - \lambda) f(x^2)$. Umgekehrt ist aber nicht jede quasi-konkave Funktion auch konkav.

Falls $f(x)$ differenzierbar ist, kann man folgende Kriterien für die Konkavität bzw. Konvexität formulieren:

$$\text{ist } \forall x \, f''(x) < 0, \text{ so ist } f(x) \text{ strikt konkav,}$$
$$\text{ist } \forall x \, f''(x) > 0, \text{ so ist } f(x) \text{ strikt konvex}$$

und vice versa gilt

$$\text{ist } f(x) \text{ konkav, dann ist } f''(x) \leqslant 0,$$
$$\text{ist } f(x) \text{ konkav, dann ist } f''(x) \geqslant 0.$$

Betrachtet man das diese Äquivalenz aufmerksam, stößt man schnell auf eine kleine Lücke. Ist $f(x) = x^4$ z.b. strikt konvex, aber $f''(0) = 0$ bedeutet dies, daß es strikt konvexe Funktionen gibt, welche nicht überall eine negative zweite Ableitung haben. Analoges gilt für strikt konkave Funktionen.

B.3.3 Mehrdimensionale Funktionen

Sei nun $f : \mathbb{R}^n \to \mathbb{R}$, also $y = f(x_1, \ldots, x_n)$. Die obigen Definitionen lassen sich völlig analog auf diesen Fall übertragen: $f(x)$ ist konkav (konvex), falls keine Sekante oberhalb (unterhalb) des Graphen liegt. In anderen Worten gilt für alle $\vec{x}^1 = (x_1^1, \ldots, x_n^1), \vec{x}^2 = (x_1^2, \ldots, x_n^2)$

$$f(\cdot) \text{ konkav} \quad \Leftrightarrow \quad f(\lambda \vec{x}^1 + (1 - \lambda) \vec{x}^2) \geqslant \lambda f(\vec{x}^1) + (1 - \lambda) f(\vec{x}^2) \quad \forall \lambda \in [0, 1]$$
$$f(\cdot) \text{ konvex} \quad \Leftrightarrow \quad f(\lambda \vec{x}^1 + (1 - \lambda) \vec{x}^2) \leqslant \lambda f(\vec{x}^1) + (1 - \lambda) f(\vec{x}^2) \quad \forall \lambda \in [0, 1]$$

Und Quasi-Konkavität ist wiederum gegeben, falls alle Niveaumengen konvex sind, bzw. falls $f(\vec{x}^1) \leqslant f(\vec{x}^2)$ impliziert, daß $f(\lambda \vec{x}^1 + (1 - \lambda) \vec{x}^2) \geqslant f(\vec{x}^1)$ ist.

Eine zweidimensionale konkave Funktion wird z.B. beschrieben durch die Oberfläche eines Tartufo,[3] während die Oberfläche einer Obstschale typischerweise konvex ist. Wir ersparen uns solche 3-D Darstellungen. Typische zweidimensionale quasi-konkave Funktionen sind durch Nutzenfuntionen mit konvexen Bessermengen oder Produktionsfunktionen mit konvexen Outputniveaumengen gegeben (vgl. erster Buchteil).

Woran erkennen wir jedoch mehrdimensionale Konvexität und Konkavität? Im besten Fall ist die mehrdimensionale Funktion die *Summe* eindimensionaler Funktionen. Es gilt dann: Die Summe konkaver Funktionen ist konkav und die Summe konvexer Funktionen ist konvex. Ein Beispiel dafür sind additivseparable Funktionen. Der Beweis dieser Aussage folgt unmittelbar aus der

---

[3]Sehr feine italienische Eisspezialität.

algebraischen Definition von Konvexität bzw. Konkavität. Zum besseren Verständnis stellen wir dies wie folgt dar: Sei

$$f(x_1, \ldots, x_n) = f_1(x_1) + \cdots + f_n(x_n)$$

mit $f_i(x_i)$ konkav. Die Konkavität ist hier schnell gezeigt:

$$
\begin{aligned}
f(\lambda \vec{x}^1 + (1 - \lambda) \vec{x}^2) &= f(\lambda x_1^1 + (1 - \lambda) x_1^2, \ldots, \lambda x_n^1 + (1 - \lambda) x_n^2) \\
&= f_1(\lambda x_1^1 + (1 - \lambda) x_1^2) + \ldots \\
&\quad + f_n(\lambda x_n^1 + (1 - \lambda) x_n^2) \\
&\geqslant \lambda f_1(x_1^1) + (1 - \lambda) f_1(x_1^2) + \ldots \\
&\quad + \lambda f_n(x_n^1) + (1 - \lambda) f_n(x_n^2) \\
&= \lambda f_1(x_1^1) + \ldots + \lambda f_n(x_n^1) \\
&\quad + (1 - \lambda) f_1(x_1^2) + \ldots + (1 - \lambda) f_n(x_n^2) \\
&= \lambda f(\vec{x}^1) + (1 - \lambda) f(\vec{x}^2) \quad .
\end{aligned}
$$

Beispiel B.28 (Konkave dreidimensionale Funktion).

$$f(x) = \alpha \sqrt{x_1} + \beta \ln x_2 - \gamma x_3^{-4}$$

ist konkav für $\alpha, \beta, \gamma > 0$.

Leider ist die Summe von quasi-konkaven Funktionen jedoch nicht notwendigerweise quasi-konkav. Betrachten wir z.B. die Summe einer monoton fallenden und einer monoton steigenden Funktion wie in Abbildung B.6. Jede einzelne Funktion ist quasi-konkav, die Summe jedoch nicht. Für einige theoretische Überlegungen ist es wichtig zu wissen, wie sich die Differentialrechnungskriterien für die Konvexität, bzw. Konkavität für den mehrdimensionalen Fall erweitern lassen. Sei also nun $f : \mathbb{R}^n \to \mathbb{R}$ differenzierbar, dann ist $f(\vec{x})$ strikt konvex, falls die Hessematrix von $f(\vec{x})$ positiv definit ist. Ist sie negativ definit, dann ist $f(\vec{x})$ strikt konkav. Die Hessematrix einer Funktion $f(\vec{x})$ ist die Matrix ihrer zweiten Ableitungen, d.h. die $n \times n$ Matrix

$$
\mathbf{H} = \begin{bmatrix}
\partial_{x_1^2} f(\vec{x}) & , \ldots, & \partial_{x_1} \partial_{x_n} f(\vec{x}) \\
\vdots & \ddots & \vdots \\
\partial_{x_n} \partial_{x_1} f(\vec{x}) & , \ldots, & \partial_{x_n^2} f(\vec{x})
\end{bmatrix} \quad .
$$

Wie schon im Definitionenabschnitt dieses Anhangs erklärt, ist eine Matrix $\mathbf{H}$ positiv (negativ) definit, falls die reelle Zahl $\vec{y}^\mathsf{T} \mathbf{H} \vec{y}$ für alle Vektoren $\vec{y} \in \mathbb{R}^n$ mit $\vec{y} \neq \vec{0}$ positiv (negativ) ist. Kriterien hierfür sind, daß die Eigenwerte von $\mathbf{H}$ positiv (negativ) sind oder, daß die Hauptabschnittsdeterminanten D_i, d.h.

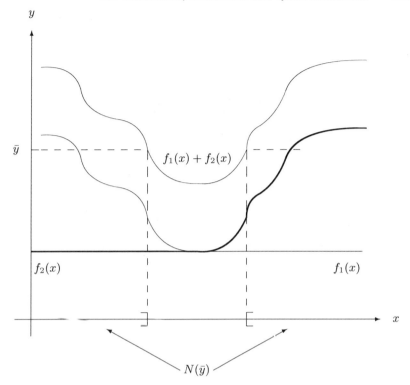

Abb. B.6. Die Summe quasi-konkaver Funktionen muß nicht quasi-konkav sein.

die Determinante der ersten $i \times i$ Einträge von $\mathbf{H}$, für $i = 1, \ldots, n$ positiv sind bzw. sie im Falle der negativen Definitheit alternierende Vorzeichen haben, d.h. $D_1 < 0, D_2 > 0, D_3 < 0, \ldots$ Wir möchten diesen Abschnitt mit zwei Beispielen abschließen:

Beispiel B.29 (Eine konkave Funktion). Betrachten wir $f(x_1, x_2) = \ln x_1 + 4\sqrt{x_2}$ für $x_1, x_2 > 0$. Die Hessematrix lautet dann

$$\mathbf{H} = \begin{bmatrix} 0 - \frac{1}{x_1^2} & 0 \\ 0 & -\frac{1}{x_2\sqrt{x_2}} \end{bmatrix} .$$

Es ist

$$(y_1, y_2)\,\mathbf{H}\begin{pmatrix} y_1 \\ y_2 \end{pmatrix} = -y_1^2\frac{1}{x_1^2} - y_2^2\frac{1}{x_2\sqrt{x_2}} < 0$$

für alle $(y_1, y_2) \in \mathbb{R}^2$. Die Eigenwerte sind $-\frac{1}{x_1}$ und $-\frac{1}{x_2\sqrt{x_2}}$. Beide sind also negativ. Man könnte auch zeigen, daß $D_1 = -\frac{1}{x_2} < 0$ und $D_2 = +\frac{1}{x_1x_2\sqrt{x_2}} > 0$. Hier ist $f(x_1, x_2)$ im Übrigen additiv separabel, so daß $\mathbf{H}$ zu einer Diagonalmatrix wird. Im allgemeinen Fall sind die angegebenen Kriterien eher mühsam nachzuprüfen.

Beispiel B.30 (Eine konkave Funktion). Sei

$$f(x_1, x_2) = \sqrt{x_1 \cdot x_2} + \sqrt{x_2}$$

für $x_1 > 0$ und $x_2 > 0$. Die Hessematrix lautet dann

$$\mathbf{H} = \frac{1}{4}\begin{bmatrix} \frac{-\sqrt{x_2}}{x_1\sqrt{x_1}} & \frac{1}{\sqrt{x_1}\sqrt{x_2}} \\ \frac{1}{\sqrt{x_1}\sqrt{x_2}} & \frac{-(1+\sqrt{x_1})}{x_2\sqrt{x_2}} \end{bmatrix} .$$

Des weiteren folgt, daß

$$D_1 = \frac{1}{4}\left(\frac{-\sqrt{x_2}}{x_1\sqrt{x_1}}\right) < 0 \quad,$$

$$D_2 = \frac{1}{16}\frac{1}{x_1x_2\sqrt{x_1}} > 0 \quad.$$

$f(\vec{x})$ ist also konkav.

B.4 Die CES-Funktion

Auf Seite 82 ff. wurde behauptet, daß eine CES-Funktion (Engl. *constant elasticity of substitution*)

$$U(x, f) = \left[\alpha^{\frac{1}{\sigma}} \cdot x^{\frac{(\sigma-1)}{\sigma}} + (1-\alpha)^{\frac{1}{\sigma}} \cdot f^{\frac{(\sigma-1)}{\sigma}} \right]^{\frac{\sigma}{(\sigma-1)}} \quad \text{mit} \quad 0 \leqslant \alpha \leqslant 1$$

einer Cobb-Douglas-Funktion (in logarithmischer Form)

$$U(x, f) = \alpha \ln(x) + (1-\alpha) \ln(f)$$

entspricht, wenn $\sigma = 1$, bzw. einer Funktion substitutiver Güter

$$U(x, f) = x + f$$

für $\sigma \to \infty$ entspricht. Schlußendlich, erhalten wir für $\sigma = 0$ und $\alpha = \frac{1}{2}$ eine linear-limitationale Funktion

$$U(x, f) = \min\{x, f\} \quad .$$

In den folgenden Abschnitten[4] möchten wir diese Beziehungen herleiten.

B.4.1 Grenzverhalten

Sei

$$U(x, f; \sigma) := \left[\alpha^{\frac{1}{\sigma}} \cdot x^{\frac{\sigma-1}{\sigma}} + (1-\alpha)^{\frac{1}{\sigma}} \cdot f^{\frac{\sigma-1}{\sigma}} \right]^{\frac{\sigma}{\sigma-1}} \tag{B.1}$$

mit einer kleinen Notationsänderung, die die Abhängigkeit der Nutzenfunktion $U(\cdot)$ von σ betont. Ferner nehmen wir an, daß $x > 0$ und $f > 0$. Wir können sofort zwei besondere Grenzfälle betrachten:

$\alpha = 0$: Angenommen $\sigma > 0$ und $\sigma \neq 1$, so erhalten wir

$$U(x, f; \sigma) = \left[f^{\frac{\sigma-1}{\sigma}} \right]^{\frac{\sigma}{\sigma-1}} = f = f^{\alpha} \cdot f^{1-\alpha} \quad ,$$

d.h. es ergibt sich der Grenzfall der Cobb-Douglas Nutzenfunktion. Da es nicht auf σ ankommt, sind alle Grenzfälle mit der obengenannten Herleitung äquivalent in Bezug auf σ.

$\alpha = 1$: Nehmen wir nochmals an, daß $\sigma > 0$ und $\sigma \neq 1$, erhalten wir

$$U(x, f; \sigma) = \left[x^{\frac{\sigma-1}{\sigma}} \right]^{\frac{\sigma}{\sigma-1}} = x = x^{\alpha} \cdot x^{1-\alpha} \quad ,$$

was wiederum einen Grenzfall einer Cobb-Douglas Nutzenfunktion darstellt. Der Wert von σ ist somit unwichtig und alle Grenzfälle in Bezug auf σ sind mit diesem äquivalent.

---

[4]Für die vorgestellte mathematische Herleitung sind wir Janos Mayer vom Institut für Operations Research der Universität Zürich besonders dankbar.

Aufgrund der obigen Argumente können wir davon ausgehen, daß $0 < \alpha < 1$. Unter dieser Annahme kann Gleichung (B.1) folgendermaßen umformuliert werden:

$$U(x, f; \sigma) = \left[\alpha \cdot \left(\frac{x}{\alpha} \right)^{\frac{\sigma-1}{\sigma}} + (1-\alpha) \cdot \left(\frac{f}{1-\alpha} \right)^{\frac{\sigma-1}{\sigma}} \right]^{\frac{\sigma}{\sigma-1}} .$$

Führen wir die neuen Notationen unter der Annahme $\sigma \neq 0$ und $\alpha \neq 1$

$$\hat{x} := \frac{x}{\alpha}, \quad \hat{f} := \frac{f}{1-\alpha}, \quad \lambda := \frac{\sigma-1}{\sigma}$$

ein, dann erhalten wir

$$U(\hat{x}, \hat{f}; \lambda) := \left[\alpha \cdot \hat{x}^{\lambda} + (1-\alpha) \cdot \hat{f}^{\lambda} \right]^{\frac{1}{\lambda}} . \tag{B.2}$$

Aufgrund der Beziehung

$$\lambda = \frac{\sigma-1}{\sigma} \quad \Leftrightarrow \quad \sigma = \frac{1}{1-\lambda}$$

erhalten wir für $\sigma \neq 0$ und $\sigma \neq 1$ folgende Identitäten:

$$\lim_{\sigma \to 1} U(x, f; \sigma) = \lim_{\lambda \to 0} U(\hat{x}, \hat{f}; \lambda) \quad ,$$

$$\lim_{\sigma \to +\infty} U(x, f; \sigma) = \lim_{\lambda \to 1} U(\hat{x}, \hat{f}; \lambda) \quad ,$$

$$\lim_{\sigma \to 0, \sigma > 0} U(x, f; \sigma) = \lim_{\lambda \to -\infty} U(\hat{x}, \hat{f}; \lambda) \quad .$$

Da $U(\hat{x}, \hat{f}; \lambda)$ das gewichtete arithmetische Mittel $\mathcal{M}_\lambda$ von $\hat{x}$ und $\hat{f}$ ist, folgt das Grenzverhalten von $U(\hat{x}, \hat{f}; \lambda)$ den Eigenschaften von $\mathcal{M}_\lambda$. Im folgenden entwickeln wir genau diese drei Spezialfälle, die uns zu den drei möglichen Grenzformen der Nutzenfunktion führen werden.

B.4.2 Der Fall $\sigma \to 1$

Wir beginnen mit der Analyse von

$$\lim_{\sigma \to 1} \ln U(x, f; \sigma) = \lim_{\lambda \to 0} \ln U(\hat{x}, \hat{f}; \lambda)$$

an, was uns zur Cobb-Douglas Nutzenfunktion $x^{\alpha} \cdot f^{1-\alpha}$ führen wird. Mit

$$a(\lambda) := \ln \left[\alpha \cdot \hat{x}^{\lambda} + (1-\alpha) \cdot \hat{f}^{\lambda} \right] \quad ,$$

$$b(\lambda) := \lambda$$

erhalten wir

$$\ln U(\hat{x}, \hat{f}; \lambda) = \frac{a(\lambda)}{b(\lambda)} \quad .$$

Angenommen, $\hat{x} > 0$ und $\hat{f} > 0$, dann sind für alle λ sowohl $a(\lambda)$ als auch $b(\lambda)$ differenzierbar. Darüber hinaus gilt, daß $b'(\lambda) \equiv 1 \neq 0$ und $a(0) = b(0) = 0$. Wir können somit

$$\lim_{\lambda \to 0} \frac{a'(\lambda)}{b'(\lambda)} = \lim_{\lambda \to 0} a'(\lambda) = \lim_{\lambda \to 0} \frac{\alpha \hat{x}^\lambda \ln \hat{x} + (1-\alpha) \hat{f}^\lambda \ln \hat{f}}{\alpha \cdot \hat{x}^\lambda + (1-\alpha) \cdot \hat{f}^\lambda}$$

$$= \alpha \cdot \ln \hat{x} + (1-\alpha) \cdot \ln \hat{f}$$

berechnen, um nach der Regel von L' Hospital

$$\lim_{\lambda \to 0} \ln U(\hat{x}, \hat{f}; \lambda) = \lim_{\lambda \to 0} \frac{a(\lambda)}{b(\lambda)} = \lim_{\lambda \to 0} \frac{a'(\lambda)}{b'(\lambda)}$$

$$= \alpha \cdot \ln \hat{x} + (1-\alpha) \cdot \ln \hat{f}$$

$$= \alpha \cdot \ln \frac{x}{\alpha} + (1-\alpha) \cdot \ln \frac{f}{1-\alpha}$$

$$= \ln \left[\frac{x^\alpha \cdot f^{1-\alpha}}{\alpha^\alpha \cdot (1-\alpha)^{1-\alpha}} \right]$$

zu erhalten und es gilt

$$\lim_{\sigma \to 1} U(x, f; \sigma) = \lim_{\lambda \to 0} U(\hat{x}, \hat{f}; \lambda)$$

$$= \frac{x^\alpha \cdot f^{1-\alpha}}{\alpha^\alpha \cdot (1-\alpha)^{1-\alpha}} \quad ,$$

was durch eine positive lineare Transformation in $x^\alpha \cdot f^{1-\alpha}$ überführt werden kann und einer Cobb-Douglas Nutzenfunktion entspricht.

B.4.3 Der Fall $\sigma \to +\infty$

Diese Grenzbeziehung folgt unmittelbar, denn es gilt

$$\lim_{\sigma \to +\infty} U(x, f; \sigma) = \lim_{\lambda \to 1} U(\hat{x}, \hat{f}; \lambda)$$

$$= \lim_{\lambda \to 1} \left[\alpha \cdot \hat{x}^\lambda + (1-\alpha) \cdot \hat{f}^\lambda \right]^{\frac{1}{\lambda}}$$

$$= \alpha \cdot \hat{x} + (1-\alpha) \cdot \hat{f} = x + f \quad ,$$

da $U(\hat{x}, \hat{f}; \lambda)$ eine stetige Funktion in λ an der Stelle $\lambda = 1$ ist.

B.4.4 Der Fall $\sigma \to 0$, $\sigma > 0$

Der dritte und letzte Spezialfall wird uns zur Form $\min\{x, f\}$ führen. Betrachten wir zunächst die Gültigkeit folgender Monotonieeigenschaft: Angenommen $0 < \hat{x}_1 \leqslant \hat{x}_2$ und $0 < \hat{f}_1 \leqslant \hat{f}_2$, dann gilt für alle möglichen λ

$$U(\hat{x}_1, \hat{f}_1; \lambda) \quad \leqslant \quad U(\hat{x}_2, \hat{f}_2; \lambda) \quad .$$

Um dies zu zeigen, können wir einfach die partiellen Ableitungen berechnen und beobachten. Es gilt sowohl

$$\frac{\partial U(\hat{x}, \hat{f}; \lambda)}{\partial \hat{x}} \geqslant 0$$

als auch

$$\frac{\partial U(\hat{x}, \hat{f}; \lambda)}{\partial \hat{f}} \geqslant 0$$

. Ist $\lambda = 0$, benutzen wir die Cobb–Douglas Funktion. Wir können somit mit dem eigentlichen Beweis des Falls $\sigma \to 0$, $\sigma > 0$ beginnen. Gehen wir zuerst von der Beziehung

$$
\begin{aligned}
\lim_{\sigma \to 0,\, \sigma > 0} U(x, f; \sigma) &= \lim_{\lambda \to -\infty} U(\hat{x}, \hat{f}; \lambda) \\
&= \lim_{\lambda \to -\infty} \left[\alpha \cdot \hat{x}^\lambda + (1 - \alpha) \cdot \hat{f}^\lambda \right]^{\frac{1}{\lambda}} \\
&= \lim_{\lambda \to -\infty} \left[\left[\alpha \cdot \left(\frac{1}{\hat{x}} \right)^{-\lambda} + (1 - \alpha) \cdot \left(\frac{1}{\hat{f}} \right)^{-\lambda} \right]^{-\frac{1}{\lambda}} \right]^{-1} \\
&= \lim_{\mu \to +\infty} \frac{1}{\left[\alpha \cdot \left(\frac{1}{\hat{x}} \right)^\mu + (1 - \alpha) \cdot \left(\frac{1}{\hat{f}} \right)^\mu \right]^{\frac{1}{\mu}}}
\end{aligned}
\tag{B.3}
$$

aus, wobei der letzte Schritt aus der Substitution $\mu := -\lambda$ stammt. Betrachten wir den Nenner und nehmen wir $\min\{\hat{x}, \hat{f}\} = \hat{x}$ an, impliziert dies selbstverständlich die Gültigkeit von $\max\{\frac{1}{\hat{x}}, \frac{1}{\hat{f}}\} = \frac{1}{\hat{x}}$. Folgende Ungleichung folgt aus der oben vorgestellten Monotonieeigenschaft:

$$\alpha^{\frac{1}{\mu}} \cdot \frac{1}{\hat{x}} \leqslant \left[\alpha \cdot \left(\frac{1}{\hat{x}} \right)^\mu + (1 - \alpha) \cdot \left(\frac{1}{\hat{f}} \right)^\mu \right]^{\frac{1}{\mu}} \leqslant \frac{1}{\hat{x}} \quad . \tag{B.4}$$

Die linke Ungleichung erhalten wir, indem wir den zweiten Term durch 0 ersetzen. Für die zweite Ungleichung wurde der zweite Term $\frac{1}{\hat{f}}$ durch $\frac{1}{\hat{x}}$ ersetzt (wir erinnern uns, daß $\frac{1}{\hat{f}} \leqslant \frac{1}{\hat{x}}$). Mit dem Grenzwert $\mu \to +\infty$ in (B.4) liefert Gleichung (B.3)

$$\lim_{\sigma \to 0,\, \sigma > 0} U(x, f; \sigma) = \lim_{\mu \to +\infty} \frac{1}{\left[\alpha \cdot \left(\frac{1}{\hat{x}}\right)^{\mu} + (1 - \alpha) \cdot \left(\frac{1}{\hat{f}}\right)^{\mu}\right]^{\frac{1}{\mu}}}$$

$$= \frac{1}{\frac{1}{\hat{x}}} = \hat{x} = \min\{\hat{x}, \hat{f}\} = \min\left\{\frac{x}{\alpha}, \frac{f}{1 - \alpha}\right\} \quad .$$

Der Fall $\min\{\hat{x}, \hat{f}\} = \hat{f}$ kann ähnlich behandelt werden und liefert dieselbe Lösung. Wählen wir $\alpha = \frac{1}{2}$, so erhalten wir

$$\lim_{\sigma \to 0,\, \sigma > 0} U(x, f; \sigma) = 2 \cdot \min\{x, f\} \quad ,$$

was nach einer positiven, linearen Transformation mit $\min\{x, f\}$ übereinstimmt.

C

Literaturhinweise

Unser einführendes Buch kann selbstverständlich viele Aspekte der Mikroökonomie und der Wirtschaftswissenschaften nicht vollständig abdecken. In diesem kurzen Kapitel möchten wir die interessierte Leserschaft an einige Bücher verweisen, die unseres Erachtens die hier vorgestellten Themen in ausgezeichneter Weise erweitern.

Die hier behandelten Kerngebiete der analytischen Mikroökonomie werden noch ausführlicher in Mas-Colell et al. [1995], Hildenbrand und Kirman [1988], Hildenbrand [1994] sowie Varian [1992] vorgestellt. Wir empfehlen sie zum Beispiel für die Beweise zu vielen der hier vorgestellten Sätzen.

Der Spieltheorie kommt in der modernen mikroökonomischen Theorie eine bedeutende Rolle zu. Über unsere Einführung hinaus gehen Gibbons [1992], sowie Osborne und Rubinstein [1994].

Ein wichtiges Werk im Bereich Umweltökonomie ist Revesz [1997], mit vielen Erweiterungen zum Externalitäten-Kapitel. Dort findet der interessierte Leser/ die interessierte Leserin eine ausführliche Betrachtung aller umweltpolitischen Maßnahmen unter einer juristischen und ökonomischen Perspektive.

Die Theorie des Marktversagens – auch im Bezug auf öffentliche Güter – wird ausführlich von Samuelson und Nordhaus [2001], Connolly und Munro [1999], Stiglitz [1999] und Fritsch et al. [1996] dargestellt.
Die *Public Choice School* oder Neue Institutionelle Ökonomie hat eine lange Tradition über die möglichen Lösungsansätze für öffentliche Güter, von der staatlichen Tätigkeit zu der Unterscheidung zwischen Versorgung und Bereitstellung bis zur Selbstorganisation. Man vergleiche Mueller [2003], Frey und Kirchgässner [1994] oder auch Molitor [2001].
Die Theorie der Sozialkosten wurde erstmals in Coase [1960] vorgestellt. Zu Gemeingütern vergleiche man auch Ellikson [1991] sowie Ellikson [1993].
Die in Kapitel 11 zitierten Artikel über Leuchttürme in England und Turn-

pikes in Amerika beziehen sich auf Coase [1974] und Klein [1990] und stammen aus Spulber [2002], einem wunderbaren Buch mit vielen Anekdoten über Marktversagen und Antworten dazu. Ein ähnliches Buch ist Cowen und Crampton [2002]. Beito et al. [2002] betrachtet die Produktion städtischer öffentlicher Güter auf reiner privatvertraglicher Basis und gibt einen guten historischen Überblick über Themen wie Straßenbau, soziale Sicherheit, Polizei, usw. Foldvary [1994] stellt eine tiefgreifende theoretische Analyse von öffentlichen Gütern vor, die zu alternativen und unerwarteten Lösungsansätzen führt, unter ihnen die oben vorgestellten atypischen vertraglichen Lösungen. Schließlich stellt Dixit [2004] formal vor, wie spieltheoretisch viele spontane Institutionen entstehen und überleben können, die sich auch mit der Produktion öffentlicher Güter befassen.

Die Literatur zu den Monopolen ist zu umfangreich, um ausführlich abgedeckt zu werden. Im allgemeinen sei der Leser an die sogenannte *Industrieökonomik* verwiesen, ein Teilgebiet der Volkswirtschaftslehre. Berühmte internationale Bücher dazu sind zum Beispiel Tirole [1988] oder Viscusi et al. [2005]. In der herrschenden Literatur ist es aber ziemlich schwierig, heterodoxe Werke zu finden, die auch die historische und wirtschaftspolitische Perspektive neben der rein theoretischen miteinbeziehen. Diesbezüglich empfehlen wir Cowen und Crampton [2002], Armentano [1990] und insbesondere Liebowitz und Margolis [2001], das letzte im Bezug auf die Behandlung von Monopolen im High-Tech-Bereich.

Gute Erweiterung im Bereich Wirtschaftspolitik und ökonomischer Theorie der Politik (nützlich zum Beispiel im Bezug auf die Gerechtigkeitsfrage oder auf Monopole) findet man in Frey und Kirchgässner [1994] und Mueller [2003]. Rothbard [1977] plädiert für einen radikalen freien Markt und dort kann man auch interessante Inputs finden. Tettamanti [2003], dessen Vertiefungsteil von einem der zwei Autoren unseres mikroökonomischen Lehrbuches geschrieben wurde, liefert viele Argumente für und gegen die Marktwirtschaft. Es geht dabei um kein formal-akademisches Buch, das durch seine reiche Literatur das Denkspektrum aber erweitern kann.

Heyne et al. [2003] sowie Heyne [1994] sind nicht-formale Lehrbücher, welche aber die ökonomische Denkweise bestimmt besser als viele andere vorstellen. In diesen beiden wird zum Beispiel kaum zwischen Nachfrage und Angebot unterschieden, denn beide Marktseiten sind Ausprägungen der allgemeineren Handelstheorie. Nicht-orthodoxe Lehrbücher, in denen man viel Neues finden kann, sind ebenfalls van Meerhaeghe [1971] sowie van Meerhaeghe [1969], aus denen wir einige Kritiken für die letzten Abschnitten jedes Kapitels entnommen haben.

Wir möchten unsere Buchempfehlungen mit zwei spannenden und gleichzeitig inhaltsreichen Büchern beenden: Spulber [2002] ist ein Sammelwerk, in dem viele berühmte Mythen desavouiert werden, manchmal auch mit Zitaten von Nobelpreisträgern und wichtigen Ökonomen. Zum Beispiel der Mythos, Leuchttürme würden von privaten Firmen nicht angeboten. Schließlich ist Skousen und Taylor [1997] ein interessantes Buch, das aus vielen kurzen Kapiteln besteht, in denen viele scheinbare Paradoxe und Rätsel vorgestellt und aufgelöst werden.

Abbildungsverzeichnis

Literaturverzeichnis

Dominick T. Armentano. *Antitrust and Monopoly — Anatomy of a Policy Failure.* The Independent Institute, 1990.

Kenneth J. Arrow. *Social Choice and Individual Values.* John Wiley and Sons, 1963. Ausgabe, 1951.

David T. Beito et al., Hrsg. *The Voluntary City.* University of Michigan Press, 2002.

M. Blaug. *Economic Theory in Retrospect.* Richard D. Irwin, Homewood, Illinois, 1962.

Volker Böhm. *Arbeitsbuch zur Mikroökonomik, HTB 238.* Springer Verlag, 1984.

Arthur L. Bowley. *The Mathematical Groundwork of Economics.* 1924.

Luigino Bruni und Francesco Guala. Vilfredo Pareto and the Epistemological Foundations of Choice Theory. *History of Political Economy*, 33:21–49, 2001.

Luigino Bruni und Pier Luigi Porta. Economia civile and pubblica felicità in the Italian Enlightenment. *History of Political Economy*, 35:361–385, 2003.

Ronald H. Coase. The Lighthouse in Economics. *Journal of Law and Economics*, 17:357–76, 1974.

Ronald H. Coase. The Problem of Social Cost. *Journal of Law and Economics*, 3:1, 1960.

Sara Connolly und Alistair Munro. *Economics of the Public Sector.* Prentice Hall Europe, 1999.

Tyler Cowen und Eric Crampton, Hrsg. *Market Failure or Success — The New Debate.* Edward Elgar, 2002.

Gérard Debreu. *Theory of Value: An Axiomatic Analysis of Economic Equilibrium.* Yale University Press, 1959.

Avinash K. Dixit. *Lawlessness and Economics.* Princeton University Press, 2004.

Francis Ysidro Edgeworth. *Mathematical Psychics: An essay on the application of mathematics to the moral sciences.* 1881.

Robert C. Ellikson. Property in Land. *Yale Law Journal*, 102:1315, 1993.

Robert C. Ellikson. *Order Without Law: How Neighbors Settle Disputes.* Harvard University Press, 1991.

Fred Foldvary. *Public Choice and Private Communities.* Edward Elgar, 1994.

Bruno S. Frey und Gebhard Kirchgässner. *Demokratische Wirtschaftspolitik.* Vahlen, 2. Ausgabe, 1994.

Bruno S. Frey und Alois Stutzer. What Can Economists Learn from Happiness Research? *Journal of Economic Literature,* 40(2):402–435, 2002.

Michael Fritsch et al. *Marktversagen und Wirtschaftspolitik.* Vahlen, 2. Ausgabe, 1996.

Arthur M. Geoffrion. Proper Efficiency and the Theory of Vector Maximization. *Journal of Mathematical Analysis and Applications,* 22(3):618–630, 1968.

Robert Gibbons. *A Primer in Game Theory.* Prentice Hall, 1992.

Thorsten Hens und Carlo Strub. *Grundzüge der analytischen Makroökonomie.* Springer Verlag, 2004.

Paul Heyne. *A Student's Guide to Economics.* ISI Books, Wilmington, Delaware, 2000.

Paul Heyne. *Microeconomics.* Maxwell Macmillan, 1994.

Paul Heyne, Peter Boettke, und David Prychitko. *The Economic Way of Thinking.* Pearson Education, 2003.

W. Hildenbrand. *Market Demand — Theory and Empirical Evidence.* Princeton University Press, 1994.

W. Hildenbrand und A.P. Kirman. *Equilibrium Analysis.* Elsevier science publishers B.V., 1988.

Harold Hotelling. Edgeworth's taxation paradox and the nature of demand and supply functions. *Journal of Political Economy,* 40:577–616, 1932.

Daniel B. Klein. The Voluntary Provision of Public Goods? The Turnpike Companies of Early America. *Economic Inquiry,* 28:788–812, 1990.

Stan J. Liebowitz und Stephen E. Margolis. *Winners, Losers and Microsoft — Competition and Antitrust in High Technology.* The Independent Institute, 2001.

Andreu Mas-Colell, Michael D. Whinston, und Jerry R. Green. *Microeconomic Theory.* Oxford University Press, 1995.

Carl Menger. *Grundsätze der Volkswirtschaftslehre.* Wilhelm Braumüller, 1871.

Ludwig von Mises. *Human Action.* Ludwig von Mises Institute, Auburn, Alabama, 1998. Ausgabe, 1949.

Ludwig von Mises. *Nationalökonomie. Theorie des Handelns.* Philosophia Verlag, München, 1980. Ausgabe, 1940.

Bruno Molitor. *Wirtschaftspolitik.* Oldenbourg, 6. Ausgabe, 2001.

Dennis C. Mueller. *Public Choice III.* Cambridge University Press, 2003.

Martin J. Osborne und Ariel Rubinstein. *A Course in Game Theory.* MIT Press, 1994.

Vilfredo Pareto. *Manual of Political Economy.* Augustus M. Kelley, 1971. Ausgabe, 1906.

Arthur Cecil Pigou. *Wealth and Welfare.* 1912.

Ayn Rand, Hrsg. *Kapitalismus: Das unbekannte Ideal.* Kopp, Berlin, 1999.

Richard L. Revesz. *Foundations of Environmental Law and Policy.* Oxford University Press, 1997.

Murray Newton Rothbard. *An Austrian Perspective on the History of Economic Thought, Volume I — Economic Thought before Adam Smith.* Edward Elgar, Cheltenham, UK, 1996a.

Murray Newton Rothbard. *An Austrian Perspective on the History of Economic Thought, Volume II — Classical Economics.* Edward Elgar, Cheltenham, UK, 1996b.

Murray Newton Rothbard. *Man, Economy and State.* Ludwig von Mises Institute, Auburn, Alabama, 2001.

Murray Newton Rothbard. *Power and Market.* Sheed Andrews and McMeel, Kansas City, 1977.

Warren Samuels, Jeff E. Biddle, und John B. Davis, Hrsg. *A Companion to the History of Economic Thought.* Blackwell Publishing, 2003.

Paul A. Samuelson und William D. Nordhaus. *Economics.* McGraw-Hill, 7. Ausgabe, 2001.

Helmut Schneider. *Mikroökonomie — Eine Einführung in die Preis-, Produktions- und Wohlfahrtsthcorie.* Verlag Franz Vahlen, 5. Ausgabe, 1995.

Ronald W. Shephard. *Theory of Cost and Production Functions.* Princeton University Press, 1953.

Mark Skousen. *The Making of Modern Economics – The Lives and Ideas of the Great Thinkers.* M.E. Sharpe, Armonk, NY, 2001.

Mark Skousen und Kenna C. Taylor. *Puzzles and Paradoxes in Economics.* Edward Elgar, 1997.

Adam Smith. *The Wealth of Nations.* 1776.

Daniel F. Spulber, Hrsg. *Famous Fables of Economics — Myths of Market Failures.* Blackwell, 2002.

W. Stadler. A survey of multicriteria optimization or the vector maximum problem. Part I: 1776-1960. *Journal of Optimization Theory and Applications,* 29:1–51, 1979.

Joseph E. Stiglitz. *Economics of the Public Sector.* Norton, 3. Ausgabe, 1999.

Akira Takayama. *Mathematical economics.* Cambridge University Press, 1985.

Tito Tettamanti. *Die sieben Sünden des Kapitals.* Bilanz Verlag, 2003.

Jean Tirole. *Theory of Industrial Organization.* MIT Press, 1988.

M.A.G. van Meerhaeghe. *Economics — A Critical Approach.* World University, 1971.

M.A.G. van Meerhaeghe. *Price Theory and Price Policy.* Longmans, 1969.

Hal R. Varian. *Microeconomic Analysis.* WW Norton and Co Inc, 1992.

W. Kip Viscusi, John M. Vernon, und Joseph E. Harrington. *Economics Of Regulation And Antitrust.* MIT Press, 2005.

Christian Weber. Edgeworth on Complementarity, or Edgeworth, Auspitz-Lieben, and Pareto De-Homogenized. *History of Political Economy,* 37: 293–307, 2005.

Sachverzeichnis

Hens, Thorsten; Strub, Carlo:

Grundzüge der analytischen Makroökonomie

2004, XVI, 185 S. 76 Abb., Softcover
ISBN: 978-3-540-20082-6

Studienanfänger der Wirtschaftswissenschaften müssen die
makroökonomischen Zusammenhänge verstehen: Wachstum,
Konjunktur, Beschäftigung, Inflation, Wechselkurse, Aktienkurse
usw.
Das Buch macht sie mit dem analytischen Werkzeug vertraut, das
die Wirtschaftswissenschaften zum Verständnis dieser Fragen
liefern. Die Autoren bauen sukzessive ein komplexes makro-
ökonomisches Modell auf, das mikroökonomisch fundiert ist und
den Arbeits-, Güter-, Kapital-, Geld- und sogar den Aktienmarkt
beinhaltet. Dabei wird jeder Schritt anhand von Fallstudien illustriert. Die Hauptthese des Buches: die Methoden der Mikroökonomik sind ideal für die Analyse der Fragestellungen der
Makroökonomik.

Mathematik für Ökonomen

F. Riedel, P. Wichardt, Rheinische Friedrich-Wilhelms-Universität Bonn

Für moderne Wirtschaftswissenschaftler sind profunde Kenntnisse der Mathematik gepaart mit ökonomischer Intuition unerlässlich. Denn mit Hilfe mathematischer Methoden werden Optionsscheine an der Börse bewertet oder Auktionen entworfen. Zudem sind sie die Basis für empirisches Arbeiten mit Hilfe der Statistik. Im Unterschied zu vielen anderen Lehrbüchern beschränkt sich dieses Buch nicht auf die Besprechung der Methoden und ein reines Aufreihen der Regeln und Theoreme. Vielmehr beweisen die Autoren die wichtigsten Aussagen und vermitteln Lesern damit das Verständnis für die Richtigkeit mathematischer Aussagen und Beweistechniken.

2007. XVI, 326 S. 24 Abb. Brosch.
ISBN 978-3-540-68872-3 ▶ € (D) 24,95 | € (A) 25,65 | sFr 38,50

Ökonometrie

Eine Einführung

L. v. Auer, TU Chemnitz

Praxisorientierte Einführung in die Methoden der Ökonometrie, die in Wissenschaft und Praxis an Relevanz gewinnen. Deshalb holt sie der Autor aus ihrer formal-mathematischen Ecke heraus und macht sie einem breiteren Interessentenkreis zugänglich. Zahlreiche Illustrationen, ausführliche Erläuterungen und numerische Beispiele erklären die Grundlagen und anspruchsvollere Themen. Das Lehrbuch verzichtet auf Matrixalgebra. Ambitionierte Leser finden aber im Anhang ausführliche matrixalgebraische Darstellungen des behandelten Materials.

4., verb. Aufl. 2007. XXII, 582 S. 69 illus. Brosch.
ISBN 978-3-540-70827-8 ▶ € (D) 34,95 | € (A) 35,93 | sFr 53,50

Wirtschaftspolitik

Allokationstheoretische Grundlagen und politisch-ökonomische Analyse

H. P. Grüner, Universität Mannheim

Thema dieses Lehrbuches ist das Zustandekommen wirtschaftspolitischer Entscheidungen. Der erste Teil stellt die allokationstheoretischen Grundlagen dar, die bei der Diskussion von Wirtschaftspolitik nützlich sind. Zunächst werden mögliche Zielsetzungen staatlicher Wirtschaftspolitik diskutiert. Anschließend wird hinterfragt, wo die Grenzen staatlichen Wirtschaftens gezogen werden sollten. Der zweite Teil beschäftigt sich mit der Frage, warum in einer Demokratie bestimmte wirtschaftspolitische Entscheidungen getroffen werden. Es werden grundlegende formale Modelle demokratischer Entscheidungsprozesse dargestellt. Im dritten Teil geht es um Anwendungen der polit-ökonomischen Grundmodelle auf wichtige wirtschaftspolitische Entscheidungen.

2., überarb. u. erw. Aufl. 2006. XII, 203 S. 19 Abb. Brosch.
ISBN 978-3-540-32557-4 ▶ € (D) 24,95 | € (A) 25,65 | sFr 38,50

Makro kompakt

Grundzüge der Makroökonomik

W. Rothengatter, A. Schaffer, Universität Karlsruhe

Das Lehrbuch behandelt kompakt die wesentlichen Gebiete der Makroökonomie, u. a. Volkswirtschaftliche Gesamtrechnung, Input-Output Analyse, Entwicklungen auf Geld-, Güter- und Arbeitsmärkten, Erwartungen und Krisen. Neben den klassischen Erklärungsansätzen stehen neue Ansätze im Mittelpunkt, die bessere Erklärungen für Unvollkommenheiten auf den Märkten liefern, beispielsweise für das Ungleichgewicht auf dem Arbeitsmarkt. Einfache Simulationsmodelle fördern das Verständnis für dynamische Entwicklungen wie z. B. Konjunkturzyklen.

2006. IX, 234 S. 51 Abb. Brosch.
ISBN 978-3-7908-1673-0 ▶ € (D) 19,95 | € (A) 20,50 | sFr 31,00

Bei Fragen oder Bestellung wenden Sie sich bitte an ▶ Springer Distribution Center GmbH, Haberstr. 7, 69126 Heidelberg ▶ **Telefon:** +49 (0) 6221-345-4301 ▶ **Fax:** +49 (0) 6221-345-4229 ▶ **Email:** SDC-bookorder@springer.com ▶ € (D) sind gebundene Ladenpreise in Deutschland und enthalten 7% MwSt; € (A) sind gebundene Ladenpreise in Österreich und enthalten 10% MwSt. ▶ Preisänderungen und Irrtümer vorbehalten. ▶ Springer-Verlag GmbH, Handelsregistersitz: Berlin-Charlottenburg, HR B 91022. Geschäftsführer: Haank, Mos, Gebauer, Hendriks

012994x

Ökonomie des Sozialstaats

F. Breyer, Universität Konstanz; **W. Buchholz**, Universität Regensburg

In Deutschland werden mehr als 30 Prozent des Sozialprodukts für Soziales ausgegeben. In diesem Buch werden einerseits normative Begründungen sowohl für staatliche Umverteilungsmaßnahmen als auch für die Existenz einer Sozialversicherung mit Zwangsmitgliedschaft mit den Methoden der neoklassischen Wirtschaftstheorie unter Gerechtigkeits- und Effizienzkriterien diskutiert. Zum anderen werden die Elemente des Systems der Sozialen Sicherung systematisch auf ihre Wirkungen hin untersucht und alternative Gestaltungsformen verglichen. Schließlich wird untersucht, wie der Sozialstaat reformiert werden kann.

2007. XII, 327 S. 59 Abb. Brosch.
ISBN 978-3-540-40939-7 ► € (D) 29,95 | € (A) 30,80 | sFr 46,00

Lehrbuch der Sozialpolitik

H. Lampert, Universität Augsburg; **J. Althammer**, Ruhr-Universität Bochum

Das Buch bietet einen von den Rezensenten anerkannten kompetenten Überblick über Geschichte, Theorie, Handlungsfelder und Reformprobleme der staatlichen Sozialpolitik. Durch zahlreiche Tabellen, Schaubilder, Übersichten, Literaturhinweise und ein ausführliches Sachregister trägt es ebenso wie durch seine allgemeinverständliche Darstellung didaktischen Erfordernissen Rechnung. Das Buch ist ein Standardwerk. Die achte Auflage berücksichtigt alle Neuregelungen der letzten Jahre und beschreibt damit den neuesten Stand des Gebiets.

8., überarb. u. vollst. aktualisierte Aufl. 2007. XXVI, 590 S. 13 Abb. Brosch.
ISBN 978-3-540-70911-4 ► € (D) 32,95 | € (A) 33,88 | sFr 50,50

Empirische Wirtschaftsforschung und Ökonometrie

P. Winker, Universität Gießen

Praktische Anwendung und wissenschaftliche Analyse in den Wirtschaftswissenschaften basieren zunehmend auf dem Einsatz empirischer Methoden. Dieses Buch führt Studierende der Wirtschaftswissenschaften und benachbarter Fächer in die Methoden der angewandten Wirtschaftsforschung und Ökonometrie ein. Inhaltlich umfasst das Buch die Bereiche Daten (Grundlage und Aufbereitung), Wirtschaftsindikatoren, Input-Output-Analyse, ökonometrische Verfahren, Trend- und Saisonbereinigung sowie Simulation und Prognose. Dabei wird ein enger Bezug zu praktischen Anwendungen und ein intuitiver Zugang angestrebt, ohne auf eine formale Darstellung der Methoden zu verzichten.

2. vollständig überarb. Aufl. 2007. XIII, 334 S. 99 Abb. Brosch.
ISBN 978-3-540-36778-9 ► € (D) 24,95 | € (A) 25,65 | sFr 38,50

Arbeitsmarktökonomik

W. Franz, Zentrum für Europäische Wirtschaftsforschung (ZEW), Mannheim

Dieses Buch bietet die für den deutschsprachigen Raum umfassendste Darstellung des Arbeitsmarktgeschehens. Ein besonderes Gewicht liegt auf der engen Verzahnung von theoretischen mit empirischen Analysen unter Berücksichtigung des institutionellen Regelwerkes auf dem Arbeitsmarkt und verbunden mit wirtschafts-, insbesondere arbeitsmarktpolitischen Handlungsalternativen. Das Problem der Arbeitslosigkeit und ihre Bekämpfung nimmt hierbei einen besonders breiten Raum ein. Zahlreiche „Fallbeispiele" stellen Bezüge zu aktuellen Entwicklungen her.

6., vollst. überarb. Aufl. 2006. XVI, 491 S. 36 Abb. Brosch.
ISBN 978-3-540-32337-2 ► € (D) 29,95 | € (A) 30,80 | sFr 46,00

Bei Fragen oder Bestellung wenden Sie sich bitte an ► Springer Distribution Center GmbH, Haberstr. 7, 69126 Heidelberg ► **Telefon:** +49 (0) 6221-345-4301 ► **Fax:** +49 (0) 6221-345-4229 ► **Email:** SDC-bookorder@springer.com ► € (D) sind gebundene Ladenpreise in Deutschland und enthalten 7% MwSt; € (A) sind gebundene Ladenpreise in Österreich und enthalten 10% MwSt. ► Preisänderungen und Irrtümer vorbehalten. ► Springer-Verlag GmbH, Handelsregistersitz: Berlin-Charlottenburg, HR B 91022. Geschäftsführer: Haank, Mos, Gebauer, Hendriks

012995x

Druck: Krips bv, Meppel, Niederlande
Verarbeitung: Stürtz, Würzburg, Deutschland